내신 만점을 위한 필수 기본서

엔픽

중등 **역사**

1·1

Mirae N 에듀

엔픽 활용하기

엔픽으로 단계별로 꼼꼼하게
역사 공부를 해요!

개념 학습편

주제 학습

꼼꼼한 정리와
확인 문제로
역사 핵심 개념
완전 정복!

대단원 학습

핵심 자료와 문제로
개념 학습
완벽 마무리!

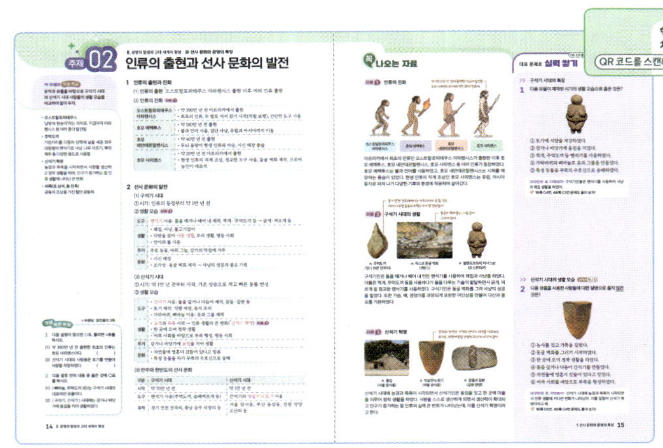

QR 코드를 스캔하면
'핵심 개념 체크 문제'를
확인할 수 있어요.

개념 학습

짧고 간결하게 주제별 1쪽 내용 정리로
구성하여 학습의 집중도를 높였습니다.
- 용어 해설 꼭 알아야 하는 어려운 용어를
  설명하여 개념 이해를 돕습니다.
- 개념 확인 문제 학습한 개념을 제대로 알
  고 있는지 빠르게 확인할 수 있습니다.

꼭 나오는 자료

시험에 꼭 나오는 자료를 엄선하여 이
해하기 쉽게 자료 분석을 하였습니다.

대표 문제로 실력 쌓기

핵심 자료로 구성한 대표 문제로 다시
한 번 개념을 짚어 볼 수 있습니다.

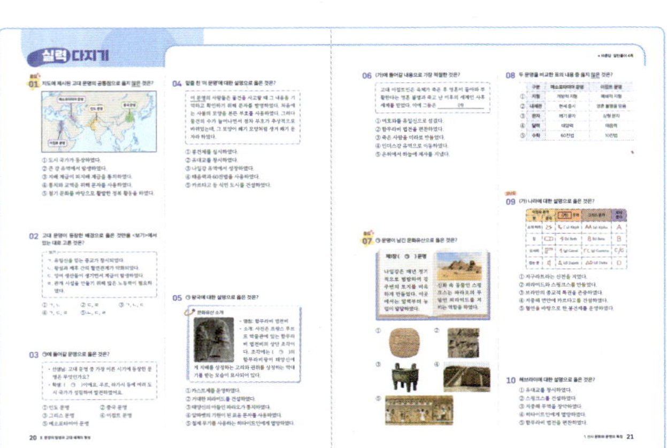

실력 다지기

다양한 유형의 문제를 풀어 보면서 탄
탄하게 실력을 다질 수 있습니다.

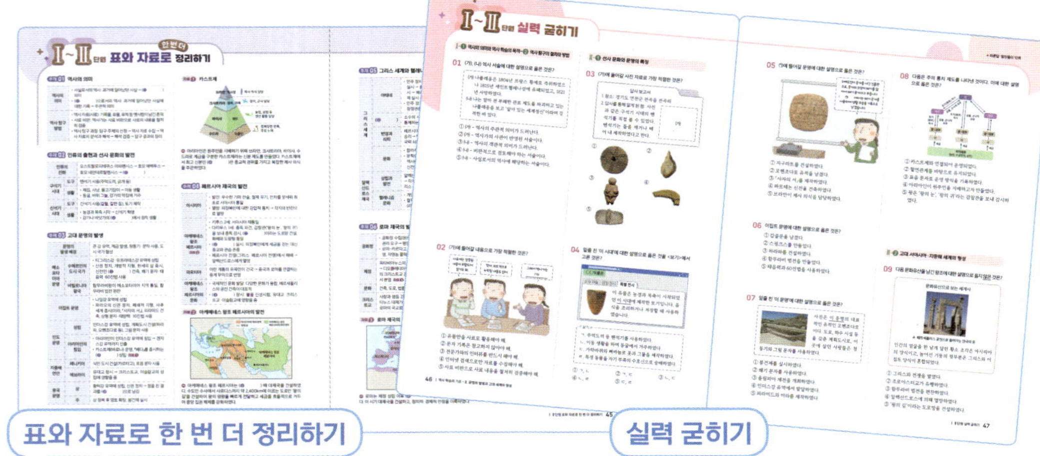

표와 자료로 한 번 더 정리하기

주요 개념을 표로 정리한 후 필수 자료와 연관 지어
확실하게 단원을 마무리할 수 있습니다.

실력 굳히기

다양한 실전 문제로 단단하게 실력을
굳힐 수 있습니다.

이 책을 펴고 있는 그대를 환영합니다.

똑. 똑. 똑

호기심과 질문으로

지식의 문을 힘차게 두드리기를

쿵. 쿵. 쿵

알아가는 즐거움으로

심장이 벅차게 뛰기를

이 책을 펴고 있는 그대를 응원합니다.

중등 **역사**

1·1

WRITERS

이주현 계성고 교사
문지은 심원고 교사
권승만 서울사대부중 교사

COPYRIGHT

인쇄일 2025년 11월 3일(1판3쇄)
발행일 2024년 11월 11일

펴낸이 신광수
펴낸곳 (주)미래엔
등록번호 제16–67호

중고등개발본부장 하남규
교육개발2실장 김용균
개발책임 김문희 **개발** 김서연, 박윤주

디자인실장 손현지
디자인책임 김병석 **디자인** 다섯글자

CS본부장 장명진

ISBN 979-11-7311-122-8

시험
대비편

실전 문제로
시험 직전
최종 점검!

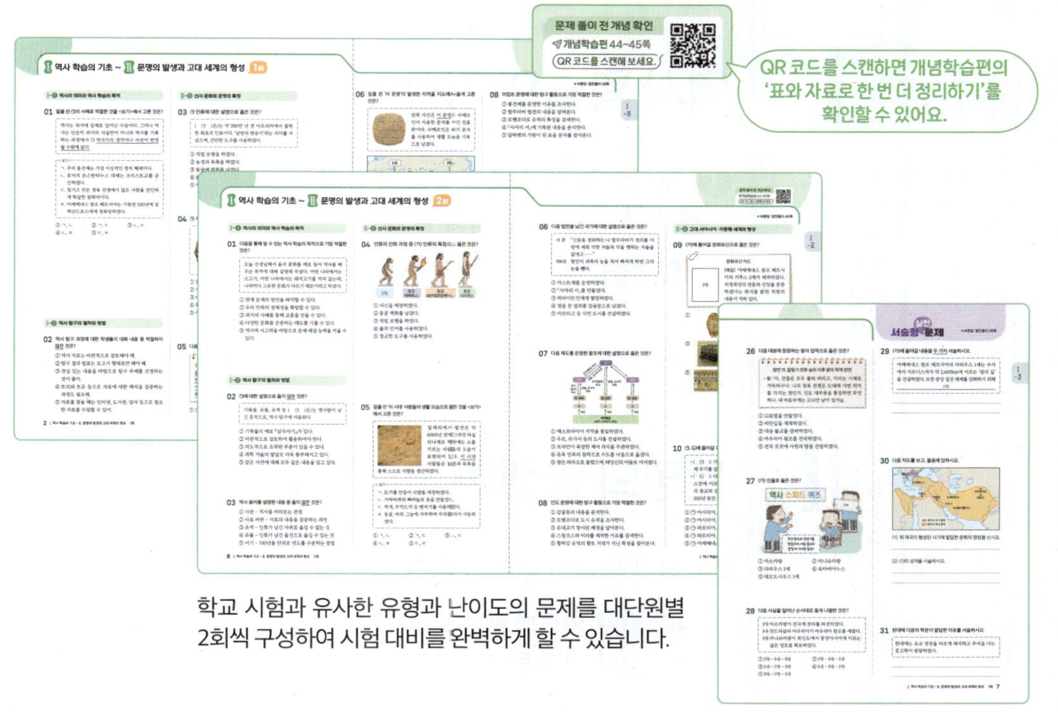

QR 코드를 스캔하면 개념학습편의
'표와 자료로 한 번 더 정리하기'를
확인할 수 있어요.

학교 시험과 유사한 유형과 난이도의 문제를 대단원별
2회씩 구성하여 시험 대비를 완벽하게 할 수 있습니다.

바른답
알찬풀이

엔픽만의
간결하고
명확한 풀이!

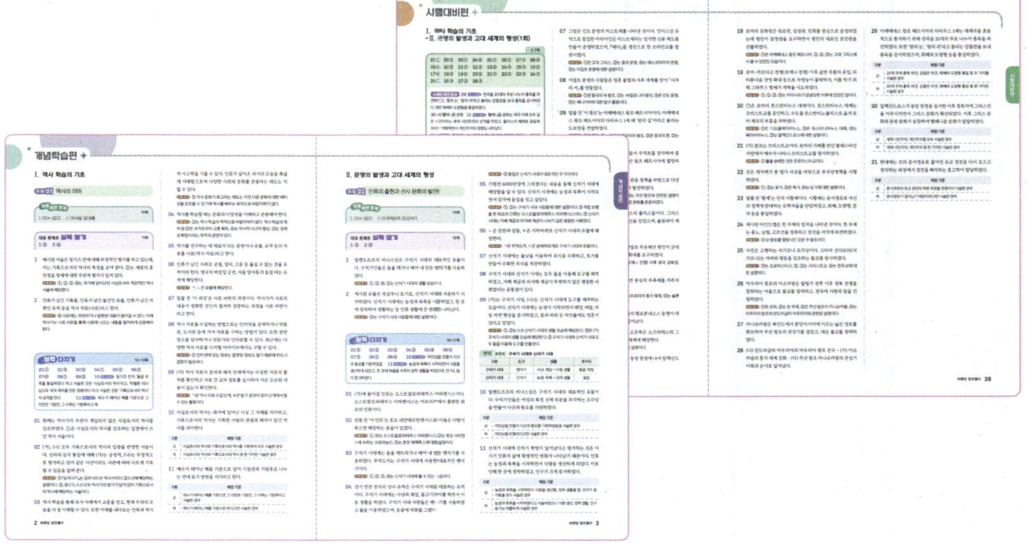

간결하고 명확한 해설, 오답의 이유를 알려 주는 바로잡기,
구체적인 서술형 채점 기준, 핵심 개념을 정리한 엔픽 포인
트를 통해 문제 해결력을 키울 수 있습니다.

엔픽 차례 보기

엔픽 과 내 교과서 비교하기

우리 학교 교과서의 쪽수에 해당하는 엔픽의 쪽수를 찾아서 공부해요.

① 내가 가지고 있는 교과서의 출판사명과 쪽수를 확인해요.
② 엔픽의 해당 쪽수를 찾아서 공부해요.
　예　미래엔 역사 교과서 10~15쪽일 경우, 엔픽의 10~13쪽을 공부해요.

동아출판	리베르스쿨	비상교육	지학사	천재교과서	해냄에듀
12~23	10~15	9~21	8~15	8~13	8~19
28~31	18~21	27~31	19~23	17~20	22~27
32~39	22~27	32~39	24~31	21~27	28~33
40~41	28~29	41~42	33~35	31~32	34~35
42~45	30~35	43~47	36~41	33~38	36~39
46~51	36~41	48~51	42~45	39~41	40~43
52~55	42~45	53~55	47~51	45~48	50~55
56~61	46~51	56~61	52~55	49~53	46~49
66~69	56~63	67~72	61~66	61~65	60~67
70~75	64~67	73~75	67~69	66~68	68~69
78~79	70~71	78~81	71~72	71~73	70~73
76~77, 84~87	68~69, 72~74	77, 82~83	77~79	74~78	74~77, 82~83
88~91	75~77	84~85	80~81	79	84~85
80~83	78~81	86~89	73~76	80~83	78~81
92~95	82~85	91~95	83~85	87~89	86~89
96~99	86~89	96~103	86~91	90~94	90~95
104~107	94~97	109~111	97~100	101~105	102~105
108~113	98~103	112~115	101~107	106~109	106~109
114~115	104~106	117~118	109~112	113~116	110~111
116~117	107~109	119	113~114	117~118	112~115
118~123	110~115	120~125	115~119	119~123	116~119
124~125	116~119	127~129	121~123	125~129	120~123
126~129	124~127	130~134	124~127	130~134	126~131
130~137	120~123, 128~131	135~139	128~131	135~139	124~125, 132~133

I ~ II

역사 학습의 기초
~ 문명의 발생과 고대 세계의 형성

주제 01 역사의 의미

이 주제의 학습 목표

역사의 의미와 역사 학습의 목적을 파악하고, 역사 탐구 방법을 알아 두자.

+ 역사(歷 지나다, 史 역사)
역사에서 역(歷)은 '세월이나 세대, 왕조가 흘러간 것'을 의미하고, 사(史)는 '기록하는 일'을 의미함

+ 사관(史 역사, 觀 보다)
역사의 발전 법칙에 대한 역사가의 체계적인 견해로, 역사를 바라보는 관점을 말함

+ 사료(史 역사, 料 재료)
역사의 근본이 되는 자료라는 뜻으로 역사를 연구하는 데 재료가 되는 문헌이나 유물, 유적 등의 자료

+ 답사(踏 밟다, 査 사실하다)
현장에 가서 직접 살펴보고 조사함

1 역사의 의미와 역사 학습의 목적

(1) **+역사**: 인류가 지금까지 살아온 발자취

(2) **역사의 의미** 자료 ❶

사실로서의 역사	• 과거에 일어났던 사실 • 객관적 의미(역사학자 랑케가 강조)
기록으로서의 역사	• 과거에 일어났던 사실에 대한 기록 → 사관에 따라 역사는 다르게 기록될 수 있음 • 주관적 의미(역사학자 카가 강조)

(3) **역사 학습의 목적**

① 역사 탐구 과정에서 문제 해결 능력 증진 → 역사적 사고력 향상
② 과거의 사례에서 삶의 지혜와 교훈 획득
③ 현재 우리의 모습에 대한 이해 심화 → 정체성 확립
④ 미래를 내다보는 안목 증진
⑤ 다양한 사회와 문화를 존중하는 태도 함양

2 역사 탐구의 절차와 방법

(1) **역사 자료(+사료)** 옛사람이 남긴 흔적 자료 ❷

① 역사 자료의 종류

기록물	문자 기록(문서, 책, 일기, 비문 등), 비문자 기록(사진, 영상, 구술 자료 등)
유물	인류가 사용한 물건으로 부피가 작고 옮길 수 있는 것(생활 도구, 무기 등)
유적	인류가 남긴 자취로 옮길 수 없는 것(집터, 궁궐, 고분 등)

② 역사 자료의 확대

• 과학 기술의 발달: 과학 기술이 발달하면서 역사 자료 확대(음성 기록, 영상 기록 등)
• 인접 학문의 활용: 역사 자료의 분석 및 복원 시 인접 학문 활용

(2) **사료 비판**

① 사료 비판의 필요성: 사료에는 누락·위조되거나 잘못된 내용이 포함되기도 함
② 역사가의 사료 비판: 역사가는 사료 비판으로 사료의 내용을 철저히 검증 → 역사적 사실을 바탕으로 역사 서술

(3) **역사 탐구 과정**

① 탐구 주제의 선정: 관심 있는 내용을 토대로 탐구 주제를 정함
② 역사 자료 수집: 인터넷 검색, 도서관·박물관 탐방, 인터뷰, +답사 등으로 자료 수집
③ 역사 자료의 분석과 해석: 자료의 출처 확인, 자료들을 비교하여 서로 모순되는 내용이 있는지 교차 검토, 자료를 분석·정리
④ 해석 검증: 토의·토론 등을 거쳐 해석 검증
⑤ 탐구 결과의 정리: 글·영상 등 다양한 방법으로 결과를 정리하여 발표함

3 역사의 연대 표기 자료 ❸

(1) **서기**: 예수가 태어난 해를 기준으로 연도를 구분하는 방법

기원전	예수가 태어난 해를 기준으로 그 이전
기원후	예수가 태어난 해를 기준으로 그 이후

(2) **세기**: 100년을 단위로 연도를 구분하는 방법

개념 확인 문제　● 바른답·알찬풀이 2쪽

1 다음 설명이 맞으면 ○표, 틀리면 ×표를 하시오.

(1) 같은 사건이라면 역사가가 달라져도 항상 동일하게 기록된다. 　(　)
(2) 사료에는 잘못된 내용이 포함되어 있을 수 있기 때문에 비판적으로 검토해야 한다. 　(　)

2 다음 괄호 안의 내용 중 옳은 것에 ○표를 하시오.

(1) (기록, 사실)(으)로서의 역사는 객관적 의미의 역사이다.
(2) 역사 자료 중 (유물, 유적)은 인류가 사용한 물건을 가리킨다.

꼭 나오는 자료

자료 ❶ 역사의 의미

- 칭기즈 칸은 정복 전쟁 과정에서 많은 사람을 잔인하게 학살한 침략자이다. - 칭기즈 칸에 대한 부정적 평가
- 칭기즈 칸은 탁월한 리더십으로 몽골 부족을 통일하고 세계 제국으로 만든 영웅이다. - 칭기즈 칸에 대한 긍정적 평가

몽골 제국의 통치자인 칭기즈 칸에 대해 서술하고 있으며, 서로 다른 평가를 하고 있다. 역사는 과거에 있었던 사실 그 자체인 '사실로서의 역사'와 역사가의 관점에 따라 선택되어 기록된 '기록으로서의 역사'라는 두 가지 의미를 지니고 있다. 똑같은 인물이나 사건이라도 역사를 바라보는 관점인 사관에 따라 다르게 기록될 수 있다.

자료 ❷ 역사 자료(사료)

옛 사람이 남긴 흔적을 역사 자료(사료)라고 하는데, 사료는 역사를 탐구하거나 역사책을 쓰는 데 이용된다. 사료에는 옛사람이 남긴 기록물, 유물, 유적 등이 있다. 사료에는 과장되거나 잘못된 내용이 들어갈 수도 있기 때문에 사료에 나오는 내용은 그 정확성을 철저하게 검증해야 한다.

자료 ❸ 역사의 연대 표기

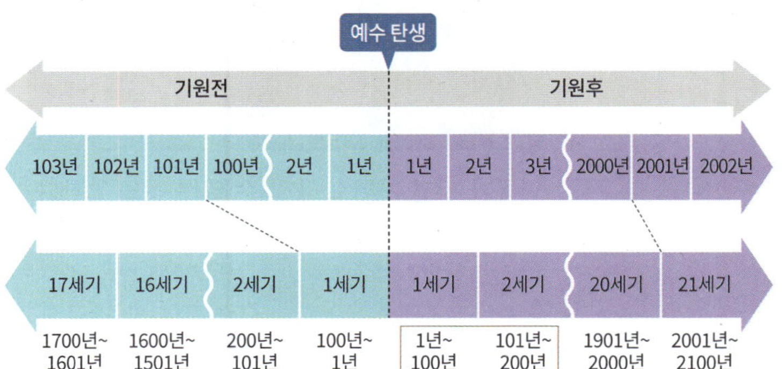

연도를 표기하는 방법 중 서기는 예수가 탄생하였다는 해를 기준으로 연도를 센다. 예수가 태어난 해를 기준으로 그 이전은 기원전, 그 이후는 기원후로 표기한다. 연도를 표기하는 또 다른 방법인 세기는 100년을 한 묶음으로 하여 '세기'라는 단위를 사용하여 연도를 구분한다.

1년부터 100년까지는 1세기, 101년부터 200년까지는 2세기야.

>> **역사의 의미**

1 다음과 같은 역사 서술 방식으로 옳은 것은?

> 칭기즈 칸은 정복 전쟁 과정에서 많은 사람을 잔인하게 학살한 침략자이다.

① 원은 남송을 멸망시켰다.
② 이성계는 조선을 건국하였다.
③ 이집트인은 상형 문자로 기록을 남겼다.
④ 고구려 장수왕은 수도를 평양으로 옮겼다.
⑤ 세종의 훈민정음 창제는 민족 문화 발달에 기여하였다.

이것만은 꼭 기억하자! 같은 인물, 사건이라도 사관에 따라 다르게 기록될 수 있어.
✈ **12쪽** 02번, **46쪽** 01번 문제도 풀어 보자!

>> **역사 자료(사료)의 특징** 선택지 하나 더

2 교사의 질문에 대한 학생의 답변으로 적절하지 않은 것은?

① 역사책을 쓰는 데 이용됩니다.
② 옛사람이 남긴 흔적을 의미합니다.
③ 인류가 남긴 물건을 유물이라고 합니다.
④ 사료는 과거의 사실을 있는 그대로 정확히 말해 줍니다.
⑤ 인류가 남긴 자취로 옮길 수 없는 것을 유적이라 합니다.
⑥ 과학 기술의 발달로 음성 기록, 영상 기록 등도 사료의 범위에 속하게 되었습니다.

이것만은 꼭 기억하자! 사료 비판으로 사료의 내용을 검증한 후 활용해야 역사 서술이 신뢰성을 얻을 수 있어.
✈ **13쪽** 07번, **46쪽** 02번 문제도 풀어 보자!

중요
01 다음 역사가의 입장이 반영된 역사 서술로 가장 적절한 것은?

> 독일의 역사가 랑케는 "역사가는 자신을 숨기고 과거가 본래 어떠하였는가를 밝혀야 한다."라고 주장하였다.

① 로마는 카르타고와의 전쟁에서 승리하였다.
② 북유럽의 중세 시대는 암흑기라고 평가된다.
③ 시황제는 백성을 억압한 가혹한 통치자였다.
④ 아테네의 민주정은 가장 이상적인 정치 형태였다.
⑤ 프랑스 혁명은 민주주의 사회 형성의 토대가 되었다.

고난도
02 (가), (나) 역사 서술에 대한 설명으로 옳은 것은?

> (가) (당) 황제에게 군사를 요청한 것은 두 나라(고구려, 백제)를 진압해 영원히 싸움이 없게 하고 백성을 평안히 하려는 것이었다.   -『삼국사기』-
> (나) 다른 민족을 끌어들여 같은 민족(고구려, 백제)을 멸망시키는 것은 도적을 불러 형제를 죽이는 것과 같다.   -『독사신론』-

① (가) - 고대 일본인이 쓴 역사 서술이다.
② (가) - 신라가 외세를 이용한 것을 비판하였다.
③ (나) - 객관적인 입장에서 역사를 서술하고 있다.
④ (나) - 역사가의 평가가 서술되어 있지 않다.
⑤ (가), (나) - 사관에 따라 역사가 다르게 서술될 수 있음을 보여 준다.

03 역사 학습의 목적으로 적절하지 않은 것은?

① 역사적 사고력을 기를 수 있다.
② 과거 사례에서 교훈을 얻을 수 있다.
③ 미래를 내다보는 안목을 키울 수 있다.
④ 현재 우리의 모습을 더 잘 이해할 수 있다.
⑤ 자국 문화만이 최고라는 자부심을 가질 수 있다.

04 다음 관점에 따라 역사를 학습하는 자세로 적절한 것은?

① 아프리카의 토속 신앙과 전통문화를 존중한다.
② 농경 민족이 유목 민족보다 뛰어남을 인식한다.
③ 제2차 세계 대전의 참혹함을 기억하며 반성한다.
④ 역사 자료를 탐구하면서 역사적 사고력을 기른다.
⑤ 조선 시대 과학의 발달을 통해 우리 문화의 우수성을 인식한다.

05 ㉠에 공통으로 들어갈 내용으로 가장 적절한 것은?

> (㉠)은/는 역사의 근본이 되는 자료라는 뜻으로, 옛사람이 남긴 흔적을 가리킨다. 역사가는 (㉠)을/를 탐구하여 과거의 사실들을 밝혀낸다.

① 문헌   ② 사료   ③ 유물
④ 유적   ⑤ 문화유산

06 밑줄 친 ㉠의 사례로 옳은 것을 <보기>에서 고른 것은?

㉠ 인류가 남긴 자취로 옮길 수 없는 것을 말한다. 대표적으로 마추픽추, 폼페이 등이 있다.

| 보기 |
| ㄱ. 상의 청동 솥   ㄴ. 고려의 상감 청자 |
| ㄷ. 영국의 버킹엄 궁전   ㄹ. 서울 암사동의 움집 터 |

① ㄱ, ㄴ   ② ㄱ, ㄷ   ③ ㄴ, ㄷ
④ ㄴ, ㄹ   ⑤ ㄷ, ㄹ

중요
07 밑줄 친 '이 과정'에서 해야 할 일로 가장 적절한 것은?

> 모든 사료가 과거의 사실을 정확히 말해 주는 것은 아니다. 사료에는 과장되거나 잘못된 내용이 들어갈 수 있고, 누락되거나 조작된 내용이 있을 수 있다. 따라서 <u>이 과정</u>이 반드시 필요하다.

① 연표를 구성한다.
② 다양한 사료를 수집한다.
③ 친구와 토의·토론을 실시한다.
④ 사료의 내용을 철저히 검증한다.
⑤ 문화유산을 조사하는 답사를 실시한다.

08 학생이 발표할 내용으로 적절하지 <u>않은</u> 것은?

① 인터넷 정보를 무비판적으로 수용합니다.
② 관련된 장소를 답사하여 직접 살펴봅니다.
③ 도서관에 가서 관련 기록물을 찾아봅니다.
④ 디지털 아카이브에서 영상 자료를 조사합니다.
⑤ 전문가와 인터뷰하여 구술 자료를 수집합니다.

09 (가) 단계에서 할 수 있는 활동으로 옳은 것을 <보기>에서 고른 것은?

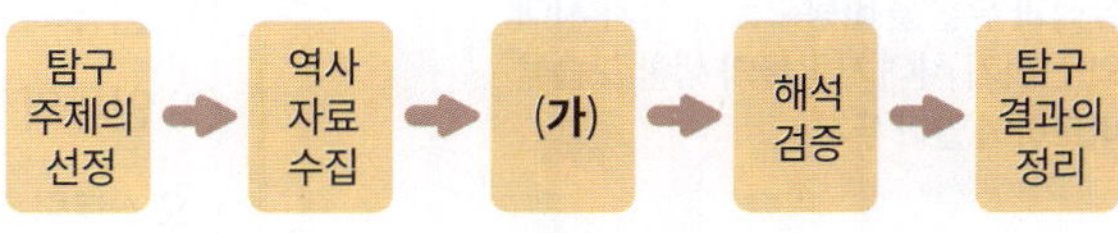

> **보기**
>
> ㄱ. 역사적 장소 답사하기
> ㄴ. 자료의 출처 확인하기
> ㄷ. 자료 간 교차 검토하기
> ㄹ. 보고서로 탐구 결과 정리하기

① ㄱ, ㄴ ② ㄱ, ㄷ ③ ㄴ, ㄷ
④ ㄴ, ㄹ ⑤ ㄷ, ㄹ

서술형
10 칭기즈 칸에 대한 다음의 기록을 '사실로서의 역사' 부분과 '기록으로서의 역사' 부분으로 구분하여 서술하시오.

> 칭기즈 칸은 탁월한 리더십으로 몽골 부족을 통일하고 세계 제국으로 만든 영웅이다.

서술형
11 (가)에 들어갈 알맞은 내용을 서술하시오.

주제 02 인류의 출현과 선사 문화의 발전

이 주제의 학습 목표

유적과 유물을 바탕으로 구석기 시대와 신석기 시대 사람들의 생활 모습을 비교하여 알아 두자.

✛ 오스트랄로피테쿠스
'남방의 원숭이'라는 의미로, 지금까지 아파렌시스 등 여러 종이 발견됨

✛ 주먹도끼
가장자리를 다듬어 양쪽에 날을 세운 좌우 대칭형의 뗀석기로 사냥, 나무 자르기, 뿌리 채취 등 다양한 용도로 사용함

✛ 신석기 혁명
농경과 목축을 시작하면서 식량을 생산하고 정착 생활을 하며, 인구가 증가하는 등 인류 생활에 나타난 큰 변화

✛ 씨족(氏 성씨, 族 친족)
공동의 조상을 가진 혈연 공동체

1 인류의 출현과 진화

(1) 인류의 출현 ✛오스트랄로피테쿠스 아파렌시스 출현 이후 여러 인류 출현

(2) 인류의 진화 자료 ❶

오스트랄로피테쿠스 아파렌시스	• 약 390만 년 전 아프리카에서 출현 • 최초의 인류, 두 발로 서서 걷기 시작(직립 보행), 간단한 도구 사용
호모 에렉투스	• 약 180만 년 전 출현 • 불과 언어 사용, 집단 사냥, 유럽과 아시아까지 이동
호모 네안데르탈렌시스	• 약 40만 년 전 출현 • 두뇌 용량이 현생 인류와 비슷, 시신 매장 풍습
호모 사피엔스	• 약 20만 년 전 아프리카에서 출현 • 현생 인류의 직계 조상, 정교한 도구 사용, 동굴 벽화 제작, 크로마뇽인이 대표적

2 선사 문화의 발전

(1) 구석기 시대

① 시기: 인류의 등장부터 약 1만 년 전

② 생활 모습 자료 ❷

도구	뗀석기 사용: 돌을 깨거나 떼어 내 제작, 찍개·✛주먹도끼 등 → 긁개·찌르개 등
생활	• 채집, 사냥, 물고기잡이 • 식량을 찾아 이동 생활, 무리 생활, 평등 사회 • 언어와 불 사용
주거	주로 동굴, 바위 그늘, 강가의 막집에 거주
문화	• 시신 매장 • 조각상·동굴 벽화 제작 → 사냥의 성공과 풍요 기원

(2) 신석기 시대

① 시기: 약 1만 년 전부터 시작, 기온 상승으로 작고 빠른 동물 번성

② 생활 모습

도구	• 간석기 사용: 돌을 갈거나 다듬어 제작, 갈돌·갈판 등 • 토기 제작: 식량 저장, 음식 조리 • 가락바퀴, 뼈바늘 이용: 옷과 그물 제작
생활	• 농경과 목축 시작 → 인류 생활의 큰 변화(✛신석기 혁명) 자료 ❸ • 한 곳에 모여 정착 생활 • ✛씨족 사회를 바탕으로 부족 형성, 평등 사회
주거	강가나 바닷가에 움집을 지어 생활
문화	• 자연물에 영혼이 깃들어 있다고 믿음 • 특정 동물을 자기 부족의 수호신으로 숭배

(3) 만주와 한반도의 선사 문화

구분	구석기 시대	신석기 시대
시작	약 70만 년 전	약 1만 년 전
도구	뗀석기 사용(주먹도끼, 슴베찌르개 등)	간석기와 빗살무늬 토기 사용
유적	경기 연천 전곡리, 충남 공주 석장리 등	서울 암사동, 부산 동삼동, 강원 양양 오산리 등

개념 확인 문제
● 바른답·알찬풀이 3쪽

1 다음 설명이 맞으면 ○표, 틀리면 ×표를 하시오.

(1) 약 390만 년 전 출현한 최초의 인류는 호모 사피엔스이다.　(　　　)

(2) 신석기 시대의 사람들은 토기를 만들어 식량을 저장하였다.　(　　　)

2 다음 괄호 안의 내용 중 옳은 것에 ○표를 하시오.

(1) (뼈바늘, 주먹도끼)은/는 구석기 시대의 대표적인 유물이다.

(2) (구석기, 신석기) 시대에는 강가나 바닷가에 움집을 지어 생활하였다.

꼭 나오는 자료

자료 ❶ 인류의 진화

약 4만 5천 년 전에 출현한 크로마뇽인은 호모 사피엔스의 대표적인 화석 인류야.

아프리카에서 최초의 인류인 오스트랄로피테쿠스 아파렌시스가 출현한 이후 호모 에렉투스, 호모 네안데르탈렌시스, 호모 사피엔스 등 여러 인류가 등장하였다. 호모 에렉투스는 불과 언어를 사용하였고, 호모 네안데르탈렌시스는 시체를 매장하는 풍습이 있었다. 현생 인류의 직계 조상인 호모 사피엔스는 유럽, 아시아 등지로 퍼져 나가 다양한 기후와 환경에 적응하며 살아갔다.

자료 ❷ 구석기 시대의 생활

경기 연천 전곡리에서는 아프리카와 유럽, 인도에서 나오던 종류의 주먹도끼가 발견되었어.

동굴의 벽에 들소, 사슴 등이 그려져 있어.

▲ 주먹도끼
(경기 연천 전곡리)
▲ 라스코 동굴 벽화
(프랑스)
▲ 빌렌도르프의 비너스상
(오스트리아)

구석기인은 돌을 깨거나 떼어 내 만든 뗀석기를 사용하여 채집과 사냥을 하였다. 이들은 찍개, 주먹도끼 등을 사용하다가 돌을 다루는 기술이 발달하면서 긁개, 찌르개 등 정교한 뗀석기를 사용하였다. 구석기인은 동굴 벽화를 그려 사냥의 성공을 빌었다. 또한 가슴, 배, 엉덩이를 과장되게 표현한 여인상을 만들어 다산과 풍요를 기원하였다.

자료 ❸ 신석기 혁명

만주와 한반도 지역의 신석기 시대를 대표하는 토기로, 표면에 빗살 모양의 무늬가 새겨져 있어.

▲ 움집
(서울 암사동)
▲ 빗살무늬 토기
(서울 암사동)
▲ 갈돌과 갈판
(강원 양양)

신석기 시대에 농경과 목축이 시작되면서 신석기인은 움집을 짓고 한 곳에 마을을 이루어 정착 생활을 하였다. 식량을 스스로 생산하게 되면서 생산력이 확대되고 인구가 증가하는 등 인류의 삶에 큰 변화가 나타났는데, 이를 신석기 혁명이라고 한다.

대표 문제로 **실력 쌓기** ● 바른답·알찬풀이 3쪽

≫ 구석기 시대의 특징

1 다음 유물이 제작된 시기의 생활 모습으로 옳은 것은?

① 토기에 식량을 저장하였다.
② 강가나 바닷가에 움집을 지었다.
③ 찍개, 주먹도끼 등 뗀석기를 사용하였다.
④ 가락바퀴와 뼈바늘로 옷과 그물을 만들었다.
⑤ 특정 동물을 부족의 수호신으로 숭배하였다.

> **이것만은 꼭 기억하자!** 구석기인들은 뗀석기를 사용하여 사냥과 채집 생활을 하였어.
> 🖅 16쪽 04번, 46쪽 03번 문제도 풀어 보자!

≫ 신석기 시대의 생활 모습 선택지 하나 더

2 다음 유물을 사용한 사람들에 대한 설명으로 옳지 <u>않은</u> 것은?

① 농사를 짓고 가축을 길렀다.
② 동굴 벽화를 그리기 시작하였다.
③ 한 곳에 모여 정착 생활을 하였다.
④ 돌을 갈거나 다듬어 간석기를 만들었다.
⑤ 자연물에 영혼이 깃들어 있다고 믿었다.
⑥ 씨족 사회를 바탕으로 부족을 형성하였다.

> **이것만은 꼭 기억하자!** 신석기 시대에 농경과 목축이 시작되면서 인류 생활에 커다란 변화가 나타났어. 이를 일컬어 신석기 혁명이라고 해.
> 🖅 16쪽 05번, 46쪽 04번 문제도 풀어 보자!

01 (가)에 들어갈 인류로 옳은 것은?

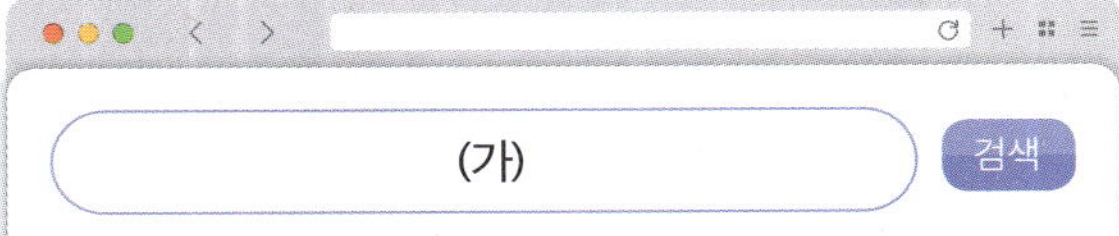

① 크로마뇽인
② 호모 사피엔스
③ 호모 에렉투스
④ 호모 네안데르탈렌시스
⑤ 오스트랄로피테쿠스 아파렌시스

02 밑줄 친 '이 인류'에 대한 설명으로 옳은 것은?

> 이 인류는 약 40만 년 전에 유럽과 서아시아를 중심으로 출현하였다. 두뇌 용량이 오늘날의 인류와 비슷하였고, 무리를 지어 코뿔소, 매머드 등을 사냥하였다.

① 최초로 등장한 인류이다.
② 라스코 동굴 벽화를 남겼다.
③ 시신을 매장하는 풍습이 있었다.
④ '남방의 원숭이'라는 의미를 지녔다.
⑤ 불을 처음으로 사용하기 시작하였다.

03 구석기 시대에 볼 수 있는 모습으로 적절한 것은?

① 밭에 씨를 뿌리는 남성
② 곰을 수호신으로 숭배하는 부족
③ 뼈바늘을 이용하여 옷을 만드는 여성
④ 토기를 이용하여 음식을 조리하는 여성
⑤ 주먹도끼로 사냥한 짐승의 가죽을 벗기는 남성

고난도

04 밑줄 친 ㉠~㉤의 활동 중 옳지 <u>않은</u> 것은?

□□ 신문 ○○○○년

연천 전곡리 구석기 축제 개막

오늘부터 경기 연천 전곡리 선사 유적지 일대에서 연천 전곡리 구석기 축제가 열린다. 올해 축제에서는 한층 다양해진 체험 내용과 볼거리를 제공하고 있다. 특히 ㉠ 뗀석기 만들기, ㉡ 불 피우기, ㉢ 움집 짓기, ㉣ 물고기잡이, ㉤ 동굴 벽화 그리기 등 다양한 체험 활동을 통해 당시의 생활 모습을 생생하게 느껴볼 수 있다.

① ㉠　② ㉡　③ ㉢　④ ㉣　⑤ ㉤

중요
05 다음의 바위그림을 남긴 사람들에 대한 설명으로 옳은 것은?

① 뗀석기를 제작하였다.
② 무리 지어 이동하며 살았다.
③ 직립 보행을 한 최초의 인류였다.
④ 농경을 위해 주로 강가에 거주하였다.
⑤ 지배 계급과 피지배 계급이 뚜렷하게 나뉘었다.

06 신석기 시대의 유물로 옳은 것을 <보기>에서 고른 것은?

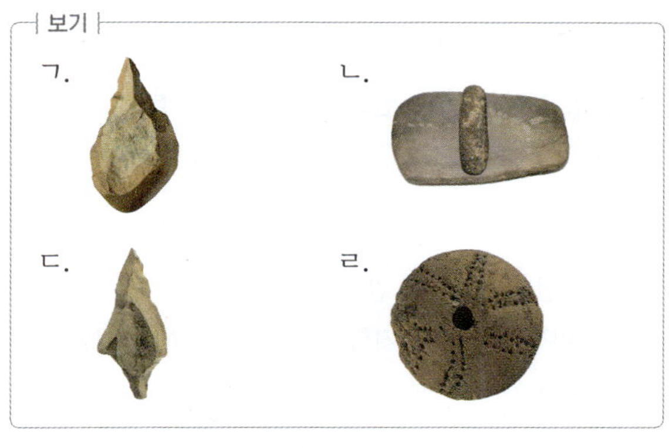

① ㄱ, ㄴ   ② ㄱ, ㄷ   ③ ㄴ, ㄷ
④ ㄴ, ㄹ   ⑤ ㄷ, ㄹ

07 다음 유물을 활용한 탐구 주제로 가장 적절한 것은?

▲ 빗살무늬 토기(한국)   ▲ 돌낫(이라크)

① 신분의 발생   ② 동굴 벽화의 제작
③ 구석기인의 사냥법   ④ 구석기 시대의 주거
⑤ 신석기 시대의 농경 생활

08 (가)에 들어갈 내용으로 가장 적절한 것은?

> • 나은: 구석기 시대와 신석기 시대의 공통점은 무엇일까?
> • 보라: 두 시대 모두 돌을 이용해 도구를 제작하였어.
> • 은우: _______________(가)_______________

① 부족의 역사를 문자로 기록하였어.
② 토기를 이용해 음식을 조리하였어.
③ 신분과 계급이 없는 평등한 사회였어.
④ 먹을 것을 찾아 주로 이동 생활을 하였어.
⑤ 특정 동식물을 부족의 수호신으로 숭배하였어.

중요✦
09 (가), (나)와 같이 도구를 제작한 시대의 생활 모습으로 옳은 것은?

① (가) - 움집을 짓고 정착 생활을 하였다.
② (가) - 뼈바늘을 이용해 옷을 만들었다.
③ (나) - 슴베찌르개를 제작하였다.
④ (나) - 자연물에 영혼이 있다고 믿었다.
⑤ (가), (나) - 금속으로 만든 무기를 사용하였다.

서술형
10 (가)에 들어갈 알맞은 내용을 서술하시오.

오스트리아에서 출토된 빌렌도르프의 비너스상은 가슴과 배, 엉덩이를 유독 과장되게 표현하였다. 이를 통해 당시 사람들이 _______(가)_______ 을/를 알 수 있다.

서술형
11 밑줄 친 '변화'의 구체적인 내용을 서술하시오.

> 약 1만 년 전에는 마지막 빙하기가 끝나고 기온이 올라 오늘날처럼 따뜻해졌다. 인류가 이러한 자연환경에 적응하면서 신석기 시대가 시작되었다. 신석기 시대에는 인류의 생활 양식에 있어 이전과는 다른 커다란 <u>변화</u>가 나타났기 때문에 이를 가리켜 신석기 혁명이라고 한다.

주제 03 고대 문명의 발생

1 문명의 발생

(1) **배경** 큰 강 유역(관개 수로 건설), 계급 발생, 청동기·문자 사용, 도시 국가 형성

(2) **4대 문명** 메소포타미아 문명, 이집트 문명, 인도 문명, 중국 문명

2 메소포타미아 문명

(1) **수메르인의 도시 국가** 티그리스강·유프라테스강 사이에서 발생한 세계 최초의 문명

성립	기원전 3500년경 수메르인이 도시 국가 건설(우르, 라가시 등)
정치	신권 정치(왕은 신의 대리자), 개방적인 지형으로 외부의 침입이 잦음
내세관	사후 세계보다 현세의 삶 중시
문화	지구라트(신전) 건축, 점성술 발달, 쐐기 문자·태음력·60진법 사용

(2) **바빌로니아 왕국** 기원전 1800년경 성립
① 함무라비왕(전성기) 메소포타미아 지역 통일, 함무라비 법전 편찬 **자료 ❶**
② 멸망 함무라비왕 사후 쇠퇴 → 철제 무기를 사용한 히타이트인에게 멸망

3 이집트 문명

성립	나일강 주변에 여러 도시 성립 → 기원전 3000년경 통일 왕국 등장
정치	파라오(태양신의 아들)의 신권 정치, 폐쇄적 지형으로 오랫동안 통일 왕국 유지
내세관	영혼 불멸과 사후 세계를 믿음 → 미라, 「사자의 서」 제작
문화	피라미드·스핑크스 건축, 측량술·기하학 발달, 상형 문자·태양력·10진법 사용

4 페니키아와 헤브라이

페니키아	지중해 연안에 식민 도시 건설(카르타고 등), 표음 문자 사용(→ 알파벳의 기원)
헤브라이	유일신을 믿는 유대교 창시(→ 크리스트교, 이슬람교의 성립에 영향을 줌)

5 인도 문명

(1) **성립** 기원전 2500년경 인더스강 유역에서 도시 문명 발달(하라파, 모헨조다로 등)

(2) **특징** 계획도시 건설, 그림 문자 사용, 메소포타미아 지역과 교역

(3) **아리아인의 침입** **자료 ❷**
① 이동 기원전 1500년경 아리아인이 인더스강 유역에 침입, 원주민 정복 → 기원전 1000년경 갠지스강 유역까지 진출
② 특징 철기 사용 → 농업 발달·정복 전쟁 증가, 카스트제(바르나) 운영, 브라만교 성립(경전 『베다』 중시, 브라만이 제사 의식 주관)

6 중국 문명

(1) **배경** 기원전 2500년경 황허강 유역에서 도시 국가 출현(청동기, 문자 사용)

(2) **상·주 왕조**

상	• 성립: 기원전 1600년경 황허강 중·하류를 중심으로 성립 • 정치: 신권 정치 → 왕이 점을 쳐서 국가 중대사 결정 → 점친 내용을 갑골문으로 남김 • 문화: 청동으로 무기와 제사용 도구 제작, 달력 제작
주	• 성장: 기원전 11세기경 상 정복, 창장강 일대까지 영토 확장 • 봉건제: 왕이 수도 일대 통치, 나머지 지역은 왕족이나 공신을 제후로 삼아 통치 → 점차 혈연관계가 멀어지고 왕실의 통제력이 약화되며 동요 **자료 ❸**

꼭 나오는 자료

자료 ① 함무라비 법전

> 서문 "신들을 경외하는 나 함무라비가 정의를 이 땅에 세워 악한 자들과 악을 행하는 자들을 없애고 약자들이 강자에게서 상해를 입지 않도록……"
>
> 196조 평민이 귀족의 눈을 쳐서 빠지게 하면 그의 눈을 뺀다.
> └ 복수주의적 성격을 보여 줌.
>
> 198조 귀족이 평민의 눈을 쳐서 빠지게 하거나 평민의 뼈를 부러뜨리면 은화 1미나를 물어야 한다. ─ 화폐를 사용하고, 사유 재산을 인정하였음을 알 수 있어.
>
> 205조 노예가 귀족의 뺨을 때리면 그의 귀를 자른다.

└ 형벌이 신분에 따라 다르게 적용되었어.

함무라비 법전은 바빌로니아 왕국의 함무라비왕이 만든 법전으로 총 282개의 조항이 쐐기 문자로 새겨져 있다. 받은 만큼 그대로 돌려준다는 고대 형법의 특징이 나타나며, 귀족, 평민 등의 표현으로 당시 사회가 신분제 사회였음을 알 수 있다.

자료 ② 아리아인의 이동과 카스트제

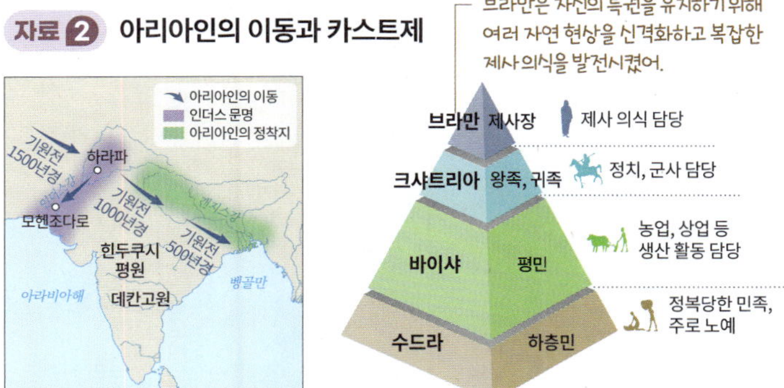

▲ 인도 문명과 아리아인의 침입　　▲ 카스트제의 신분 구성

기원전 1500년경 아리아인은 인더스강 유역에 침입하였고, 기원전 1000년경 갠지스강 유역까지 진출하였다. 이들은 원주민을 지배하기 위해 브라만, 크샤트리아, 바이샤, 수드라로 계급을 구분한 카스트제라는 엄격한 신분 제도를 만들었다. 고대 인도에서는 카스트에 따라 사회적 지위와 직업이 정해졌다.

자료 ③ 주의 봉건제

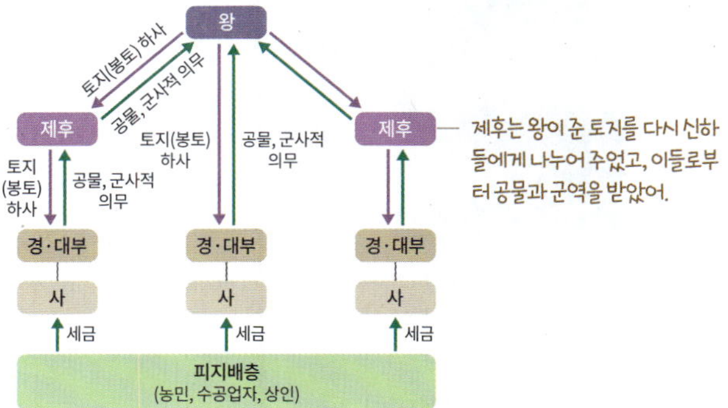

주는 수도 일대는 왕이 직접 통치하고, 나머지 지역은 왕족이나 공신을 제후로 삼아 다스리게 한 봉건제를 실시하였다. 왕은 제후에게 토지를 하사하고, 그 대가로 제후는 왕에게 공물과 군사를 제공하였다. 주의 봉건제는 혈연관계를 바탕으로 유지되었는데, 시간이 지나면서 주 왕실과 제후 간의 혈연관계가 느슨해지고 왕실의 권위도 약해지면서 지방 제후들은 점차 독립적인 세력으로 성장하였다.

대표 문제로 실력 쌓기　　● 바른답·알찬풀이 4쪽

>> **함무라비 법전**

1 다음 법전에 대한 설명으로 옳은 것을 <보기>에서 고른 것은?

> 196조 평민이 귀족의 눈을 쳐서 빠지게 하면 그의 눈을 뺀다.
>
> 198조 귀족이 평민의 눈을 쳐서 빠지게 하거나 평민의 뼈를 부러뜨리면 은화 1미나를 물어야 한다.

| 보기 |

ㄱ. 그림 문자로 기록되었다.
ㄴ. 복수주의적 성격을 지니고 있다.
ㄷ. 파라오의 강력한 권한이 나타난다.
ㄹ. 형벌이 신분에 따라 다르게 적용되었다.

① ㄱ, ㄴ　　② ㄱ, ㄷ　　③ ㄴ, ㄷ
④ ㄴ, ㄹ　　⑤ ㄷ, ㄹ

이것만은 꼭 기억하자! 바빌로니아 왕국의 함무라비 법전에는 복수주의적 성격의 조항과 당시 사회가 신분제 사회였음을 알려 주는 조항이 있어.
✈ **20쪽 05번, 23쪽 20번** 문제도 풀어 보자!

>> **인도 문명의 카스트제** 선택지 하나 더

2 다음 인도 문명의 신분 제도에 대한 설명으로 옳지 <u>않은</u> 것은?

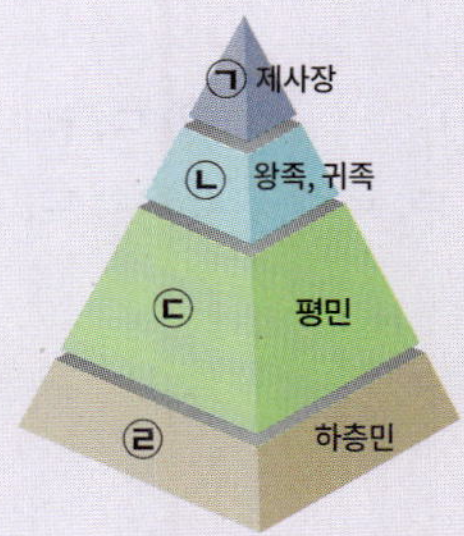

① ㉠은 브라만으로 제사를 주관하였다.
② ㉡은 크샤트리아로 정치, 군사를 맡았다.
③ ㉢은 바이샤로 농업, 상업 등을 담당하였다.
④ ㉣은 정복당한 민족으로 수드라라고 불렸다.
⑤ 아리아인이 원주민을 지배하기 위해 만들었다.
⑥ 신분 간의 이동이 활발하였고 직업도 자유롭게 선택할 수 있었다.

이것만은 꼭 기억하자! 인도 문명에서는 엄격한 신분 제도인 카스트제에 따라 사회적 지위와 직업이 정해졌어.
✈ **22쪽 12번, 13번** 문제도 풀어 보자!

중요
01 지도에 제시된 고대 문명의 공통점으로 옳지 <u>않은</u> 것은?

① 도시 국가가 등장하였다.
② 큰 강 유역에서 발생하였다.
③ 지배 계급이 피지배 계급을 통치하였다.
④ 통치와 교역을 위해 문자를 사용하였다.
⑤ 철기 문화를 바탕으로 활발한 정복 활동을 하였다.

02 고대 문명이 등장한 배경으로 옳은 것만을 <보기>에서 있는 대로 고른 것은?

> **보기**
>
> ㄱ. 유일신을 믿는 종교가 창시되었다.
> ㄴ. 왕실과 제후 간의 혈연관계가 약화되었다.
> ㄷ. 잉여 생산물이 생기면서 계급이 발생하였다.
> ㄹ. 관개 시설을 만들기 위해 많은 노동력이 필요하였다.

① ㄱ, ㄴ   ② ㄷ, ㄹ   ③ ㄱ, ㄴ, ㄷ
④ ㄱ, ㄷ, ㄹ   ⑤ ㄴ, ㄷ, ㄹ

03 ㉠에 들어갈 문명으로 옳은 것은?

> • 선생님: 고대 문명 중 가장 이른 시기에 등장한 문명은 무엇인가요?
> • 학생: (㉠)이에요. 우르, 라가시 등에 여러 도시 국가가 성립하여 발전하였어요.

① 인도 문명   ② 중국 문명
③ 그리스 문명   ④ 이집트 문명
⑤ 메소포타미아 문명

04 밑줄 친 '이 문명'에 대한 설명으로 옳은 것은?

> 이 문명의 사람들은 물건을 사고팔 때 그 내용을 기억하고 확인하기 위해 문자를 발명하였다. 처음에는 사물의 모양을 본뜬 부호를 사용하였다. 그러다 물건의 수가 늘어나면서 점차 부호가 추상적으로 바뀌었는데, 그 모양이 쐐기 모양처럼 생겨 쐐기 문자라 하였다.

① 봉건제를 실시하였다.
② 유대교를 창시하였다.
③ 나일강 유역에서 성장하였다.
④ 태음력과 60진법을 사용하였다.
⑤ 카르타고 등 식민 도시를 건설하였다.

05 ㉠ 왕국에 대한 설명으로 옳은 것은?

> **문화유산 소개**
>
> 
>
> • 명칭: 함무라비 법전비
> • 소개: 사진은 프랑스 루브르 박물관에 있는 함무라비 법전비의 상단 조각이다. 조각에는 (㉠)의 함무라비왕이 태양신에게 지배를 상징하는 고리와 권위를 상징하는 막대기를 받는 모습이 묘사되어 있다.

① 카스트제를 운영하였다.
② 거대한 피라미드를 건설하였다.
③ 태양신의 아들인 파라오가 통치하였다.
④ 알파벳의 기원이 된 표음 문자를 사용하였다.
⑤ 철제 무기를 사용하는 히타이트인에게 멸망하였다.

06 (가)에 들어갈 내용으로 가장 적절한 것은?

> 고대 이집트인은 육체가 죽은 후 영혼이 돌아와 부활한다는 영혼 불멸과 죽고 난 이후의 세계인 사후 세계를 믿었다. 이에 그들은 ________ (가)

① 여호와를 유일신으로 섬겼다.
② 함무라비 법전을 편찬하였다.
③ 죽은 사람을 미라로 만들었다.
④ 인더스강 유역으로 이동하였다.
⑤ 은허에서 하늘에 제사를 지냈다.

08 두 문명을 비교한 표의 내용 중 옳지 <u>않은</u> 것은?

구분	메소포타미아 문명	이집트 문명
① 지형	개방적 지형	폐쇄적 지형
② 내세관	현세 중시	영혼 불멸을 믿음
③ 문자	쐐기 문자	상형 문자
④ 달력	태양력	태음력
⑤ 수학	60진법	10진법

중요
07 ㉠ 문명이 남긴 문화유산으로 옳은 것은?

①  
②  
③ 
④ 
⑤ 

09 (가) 나라에 대한 설명으로 옳은 것은?

이집트 문자 뜻	이집트 문자 문자	(가) 문자	그리스 문자	로마 문자
소의 머리	𓃾	('a) Aleph	ΑΑ (a) Alpha	A
집		(b) Beth	B (b) Beta	B
모서리		(g) Gimel	ΓC (g) Gamma	C/G
접는 문		Δ (d) Daleth	ΔD (d) Delta	D

① 지구라트라는 신전을 지었다.
② 피라미드와 스핑크스를 만들었다.
③ 브라만의 종교적 특권을 존중하였다.
④ 지중해 연안에 카르타고를 건설하였다.
⑤ 혈연을 바탕으로 한 봉건제를 운영하였다.

10 헤브라이에 대한 설명으로 옳은 것은?

① 유대교를 창시하였다.
② 스핑크스를 건설하였다.
③ 지중해 무역을 장악하였다.
④ 히타이트인에게 멸망하였다.
⑤ 함무라비 법전을 편찬하였다.

고난도

11 밑줄 친 '이 도시'에 대한 설명으로 옳은 것은?

① 황허강 유역에 있는 도시이다.
② 동물이 새겨진 인장이 출토되었다.
③ 지구라트라는 대형 신전이 존재한다.
④ 쐐기 문자를 사용한 기록이 남아 있다.
⑤ 점을 친 내용을 기록한 갑골문이 발견되었다.

12 (가) 민족의 이동이 인도에 가져온 변화로 옳은 것을 <보기>에서 고른 것은?

| 보기 |

ㄱ. 청동기 문화가 발달하였다.
ㄴ. 브라만이 제사 의식을 주관하였다.
ㄷ. 엄격한 신분 제도인 카스트제가 성립하였다.
ㄹ. 모헨조다로와 같은 도시 문명이 발달하였다.

① ㄱ, ㄴ　　　② ㄱ, ㄷ　　　③ ㄴ, ㄷ
④ ㄴ, ㄹ　　　⑤ ㄷ, ㄹ

중요

13 ㉠~㉢에 들어갈 신분을 옳게 연결한 것은?

(㉠)	제사 의식을 담당하는 제사장
크샤트리아	왕족·귀족으로 정치와 군사 담당
(㉡)	평민으로 생산 활동 담당
(㉢)	하층민으로 정복당한 민족

▲ 인도의 카스트제

	㉠	㉡	㉢
①	바이샤	브라만	수드라
②	바이샤	수드라	브라만
③	브라만	바이샤	수드라
④	브라만	수드라	바이샤
⑤	수드라	브라만	바이샤

14 (가), (나)와 관련된 문명에 대한 설명으로 옳은 것은?

(가)　　　　　(나)

① (가) – 아리아인의 통치에 반발하였다.
② (가) – 파피루스에 상형 문자로 기록을 남겼다.
③ (나) – 태양력과 10진법을 사용하였다.
④ (나) – 지중해의 해상 무역을 주도하였다.
⑤ (가), (나) – 바빌로니아 왕국에 의해 멸망하였다.

15 중국 문명에 대한 설명으로 옳은 것은?

① 상 왕조는 갑골문을 남겼다.
② 태양력을 만들어 이용하였다.
③ 죽은 사람을 미라로 만들었다.
④ 『베다』를 경전으로 사용하였다.
⑤ 카스트제라는 엄격한 신분 제도를 만들었다.

16 다음 유물들을 활용한 탐구 주제로 가장 적절한 것은?

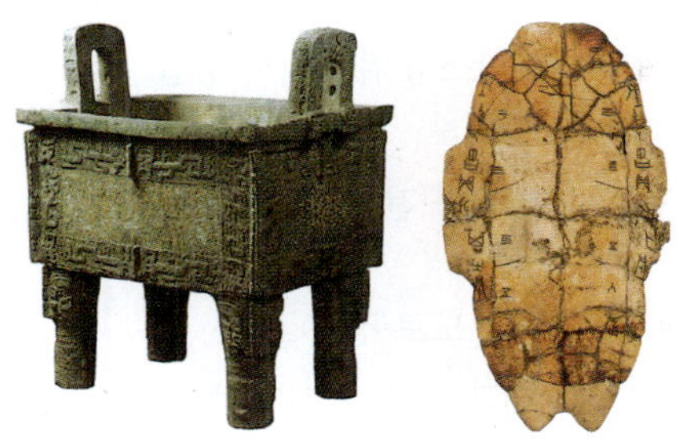

① 알파벳의 기원과 전파
② 히타이트의 철기 문화
③ 현세보다 내세를 중시한 이집트인
④ 하늘의 뜻을 살펴 나라를 통치한 상
⑤ 제사를 주관하는 브라만의 종교적 권위

17 (가) 왕조에 대한 설명으로 옳은 것은?

① 아리아인의 침입을 받았다.
② 지구라트에서 제사를 지냈다.
③ 미라와 「사자의 서」를 만들었다.
④ 최고 통치자를 파라오라고 불렀다.
⑤ 상을 멸망시키고 영토를 확대하였다.

중요 **18** 다음 제도에 대한 설명으로 옳은 것을 <보기>에서 고른 것은?

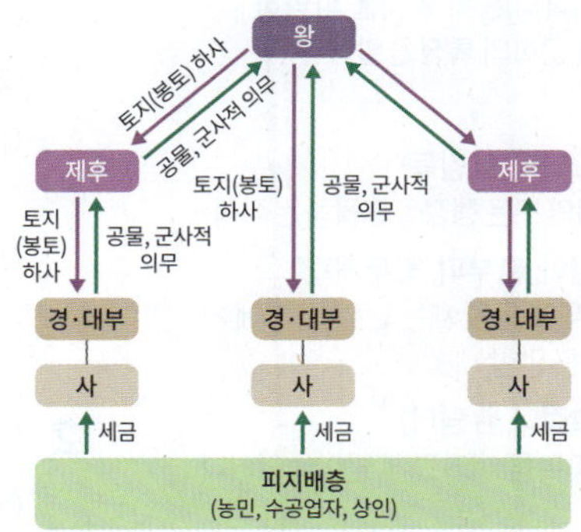

┌ 보기 ┐

ㄱ. 상이 운영한 통치 제도이다.
ㄴ. 왕은 수도 일대를 직접 통치하였다.
ㄷ. 계약을 맺어 제후에게 토지를 분배하였다.
ㄹ. 제후에 대한 왕실의 통제력이 점차 약화되었다.

① ㄱ, ㄴ 　② ㄱ, ㄷ 　③ ㄴ, ㄷ
④ ㄴ, ㄹ 　⑤ ㄷ, ㄹ

서술형

19 메소포타미아 문명의 내세관을 지형의 특징과 연결하여 서술하시오.

서술형

20 다음 자료를 통해 알 수 있는 바빌로니아 왕국의 사회 모습을 <u>두 가지</u> 서술하시오.

> 196조 평민이 귀족의 눈을 쳐서 빠지게 하면 그의 눈을 뺀다.
> 198조 귀족이 평민의 눈을 쳐서 빠지게 하거나 평민의 뼈를 부러뜨리면 은화 1미나를 물어야 한다.

주제 04 페르시아 제국의 발전

＋ 총독(總 거느리다, 督 감독)
관할 구역 내의 모든 행정을 총괄하는 직책

＋ 도량형(度 길이, 量 부피, 衡 무게)
길이, 부피, 무게 등을 재는 단위 및 그에 사용되는 도구를 말함

＋ 관용(寬 너그럽다, 容 담다)
남의 잘못 따위를 너그럽게 받아들이거나 용서함

＋ 구세주(救 구원하다, 世 세계, 主 주인)
세상의 악이나 위험으로부터 인류를 구원하는 신

1 아시리아

(1) **성립** 바빌로니아 왕국 쇠퇴 이후 티그리스강 유역에서 성립

(2) **발전**
① 서아시아 통일 기원전 7세기경 우수한 기마 전술, 철제 무기, 전차를 앞세워 최초로 서아시아 통일
② 중앙 집권 체제 강화 정복지에 ＋총독 파견, 도로 정비

(3) **멸망** 피정복민의 강제 이주, 무거운 세금 부과 등 강압적인 통치 → 각지의 반란

2 아케메네스 왕조 페르시아 ▣자료 ❶

(1) **영토 확장** 기원전 6세기경 키루스 2세 때 서아시아 재통일 → 다리우스 1세 때 지중해 연안에서 인더스강에 이르는 대제국 건설(전성기)

(2) **통치 체제**
① 중앙 집권 체제 다리우스 1세 때 완성

총독 파견	전국을 20개의 주로 나누어 총독 파견
감찰관 파견	'왕의 눈', '왕의 귀'라는 감찰관을 보내 총독 감시
도로망 건설	수도와 주요 도시를 연결하는 '왕의 길' 건설
화폐·도량형 통일	중앙 집권 체제 강화, 제국 내 교류 확대

② ＋관용 정책 피정복민에게 세금을 걷는 대신 종교와 관습 존중 → 장기간 통일 왕조 유지 ▣자료 ❷

(3) **쇠퇴** 기원전 5세기경 페르시아 전쟁(그리스·페르시아 전쟁)에서 패배, 총독들의 반란으로 쇠퇴 → 알렉산드로스에게 멸망(기원전 330년)

3 파르티아

성립	기원전 3세기 중엽 이란 계통의 유목민이 건국
발전	중국과 로마를 연결하는 동서 무역로 장악 → 중계 무역으로 번영
멸망	로마와의 대립과 오랜 전쟁으로 쇠퇴 → 사산 왕조 페르시아에 멸망

4 아케메네스 왕조 페르시아의 문화와 종교

(1) **아케메네스 왕조 페르시아의 문화**
① 발달 배경 피정복민의 종교와 문화를 존중하는 관용 정책, 국내 및 이웃 나라와 활발하게 교역
② 국제적인 문화 발달 다양한 문화의 융합 → 수도 페르세폴리스의 궁전 건축(여러 지역의 문화가 융합된 조각 및 건축물) ▣자료 ❸
③ 공예 발달 유리 공예술, 금속 세공술 등 발달

(2) **조로아스터교**

창시	조로아스터가 창시
특징	• 세상을 선의 신과 악의 신이 대립하는 곳이라 여김 • 최고신인 아후라 마즈다를 상징하는 불을 신성시함 • 페르시아의 왕들이 조로아스터교를 왕권 강화에 이용, 적극적으로 보호 → 서아시아 지역에 널리 전파
영향	최후의 심판, ＋구세주, 천국과 지옥의 교리 → 유대교, 크리스트교, 이슬람교에 영향을 줌

---

1 다음 설명이 맞으면 ○표, 틀리면 ×표를 하시오.

(1) 아시리아는 피정복민의 종교와 관습을 존중하는 관용 정책을 펼쳤다. ( )

(2) 아케메네스 왕조 페르시아는 다리우스 1세 때 대제국을 건설하여 전성기를 맞이하였다. ( )

2 다음 괄호 안의 내용 중 옳은 것에 ○표를 하시오.

(1) 아케메네스 왕조 페르시아는 수도와 주요 도시를 연결하는 ('왕의 길', '왕의 눈')을 건설하였다.

(2) 페르시아인들은 선의 신 아후라 마즈다를 섬기는 (유대교, 조로아스터교)를 널리 믿었다.

꼭나오는 자료

자료 ❶ 아케메네스 왕조 페르시아의 발전

> 수도인 수사에서 사르디스까지 약 2,400km에 이르렀어.

▲

아케메네스 왕조 페르시아는 다리우스 1세 때 이집트와 지중해 연안, 인더스강 유역에 이르는 대제국을 건설하여 전성기를 맞이하였다. 이 시기 '왕의 길'이라는 도로망을 건설하고 도로에는 일정한 거리마다 역을 설치하였다. '왕의 길'을 통해 왕의 명령을 빠르게 전달하고, 세금을 효율적으로 거두어 중앙 집권 체제를 강화하였다.

자료 ❷ 아케메네스 왕조 페르시아의 관용 정책

> 피정복민의 전통과 종교를 존중하는 관용 정책을 펼쳤음이 드러나 있어.

나 키루스(키루스 2세)는 세계 제국의 왕이고 …… 내가 살아 있는 한 너희의 전통과 종교를 존중할 것이다. 그 누구도 다른 사람을 억압해서도 차별해서도 안 되며, 이유 없이 다른 사람의 재산을 빼앗아서도 안 되며, 다른 사람의 자유와 권리를 침해해서도 안 되며, 빚 때문에 남자도 여자도 노예로 삼는 일을 금한다.

▲ 키루스 2세의 원통

- 키루스 2세의 원통에 새겨진 비문 -

아케메네스 왕조 페르시아는 피정복민에게 세금을 거두는 대신 그들의 종교와 관습을 존중하는 관용 정책을 펼쳤다. 강압적인 통치로 반란을 초래한 아시리아와 달리 관용 정책을 실시한 아케메네스 왕조 페르시아는 약 200년 동안 통일 왕조를 유지하며 번영할 수 있었다.

자료 ❸ 아케메네스 왕조 페르시아의 국제적인 문화

> 문 양쪽의 인간의 얼굴을 한 황소 조각은 아시리아 양식이고, 기둥 윗부분은 그리스와 이집트 양식이 혼합되었어.

▲ 페르세폴리스 궁전 유적

▲ 페르세폴리스 궁전의 만국의 문

페르세폴리스는 다리우스 1세가 아케메네스 왕조 페르시아의 수도로 세운 도시이다. 페르세폴리스 궁전 유적에는 주변 지역의 다양한 문화의 영향을 받은 조각이나 건축물이 남아 있어 아케메네스 왕조 페르시아 문화의 국제적인 성격을 보여 준다.

대표 문제로 **실력 쌓기**
● 바른답·알찬풀이 6쪽

>> **아케메네스 왕조 페르시아의 특징** 선택지 하나 더

1 (가)를 건설한 왕조에 대한 설명으로 옳지 <u>않은</u> 것은?

① 조로아스터교를 믿었다.
② 전국에 총독을 파견하였다.
③ 화폐와 도량형을 통일하였다.
④ 그리스와의 전쟁에서 패배하였다.
⑤ 다리우스 1세 때 전성기를 맞이하였다.
⑥ 감찰관을 파견하여 총독을 감시하였다.
⑦ 피정복민의 전통을 파괴하는 강압적인 통치를 펼쳤다.

> **이것만은 꼭 기억하자!** 아케메네스 왕조 페르시아는 '왕의 길'을 건설하였고, 피정복민에게 관용 정책을 펼쳤어.
> ✈ 26쪽 03번, 04번 문제도 풀어 보자!

>> **아케메네스 왕조 페르시아의 문화**

2 다음 유적을 통해 파악할 수 있는 페르시아 문화의 특징으로 가장 적절한 것은?

① 유대교가 발달하였다.
② 영혼 불멸과 사후 세계를 믿었다.
③ 『베다』를 중시하고 자연 현상을 숭배하였다.
④ 알파벳의 기원이 되는 표음 문자를 사용하였다.
⑤ 다양한 문화가 융합된 국제적인 문화가 발달하였다.

> **이것만은 꼭 기억하자!** 피정복민의 종교와 문화를 존중한 아케메네스 왕조 페르시아에서는 국제적인 문화가 발전하였어!
> ✈ 27쪽 08번, 47쪽 09번 문제도 풀어 보자!

01 ㉠왕조에 대한 설명으로 옳은 것을 <보기>에서 고른 것은?

| 보기 |

ㄱ. 페르세폴리스를 수도로 삼았다.
ㄴ. 우수한 철제 무기를 보유하였다.
ㄷ. 피정복민에 가혹한 통치를 실시하였다.
ㄹ. '왕의 눈', '왕의 귀'라고 불리는 감찰관을 파견하
   였다.

① ㄱ, ㄴ　　② ㄱ, ㄷ　　③ ㄴ, ㄷ
④ ㄴ, ㄹ　　⑤ ㄷ, ㄹ

02 다음 궁전 유적을 건설한 왕에 대한 설명으로 옳은 것은?

① 아시리아를 정복하였다.
② 점을 친 내용을 갑골문으로 남겼다.
③ 카스트제라는 엄격한 신분 제도를 만들었다.
④ 전국을 20개 주로 나누어 총독을 파견하였다.
⑤ 자신의 무덤으로 거대한 피라미드를 건설하였다.

중요

03 다음 도로망을 건설한 왕조에 대한 설명으로 옳은 것은?

수사에서 사르디스까지 약 2,400km에 이르는 거대
한 도로망인 '왕의 길'을 건설하였다. 도로에는 일정
한 거리마다 여행자들에게 숙박, 식사, 말을 제공하
는 역을 설치하였다.

① 지구라트를 건축하였다.
② 함무라비 법전을 편찬하였다.
③ 그리스와의 전쟁에서 승리하였다.
④ 피정복민에게 관용 정책을 펼쳤다.
⑤ 사산 왕조 페르시아에 멸망하였다.

고난도

04 (가) 왕조에 대한 탐구 활동으로 적절하지 않은 것은?

① 페르세폴리스 유적을 조사한다.
② 다리우스 1세의 통치 정책을 살펴본다.
③ 키루스 2세의 원통에 새겨진 내용을 분석한다.
④ 대표적인 유리 공예품과 금속 세공품을 찾아본다.
⑤ 카르타고와 같은 식민 도시를 건설한 목적을 알아
   본다.

05 아케메네스 왕조 페르시아가 쇠퇴하게 된 배경으로 옳은
것은?

① 로마와 장기간 대립하였다.
② 그리스와의 전쟁에서 패하였다.
③ 서아시아에 이슬람교가 전파되었다.
④ 파르티아가 동서 무역로를 장악하였다.
⑤ 왕실과 제후 간의 혈연관계가 약화되었다.

06 (가), (나) 시기 사이에 있었던 일로 옳지 <u>않은</u> 것은?

> (가) 아시리아는 서아시아 지역을 통일하고, 정복지에 총독을 파견하였다.
> (나) 파르티아는 중국과 로마를 연결하는 동서 무역로를 장악하고 중계 무역으로 번영을 누렸다.

① 페르시아 전쟁이 일어났다.
② 조로아스터교가 창시되었다.
③ 함무라비 법전이 편찬되었다.
④ 수사와 사르디스에 이르는 도로가 건설되었다.
⑤ 알렉산드로스가 아케메네스 왕조 페르시아를 정복하였다.

07 파르티아에 대한 설명으로 옳은 것은?

① 중계 무역으로 번영을 누렸다.
② 서아시아를 최초로 통일하였다.
③ 페르세폴리스를 수도로 삼았다.
④ '왕의 눈', '왕의 귀'라는 감찰관이 있었다.
⑤ 아케메네스 왕조 페르시아에 멸망하였다.

08 (종요) 다음 자료를 활용한 보고서의 제목으로 가장 적절한 것은?

① 알렉산드로스의 정복 전쟁
② 크리스트교의 전파와 확산
③ 국제적이고 화려한 페르시아의 문화
④ 불을 신성시한 조로아스터교의 세계관
⑤ 중국과의 교류를 통한 서아시아의 발전

09 ㉠에 들어갈 종교로 옳은 것은?

▲ 아후라 마즈다 조각

> (㉠)를 믿는 사람들은 세상을 선과 악이 대결하는 장소로 보았으며, 선의 신 아후라 마즈다를 최고신으로 섬겼다.

① 불교
② 유대교
③ 이슬람교
④ 크리스트교
⑤ 조로아스터교

10 (서술형) 밑줄 친 '나'가 통치한 왕조를 쓰고, 자료를 통해 알 수 있는 이 왕조의 통치 방식을 서술하시오.

> 나 키루스(키루스 2세)는 세계 제국의 왕이고 …… 내가 살아 있는 한 너희의 전통과 종교를 존중할 것이다. 그 누구도 다른 사람을 억압해서도 차별해서도 안 되며, 이유 없이 다른 사람의 재산을 빼앗아서도 안 되며, 다른 사람의 자유와 권리를 침해해서도 안 되며, 빚 때문에 남자도 여자도 노예로 삼는 일을 금한다.

11 (서술형) (가)에 들어갈 수 있는 정책의 효과를 <u>두 가지</u> 서술하시오.

> 다리우스 1세는 수사에서 사르디스까지 약 2,400 km에 이르는 '왕의 길'을 건설하고 도로 곳곳에 역을 설치하였다. 이 도로망의 건설로 ______(가)______

주제 05 그리스 세계와 헬레니즘 세계의 발전

이 주제의 학습 목표
아테네 민주 정치의 발전 과정과 그리스 문화, 헬레니즘 문화의 특징을 알아 두자.

+ **참정권(參 참여하다, 政 정치, 權 권세)**
정치에 참여할 수 있는 권리

+ **금권(金 금, 權 권세)**
재산으로 인해 생기는 권력이라는 의미로 금전에 의해 움직이는 정치를 뜻함

+ **도편 추방제(陶 도자기, 片 파편, 追 쫓다, 放 놓다, 制 법도)**
도자기 파편에 독재자가 될 가능성이 있는 사람의 이름을 적어 많은 표를 얻은 사람을 국외로 추방한 제도

+ **민회(民 시민, 會 회의)**
시민들이 직접 국가의 주요 사안을 논의하고 결정하는 기구

1 폴리스

(1) 성립 그리스는 산악 지형이 많고 평야가 적어 통일 국가 형성이 어려움 → 기원전 10세기경부터 그리스 본토와 해안에 수많은 폴리스(도시 국가) 건설

(2) 구조 아크로폴리스(높은 언덕에 위치, 종교·군사 거점), 아고라(광장, 상업·토론·집회 장소)

(3) 특징 같은 언어 사용, 같은 신 숭배, 올림피아 제전 개최(→ 동족 의식 강화)

2 아테네와 스파르타

(1) 아테네의 민주 정치 발달 자료 ❶

배경		상공업·무역 발달로 부유해진 평민이 군대의 주력 형성 → 정치적 권리 확대 요구
발달	솔론	신분 대신 재산을 기준으로 참정권 부여(금권 정치)
	클레이스테네스	부족제 개편(혈연 중심 → 거주지 중심), 도편 추방제 실시
	페리클레스 (민주 정치의 전성기)	민회 강화(시민이 민회에서 중요 정책 결정), 관리 추첨제 실시, 관리에게 공무 수당 지급
한계		여성, 외국인, 노예에게 참정권을 부여하지 않음

(2) 스파르타의 발전 군사 통치(소수의 시민이 대다수의 피정복민을 감시·통제) → 시민은 어릴 때부터 집단생활과 엄격한 군사 훈련 실시, 왕과 귀족이 정치 주도, 국가 중대사는 민회에서 결정

3 그리스 세계의 번영과 쇠퇴

(1) 페르시아 전쟁(그리스·페르시아 전쟁) 아케메네스 왕조 페르시아와 충돌 → 폴리스 승리

(2) 펠로폰네소스 전쟁 아테네가 델로스 동맹을 결성한 후 세력 확대 → 펠로폰네소스 동맹(스파르타 중심)과 델로스 동맹의 전쟁 → 스파르타의 승리

(3) 쇠퇴 오랜 전쟁으로 국력 쇠퇴 → 기원전 4세기경 마케도니아에 정복

4 그리스 문화 합리적, 인간 중심적인 문화 발달

문학	호메로스의 『일리아스(일리아드)』·『오디세이』
역사	헤로도토스의 『역사』(페르시아 전쟁), 투키디데스의 『역사』(펠로폰네소스 전쟁)
건축·조각	조화와 균형 강조 → 파르테논 신전, 아테나 여신상, 원반 던지는 사람 등
과학	피타고라스(수학), 히포크라테스(의학)
철학	• 소피스트: 진리의 상대성과 주관성 강조 • 소크라테스: 보편적이고 절대적인 진리 주장 → 플라톤과 아리스토텔레스에게 계승(서양 철학의 기초가 됨)

5 알렉산드로스 제국과 헬레니즘 문화

(1) 알렉산드로스 제국의 성립 마케도니아 왕 알렉산드로스의 동방 원정 → 이집트·페르시아 정복, 인더스강 유역까지 진출(각지에 알렉산드리아 건설) → 그리스 문화 확산 → 알렉산드로스 사후 마케도니아·시리아·이집트로 분열 자료 ❷

(2) 헬레니즘 문화 개인주의, 세계 시민주의 자료 ❸

과학	아르키메데스(물리학), 유클리드(기하학), 에라토스테네스(천문학)
철학	스토아학파, 에피쿠로스학파
조각	인간의 감정을 생동감 있게 표현 → 라오콘상(라오콘 군상), 밀로의 비너스상 등

개념 확인 문제

● 바른답·알찬풀이 7쪽

1 다음 설명이 맞으면 ○표, 틀리면 ×표를 하시오.
(1) 그리스의 폴리스들은 올림피아 제전을 열었다. ( )
(2) 아테네는 여성과 외국인, 노예에게 참정권을 부여하였다. ( )

2 다음 괄호 안의 내용 중 옳은 것에 ○표를 하시오.
(1) (솔론, 페리클레스)은/는 관리를 추첨으로 선발하였고, 관리에게 공무 수당을 지급하였다.
(2) (아테네, 스파르타)가 펠로폰네소스 전쟁에서 승리하였다.

꼭 나오는 자료

자료 1 아테네의 민주 정치

> 성인 남자 시민이 민회에 참여하여 국가의 중요한 정책을 토론과 투표로 결정하였어.

"우리의 정치 제도는 이웃 나라의 제도를 모방한 것이 아닙니다. 오히려 우리는 다른 사람들에게 모범이 됩니다. 우리 정치 제도에 입각한 통치는 소수보다는 다수에게 유리합니다. 이것이 우리 정치 제도가 민주 정치로 불리는 이유입니다. …… 저마다 다른 모든 사람에게 같은 정의를 베풀고 있음을 알 수 있습니다. 공무에 진출하는 것은 능력에 대한 평판에 달렸지, 신분이 영향을 주는 것은 아닙니다. 또한 가난도 그런 길을 막지 않으니……."

\- 투키디데스, 『역사』 중 페리클레스의 연설 -

아테네는 처음에 왕정이었으나 점차 귀족정으로 바뀌었다. 점차 평민들의 정치 참여가 활발해지면서 아테네에서는 민주 정치가 발달하였다. 기원전 5세기경 페리클레스는 민회를 강화하였으며, 관리 추첨제를 실시하고 공무 수당을 지급하여 아테네 민주 정치의 전성기를 이끌었다. 그러나 여성과 외국인, 노예에게는 참정권을 부여하지 않았다.

자료 2 알렉산드로스 제국

> 알렉산드로스 제국은 유럽, 아시아, 아프리카의 세 대륙에 걸친 대제국이었어.

▲ 알렉산드로스 제국의 영역

알렉산드로스는 동방 원정에 나서 이집트, 페르시아 등을 정복하고 인더스강 유역까지 진출하였다. 그는 정복지 곳곳에 자신의 이름을 딴 알렉산드리아라는 도시를 건설하고, 그리스인을 이주시켰다. 또한 그리스어를 공용어로 사용하고, 그리스인과 페르시아인의 결혼을 장려하는 등 동서 융합을 꾀하였다.

자료 3 헬레니즘 문화

> 라오콘과 두 아들의 모습을 나타낸 조각상으로, 고통받는 인간의 모습을 사실적으로 표현하였어.

▲ 라오콘상

▲ 밀로의 비너스상

> 그리스 신화에 등장하는 여신인 아프로디테를 묘사한 조각상이야.

헬레니즘 시대에는 그리스 문화와 동방 문화가 융합한 헬레니즘 문화가 발달하였다. 이 시기에는 인간의 감정을 보다 생동감 있게 표현하거나 인간 육체의 아름다움을 추구한 작품이 등장하였다.

대표 문제로 **실력 쌓기**   ● 바른답·알찬풀이 7쪽

≫ 아테네의 민주 정치

1 다음 연설을 한 인물이 시행한 정책으로 옳은 것은?

> 우리 정치 제도에 입각한 통치는 소수보다는 다수에게 유리합니다. 이것이 우리 정치 제도가 민주 정치로 불리는 이유입니다. 법조문을 들여다보면, 저마다 다른 모든 사람에게 같은 정의를 베풀고 있음을 알 수 있습니다.

① 도편 추방제를 도입하였다.
② 펠로폰네소스 동맹을 결성하였다.
③ 관리에게 공무 수당을 지급하였다.
④ 재산을 기준으로 참정권을 부여하였다.
⑤ 여성과 외국인, 노예도 민회에 참여할 수 있게 하였다.

이것만은 꼭 기억하자! 아테네에서는 민주 정치가 발달하였어. 그러나 성인 남자 시민만이 대상이었고 여성, 외국인, 노예에게는 참정권을 부여하지 않았어.

✈ 30쪽 03번 문제도 풀어 보자!

≫ 알렉산드로스 제국   선택지 하나 더

2 지도와 같은 영역을 차지한 제국에 대한 설명으로 옳지 않은 것은?

① 동방 원정을 실시하였다.
② 헬레니즘 문화가 발달하였다.
③ 정복지에 그리스인을 이주시켰다.
④ 민회에서 주요 정책을 결정하였다.
⑤ 알렉산드로스 사후 제국이 분열하였다.
⑥ 제국 곳곳에 알렉산드리아를 건설하였다.

이것만은 꼭 기억하자! 알렉산드로스의 동방 원정으로 그리스 문화가 확산하면서 헬레니즘 문화가 형성되었어.

✈ 31쪽 08번, 11번 문제도 풀어 보자!

01 밑줄 친 '도시 국가'에 대한 설명으로 옳지 <u>않은</u> 것은?

> 산악 지역이 많아 통일 국가를 이루기 어려웠던 그리스에서는 기원전 10세기경부터 작은 <u>도시 국가들</u>이 등장하였다.

① 같은 언어를 사용하였다.
② 아테네와 스파르타가 대표적이다.
③ 올림피아 제전을 열어 동족 간의 결속을 다졌다.
④ 도시의 중심에는 아크로폴리스와 아고라가 있었다.
⑤ 개인주의, 세계 시민주의적 성격의 문화가 발달하였다.

02 ㉠에 들어갈 인물로 옳은 것은?

> 아테네에서는 상공업이 발달하면서 부유해진 평민이 군대의 주력이 되었다. 평민이 정치적 권리를 요구하자 (㉠)은/는 재산에 따라 시민을 네 등급으로 나누고, 참정권을 차등 부여하였다.

① 솔론　　　　　　② 투키디데스
③ 페리클레스　　　④ 헤로도토스
⑤ 클레이스테네스

03 중요 ✨ (가) 인물에 대한 설명으로 옳은 것은?

① 관리를 추첨으로 뽑았다.
② 『일리아스』를 저술하였다.
③ 도편 추방제를 도입하였다.
④ 군사 통치 체제를 강화하였다.
⑤ 외국인에게 참정권을 부여하였다.

04 ㉠에 들어갈 도시 국가에 대한 설명으로 옳은 것을 <보기>에서 고른 것은?

> 사료로 보는 세계사 - 그리스 편
> 20세부터 60세까지의 남자들은 병역 의무를 졌다. 30세까지는 결혼을 해도 병영에서 공동생활을 하였다. 소녀들도 국가의 감독하에 육체 운동과 정신 교육을 받는데, 건강한 어머니만이 훌륭한 전사를 낳을 수 있다는 이유에서였다.
> --
> [해설] (㉠)은/는 시민에게 엄격한 훈련을 실시하여 군사 통치 체제를 유지하였다.

> | 보기 |
> ㄱ. 델로스 동맹을 결성하였다.
> ㄴ. 펠로폰네소스 전쟁에서 승리하였다.
> ㄷ. 소수의 시민이 다수의 피정복민을 지배하였다.
> ㄹ. 클레이스테네스 시기 도편 추방제를 도입하였다.

① ㄱ, ㄴ　　　② ㄱ, ㄷ　　　③ ㄴ, ㄷ
④ ㄴ, ㄹ　　　⑤ ㄷ, ㄹ

05 다음 사건들을 일어난 순서대로 옳게 나열한 것은?

> (가) 펠로폰네소스 전쟁이 일어났다.
> (나) 페르시아가 그리스를 공격하였다.
> (다) 마케도니아가 그리스를 정복하였다.

① (가) - (나) - (다)　　　② (가) - (다) - (나)
③ (나) - (가) - (다)　　　④ (나) - (다) - (가)
⑤ (다) - (가) - (나)

06 고대 그리스 문화에 대한 설명으로 옳지 <u>않은</u> 것은?

① 호메로스가 『오디세이』를 저술하였다.
② 소크라테스가 진리의 보편성을 주장하였다.
③ 합리적이고 인간 중심적인 문화가 발전하였다.
④ 헤로도토스가 페르시아 전쟁을 다룬 『역사』를 저술하였다.
⑤ 제국 아래 모두가 같은 시민이라는 세계 시민주의의 성격을 띠었다.

07 다음을 통해 알 수 있는 그리스 문화의 특징으로 가장 적절한 것은?

그리스 아테네에 있는 파르테논 신전으로, 아테네의 수호신인 아테나를 모시고 있다. 페리클레스 시대에 세워진 건물이며, 5 : 8의 황금 비율로 지어졌다.

① 조화와 균형을 중시하였다.
② 국제적인 성격의 문화가 발전하였다.
③ 인간의 감정을 생동감 있게 표현하였다.
④ 그리스 문화와 동방의 문화가 융합하였다.
⑤ 개인의 행복을 추구하는 개인주의가 발달하였다.

08 (가) 인물의 업적으로 옳지 <u>않은</u> 것은?

① 그리스인을 정복지에 이주시켰다.
② 헬레니즘 문화의 형성에 기여하였다.
③ 아케메네스 왕조 페르시아를 정복하였다.
④ 정복지에 자신의 이름을 딴 도시를 세웠다.
⑤ 수도와 주요 도시를 잇는 '왕의 길'을 건설하였다.

09 보고서의 (가)에 들어갈 문화유산으로 적절한 것은?

헬레니즘 시대의 문화

(가)

이 작품에서 인간의 감정을 보다 생동감 있게 표현하고, 인간 육체의 아름다움을 추구한 헬레니즘 문화의 특징을 엿볼 수 있다.

① 
②  
③  
④ 
⑤ 

10 밑줄 친 ㉠의 주장을 각각 서술하시오.

그리스인의 합리적인 태도는 철학의 발전을 가져왔다. 기원전 5세기경에는 ㉠ <u>소피스트와 소크라테스</u>가 진리에 관한 상반된 주장을 하였다.

11 (가) 문화가 등장한 배경을 서술하시오.

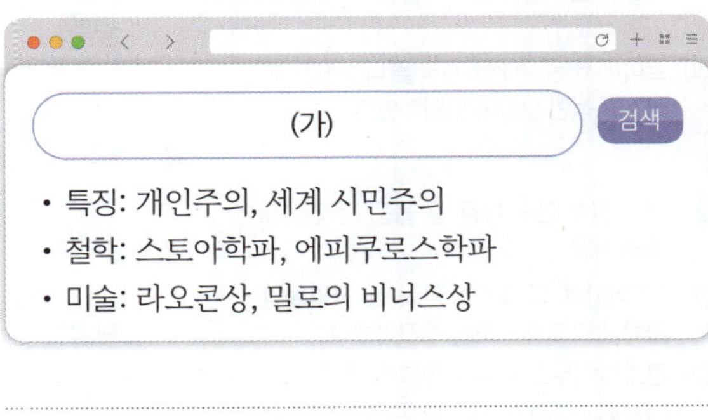

주제 06 로마 제국의 발전

이 주제의 학습 목표
로마 정치체제의 변화를 파악하고, 로마 문화의 특징을 알아 두자.

+ **공화정(共 함께, 和 화하다, 政 정치)**
왕이 없이 개인이나 집단이 국가를 통치하는 정치 체제

+ **원로원(元 으뜸, 老 늙다, 院 집)**
로마 공화정의 입법과 자문을 담당한 최고 의결 기관

+ **집정관(執 잡다, 政 정치, 官 벼슬)**
로마 공화정의 행정과 군사를 맡은 관직

+ **호민관(護 돕다, 民 백성, 官 벼슬)**
평민의 권익을 보호하기 위해 뽑은 평민 대표로, 원로원의 결정에 거부권을 행사할 수 있었음

+ **제정(帝 황제, 政 정치)**
황제가 다스리는 정치 체제

---

1 로마의 건국과 공화정의 성립

(1) **로마의 건국** 기원전 8세기경 이탈리아반도의 도시 국가로 출발, 왕정 실시

(2) **공화정 성립** 기원전 6세기경 귀족의 주도로 공화정 수립 → 원로원(최고 의결 기관)·집정관(행정, 군사 담당)·민회(국가 중대사를 투표로 결정) 중심으로 운영

(3) **발전** 상공업 발달로 부유해진 평민이 군대의 주력 형성 → 평민이 정치적 권리를 요구하며 귀족과 투쟁 → 평민회 구성, 호민관 선출

(4) **쇠퇴**
① **로마-카르타고 전쟁(포에니 전쟁)** 기원전 3세기 로마가 이탈리아반도 통일 → 지중해 해상권을 놓고 카르타고와 전쟁 → 로마의 승리, 서쪽 지중해 일대 장악
② **자영농의 몰락** 전쟁을 거치며 로마의 유력자들이 노예를 이용한 대농장(라티푼디움) 경영, 정복지로부터 값싼 곡물 유입 → 자영농 몰락
③ **그라쿠스 형제**의 개혁 자영농의 몰락을 방지하기 위해 대토지 소유 제한, 빈민에게 싼값으로 곡물을 제공하는 개혁 추진 → 귀족의 반대로 실패 **자료 ❶**

2 로마 제정의 등장과 쇠퇴

(1) **성립** 카이사르가 강력한 군사력을 기반으로 권력 장악 → 반대파에게 암살당함 → 카이사르 사후 옥타비아누스가 정권 장악 → 원로원으로부터 '아우구스투스(존엄한 자)' 칭호를 받음, 로마의 제정 시작(기원전 27)

(2) **로마의 평화(Pax Romana)** 약 200년간 유능한 황제 등장, 영토가 크게 확장, 안정과 번영의 시대 전개 **자료 ❷**

(3) **쇠퇴** 군대의 개입으로 황제가 자주 교체 → 사회적 혼란 발생, 상공업 쇠퇴

(4) **중흥 노력**
① **디오클레티아누스** 제국의 4분할 통치
② **콘스탄티누스 대제** 크리스트교 공인, 콘스탄티노폴리스(비잔티움)로 천도

(5) **제국의 분열** 로마 제국이 동로마와 서로마로 분열(395) → 서로마 제국 멸망(476), 동로마 제국은 이후 1000여 년 동안 지속

3 로마의 문화 **자료 ❸**

(1) **특징** 광대한 제국의 유지·관리 → 실용적인 문화 발전

(2) **발전**

건축	콜로세움, 개선문, 공중목욕탕, 수도교, 판테온 신전 등 건축
도로	로마와 각지를 연결하는 도로 건설 → 원활한 교류, 군대의 신속한 이동
법률	• 관습법(사회의 규범이 된 불문법) → 12표법(최초의 성문법) → 시민법(로마 시민에게만 적용) → 만민법(제국 내 모든 민족에 적용) • 동로마 제국(비잔티움 제국)의 『유스티니아누스 법전』으로 집대성

4 크리스트교의 성립과 확산

성립	1세기경 팔레스타인 지역에서 예수 출현, 민족과 신분을 초월한 사랑과 평등 설교 → 예수 처형 → 이후 제자들이 가르침 전파 → 여성·하층민·노예 중심으로 확산
탄압	크리스트교도들이 유일신 사상을 바탕으로 황제 숭배 거부 → 로마 제국의 크리스트교도 박해(박해를 피해 지하 묘지인 카타콤에서 예배)
성장	• 콘스탄티누스 대제: 밀라노 칙령으로 크리스트교 공인(313) • 테오도시우스 1세: 로마의 국교로 지정(392) → 이후 세계 종교로 성장

 나오는 자료

자료 ❶ 그라쿠스 형제의 개혁

귀족이 불법으로 얻은 토지를 몰수하여 농민에게 나누어 주는 개혁을 실시하였어.

> 조국을 위해 싸우고 죽어 가는 사람들은 공기와 햇빛만 누릴 뿐, 집도 잃고 처자식도 함께 떠돌아다닙니다. …… 로마의 병사들은 세계의 지배자가 되었지만 자기 소유라 할 단 한 조각의 땅도 없습니다.
>
> - 티베리우스 그라쿠스의 연설문 -

로마-카르타고 전쟁(포에니 전쟁)을 거치며 로마에서는 귀족 등 유력자들이 넓은 땅을 차지하고 노예 노동을 이용한 대농장(라티푼디움)을 경영하였다. 반면 자영농은 토지를 잃고 몰락하여 빈민이 되었다. 호민관으로 선출된 그라쿠스 형제는 자영농의 몰락을 막기 위해 유력자의 대토지 경영을 제한하고, 빈민에게 싼값으로 곡물을 제공하는 등 개혁을 추진하였다. 그러나 귀족의 반대로 개혁은 실패하였다.

자료 ❷ 로마의 평화(Pax Romana)

▲ 로마 제국의 영역

'지중해는 로마의 호수'라는 말이 있을 정도로 로마는 대제국을 건설하였어.

옥타비아누스 집권 이후 로마 제국은 약 200년 동안 로마의 평화라 불리는 전성기를 맞이하였다. 이 시기 유능한 황제가 잇달아 등장하면서 유럽, 아프리카, 아시아에 걸친 대제국을 건설하였고, 정치적·경제적 안정과 번영을 이룩하였다.

자료 ❸ 로마의 문화

검투사들의 시합, 맹수와의 격투 경기 등이 열린 원형 경기장이야.

도시에 수돗물을 공급하기 위한 수로로, 아치형의 형태로 건설하여 무게를 분산하였어.

▲ 콜로세움   ▲ 수도교

로마에서는 대제국을 통치하는 데 필요한 건축, 법률 등 실용적인 문화가 발달하였다. 로마인은 콜로세움, 수도교 등 실용적인 건축물을 세우고, 각 도시를 연결하는 도로를 건설하였다. 한편 로마에서는 법률이 발달하였다. 공화정 초기에 제정된 12표법은 이후 시민법으로 발달하였고, 로마가 제국으로 발전하면서 만민법으로 확대되었다.

대표 문제로 실력 쌓기
● 바른답·알찬풀이 8쪽

>> 그라쿠스 형제의 개혁 [선택지 하나 더]

1 다음 주장이 제기된 배경으로 옳은 것은?

> 로마의 병사들은 세계의 지배자가 되었지만 자기 소유라 할 단 한 조각의 땅도 없습니다.
>
> - 티베리우스 그라쿠스의 연설문 -

① 자영농이 몰락하였다.
② 12표법이 제정되었다.
③ 원로원이 구성되었다.
④ 카이사르가 암살되었다.
⑤ 크리스트교가 공인되었다.
⑥ 로마 제국이 동서로 분열되었다.

이것만은 꼭 기억하자! 그라쿠스 형제는 대토지 소유를 제한하는 개혁을 추진하였어.
✈ 34쪽 05번, 48쪽 12번 문제도 풀어 보자!

>> 로마 문화의 특징

2 다음 문화유산을 활용한 탐구 보고서의 제목으로 가장 적절한 것은?

① 로마 제국의 분열
② 로마의 실용적인 건축
③ 헬레니즘 시대의 건축물
④ 크리스트교의 성립과 확산
⑤ 인간 중심적인 그리스 문화

이것만은 꼭 기억하자! 로마에서는 넓은 제국을 다스리는 데 도움이 되는 건축, 법률 등 실용적인 문화가 발달하였어.
✈ 35쪽 08번 문제도 풀어 보자!

01 ㉠~㉢에 들어갈 기구를 옳게 연결한 것은?

> 로마 공화정에는 세 가지 요소가 있었다. (㉠)은/는 로마 공화정의 입법·자문을 담당한 최고 의결 기관이었다. (㉡)은/는 로마의 최고 통치자로서 행정과 군사를 도맡았다. (㉢)은/는 귀족과 평민이 모두 참여하여 국가의 중대사를 투표로 결정하였다.

	㉠	㉡	㉢
①	민회	원로원	집정관
②	민회	집정관	원로원
③	원로원	민회	집정관
④	원로원	집정관	민회
⑤	집정관	원로원	민회

02 로마에서 밑줄 친 '이 관직'이 설치된 배경으로 옳은 것을 <보기>에서 고른 것은?

> 이 관직은 원로원의 결정을 검토하였고, 원로원의 결정에 거부권을 행사할 수 있었다.

| 보기 |
ㄱ. 크리스트교가 탄압받았다.
ㄴ. 평민이 군대의 주력이 되었다.
ㄷ. 상공업의 발달로 평민이 부유해졌다.
ㄹ. 제국을 4분할한 뒤 네 명의 통치자를 두었다.

① ㄱ, ㄴ 　　② ㄱ, ㄷ 　　③ ㄴ, ㄷ
④ ㄴ, ㄹ 　　⑤ ㄷ, ㄹ

03 (가)에 들어갈 내용으로 옳은 것은?

> 기원전 3세기에 이탈리아반도를 통일한 로마는 카르타고와 로마-카르타고 전쟁(포에니 전쟁)을 벌여 승리하였다. 그 결과 __________(가)

① 크리스트교가 공인되었다.
② 로마 공화정이 수립되었다.
③ 헬레니즘 문화가 형성되었다.
④ 로마가 지중해 일대를 장악하였다.
⑤ 로마의 평화 시대가 열리게 되었다.

04 (가) 시기 로마에서 있었던 일로 옳은 것은?

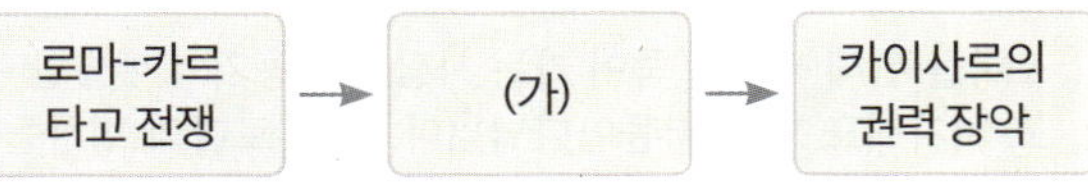

① 로마 제정 시작
② 크리스트교 공인
③ 로마 제국의 동서 분열
④ 디오클레티아누스 즉위
⑤ 귀족들의 대농장(라티푼디움) 경영

05 다음과 같은 개혁을 추진한 목적으로 옳은 것은?

① 공화정 수립 　　② 노예제 폐지
③ 자영농 육성 　　④ 호민관 선출
⑤ 카이사르의 독재 붕괴

06 다음에서 설명하는 인물로 옳은 것은?

① 카이사르 　　② 페리클레스
③ 옥타비아누스 　　④ 디오클레티아누스
⑤ 콘스탄티누스 대제

고난도

07 다음 로마에서 있었던 사건들을 일어난 순서대로 옳게 나열한 것은?

> (가) 군인 황제 시대
> (나) 크리스트교 공인
> (다) 로마 제국의 동서 분열
> (라) 로마 제국의 4분할 통치

① (가) - (나) - (라) - (다)
② (가) - (라) - (나) - (다)
③ (나) - (가) - (다) - (라)
④ (라) - (나) - (가) - (다)
⑤ (라) - (나) - (다) - (가)

09 밑줄 친 '탄압'의 이유로 가장 적절한 것은?

사진은 카타콤이라 부르는 지하 묘지의 내부 모습이다. 초기 크리스트교도들은 로마의 탄압을 피해 좁은 통로로 이루어진 카타콤에서 몰래 예배를 드리기도 하였다.

① 불을 신성시하였다.
② 세금을 납부하지 않았다.
③ 황제 숭배를 거부하였다.
④ 라티푼디움을 경영하였다.
⑤ 다신교 신앙을 유지하였다.

중요
08 (가)에 들어갈 문화유산으로 적절한 것은?

① 
② 
③ 
④ 
⑤

서술형

10 ㉠에 들어갈 황제를 쓰고, 그의 대표적인 업적을 서술하시오.

> (㉠)은/는 원래 태양신을 숭배하였으나, 나중에 크리스트교에 마음이 기울어 스스로 크리스트교로 개종하였다. 그는 313년 밀라노 칙령을 발표하여 크리스트교를 공인하였다.

서술형

11 로마법의 발달 과정을 나타낸 도표를 보고, 물음에 답하시오.

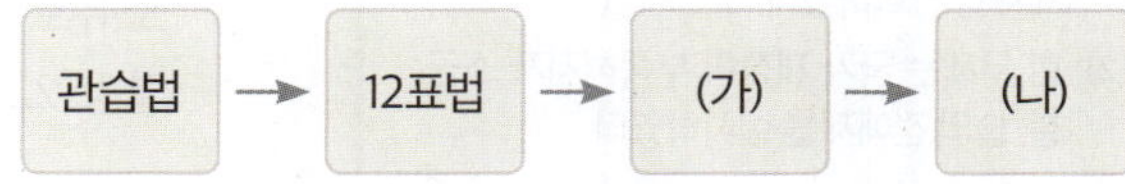

(1) (가), (나)에 들어갈 법의 명칭을 각각 쓰시오.

(2) (가)와 (나)의 특징을 비교하여 서술하시오.

주제 07 춘추 전국 시대와 진·한의 발전

이 주제의 학습 목표
춘추 전국 시대의 사회 변화와 진·한의 통치 체제가 갖는 특징을 알아 두자.

+ **제자백가**(諸 모두, 子 아들, 百 일백, 家 집)
춘추 전국 시대에 등장한 여러 사상가와 다양한 학파

+ **분서갱유**(焚 불사르다, 書 글, 坑 구덩이, 儒 선비)
시황제가 사상의 통일을 위해 책을 불태우고 유생을 구덩이에 묻어 죽인 일

+ **군국제**(郡 고을, 國 나라, 制 법도)
관리를 파견하여 다스리는 군현제와 왕족과 공신을 제후로 임명하여 다스리는 봉건제를 혼합한 제도

+ **전매제**(專 오로지, 賣 팔다, 制 제도)
국가가 특정 상품을 독점하여 생산하고 판매하는 제도

+ **훈고학**(訓 가르치다, 詁 주내다, 學 학문)
유학의 경전을 문자나 어구를 해석하는 방법으로 연구하는 학문

1 춘추 전국 시대 자료❶

(1) **성립** 기원전 8세기 주가 수도를 동쪽의 낙읍(뤄양)으로 천도 → 주 왕실 약화, 제후들이 세력을 다투는 춘추 전국 시대 전개

(2) **사회 변화**
① 농업 생산량 증가 철제 농기구와 소를 이용한 농사법 보급 → 농업 생산량 증가
② 상공업 발달 도시 성장, 다양한 화폐 사용
③ 전쟁 규모 확대 철제 무기 사용 → 전쟁의 규모가 커지고 전쟁이 치열해짐

(3) **제자백가 등장** 각국이 부국강병을 위해 유능한 인재 등용 → 다양한 정치사상 발전

유가	공자 등이 인과 예를 바탕으로 한 도덕 정치 주장
도가	노자 등이 인위적인 제도보다 도와 자연의 순리를 따르는 무위자연 강조
묵가	묵자 등이 차별 없는 사랑(겸애)과 평화 강조
법가	한비자가 완성, 엄격한 법의 적용 주장

2 진의 중국 통일 법가 사상을 바탕으로 중국을 최초로 통일(기원전 221)

(1) **시황제(진시황제)의 정책**

중앙 집권 정책	• '황제' 칭호 사용: 스스로를 첫 번째 황제라는 의미의 시황제로 칭함 • 군현제 실시: 전국을 군으로 나누고 그 밑에 현을 두어 관리 파견 • 도로망 정비: 수도에서 각 지방으로 통하는 도로망 정비 • 통일 정책: 화폐, 도량형, 문자, 수레바퀴의 폭 등 통일 자료❷ • 사상 통제: 법가 사상을 바탕으로 분서갱유 단행 → 반대 세력 억압
대외 정책	• 만리장성 축조: 흉노를 견제하고자 만리장성을 쌓아 침입에 대비 • 영토 확장: 베트남 북부 지역까지 확장

(2) **멸망** 가혹한 통치, 대규모 토목 공사 → 전국에서 농민 반란 → 멸망(기원전 206)

3 한의 성립과 발전

(1) **고조** 유방(고조)이 한 건국 후 중국 재통일, 장안을 수도로 삼음, 군국제 시행

(2) **무제**

중앙 집권 강화	군현제를 전국으로 확대
대외 원정	흉노 정벌, 남월·고조선 정복, 장건의 서역 파견 → 비단길 개척 자료❸
경제 정책	대외 원정으로 국가 재정 부족 → 소금·철·술의 전매제 실시

(3) **전한의 멸망** 무제 사후 외척과 환관의 다툼 → 외척 왕망이 한을 멸망시킴, 신 건국(8)

(4) **후한의 성립과 멸망** 광무제가 후한 건국(25) → 외척과 환관의 횡포, 호족의 대토지 소유로 농민 생활 악화 → 황건적의 난 등 농민 봉기 발발 → 호족의 봉기로 후한 멸망(220)

4 한의 문화 중국 전통 문화의 기틀 마련

유학	• 무제가 유교를 통치 이념으로 채택하면서 발전 → 유학 교육 기관 설립 • 분서갱유로 훼손된 유교 경전 복원 과정에서 훈고학 발달
역사학	사마천의 『사기』 편찬(중국 역사 서술의 모범이 됨)
과학 기술	채륜이 종이 만드는 기술 개량(학문과 사상의 발전에 기여)
동서 교류	비단길을 따라 인도의 불교가 중국에 전래, 중국 비단의 유럽 전파

개념 확인 문제 ● 바른답·알찬풀이 9쪽

1 다음 설명이 맞으면 ○표, 틀리면 ×표를 하시오.
(1) 시황제는 군국제를 실시하여 중앙 집권 체제를 강화하였다. (   )
(2) 한 무제는 국가 재정이 부족해지자 소금, 철, 술의 전매제를 실시하였다. (   )

2 다음 괄호 안의 내용 중 옳은 것에 ○표를 하시오.
(1) (도가, 유가)는 인과 예를 바탕으로 한 도덕 정치를 주장하였다.
(2) 한 무제 때 (장건, 채륜)의 서역 파견을 계기로 비단길이 개척되었다.

꼭 나오는 자료

자료 ❶ 춘추 전국 시대

주가 유목민의 침입을 피해 수도를 낙읍(뤄양)으로 옮긴 이후 주 왕실의 권위가 약해졌다. 이 틈을 타 제후들이 세력을 다투면서 춘추 전국 시대가 시작되었다. 춘추 시대에는 5개의 제후국, 전국 시대에는 7개의 제후국이 패권을 다투었다. 이 시기 정치는 혼란스러웠지만 각국의 치열한 경쟁 속에서 경제·사회·사상이 크게 발전하였다.

춘추 5패는 진(晉), 제, 초, 오, 월을 가리키고, 전국 7웅은 진(秦), 제, 연, 초, 한, 위, 조를 가리켜.

자료 ❷ 시황제의 통일 정책

진은 각 제후국에서 사용하던 다양한 화폐를 반량전으로 통일하였어.

무게를 달 때 쓰는 추를 통일하였어.

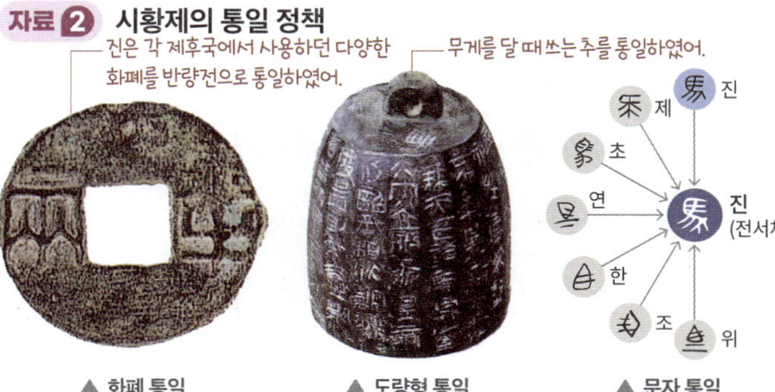

▲ 화폐 통일　　▲ 도량형 통일　　▲ 문자 통일

진의 시황제는 나라와 지역마다 달랐던 화폐, 도량형, 문자를 하나로 통일하였다. 화폐와 길이·부피·무게의 단위를 통일함으로써 지역 간 상업 활동이 활발해졌으며, 세금 징수가 편리해졌다. 또한 문자를 통일함으로써 행정의 효율성을 높여 중앙 집권 체제를 강화할 수 있었다.

자료 ❸ 장건의 서역 파견

비단길을 따라 포도, 석류, 호두, 불교 등이 중국에 전래되고 중국의 비단이 서역과 유럽에 전해졌어.

▲ 한의 영역과 장건의 이동 경로

한 무제는 대월지와 동맹을 추진하여 흉노를 견제하고자 장건을 서역에 파견하였다. 비록 대월지의 거부로 동맹에는 실패하였으나 장건의 파견을 계기로 한의 영역이 서쪽으로 확대되고, 중국에서 서역으로 통하는 동서 교통로인 비단길이 개척되었다.

》》 춘추 전국 시대의 특징

1 지도의 형세가 나타난 시기에 있었던 일로 옳은 것은?

① 황건적의 난이 일어났다.
② 시황제가 분서갱유를 일으켰다.
③ 왕망이 급진적 개혁을 실시하였다.
④ 채륜이 종이 만드는 법을 개량하였다.
⑤ 철기가 보급되어 농업 생산량이 늘어났다.

이것만은 꼭 기억하자! 춘추 전국 시대에는 정치가 혼란하였지만 각국이 경쟁하면서 경제와 사회가 크게 발전하였어.
✈ 38쪽 01번 문제도 풀어 보자!

》》 시황제의 정책 〔선택지 하나 더〕

2 다음의 정책을 실시한 황제의 업적으로 옳지 않은 것은?

화폐의 통일

▲ 반량전

전국 시대의 나라와 지역마다 제각각이었던 화폐와 도량형을 하나로 통일하여 상업 활동과 세금 징수를 편리하게 하였다.

① 군국제를 시행하였다.
② 전국의 도로망을 정비하였다.
③ 시황제라는 칭호를 사용하였다.
④ 분서갱유를 일으켜 사상을 통제하였다.
⑤ 베트남 북부 지역까지 영토를 확장하였다.
⑥ 흉노의 침입을 막기 위해 만리장성을 쌓았다.

이것만은 꼭 기억하자! 진의 시황제는 중국을 최초로 통일하였을 뿐만 아니라 화폐, 문자, 도량형까지 통일하였어. 또한 중앙 집권 체제를 강화하고자 군현제를 시행하였지.
✈ 38쪽 03번, 39쪽 11번 문제도 풀어 보자!

01 밑줄 친 변화의 배경으로 옳은 것을 <보기>에서 고른 것은?

> 춘추 전국 시대의 정치는 혼란스러웠지만, 경제와 사회는 크게 발전하였다. 농업 생산량이 증가함에 따라 상공업이 활발해지고 도시가 성장하였다.

┤ 보기 ├
ㄱ. 철제 농기구를 사용하였다.
ㄴ. 대규모 토목 공사를 실시하였다.
ㄷ. 소를 이용한 농사법이 보급되었다.
ㄹ. 유교를 국가의 통치 이념으로 채택하였다.

① ㄱ, ㄴ   ② ㄱ, ㄷ   ③ ㄴ, ㄷ
④ ㄴ, ㄹ   ⑤ ㄷ, ㄹ

02 (가), (나)의 주장을 한 제자백가를 옳게 연결한 것은?

> (가) 타인을 차별 없이 사랑하면 다른 나라를 침략하는 전쟁이 사라질 것이다.
> (나) 남을 사랑하는 어진 마음인 '인'과 사람의 마땅한 도리인 '예'가 중요하다.

① (가) 도가, (나) 법가   ② (가) 법가, (나) 묵가
③ (가) 법가, (나) 유가   ④ (가) 묵가, (나) 법가
⑤ (가) 묵가, (나) 유가

중요✦
03 밑줄 친 '이 황제'에 대한 설명으로 옳지 <u>않은</u> 것은?

병마용 갱은 이 황제의 무덤 근처에 실제 크기와 비슷하게 만든 병사와 말들을 묻어 놓은 것이다. 무덤을 지키기 위한 군대를 재현한 것으로 여겨진다.

① 봉건제를 실시하였다.
② 도로망을 정비하였다.
③ 만리장성을 축조하였다.
④ 법가 사상을 중시하였다.
⑤ '황제'라는 칭호를 처음 사용하였다.

04 다음 자료가 나타내는 사건에 대한 설명으로 옳은 것은?

> 시황제는 이사의 상소를 허락하고, 시서와 백가의 저서를 몰수하여 불태우고 …… 비판하는 자들을 구덩이를 파고 묻어버렸다.
>   - 사마천, 『사기』 -

① 유가에서 정책을 뒷받침하였다.
② 전한이 멸망하는 원인이 되었다.
③ 사상을 통제하기 위해 실시하였다.
④ 비단길이 개척되는 결과를 가져왔다.
⑤ 춘추 시대가 시작되는 배경이 되었다.

05 (가) 인물에 대한 설명으로 옳은 것은?

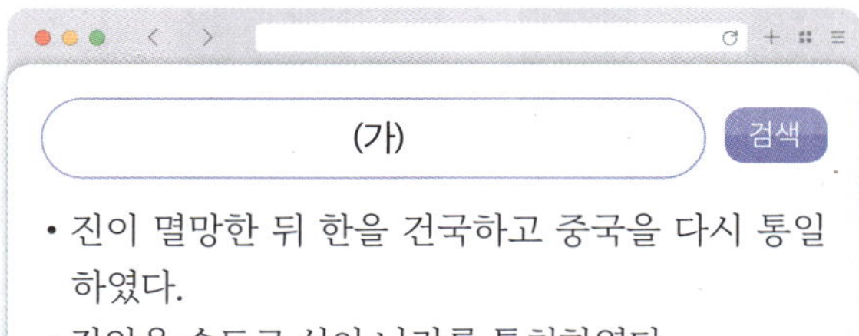

① 고조선을 점령하였다.
② 군국제를 실시하였다.
③ 무위자연을 강조하였다.
④ 급진적 개혁을 추진하였다.
⑤ 분서갱유로 사상을 억압하였다.

06 (가)에 들어갈 내용으로 가장 적절한 것은?

> 한 무제는 적극적인 대외 원정을 실시하여 영토를 확장하였다. 이로 인해 국가 재정이 부족해지자 재정을 확보하기 위해 __________ (가)

① 만리장성을 축조하였다.
② 분서갱유로 사상을 통제하였다.
③ 군현제를 전국적으로 확대하였다.
④ 소금과 철의 전매제를 실시하였다.
⑤ 유교를 통치 이념으로 채택하였다.

고난도

07 (가)에 들어갈 탐구 주제로 가장 적절한 것은?

> **역사 탐구 계획서**
>
> 이름: ○○○
>
> 1. 주제: _________ (가) _________
> 2. 모둠별 탐구 활동
>   · 1모둠: 시황제가 만리장성을 축조한 배경을 알아
>   본다.
>   · 2모둠: 한 무제가 장건을 서역에 파견한 목적을 조
>   사한다.

① 환관과 외척의 횡포
② 농민 생활의 악화 원인
③ 비단길을 통한 동서 교류
④ 중국 왕조와 흉노의 대립
⑤ 중국 왕조의 지방 통치 체제

08 다음 사건들을 일어난 순서대로 옳게 나열한 것은?

> (가) 왕망이 신을 건국하였다.
> (나) 황건적의 난이 일어났다.
> (다) 광무제가 한(후한)을 건국하였다.

① (가) - (나) - (다)   ② (가) - (다) - (나)
③ (나) - (다) - (가)   ④ (다) - (가) - (나)
⑤ (다) - (나) - (가)

09 후한이 멸망한 배경으로 옳은 것을 <보기>에서 고른 것은?

> **┤ 보기 ├**
> ㄱ. 호족이 각지에서 봉기하였다.
> ㄴ. 만리장성 건축에 백성이 반발하였다.
> ㄷ. 황건적의 난 등 농민 봉기가 일어났다.
> ㄹ. 황제가 분서갱유를 일으켜 반대 세력을 억압하
> 　　였다.

① ㄱ, ㄴ   ② ㄱ, ㄷ   ③ ㄴ, ㄷ
④ ㄴ, ㄹ   ⑤ ㄷ, ㄹ

중요

10 밑줄 친 '이 왕조'의 문화 발달에 대한 설명으로 옳지 <u>않은</u>
것은?

> 사마천은 전설 속의 황제 시대부터 이 왕조의 무제
> 때까지의 역사를 다룬 『사기』를 편찬하였다. 이 역
> 사서는 후대 역사 서술의 모범이 되었다.

① 제자백가가 등장하였다.
② 유교를 통치 이념으로 채택하였다.
③ 채륜이 종이 만드는 법을 개량하였다.
④ 비단길을 통해 인도의 불교가 전해졌다.
⑤ 경전을 해석하고 주석을 다는 훈고학이 발전하였다.

서술형

11 밑줄 친 '통일 정책'을 추진한 결과를 서술하시오.

> 시황제는 중국을 통일한 뒤 나라와 지역마다 서로
> 달랐던 화폐, 도량형, 수레바퀴의 폭, 문자 등을 하
> 나로 만드는 통일 정책을 실시하였다.

서술형

12 다음 지도를 보고, 물음에 답하시오.

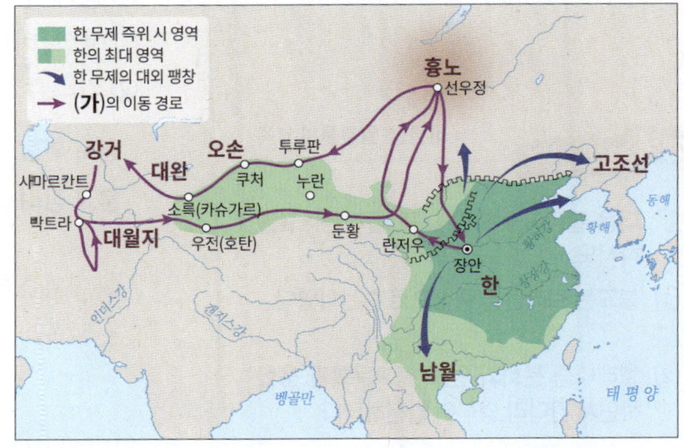

(1) (가) 인물을 쓰시오.

(2) (1)의 파견이 미친 영향을 서술하시오.

불교문화의 형성과 확산

이 주제의 학습 목표
불교의 확산 과정과 인도 마우리아 왕조,
쿠샨 왕조의 특징을 알아 두자.

+ **윤회**(輪 바퀴, 廻 돌다)
수레바퀴가 끊임없이 굴러가듯, 생명이 있는 모든 존재는 태어나고 죽는 것을 끊임없이 반복한다는 사상

+ **해탈**(解 풀다, 脫 벗다)
깨달음을 통해 번뇌와 고통이 없는 상태에 이르는 것

+ **상좌부**(上 위, 座 자리, 部 거느리다)
윗자리라는 뜻으로 덕이 높은 승려를 의미함

+ **대승**(大 크다, 乘 수레)
큰 수레라는 뜻으로 많은 사람이 타는 큰 수레처럼 중생을 구제하는 것을 의미함

1 불교의 등장

(1) **배경** 기원전 7세기경 인도의 갠지스강 유역에 철기 문화 확산 → 정복 전쟁 활발, 농업·상공업 발달 → 크샤트리아(정치·군사 담당)와 바이샤(생산 담당) 성장 → 브라만교의 형식적인 제사 의식과 카스트제의 신분 차별 비판

(2) **창시 및 확산**

창시	기원전 6세기경 고타마 싯다르타(석가모니)가 불교 창시
교리	• 신분 차별에 반대 → 자비와 평등 강조 • 수행을 통해 윤회의 고통에서 벗어나 해탈할 수 있다고 함
확산	크샤트리아와 바이샤 계급 중심으로 확산

2 마우리아 왕조의 성립과 발전

(1) **성립** 기원전 4세기경 인도가 작은 왕국들로 분열 → 알렉산드로스의 침입으로 혼란 심화 → 찬드라굽타 마우리아가 마우리아 왕조 건국, 최초로 북인도 통일

(2) **아소카왕의 통치** 마우리아 왕조의 전성기(기원전 3세기)

영토 확장	남부를 제외한 인도 대부분 지역 통일
중앙 집권 체제 강화	도로와 관개 시설 정비, 전국에 관리 파견
불교 장려	불경 정리, 전국에 사원·탑·돌기둥 건립(산치 대탑 등) 자료 ❶
상좌부 불교 전파	• 엄격한 수행을 통한 개인의 해탈을 강조하는 상좌부 불교 발전 • 동남아시아 및 실론(스리랑카)에 전파 자료 ❷

(3) **쇠퇴** 아소카왕 사후 급속히 쇠퇴, 이민족의 침입 → 인도의 재분열

3 쿠샨 왕조의 성립과 발전

(1) **성립** 1세기경 이란 계통 유목민인 쿠샨족이 인도 서북부에 쿠샨 왕조 건국

(2) **발전**
① 중계 무역으로 번성 중국과 서아시아를 잇는 동서 무역로 차지 → 중계 무역으로 번성, 바닷길을 통해 로마와도 교역
② **카니슈카왕의 통치** 쿠샨 왕조의 전성기(2세기)

영토 확장	북인도에서 중앙아시아에 이르는 넓은 영토 확보
불교 장려	전국에 사원과 탑 건립, 불교 경전 번역·보급
대승 불교 전파	• 중생의 구제를 강조하는 대승 불교 발전 • 부처를 신으로 여겨 신앙의 대상으로 삼음 • 중앙아시아를 거쳐 동아시아에 전파 자료 ❷

4 간다라 양식의 발달 자료 ❸

배경	알렉산드로스의 원정 이후 서북 인도의 간다라 지방에 헬레니즘 문화 전파
형성	• 초기 불교도는 탑·보리수·수레바퀴 등으로 부처 표현 → 그리스 조각의 영향을 받아 부처를 인간의 모습으로 표현한 불상 제작 • 쿠샨 왕조의 간다라 지방에서 인도 불교문화와 헬레니즘 문화가 융합한 간다라 양식 발달
전파	비단길을 통해 중국을 거쳐 한국과 일본에 전파 → 불상 제작에 영향을 줌

1 다음 설명이 맞으면 ○표, 틀리면 ×표를 하시오.
(1) 불교는 브라만을 중심으로 확산하였다.
( )
(2) 헬레니즘 문화와 인도 불교문화가 융합하면서 간다라 양식이 발전하였다.
( )

2 다음 괄호 안의 내용 중 옳은 것에 ○표를 하시오.
(1) (대승, 상좌부) 불교는 엄격한 수행을 통한 개인의 해탈을 강조하였다.
(2) 쿠샨 왕조는 (아소카왕, 카니슈카왕) 때 전성기를 맞이하였다.

꼭 나오는 자료

자료 ❶ 아소카왕의 불교 장려 정책

칼링가 전투가 끝난 후 나의 마음속에는 많은 갈등과 부처님의 법을 향한 갈망이 싹텄다. 정복에 대한 후회도 생겼다. 자유민을 정복한다는 것은 사람을 죽이고 학살하고 노예로 만든다는 뜻이다. 나는 이제 이런 일에 고뇌를 느낀다. - 아소카왕의 돌기둥에 새겨진 글 -

▲ 산치 대탑

아소카왕이 석가모니의 사리를 보관하기 위해 만든 현존하는 가장 오래된 불탑이야.

마우리아 왕조의 아소카왕은 전쟁의 참혹함을 깨닫고 참회하는 마음으로 불교를 믿게 되었다. 이후 아소카왕은 전국 각지에 사원과 탑을 건립하고, 돌기둥을 세우는 등 불교를 적극 장려하였다.

자료 ❷ 불교의 전파

대승 불교는 비단길을 통해 동아시아에 전파되었어.

마우리아 왕조의 아소카왕 때에는 개인의 해탈을 강조하는 상좌부 불교가 발전하여 동남아시아 및 실론에 전파되었다. 쿠샨 왕조의 카니슈카왕 때에는 중생의 구제를 강조하는 대승 불교가 발전하여 중앙아시아를 거쳐 동아시아 지역에 전파되었다.

자료 ❸ 간다라 양식

▲ 그리스 신상　　▲ 간다라 불상

알렉산드로스의 원정 이후 그리스인이 신을 인간의 형상과 같이 조각하는 것을 본 인도인들이 불상을 만들기 시작하였어.

쿠샨 왕조의 중심지였던 간다라 지방에서는 헬레니즘 문화와 인도 불교문화가 융합하여 간다라 양식이 등장하였다. 간다라 불상은 그리스 신상의 영향을 받아 곱슬머리, 깊은 눈, 오뚝한 콧날, 섬세한 옷 주름 등을 특징으로 한다.

대표 문제로 **실력 쌓기**　●바른답·알찬풀이 11쪽

>> 마우리아 왕조의 발전　[선택지 하나 더]

1 다음 탑을 건립한 인물의 업적으로 옳지 <u>않은</u> 것은?

① 상좌부 불교를 장려하였다.
② 전국에 사원과 탑을 세웠다.
③ 도로와 관개 시설을 정비하였다.
④ 비단길을 장악하고 중계 무역을 독점하였다.
⑤ 남부를 제외한 인도 대부분 지역을 통일하였다.
⑥ 전국에 관리를 파견하여 중앙 집권 체제를 강화하였다.

> **이것만은 꼭 기억하자!** 마우리아 왕조의 아소카왕 통치 시기에는 중앙 집권 체제가 강화되었을 뿐만 아니라 상좌부 불교가 발달하였어.
> 🢒 42쪽 05번, 49쪽 16번 문제도 풀어 보자!

>> 간다라 양식의 발달

2 다음 두 조각상의 모습이 비슷한 배경으로 가장 적절한 것은?

▲ 그리스 신상　　▲ 간다라 불상

① 카스트제의 신분 차별이 강화되었다.
② 마우리아 왕조가 북인도를 통일하였다.
③ 동남아시아에 상좌부 불교가 전파되었다.
④ 갠지스강 유역에 철기 문화가 확산되었다.
⑤ 알렉산드로스의 원정으로 인도에 헬레니즘 문화가 전파되었다.

> **이것만은 꼭 기억하자!** 간다라 양식은 헬레니즘 문화와 인도 불교문화가 융합한 양식으로, 비단길을 따라 동아시아에 전파되었어.
> 🢒 43쪽 08번, 49쪽 17번 문제도 풀어 보자!

01 ㉠, ㉡에 들어갈 신분을 옳게 연결한 것은?

> 기원전 7세기경 갠지스강 유역에서는 정복 전쟁이 활발해지고 농업과 상공업이 발달하였다. 이에 정치·군사를 담당하는 (㉠)와/과 생산을 담당하는 (㉡)가 성장하였다. 이들은 카스트제의 신분 차별을 비판하였다.

	㉠	㉡
①	바이샤	수드라
②	바이샤	크샤트리아
③	브라만	수드라
④	크샤트리아	바이샤
⑤	크샤트리아	수드라

중요
02 밑줄 친 '이 종교'에 대한 설명으로 옳은 것은?

> 고타마 싯다르타는 왕자로 태어났지만 인간의 삶에 대해 끊임없이 고민하였다. 결국 출가하여 수행 끝에 깨달음을 얻었고 <u>이 종교</u>를 창시하였다.

① 불을 신성시하였다.
② 자비와 평등을 강조하였다.
③ 엄격한 법의 적용을 주장하였다.
④ 카스트에 따른 의무 수행을 중시하였다.
⑤ 페르시아 왕들이 왕권 강화에 이용하였다.

03 (가) 시기 인도에서 있었던 일로 옳은 것은?

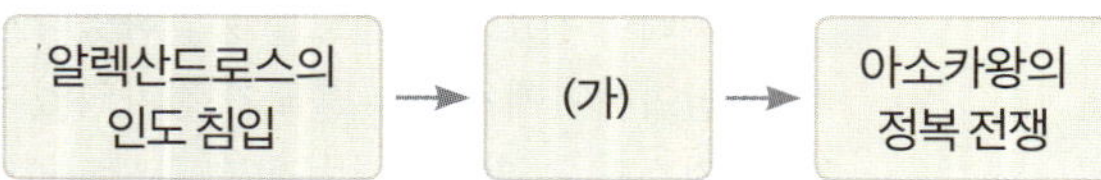

① 불교 창시
② 브라만교 성립
③ 카스트제 형성
④ 대승 불교의 발전
⑤ 마우리아 왕조 건국

04 (가) 왕조에 대한 탐구 활동으로 가장 적절한 것은?

① 카니슈카왕의 업적을 살펴본다.
② 대승 불교가 전파된 지역을 검색한다.
③ 간다라 양식의 전파 과정을 조사한다.
④ 아소카왕의 중앙 집권 정책을 분석한다.
⑤ 중계 무역으로 번성할 수 있었던 지리적 이점을 알아본다.

05 밑줄 친 '나'에 대한 설명으로 옳은 것은?

> 칼링가 전투가 끝난 후 <u>나</u>의 마음 속에는 많은 갈등과 부처님의 법을 향한 갈망이 싹텄다. 정복에 대한 후회도 생겼다. 자유민을 정복한다는 것은 사람을 죽이고 학살하고 노예로 만든다는 뜻이다. <u>나</u>는 이제 이런 일에 고뇌를 느낀다.

① 대승 불교를 지원하였다.
② 산치 대탑을 건립하였다.
③ 이란 계통의 유목민이다.
④ 조로아스터교를 보호하였다.
⑤ 마우리아 왕조를 건국하였다.

06 (가) 왕조에 대한 설명으로 옳은 것은?

① 카스트제를 확립하였다.
② 산치 대탑을 건립하였다.
③ 상좌부 불교가 발달하였다.
④ 중계 무역으로 번성하였다.
⑤ 최초로 북인도를 통일하였다.

중요
07 (가), (나) 종교에 대한 설명으로 옳은 것은?

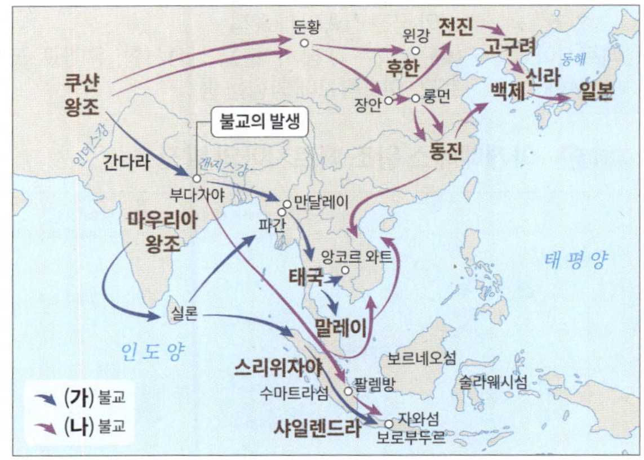

① (가) - 쿠샨 왕조에서 유행하였다.
② (가) - 중생의 구제를 강조하였다.
③ (나) - 개인의 해탈을 강조하였다.
④ (나) - 간다라 미술과 함께 전파되었다.
⑤ (가), (나) - 『베다』를 경전으로 삼았다.

고난도
08 밑줄 친 '이 문화유산'으로 가장 적절한 것은?

> 선생님: 인도에서는 대승 불교와 간다라 양식의 확산으로 부처를 표현하는 방식이 변화하였어요. <u>이 문화유산</u>을 통해 그 변화를 확인할 수 있어요.

① 　② 

③ 　④ 

⑤ 

서술형
09 밑줄 친 ㉠의 이유를 서술하시오.

> 기원전 6세기경 고타마 싯다르타는 불교를 창시하여 자비와 평등을 강조하고, 누구나 수행을 통해 해탈할 수 있다고 하였다. ㉠이러한 가르침은 크샤트리아와 바이샤 계급을 중심으로 확산되었다.

서술형
10 다음 글을 읽고, 물음에 답하시오.

> 쿠샨 왕조 시기에 발달한 불교 종파로, 개인의 해탈보다 중생을 구제하는 것이 더 중요하다고 여겼다.

(1) 위에서 설명하는 불교 종파를 쓰시오.

(2) (1)의 불교 종파가 전파된 지역을 서술하시오.

주제 01 역사의 의미

역사의 의미	• 사실로서의 역사: 과거에 일어났던 사실 → (**1**) 의미 • (**2**)으로서의 역사: 과거에 일어났던 사실에 대한 기록 → 주관적 의미
역사 탐구 방법	• 역사 자료(사료): 기록물, 유물, 유적 등 옛사람이 남긴 흔적 • 사료 비판: 역사가는 사료 비판으로 사료의 내용을 철저히 검증 • 역사 탐구 과정: 탐구 주제의 선정 → 역사 자료 수집 → 역사 자료의 분석과 해석 → 해석 검증 → 탐구 결과의 정리

주제 02 인류의 출현과 선사 문화의 발전

인류의 진화		오스트랄로피테쿠스 아파렌시스 → 호모 에렉투스 → 호모 네안데르탈렌시스 → (**1**)
구석기 시대	도구	뗀석기 사용(주먹도끼, 긁개 등)
	생활	• 채집, 사냥, 물고기잡이 → 이동 생활 • 동굴, 바위 그늘, 강가의 막집에 거주
신석기 시대	도구	간석기 사용(갈돌, 갈판 등), 토기 제작
	생활	• 농경과 목축 시작 → 신석기 혁명 • 강가나 바닷가의 (**2**)에서 정착 생활

주제 03 고대 문명의 발생

문명의 발생 배경		큰 강 유역, 계급 발생, 청동기·문자 사용, 도시 국가 형성
메소포타미아 문명	수메르인의 도시 국가	• 티그리스강·유프라테스강 유역에 성립 • 신권 정치, 개방적 지형, 현세의 삶 중시, 신전인 (**1**) 건축, 쐐기 문자·태음력·60진법 사용
	바빌로니아 왕국	함무라비왕이 메소포타미아 지역 통일, 함무라비 법전 편찬
이집트 문명		• 나일강 유역에 성립 • 파라오의 신권 정치, 폐쇄적 지형, 사후 세계 중시(미라, 「사자의 서」), 피라미드 건축, 상형 문자·태양력·10진법 사용
인도 문명	성립	인더스강 유역에 성립, 계획도시 건설(하라파, 모헨조다로 등), 그림 문자 사용
	아리아인의 침입	• 아리아인이 인더스강 유역에 침입 → 갠지스강 유역까지 진출 • 카스트제(바르나) 운영, 「베다」를 중시하는 (**2**) 성립 **자료❶**
지중해 연안	페니키아	식민 도시 건설(카르타고), 표음 문자 사용
	헤브라이	유대교 창시 → 크리스트교, 이슬람교의 성립에 영향을 줌
중국 문명	상	황허강 유역에 성립, 신권 정치 → 점을 친 결과를 (**3**)으로 남김
	주	상 정복 후 영토 확장, 봉건제 실시

자료 ❶ 카스트제

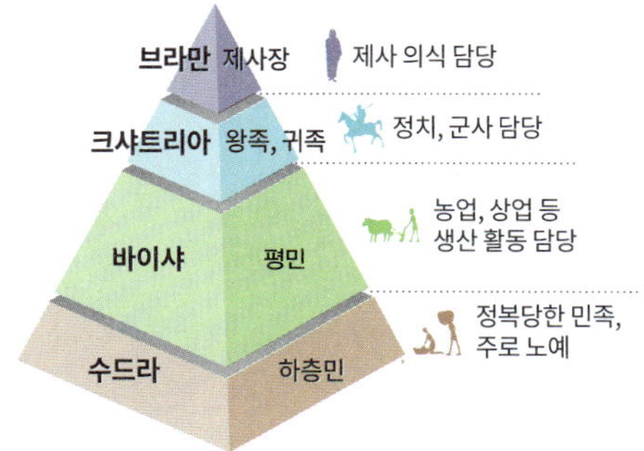

⌃ 아리아인은 원주민을 지배하기 위해 브라만, 크샤트리아, 바이샤, 수드라로 계급을 구분한 카스트제라는 신분 제도를 만들었다. 카스트제에서 최고 신분인 (**4**)은 종교적 권위를 가지고 복잡한 제사 의식을 주관하였다.

주제 04 페르시아 제국의 발전

아시리아	• 발전: 우수한 기마 전술, 철제 무기, 전차를 앞세워 최초로 서아시아 통일 • 멸망: 피정복민에 대한 강압적 통치 → 각지의 반란으로 멸망
아케메네스 왕조 페르시아 **자료❷**	• 키루스 2세: 서아시아 재통일 • 다리우스 1세: 총독 파견, 감찰관('왕의 눈', '왕의 귀')을 보내 총독 감시, (**1**)이라는 도로망 건설, 화폐와 도량형 통일 • (**2**) 실시: 피정복민에게 세금을 걷는 대신 종교와 관습 존중 • 페르시아 전쟁(그리스·페르시아 전쟁)에서 패배 → 알렉산드로스에게 멸망
파르티아	이란 계통의 유목민이 건국 → 중국과 로마를 연결하는 중계 무역으로 번영
아케메네스 왕조 페르시아의 문화	• 국제적인 문화 발달: 다양한 문화가 융합, 페르세폴리스의 궁전 건축이 대표적 • (**3**) 창시: 불을 신성시함, 유대교·크리스트교·이슬람교에 영향을 줌

자료 ❷ 아케메네스 왕조 페르시아의 발전

⌃ 아케메네스 왕조 페르시아는 (**4**) 때 대제국을 건설하였다. 수도인 수사에서 사르디스까지 약 2,400km에 이르는 도로인 '왕의 길'을 건설하여 왕의 명령을 빠르게 전달하고 세금을 효율적으로 거두어 중앙 집권 체제를 강화하였다.

주제 05 그리스 세계와 헬레니즘 세계의 발전

그리스 세계	아테네	• 민주 정치 발달: (❶)이 금권 정치 실시 → 클레이스테네스가 도편 추방제 실시 → 페리클레스가 민회 강화·관리 추첨제 실시·공무 수당 지급 • 민주 정치의 한계: 여성, 외국인, 노예에게 참정권을 부여하지 않음
	(❷)	소수의 시민이 대다수의 피정복민을 감시·통제하는 군사 통치 체제
	번영과 쇠퇴	페르시아 전쟁(그리스·페르시아 전쟁)에서 승리 → 펠로폰네소스 전쟁 → 오랜 전쟁으로 국력 쇠퇴 → 마케도니아에 정복
	문화	• 합리적, 인간 중심적인 문화 발달 • 문학(호메로스의 『일리아스(일리아드)』), 역사(헤로도토스의 『역사』), 건축(파르테논 신전), 철학(소피스트·소크라테스)
알렉산드로스 제국	성립과 발전	알렉산드로스가 동방 원정으로 대제국 건설 → 각지에 (❸)라는 도시 건설 → 그리스 문화 확산
	헬레니즘 문화	• 개인주의, 세계 시민주의 • 철학(스토아학파, 에피쿠로스학파), 조각(라오콘상, 밀로의 비너스상)

주제 06 로마 제국의 발전

공화정	• 공화정 수립(원로원·집정관·민회 중심) → 평민의 정치적 권리 요구 → 평민회 구성, (❶) 선출 • 로마-카르타고 전쟁(포에니 전쟁) 승리 → 라티푼디움 경영, 자영농 몰락 → (❷)의 개혁 시도·실패
제정	옥타비아누스의 정권 장악 → 로마의 평화 → 군인 황제 시대 → 디오클레티아누스의 제국 4분할 통치 → 콘스탄티누스 대제의 크리스트교 공인, (❸)로 천도 → 로마 제국의 동서 분열 자료❸
문화	건축, 도로, 법률 등 실용적인 문화 발달
크리스트교	사랑과 평등 강조, 황제 숭배 거부로 탄압을 받음 → 콘스탄티누스 대제가 밀라노 칙령으로 공인 → 테오도시우스 1세가 로마의 국교로 지정

자료 ❸ 로마 제국의 영역

🔼 로마는 제정 성립 이후 (❹)라 불리는 전성기를 맞이하였다. 이 시기 대제국을 건설하고, 정치적·경제적 안정을 이룩하였다.

주제 07 춘추 전국 시대와 진·한의 발전

춘추 전국 시대	성립		주가 낙읍(뤄양)으로 천도 → 제후들의 경쟁
	사회·경제		• 철제 농기구 사용 → 농업 생산량 증가 • 상공업 발달 → 도시 성장
	문화		(❶)의 등장으로 다양한 사상 발전
진	시황제 (진시황제)		황제 칭호 사용, 군현제 실시, 화폐·도량형·문자 통일, 사상 통제(분서갱유), 만리장성 축조, 베트남 북부까지 영토 확장
	멸망		가혹한 정치, 대규모 토목 공사 → 농민 반란
한	전한	고조	한 건국, 군국제 시행
		무제	(❷)의 전국 확대, 유교 채택, 흉노 정복, 남월·고조선 정복, 전매제 실시, 장건의 서역 파견(→ 비단길 개척) 자료❹
	후한		왕망이 신을 건국하며 전한 멸망 → 광무제가 후한 건국 → 황건적의 난 → 호족의 봉기
	문화		훈고학 발달, (❸)의 종이 개량, 사마천의 『사기』 편찬

자료 ❹ 한의 영역과 장건의 서역 파견

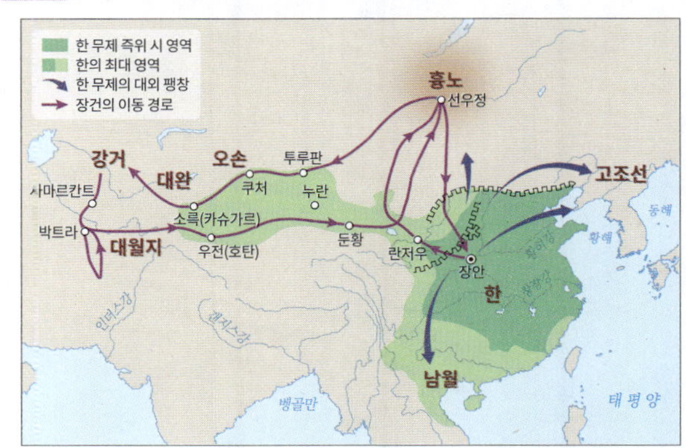

🔼 한 무제는 대월지와 연합하여 흉노를 공격하고자 (❹)을 서역에 파견하였다. 동맹을 체결하는 데에는 실패하였으나 이를 계기로 (❺)이 개척되었다. 이 길을 통해 불교 등이 중국에 전래되었고, 중국의 비단이 서역과 유럽에까지 전해졌다.

주제 08 불교문화의 형성과 확산

불교 등장	배경	기원전 7세기경 갠지스강 유역에 철기 문화 확산 → 농업·상공업 발달 → 크샤트리아와 바이샤 성장 → 브라만교와 카스트제 비판
	창시	(❶)가 불교 창시 → 자비와 평등 강조 → 크샤트리아와 바이샤 중심으로 확산
마우리아 왕조		• 찬드라굽타 마우리아: 최초로 북인도 통일 • (❷): 인도 대부분 지역 통일, 중앙 집권 체제 강화, 불교 장려 → 상좌부 불교 발전
쿠산 왕조		• 중국과 서아시아를 잇는 중계 무역으로 번성 • 카니슈카왕: 불교 장려 → (❸)불교 발전 • 간다라 양식: 쿠산 왕조 시기에 발달, 인도 불교문화와 헬레니즘 문화의 융합

01 (가), (나) 역사 서술에 대한 설명으로 옳은 것은?

> (가) 나폴레옹은 1804년 프랑스 황제로 즉위하였으나 1815년 세인트헬레나섬에 유폐되었고, 1821년 사망하였다.
> (나) 나는 얼마 전 부패한 관료 제도를 파괴하고 있는 나폴레옹을 보고 '살아 있는 세계정신'이라며 감격한 바 있다.

① (가) - 역사의 주관적 의미가 드러난다.
② (가) - 역사가의 사관이 반영된 서술이다.
③ (나) - 역사의 객관적 의미가 드러난다.
④ (나) - 비판적으로 검토해야 하는 서술이다.
⑤ (나) - 사실로서의 역사에 해당하는 서술이다.

02 (가)에 들어갈 내용으로 가장 적절한 것은?

① 유물만을 사료로 활용해야 해.
② 문자 기록은 참고하지 않아야 해.
③ 전문가와의 인터뷰를 반드시 해야 해.
④ 인터넷 검색으로만 자료를 수집해야 해.
⑤ 사료 비판으로 사료 내용을 철저히 검증해야 해.

03 (가)에 들어갈 사진 자료로 가장 적절한 것은?

> **답사 보고서**
> 1. 장소: 경기도 연천군 전곡읍 전곡리
> 2. 답사를 통해 알게 된 점: 사진과 같은 구석기 시대의 뗀석기를 직접 볼 수 있었다. 뗀석기는 돌을 깨거나 떼어 내 제작하였다고 한다.
>
> (가)

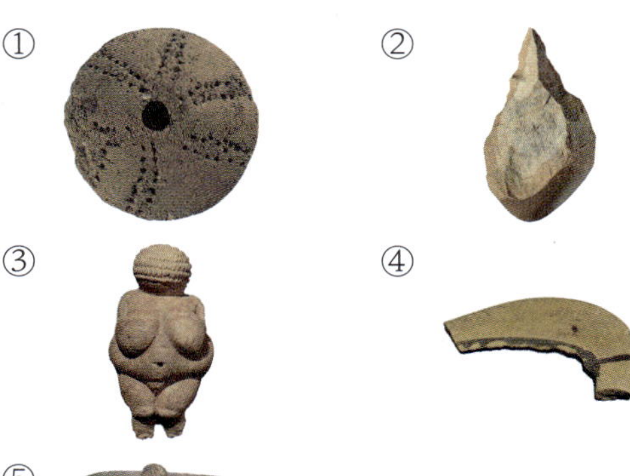

① ② ③ ④ ⑤

04 밑줄 친 '이 시대'에 대한 설명으로 옳은 것을 <보기>에서 고른 것은?

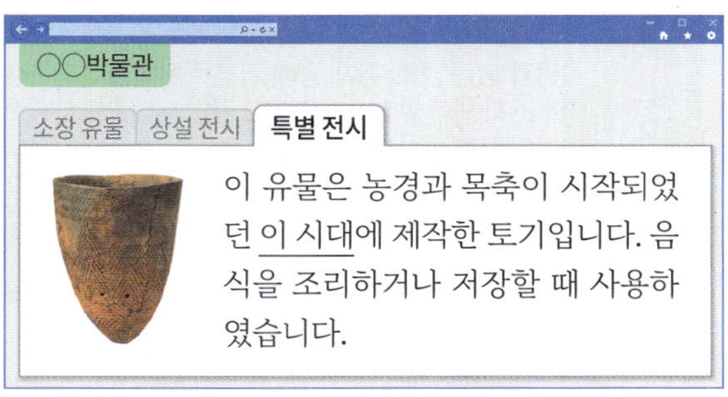

┌ 보기 ┐
ㄱ. 주먹도끼 등 뗀석기를 사용하였다.
ㄴ. 이동 생활을 하며 동굴에서 거주하였다.
ㄷ. 가락바퀴와 뼈바늘로 옷과 그물을 제작하였다.
ㄹ. 특정 동물을 자기 부족의 수호신으로 숭배하였다.

① ㄱ, ㄴ   ② ㄱ, ㄷ   ③ ㄴ, ㄷ
④ ㄴ, ㄹ   ⑤ ㄷ, ㄹ

05 ㉠에 들어갈 문명에 대한 설명으로 옳은 것은?

① 지구라트를 건설하였다.
② 모헨조다로 유적을 남겼다.
③ 「사자의 서」를 제작하였다.
④ 파르테논 신전을 건축하였다.
⑤ 브라만이 제사 의식을 담당하였다.

06 이집트 문명에 대한 설명으로 옳은 것은?

① 갑골문을 남겼다.
② 스핑크스를 만들었다.
③ 하라파를 건설하였다.
④ 함무라비 법전을 만들었다.
⑤ 태음력과 60진법을 사용하였다.

07 밑줄 친 '이 문명'에 대한 설명으로 옳은 것은?

사진은 이 문명의 대표적인 유적인 모헨조다로이다. 도로, 하수 시설 등을 갖춘 계획도시로, 이곳에 살던 사람들은 청동기와 그림 문자를 사용하였다.

① 봉건제를 실시하였다.
② 쐐기 문자를 사용하였다.
③ 올림피아 제전을 개최하였다.
④ 인더스강 유역에서 발달하였다.
⑤ 피라미드와 미라를 제작하였다.

08 다음은 주의 통치 제도를 나타낸 것이다. 이에 대한 설명으로 옳은 것은?

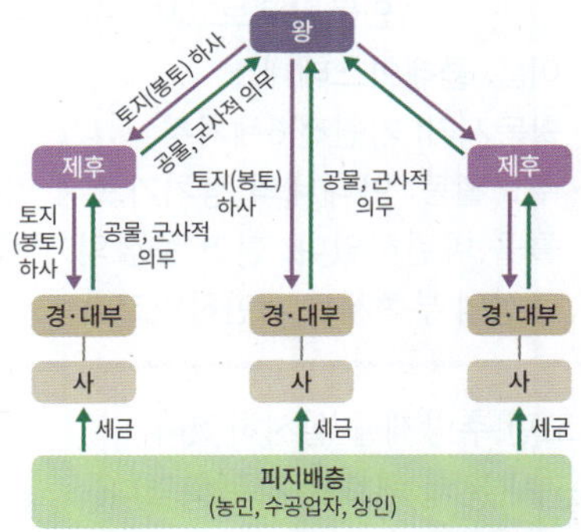

① 카스트제와 연결되어 운영되었다.
② 혈연관계를 바탕으로 유지되었다.
③ 표음 문자로 운영 방식을 기록하였다.
④ 아리아인이 원주민을 지배하고자 만들었다.
⑤ 왕은 '왕의 눈', '왕의 귀'라는 감찰관을 보내 감시하였다.

Ⅱ-❷ 고대 서아시아 · 지중해 세계의 형성

09 다음 문화유산을 남긴 왕조에 대한 설명으로 옳지 <u>않은</u> 것은?

▲ 페르세폴리스 궁전으로 들어가는 만국의 문

인간의 얼굴을 한 날개 달린 황소 조각은 아시리아의 양식이고, 늘어선 기둥의 윗부분은 그리스와 이집트 양식이 혼합되었다.

① 그리스와 전쟁을 벌였다.
② 조로아스터교가 유행하였다.
③ 함무라비 법전을 편찬하였다.
④ 알렉산드로스에 의해 멸망하였다.
⑤ '왕의 길'이라는 도로망을 건설하였다.

10 (가)에 들어갈 내용으로 옳은 것은?

> **인물 탐구 보고서**
> • 이름: 클레이스테네스
> • 활동 시기: 기원전 6세기경
> • 주요 활동: 아테네의 정치가로서 민주 정치의 기틀을 마련하였다. 혈연 중심의 부족제를 거주지 중심의 부족제로 개편하였고, ______(가)

① 도편 추방제를 실시하였다.
② 군사 통치 체제를 강화하였다.
③ 관리에게 공무 수당을 지급하였다.
④ 여성과 외국인의 참정권을 인정하였다.
⑤ 재산을 기준으로 참정권을 부여하였다.

11 ㉠ 문화의 문화유산으로 옳은 것은?

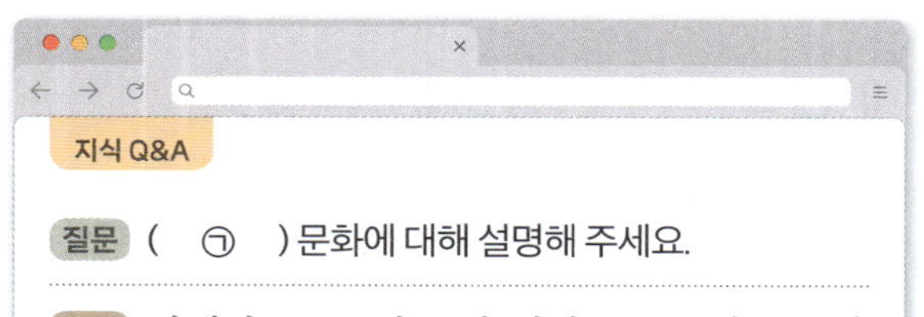

① 
② 
③ 
④ 
⑤ 

12 밑줄 친 '전쟁'이 로마에 끼친 영향으로 옳은 것은?

> 로마와 카르타고 사이에 일어난 <u>전쟁</u>은 로마의 승리로 끝났다. 그 결과 로마는 서부 지중해의 패권을 장악하게 되었다.

① 자영농이 몰락하였다.
② 호민관 제도가 도입되었다.
③ 로마의 평화 시대가 시작되었다.
④ 로마 제국이 동서로 분열하였다.
⑤ 크리스트교가 로마의 국교로 지정되었다.

13 ㉠ 황제에 대한 설명으로 옳은 것은?

지도에 표시된 도시는 튀르키예의 대표적인 도시인 이스탄불이다. 이스탄불이라는 이름은 1930년대에 붙여진 것으로, 그 전에는 콘스탄티노폴리스로 불렸다. 콘스탄티노폴리스는 이곳으로 로마의 수도를 옮긴 (㉠)의 이름에서 따온 것이다.

① 제정을 시작하였다.
② 페르시아를 정복하였다.
③ 도편 추방제를 실시하였다.
④ 크리스트교를 공인하였다.
⑤ 로마 제국을 4분할하여 통치하였다.

Ⅱ-❸ 고대 동아시아·인도 세계의 형성

14 진의 시황제에 대한 설명으로 옳지 <u>않은</u> 것은?

① 고조선을 점령하였다.
② 군현제를 실시하였다.
③ 만리장성을 축조하였다.
④ 화폐와 도량형을 통일하였다.
⑤ 왕의 칭호를 황제라고 바꾸었다.

15 ㉠ 황제에 대한 설명으로 옳은 것은?

> **역사 퀴즈 대본**
>
> 다음에서 설명하는 인물은 누구일까요?
>
> 힌트1. 장건을 서역에 파견하였습니다.
> 힌트2. 소금과 철의 전매제를 실시하였습니다.
>
> 정답은 (㉠)입니다.

① 황건적의 난을 진압하였다.
② 분서갱유로 사상을 통제하였다.
③ 군현제를 전국적으로 확대하였다.
④ 법가를 통치 이념으로 채택하였다.
⑤ 한을 건국하고, 중국을 다시 통일하였다.

16 마우리아 왕조에서 볼 수 있었던 모습으로 적절한 것은?

① 카타콤에서 예배하는 여성
② 대승 불교를 전파하는 승려
③ 간다라 불상을 제작하는 남성
④ 산치 대탑 건립에 동원된 농민
⑤ 표음 문자로 거래 내역을 기록하는 상인

17 (가) 왕조에 대한 탐구 주제로 가장 적절한 것은?

① 카스트제의 성립
② 간다라 양식의 발달
③ 도편 추방제의 실시
④ 상좌부 불교의 발전
⑤ 아소카왕의 불교 장려

18 다음 문화유산을 남긴 문명을 쓰고, 이 문화유산을 통해 알 수 있는 이 문명의 내세관을 서술하시오.

▲ 「사자의 서」

19 다음 글을 읽고, 물음에 답하시오.

> (㉠)을/를 중심으로 한 펠로폰네소스 동맹은 (㉡)에 맞서 전쟁을 일으켰다. 펠로폰네소스 전쟁 중에 페리클레스가 죽고, (㉡)의 민주 정치가 무너지면서 (㉠)이/가 승리하였다. 이후 폴리스 간의 내분으로 혼란에 빠진 그리스 세계는 결국 기원전 4세기경 마케도니아에 정복되었다.

(1) ㉠, ㉡에 들어갈 폴리스를 각각 쓰시오.

(2) ㉠, ㉡이 펠로폰네소스 전쟁을 벌인 이유를 서술하시오.

20 지도의 형세가 나타난 시기에 다양한 사상이 발달한 배경을 서술하시오.

III

세계 종교의 확산과 지역 문화의 발전

주제 **09**

위진 남북조 시대와 수·당의 발전

+ 5호(五 다섯, 胡 오랑캐)
흉노, 선비, 저, 갈, 강의 다섯 유목 민족

+ 화북(華 중국, 北 북녘)
중국 황허강의 이북 지역

+ 9품중정제
위진 남북조 시대에 각 지방의 중정관이 자기 지역 인물을 인품과 재능에 따라 등급을 매겨 중앙 정부에 추천한 제도

+ 안사의 난
절도사 안녹산과 그의 부하 사사명이 일으킨 반란

+ 율령(律 법, 令 명령하다)
율은 죄인을 처벌하는 형법이고, 령은 국가 조직과 행정에 대한 행정법임

+ 조공·책봉
조공은 주변국이 중국에 사절을 보내 예물을 바치는 것이고, 책봉은 그 대가로 중국 황제가 주변국의 군주에게 지배권을 인정해 주는 행위임

1 위진 남북조 시대

(1) 전개
① 삼국 시대 3세기 초 후한 멸망 후 위·촉·오로 분열 → 진(晉)이 삼국 통일
② 5호 16국 시대 유목 민족(5호)이 화북 일대에 여러 나라(16국) 수립 → 진이 창장강 이남의 강남으로 수도를 옮겨 동진 건국
③ 남북조 시대 화북에 북조, 강남에 남조 성립

북조	선비족이 세운 북위가 화북 통일 → 북위 효문제의 한화 정책(한족과의 결혼 장려, 한족의 성씨 사용, 선비족의 의복과 언어 금지 → 한족과 유목 민족 문화의 융합)
남조	강남에 동진 이후 한족 왕조 수립 → 강남 개발

(2) 사회 +9품중정제 실시 → 지방 호족이 높은 관직을 차지하며 문벌 귀족 사회 형성

(3) 문화 자료 ❶

북조의 문화	• 한족 문화와 유목민 문화 융합 • 황제들이 대규모 석굴 사원 건축(윈강, 룽먼 등)
남조의 문화	• 화려한 귀족 문화 발달: 도연명의 시, 왕희지의 서예, 고개지의 그림 등 • 청담 사상 유행: 현실 세계에서 벗어나 개인의 자유로운 삶 추구
불교 발달	황실·귀족의 지원을 받으며 발전
도교 발달	도가 사상과 민간 신앙이 결합, 교단 조직, 교리 체계화

2 수의 발전과 멸망

발전	• 문제: 수 건국 → 중국 통일(589), 과거제 처음 실시, 균전제와 부병제 정비 • 양제: 대운하 건설(강남의 물자를 화북으로 운반), 고구려 원정 자료 ❷
멸망	대규모 토목 공사, 고구려 원정의 실패 → 곳곳에서 반란이 일어나 멸망(618)

3 당의 성립과 발전

(1) 당의 변천

성립	이연(고조)이 장안을 수도로 당 건국(618)
발전	태종 때 통치 제도 정비, 동돌궐 정벌 → 고종 때 신라와 함께 백제·고구려를 멸망시킴
쇠퇴	8세기 중반 +안사의 난 이후 절도사의 세력 확대, 환관의 횡포 극심 → 황소의 난 → 절도사 주전충의 반란으로 멸망(907)

(2) 당의 통치 체제 +율령을 바탕으로 통치 체제 정비 자료 ❸

중앙 제도	3성 6부제	지방 제도	주현제(주현에 관리 파견)
토지 제도	균전제	7세기 말 이후	→ 장원제
조세 제도	조용조		→ 양세법(1년에 세금을 두 번 거둠)
군사 제도	부병제		→ 모병제(군사 모집)

(3) 당의 대외 교류와 문화

대외 교류	• +조공·책봉 체제: 당 중심의 동아시아 질서 수립 • 무역 발달: 외국 상인이 당에 집단 거주, 장안성이 국제적인 대도시로 번영
문화	• 귀족적 문화: 시 발달(이백, 두보 등), 서예에서 구양순 등 유명 • 종교: 현장 등의 승려가 인도 순례 후 경전 번역, 도교가 황실의 지원으로 성장 • 유학: 과거제에 힘입어 유학 발달, 『오경정의』 편찬(훈고학 집대성) • 국제적 문화: 비단길을 통한 동서 교류 활발, 외국 종교 사원 건립, 당삼채 유행

개념 확인 문제

● 바른답·알찬풀이 14쪽

1 다음 설명이 맞으면 ○표, 틀리면 ×표를 하시오.
(1) 북위 효문제는 한족에게 선비족의 풍습과 문화를 강요하였다. (　　　)
(2) 위진 남북조 시대에 9품중정제를 실시하면서 문벌 귀족 사회가 형성되었다. (　　　)

2 다음 괄호 안의 내용 중 옳은 것에 ○표를 하시오.
(1) 8세기 중반 (안사의 난, 황소의 난) 이후 절도사의 세력이 확대되었다.
(2) 당대에는 훈고학을 집대성한 (『사기』, 『오경정의』)가 편찬되었다.

꼭 나오는 자료

자료 ❶ 위진 남북조 시대의 문화

▲ 「여사잠도」(고개지)

▲ 윈강 석굴과 불상

— 황제의 얼굴을 본뜬 불상에서 북조의 황제들이 부처의 힘을 빌려 권위를 높이려 하였음을 알 수 있어.

위진 남북조 시대에 남조에서는 문벌 귀족들이 화려한 귀족 문화를 꽃피웠다. 고개지의 「여사잠도」는 궁중 여인이 지켜야 할 올바른 행실을 일깨우는 그림이다. 북조에서는 황제들이 자신의 권위를 높이기 위해 대규모 석굴 사원을 만들었다. 윈강 석굴은 북위에서 조성한 중국 최대 규모의 석굴 사원이다.

자료 ❷ 수의 대운하 건설

— 대운하 건설은 대규모 공사에 동원된 백성의 불만이 커지면서 수 멸망의 원인이 되었어. 그러나 오늘날까지도 남북을 잇는 운송로 중 하나로 사용되고 있어.

수 양제는 강남의 풍부한 물자를 화북 지역으로 원활하게 운반하기 위해 수도 대흥(장안)과 여항(항저우), 탁군(베이징)을 연결하는 대운하를 건설하였다. 대운하가 완성되면서 강남과 화북의 경제가 점차 통합되었다.

자료 ❸ 당의 통치 체제

— 율령을 바탕으로 한 당의 통치 체제는 동아시아 여러 나라의 통치 체제에 큰 영향을 주었어.

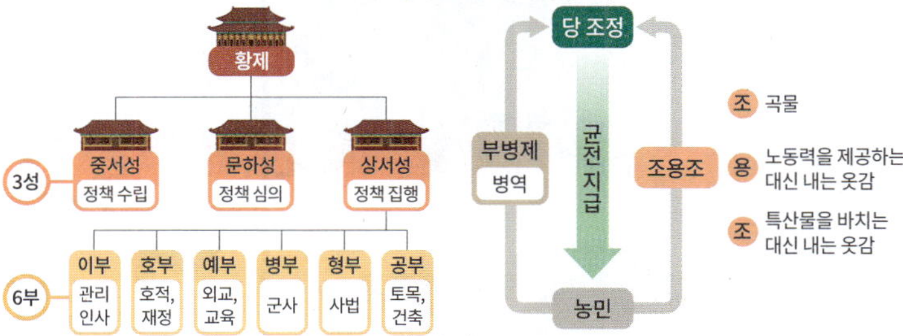

▲ 당의 중앙 정치 제도   ▲ 당의 농민 지배

당은 중앙 정치를 3성 6부 중심으로 운영하였다. 정책 수립(중서성), 심의(문하성), 집행(상서성)을 각각 분리하여 황제 권력의 독주를 막고자 하였다. 또한 당은 농민 지배를 위해 성인 남자에게 일정한 면적의 토지를 지급하는 균전제를 실시하였다. 이를 바탕으로 조용조를 거두었고, 농민을 병사로 복무시키는 부병제를 실시하였다.

대표 문제로 **실력 쌓기**

● 바른답·알찬풀이 14쪽

≫ 위진 남북조 시대의 문화

1 다음 석굴 사원을 제작한 목적으로 가장 적절한 것은?

① 황제의 권력을 강화하기 위해서
② 유목 민족의 침입을 견제하기 위해서
③ 문벌 귀족의 관직 독점을 막기 위해서
④ 강남과 화북을 경제적으로 통합하기 위해서
⑤ 한족과 유목 민족 사이의 갈등을 해결하기 위해서

> **이것만은 꼭 기억하자!** 북조의 황제들은 '황제가 곧 부처'라는 사상을 바탕으로 부처의 힘을 빌려 권위를 높이려 하였어.
> ⎘ 54쪽 05번, 86쪽 01번 문제도 풀어 보자!

≫ 당의 통치 체제 [선택지 하나 더]

2 다음과 같이 농민을 지배한 (가) 왕조에 대한 설명으로 옳지 <u>않은</u> 것은?

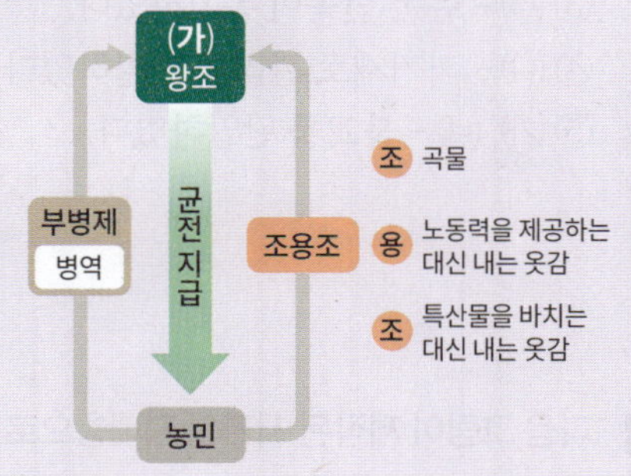

① 장안을 수도로 삼았다.
② 한화 정책을 실시하였다.
③ 주현에 관리를 파견하였다.
④ 절도사의 반란으로 멸망하였다.
⑤ 안사의 난 이후 혼란이 심해졌다.
⑥ 중앙 정치를 3성 6부를 중심으로 운영하였다.

> **이것만은 꼭 기억하자!** 당은 율령을 바탕으로 통치 체제를 정비하여 균전제와 부병제를 실시하고 조용조라는 세금을 거두었어.
> ⎘ 55쪽 09번, 86쪽 04번 문제도 풀어 보자!

01 다음 사건들을 일어난 순서대로 옳게 나열한 것은?

> (가) 북위가 화북 지역을 통일하였다.
> (나) 후한이 멸망하고 삼국 시대가 시작되었다.
> (다) 다섯 유목 민족이 화북 일대에 16개 나라를 세웠다.

① (가) - (나) - (다) ② (가) - (다) - (나)
③ (나) - (가) - (다) ④ (나) - (다) - (가)
⑤ (다) - (가) - (나)

02 (가), (나) 왕조에 대한 설명으로 옳은 것은?

① (가) - 한족이 통치하였다.
② (가) - 대규모 석굴 사원을 조성하였다.
③ (나) - 유목 민족이 통치하였다.
④ (나) - 과거제로 관리를 선발하였다.
⑤ (가), (나) - 불교를 탄압하였다.

03 다음 그림이 제작된 시기의 지배층으로 옳은 것은?

▲ 「여사잠도」(고개지)

① 상인 ② 승려 ③ 호족
④ 절도사 ⑤ 문벌 귀족

04 (가) 왕조의 문화에 대한 설명으로 옳은 것을 <보기>에서 고른 것은?

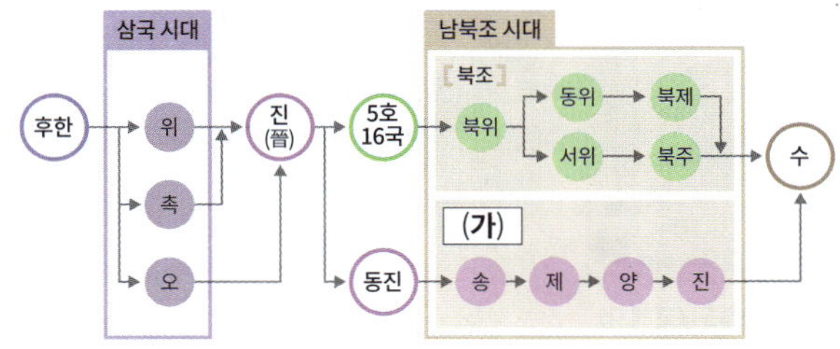

보기

> ㄱ. 유목 민족의 소박한 문화가 유행하였다.
> ㄴ. 도연명의 시, 왕희지의 서예가 유명하였다.
> ㄷ. 서역 문화의 영향을 받아 당삼채를 제작하였다.
> ㄹ. 개인의 자유로운 삶을 추구하는 청담 사상이 유행하였다.

① ㄱ, ㄴ ② ㄱ, ㄷ ③ ㄴ, ㄷ
④ ㄴ, ㄹ ⑤ ㄷ, ㄹ

05 ㉠ 왕조에 대한 설명으로 옳은 것은?

① 강남 지방을 개발하였다.
② 청담 사상이 유행하였다.
③ 한화 정책을 추진하였다.
④ 위·촉·오의 삼국을 통일하였다.
⑤ 화북과 강남을 연결하는 대운하를 건설하였다.

06 (가)에 들어갈 내용으로 가장 적절한 것은?

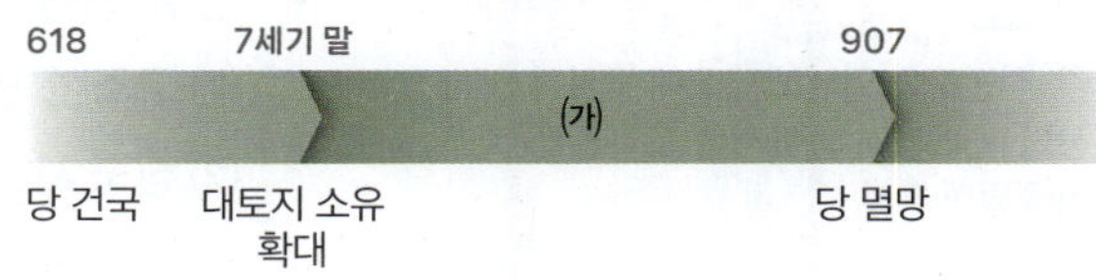

역사 신문

대운하가 완성되다!

황제의 명령으로 시작되어 약 8년에 걸친 대공사 끝에 중국의 남북을 잇는 대운하가 완성되었다. 이로써 ______(가)______ 하는 효과를 기대할 수 있게 되었다.

① 강남으로 수도를 이전
② 유목 민족의 침입을 방어
③ 강남과 화북의 경제를 통합
④ 귀족들의 대토지 소유를 제한
⑤ 한족과 유목 민족의 문화를 융합

중요
07 (가) 왕조에 대한 설명으로 옳은 것은?

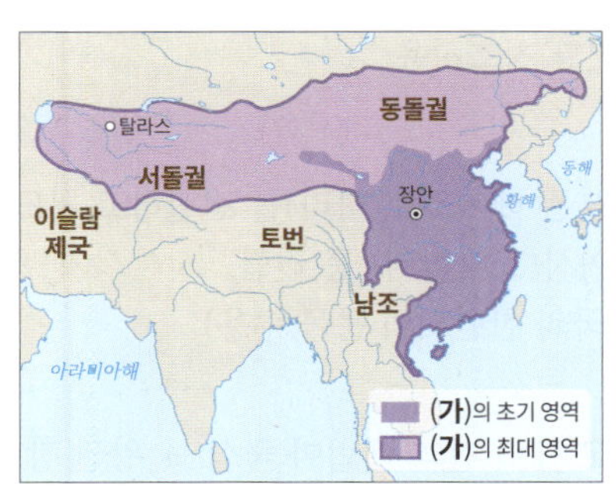

(가) 왕조는 동돌궐과 서동궐을 정복하고, 중앙아시아까지 영토를 넓혀 비단길을 장악하였다.

① 중정관의 추천으로 인재를 선발하였다.
② 윈강, 룽먼에 대규모 석굴 사원을 조성하였다.
③ 강남과 화북을 연결하는 대운하를 완성하였다.
④ 농민 반란인 황소의 난이 일어나 세력이 약화되었다.
⑤ 현실 세계에서 벗어나려는 청담 사상이 유행하였다.

08 (가), (나) 사이 시기 당에서 있었던 일로 옳은 것은?

(가) 이연이 장안을 수도로 당을 건국하였다.
(나) 농민 반란인 황소의 난이 일어났다.

① 군국제를 시행하였다.
② 분서갱유가 일어났다.
③ 한화 정책을 실시하였다.
④ 도량형과 문자를 통일하였다.
⑤ 절도사 안녹산이 반란을 일으켰다.

고난도
09 (가) 시기에 일어난 일로 옳지 <u>않은</u> 것은?

618	7세기 말		907
당 건국	대토지 소유 확대	(가)	당 멸망

① 환관의 횡포가 극심해졌다.
② 조용조가 양세법으로 전환되었다.
③ 모병제 대신 부병제가 실시되었다.
④ 균전제가 무너지고 장원이 확대되었다.
⑤ 절도사들이 독립적인 세력을 형성하였다.

서술형
10 밑줄 친 '정책'에 해당하는 사례를 두 가지 서술하시오.

북위의 효문제는 한족의 제도와 문화를 적극 받아들이는 <u>정책</u>을 추진하였다. 한족도 유목 민족의 풍습을 받아들이면서 한족과 유목 민족의 문화가 융합하는 현상이 나타났다.

서술형
11 다음 유물들로 알 수 있는 당 문화의 특징을 발달 배경과 함께 서술하시오.

▲ 당삼채

▲ 페르시아산 은제 물병

만주·한반도, 일본의 고대 국가 성장과 동아시아 문화권의 형성

이 주제의 학습 목표
만주·한반도와 일본에서 고대 국가가 성장하는 과정과 동아시아 문화권의 특징을 알아 두자.

+ **개신(改 고치다, 新 새롭다)**
  제도와 관습을 새롭게 고치는 것

+ **견당사(遣 보내다, 唐 당나라, 使 사신)**
  만주·한반도의 삼국과 일본 조정에서 당에 파견한 사절단

+ **국풍(國 나라, 風 풍속)**
  그 나라가 갖고 있는 고유한 풍속이나 관습

+ **이두(吏 벼슬아치, 讀 구절)**
  한자의 음과 뜻을 빌려 우리말로 적은 표기법

1 만주·한반도의 고대 국가

(1) **고조선** 만주와 한반도에 처음으로 세워진 국가, 한의 공격으로 멸망

(2) **삼국 시대** 고조선 멸망 이후 여러 나라 성립 → 고구려·백제·신라가 중앙 집권 국가로 발전

(3) **남북국 시대** 신라가 당과 연합하여 백제·고구려를 멸망시킴 → 신라가 당을 몰아내고 삼국 통일 → 고구려 유민의 발해 건국(남북국 형성)

2 일본의 고대 국가　자료 ❶

(1) **야요이 시대** 기원전 3세기경 한반도·중국에서 청동기, 벼농사 기술, 철기 전파 → 벼농사 시작, 청동기·철기 사용(야요이 문화 성립)

(2) **야마토 정권**

성립	4세기경 야마토 정권이 주변 소국 통합 → 세력 확장
발전	• **아스카 시대**: 6세기 말 중국과 한반도의 선진 문물 수용, **쇼토쿠 태자**의 불교 보급·중앙 집권 체제 강화 → 아스카 지방 중심의 불교문화인 아스카 문화 발전 • **다이카 개신(645)**: 수·당에 사신과 유학생 파견 → 중국 문물 수용, 당의 통치 체제를 본떠 국왕 중심의 개혁 추진(다이카 개신) • 7세기 말: '일본' 국호와 '천황' 칭호 사용

(3) **나라 시대**
① **성립** 8세기 초 당의 장안성을 본뜬 헤이조쿄(나라)를 건설하고 천도
② **발전** 불교가 융성하면서 도다이사(도다이지) 등 건립,『일본서기』등 역사서 편찬, 견당사와 견신라사 파견(→ 중국과 한반도의 문물 수용)

(4) **헤이안 시대**
① **성립** 8세기 말 왕실·귀족·불교 세력 간의 대립이 극심 → 왕권 강화를 위해 헤이안쿄(교토)로 천도
② **변화** 귀족·불교 사원·지방 세력의 대토지 소유 확대 → 정부의 지방 통제력 약화 → 지방에서 무사 계층 성장
③ **국풍 문화 발달** 9세기 말 당이 쇠퇴하자 견당사 파견 중단 → 일본 고유의 특색이 나타나는 국풍 문화 발달(일본 문자인 '가나'의 사용, 주택과 관복에서 일본 고유의 특색이 나타남) 자료 ❷

3 동아시아 문화권의 형성

(1) **당 문화의 확산** 당과 주변 나라들의 활발한 교류 → 사신·유학생·승려 등을 통해 당의 문화가 한국·일본·베트남 등에 전파 → **동아시아 문화권** 형성

(2) **동아시아 문화권의 공통 요소** 동아시아 각국의 상황에 맞게 독자적으로 발전 자료 ❸

한자	• 동아시아 공용 문자의 역할, 한자를 통해 유교·불교가 동아시아에 전파 • 한반도의 이두, 일본의 '가나', 베트남의 쯔놈 문자 형성에 영향을 줌
유교	• 동아시아 지역의 정치와 사회 이념으로 정립 • 공자를 모시는 문묘 설치, 학교에서 유교 경전 교육
율령	• 동아시아 각국의 통치 체제 정비의 기반이 됨 • 신라, 발해, 일본은 당의 3성 6부제를 자국에 맞게 독자적으로 운영
불교	• 왕이 곧 부처의 환생이라는 '왕즉불' 사상 전파, 왕실의 권위 확립에 활용 • 사상과 예술의 발달에 기여

개념 확인 문제
● 바른답·알찬풀이 15쪽

1 다음 괄호 안의 내용 중 옳은 것에 ○표를 하시오.
(1) 쇼토쿠 태자가 중국과 한반도의 선진 문물을 받아들이면서 (국풍, 아스카) 문화가 발달하였다.
(2) 8세기 말 지배층의 권력 다툼이 심화되자 천황은 수도를 (헤이안쿄, 헤이조쿄)로 옮겼다.

2 다음 설명이 맞으면 ○표, 틀리면 ×표를 하시오.
(1) 당이 주변 나라들과 활발하게 교류하면서 동아시아 문화권이 형성되었다.
　　　　　　　　　　(　　)
(2) 일본의 '가나' 문자는 동아시아 공용 문자의 역할을 하였다.
　　　　　　　　　　(　　)

 꼭 나오는 자료

자료 ❶ 일본 고대 국가의 발전

야마토 정권 시기 지배층의 무덤으로, 앞은 네모나고 뒤는 둥근 형태를 보여.

▲ 다이센 고분

▲ 호류사 오층 목탑

▲ 도다이사 대불

4세기경 야마토 정권은 주변 소국을 통합하여 세력을 확장하였다. 야마토 정권의 쇼토쿠 태자는 불교 중심으로 왕권을 강화하면서 호류사를 건립하였다. 8세기 초 일본은 헤이조쿄(나라)로 수도를 옮겼는데, 이 시기에는 도다이사, 도다이사 대불과 같은 대규모 불교 사원과 불상을 만들었다.

자료 ❷ 국풍 문화

일본은 중국의 한자를 받아들여 사용하다가 이를 변형하여 '가나'를 만들었어.

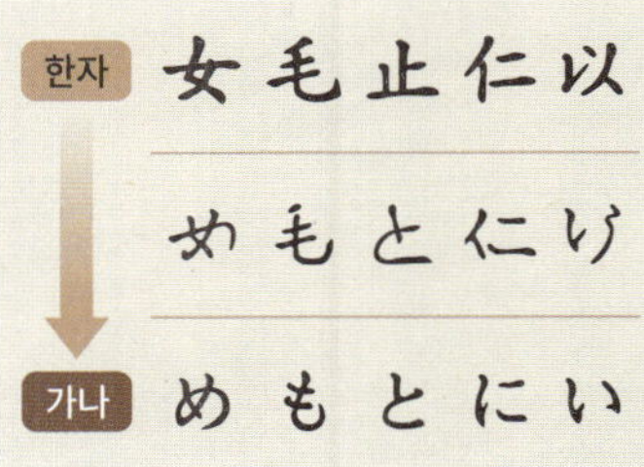

▲ '가나'의 사용

▲ 국풍화된 귀족의 복식

9세기 말 헤이안 시대의 일본은 견당사 파견을 중단하였다. 이 시기에는 일본 고유의 특색이 나타나는 국풍 문화가 발전하였다. 일본 문자인 '가나'가 만들어졌고, 주택과 관복 등에서 일본 고유의 특색이 나타났다.

자료 ❸ 동아시아 문화권의 공통 요소

일본 신문에서 한자를 사용하고 있는 것을 볼 수 있어. 한자는 동아시아 국가들의 사상과 문화 교류를 촉진시켰어.

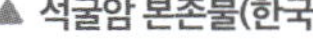

▲ 『아사히신문』(일본)

▲ 석굴암 본존불(한국)

▲ 하노이 문묘(베트남)

동아시아 국가들이 당의 문물을 적극 받아들이면서 한자, 유교, 율령, 불교 등을 공통 요소로 하는 동아시아 문화권이 형성되었다. 일본과 한국 등에서는 한자를 문자로 사용하였고, 불교를 받아들이면서 다양한 불상을 제작하였다. 또한 유교는 각국의 통치 이념이나 사회 규범으로 받아들여졌고, 동아시아 각국에서는 공자를 모시는 문묘를 세웠다.

대표 문제로 **실력 쌓기** ● 바른답·알찬풀이 15쪽

>> **일본 고대 국가의 발전** [선택지 하나 더]

1 밑줄 친 '이 정권'에 대한 설명으로 옳지 <u>않은</u> 것은?

일본 오사카에 있는 다이센 고분은 이 정권 시기의 무덤이다. 앞은 네모나고 뒤는 둥근 형태를 띠고 있다.

① 다이카 개신을 추진하였다.
② 아스카 문화가 발전하였다.
③ 견당사의 파견을 중지하였다.
④ 4세기경 주변 소국을 통합하였다.
⑤ 쇼토쿠 태자가 불교 보급에 노력하였다.
⑥ 7세기 말 '일본'이라는 국호를 사용하였다.

이것만은 꼭 기억하자! 야마토 정권은 당의 통치 체제를 본떠 국왕 중심의 중앙 집권 체제를 지향하는 다이카 개신을 추진하였어.

✈ 58쪽 02번, 86쪽 05번 문제도 풀어 보자!

>> **당 문화의 확산**

2 다음 자료를 활용한 탐구 주제로 가장 적절한 것은?

▲ 한국의 석굴암 본존불   ▲ 베트남의 하노이 문묘

① 국풍 문화의 특징
② 다이카 개신의 전개
③ 헤이안 시대의 발전
④ 동아시아 문화권의 형성
⑤ 한족과 유목 민족 문화의 융합

이것만은 꼭 기억하자! 당이 주변 국가와 활발하게 교류하면서 한자, 유교, 율령, 불교 등을 공통 요소로 하는 동아시아 문화권이 형성되었어.

✈ 59쪽 07번, 10번 문제도 풀어 보자!

01 ㉠, ㉡에 들어갈 국가를 옳게 연결한 것은?

> 만주와 한반도에서는 7세기에 (㉠)이/가 삼국을 통일하였다. 이후 고구려 유민이 (㉡)을/를 건국하여 남북국이 형성되었다.

	㉠	㉡		㉠	㉡
①	발해	당	②	발해	백제
③	신라	발해	④	신라	고조선
⑤	고조선	발해			

02 (가) 시기 일본에서 있었던 일로 옳은 것은?

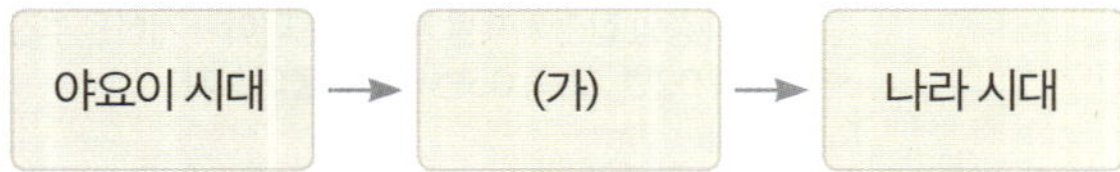

① 『일본서기』를 편찬하였다.
② 수도를 헤이안쿄로 옮겼다.
③ '가나' 문자를 만들어 사용하였다.
④ 쇼토쿠 태자가 불교를 보급하였다.
⑤ 지방에서 무사 계층이 성장하였다.

03 ㉠ 시대에 대한 설명으로 옳은 것을 <보기>에서 고른 것은?

> 일본의 도다이사는 (㉠) 시대의 대표적인 불교 사원이다. 도다이사에는 앉은키가 약 15m에 이르는 대형 청동 불상이 있다.

보기
ㄱ. 중국에 견당사를 파견하였다.
ㄴ. 헤이조쿄를 도읍으로 삼았다.
ㄷ. 불교 중심의 아스카 문화를 발전시켰다.
ㄹ. 다이카 개신으로 중앙 집권 체제를 강화하였다.

① ㄱ, ㄴ   ② ㄱ, ㄷ   ③ ㄴ, ㄷ
④ ㄴ, ㄹ   ⑤ ㄷ, ㄹ

중요 04 (가)에 들어갈 탐구 주제로 가장 적절한 것은?

> 탐구 주제: _______ (가) _______
>
> • 1모둠: '가나' 문자의 사용
> • 2모둠: 견당사의 파견 중지
> • 3모둠: 관복과 주택 양식에 나타난 일본 고유의 특색

① 국풍 문화의 발달
② 다이카 개신의 추진
③ 아스카 문화의 발달
④ 야요이 문화의 성립
⑤ 동아시아 문화권의 형성

05 지도와 같이 수도를 옮긴 이후 일본에서 있었던 일로 옳은 것은?

① '천황' 칭호를 처음 사용하였다.
② 지방에서 무사 계층이 등장하였다.
③ 역사서인 『일본서기』를 편찬하였다.
④ 한반도와 중국에서 청동기, 철기가 전해졌다.
⑤ 당의 통치 체제를 본뜬 정치 개혁이 시행되었다.

06 다음 일본에서 있었던 사실들을 순서대로 옳게 나열한 것은?

> (가) 다이카 개신이 일어났다.
> (나) '일본'이라는 국호를 사용하기 시작하였다.
> (다) 일본 고유의 특색이 나타나는 국풍 문화가 등장하였다.
> (라) 한반도와 중국에서 선진 문물이 전해져 벼농사가 처음 시작되었다.

① (가) - (나) - (라) - (다)
② (다) - (나) - (가) - (라)
③ (다) - (나) - (라) - (가)
④ (라) - (가) - (나) - (다)
⑤ (라) - (나) - (다) - (가)

08 ⊙에 들어갈 내용으로 옳지 <u>않은</u> 것은?

① 불교　　　② 유교　　　③ 율령
④ 한자　　　⑤ 크리스트교

09 밑줄 친 '이 문화'의 성립 배경을 외교적 측면에서 서술하시오.

> 헤이안 시대에는 외국의 문물을 일본인의 특색에 맞게 바꾼 <u>이 문화</u>가 발달하였다. 이때 일본 문자인 '가나'가 만들어졌다.

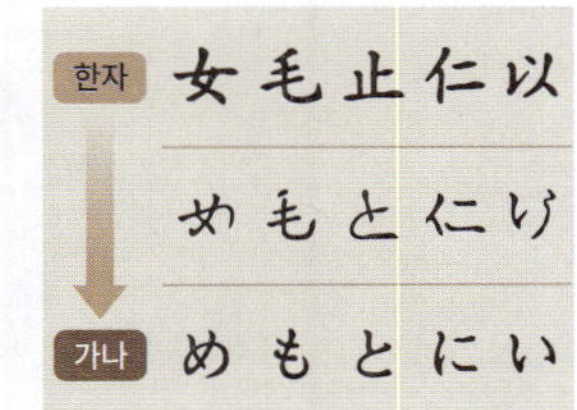

07 ⊙에 대한 설명으로 옳은 것은?

① 3성 6부제의 성립에 영향을 주었다.
② 당에서 학교의 주요 과목으로 채택되었다.
③ 통치 이념이자 사회 규범으로 받아들여졌다.
④ 왕실의 권위 확립과 예술 발전에 기여하였다.
⑤ 신라에서 이두 문자가 성립하는 데 영향을 주었다.

10 다음의 사례를 통해 알 수 있는 당대 형성된 동아시아 문화권의 특징을 서술하시오.

> • 발해는 당의 3성 6부제를 받아들이면서도 중앙 정치 제도의 이름을 바꾸어 편성하였다.
> • 신라는 한자를 이용한 이두를 만들었고, 일본은 한자를 변형한 '가나' 문자를 만들어 사용하였다.

힌두교 문화의 형성과 확산

1 굽타 왕조의 발전

(1) **성립** 쿠샨 왕조 쇠퇴 후 북인도 분열 → 찬드라굽타 1세가 인도 북부 재통일, 굽타 왕조 수립(320)

(2) **발전** 찬드라굽타 2세 때 전성기 이룩

① **영토 확장** 찬드라굽타 2세의 활발한 정복 사업 → 북인도 대부분 차지, 인도 중부 지역까지 세력 확장

② **경제적 번영** 사산 왕조 페르시아, 로마, 중국 등과 교역하며 번영

(3) **쇠퇴** 유목 민족의 침입과 왕위 계승을 둘러싼 내분으로 국력 약화 → 6세기 중엽에 멸망

2 힌두교의 발전

(1) **성립** 굽타 왕조 시기 브라만교를 바탕으로 불교와 인도의 다양한 민간 신앙이 융합 → 힌두교 형성

(2) **특징** 다신교, 왕실의 지원을 받으며 성장(왕이 비슈누의 화신이라고 주장) **자료 ❶**

(3) **영향**

카스트제 정착	• 신에 대한 제사를 주관하는 브라만 계급의 지위와 영향력 강화 • 카스트에 따른 의무를 성실하게 수행할 것 강조 → 직업과 신분에 대한 차별 강화
『마누 법전』 편찬	카스트에 따른 의무와 힌두교도가 지켜야 할 규범을 담은 『마누 법전』 정비 → 인도인의 일상생활에 큰 영향을 줌

3 인도 고전 문화의 발전

(1) **배경** 굽타 왕조 시대의 정치적 안정과 경제적 발전

(2) **특징** 인도 고유의 색채 강조

문학	• 산스크리트어 문학 유행: 서사시 『마하바라타』, 『라마야나』 등 • 산스크리트어를 공용어로 사용
미술·건축	굽타 양식 등장: 간다라 양식과 인도 고유의 양식이 융합, 아잔타 석굴과 엘로라 석굴(엘로라 석굴)의 벽화와 조각상이 대표적 **자료 ❷**
자연 과학	• 천문학 발달: 지구의 자전과 지구 구형설 파악, 원주율을 이용하여 지구의 둘레 계산 • 수학 발달: 최초로 '0(영)'의 개념 사용, 10진법 사용, 인도 숫자는 아라비아 숫자의 기원이 됨 • 영향: 인도 자연 과학이 이슬람 세계에 전해져 과학 발달에 이바지함

4 힌두 문화의 동남아시아 전파

(1) **동남아시아의 특징**

① **지리적 특징** 인도와 중국을 오가는 바닷길에 위치 → 해상 무역 발달

② **문화적 특징** 인도 상인들이 동남아시아에 진출하여 불교, 힌두교 등 인도 문화 전파

(2) **동남아시아의 힌두 문화** **자료 ❸**

① **사원 건축** 캄보디아(앙코르 와트)와 인도네시아(보로부두르 사원)에 대규모 힌두교 사원 건설

② **연극** 『라마야나』가 전해져 동남아시아 전통 연극의 기초를 이룸

꼭 나오는 자료

자료 ❶ 힌두교의 특징

현재 인도에서는 힌두교를 믿는 사람이 가장 많아. 힌두교도들은 소를 신성시하고 갠지스강을 성스럽게 여겨.

▲ 브라흐마

▲ 비슈누

▲ 시바

힌두교는 다신교 신앙으로, 대표적인 신에는 브라흐마(창조의 신), 비슈누(유지의 신), 시바(파괴의 신) 등이 있다. 비슈누는 세상의 질서를 유지하는 역할을 하는 신으로, 굽타 왕조의 왕들은 자신을 비슈누의 화신이라고 주장하며 권위를 높였다.

자료 ❷ 굽타 양식의 미술과 건축

아잔타 석굴의 보살 벽화는 인체의 윤곽을 강조하였고, 인물의 생김새에서 인도 고유의 특색이 보여.

▲ 아잔타 석굴의 보살 벽화

▲ 엘로라 석굴 사원(엘로라 석굴 사원)

굽타 왕조 시대에는 인도 고전 문화의 황금기를 이루었다. 미술에서는 간다라 양식과 인도 고유의 양식이 융합한 굽타 양식이 등장하였다. 아잔타 석굴과 엘로라 석굴(엘로라 석굴)의 벽화와 조각상은 굽타 양식의 대표작으로 꼽힌다.

자료 ❸ 동남아시아의 힌두 문화

앙코르 왕조의 국왕이 힌두교의 비슈누에게 바치기 위해 약 30년에 걸쳐 조성하였어.

수많은 탑이 집합체를 이루고, 전체의 모양 또한 탑의 형상을 하고 있어.

▲ 앙코르 와트

▲ 보로부두르 사원

인도 상인들이 동남아시아에 진출하여 힌두교 등 인도 문화를 널리 전파하면서 캄보디아, 인도네시아 등지에는 대규모 힌두교 사원이 건설되었다. 캄보디아의 앙코르 와트는 앙코르 왕조가 세운 힌두교 사원이자 왕의 무덤으로, 힌두교 쇠퇴 이후 불교 사원으로 활용되기도 하였다. 인도네시아 자와섬의 보로부두르 사원은 8세기 중반에 세워진 대승 불교 사원이다.

대표 문제로 **실력 쌓기** ● 바른답·알찬풀이 16쪽

≫ 힌두교의 특징 [선택지 하나 더]

1 다음 신을 믿는 종교에 대한 설명으로 옳지 <u>않은</u> 것은?

① 여러 신을 믿는 다신교이다.
② 브라만교에 뿌리를 두고 있다.
③ 쿠샨 왕조의 지원으로 성장하였다.
④ 인도의 다양한 민간 신앙을 흡수하였다.
⑤ 카스트에 따른 의무 수행을 강조하였다.
⑥ 지켜야 할 규범을 『마누 법전』에 정리하였다.

> **이것만은 꼭 기억하자!** 힌두교는 브라만교를 바탕으로 인도의 민간 신앙을 흡수하며 발전하였고, 카스트제의 신분 차별을 인정하였어.
> ⇗ 62쪽 04번, 05번 문제도 풀어 보자!

≫ 굽타 양식

2 다음 문화유산이 만들어진 시기 인도에서 볼 수 있는 모습으로 가장 적절한 것은?

① 불교를 창시한 고타마 싯다르타
② 산치 대탑의 건설을 명령하는 지배자
③ 원주율로 지구의 둘레를 계산하는 천문학자
④ 그리스 조각상을 본떠 불상을 만드는 조각가
⑤ 강남과 화북을 연결하는 대운하 건설에 동원된 남성

> **이것만은 꼭 기억하자!** 굽타 왕조 시기에 간다라 양식과 인도 고유의 양식이 융합한 굽타 양식이 발전하였어.
> ⇗ 63쪽 07번, 10번 문제도 풀어 보자!

01 (가)에 들어갈 내용으로 가장 적절한 것은?

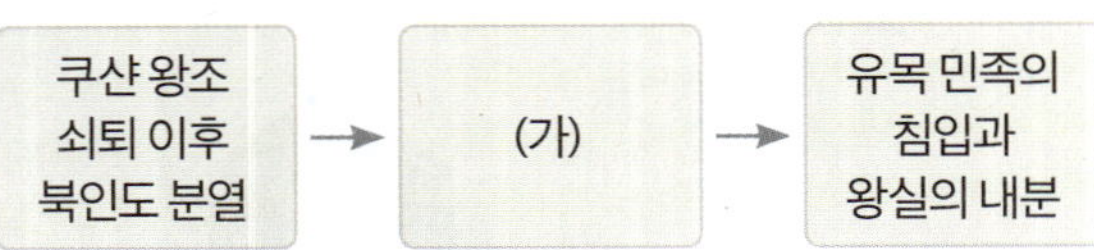

① 아소카왕의 정복 활동
② 카니슈카왕의 북인도 통일
③ 브라만교와 카스트제의 성립
④ 마우리아 왕조의 산치 대탑 건설
⑤ 찬드라굽타 1세가 굽타 왕조 수립

중요
02 다음 영역을 차지한 왕조에 대한 설명으로 옳은 것은?

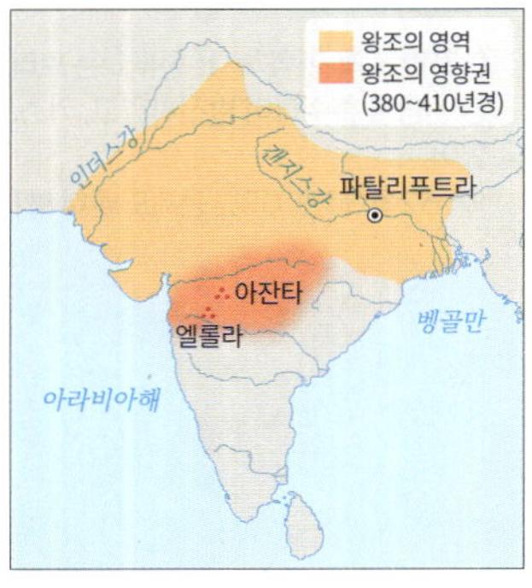

① 산치 대탑을 세웠다.
② 대승 불교가 발달하였다.
③ 인도 고전 문화를 확립하였다.
④ 간다라 양식의 불상을 만들었다.
⑤ 아소카왕 때 전성기를 이루었다.

03 ㉠에 들어갈 종교로 옳은 것은?

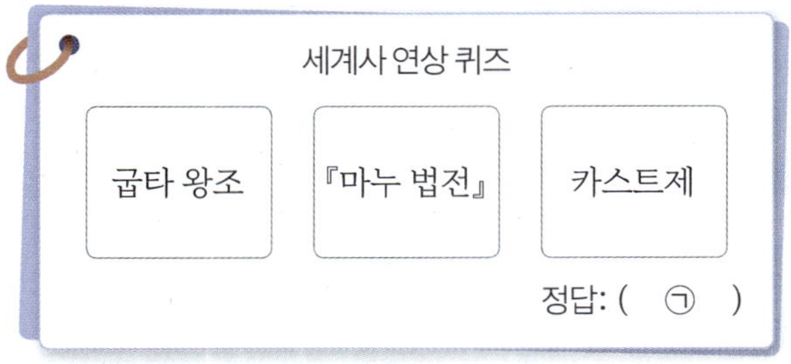

① 불교
② 힌두교
③ 이슬람교
④ 크리스트교
⑤ 조로아스터교

중요
04 다음을 통해 알 수 있는 힌두교의 특징으로 옳은 것을 <보기>에서 고른 것은?

> 창조주는 …… 각자의 업을 정하였도다. 브라만에게는 『베다』를 가르치며 제사 지내는 일을, 크샤트리아에게는 백성을 보호하고 다스리는 것을, 바이샤에게는 농사를 짓고 짐승을 기를 것을 명령하였다. 마지막으로 수드라에게는 앞선 세 신분의 사람들에게 봉사하는 임무를 명령하셨다.   - 『마누 법전』 -

| 보기 |

ㄱ. 신분의 차별을 인정하였다.
ㄴ. 자비와 평등을 주장하였다.
ㄷ. 카스트에 따른 의무를 강조하였다.
ㄹ. 황제 숭배를 우상 숭배라 여겨 거부하였다.

① ㄱ, ㄴ   ② ㄱ, ㄷ   ③ ㄴ, ㄷ
④ ㄴ, ㄹ   ⑤ ㄷ, ㄹ

05 (가) 종교에 대한 설명으로 옳은 것은?

① 굽타 왕조가 장려하였다.
② 카스트제의 신분을 부정하였다.
③ 마우리아 왕조의 후원을 받았다.
④ 수행을 통한 개인의 해탈을 강조하였다.
⑤ 간다라 양식이 발달하는 배경이 되었다.

06 (가)에 들어갈 내용으로 적절한 것은?

<역사 탐구 보고서>
• 주제: ○○ 왕조의 발전
• 차례
　(1) 찬드라굽타 2세의 정복 활동
　(2) 힌두교의 성립과 『마누 법전』의 편찬
　(3) ________________ (가)

① 상좌부 불교의 발전
② 공용어로 페르시아어 채택
③ 한자를 변형한 문자의 사용
④ 산스크리트어 문학 작품의 유행
⑤ 아리아인의 이주와 『베다』의 편찬

07 굽타 왕조의 문화 발달에 대한 설명으로 옳지 <u>않은</u> 것은?

① 간다라 양식이 등장하였다.
② '0(영)'의 개념을 최초로 사용하였다.
③ 지구가 자전을 한다는 사실을 밝혔다.
④ 이슬람 세계의 과학 발달에 이바지하였다.
⑤ 『마하바라타』, 『라마야나』 등의 작품이 유행하였다.

08 동남아시아 문화의 특징으로 옳은 것을 <보기>에서 고른 것은?

┌ 보기 ┐
ㄱ. 산스크리트어를 공용어로 사용하였다.
ㄴ. 해상 무역을 통해 인도 문화가 전파되었다.
ㄷ. 공통 문화 요소로 한자, 유교, 불교, 율령이 있다.
ㄹ. 『라마야나』가 전해져 전통 연극의 토대가 되었다.

① ㄱ, ㄴ　　　② ㄱ, ㄷ　　　③ ㄴ, ㄷ
④ ㄴ, ㄹ　　　⑤ ㄷ, ㄹ

09 (가)에 들어갈 유적의 사진으로 옳은 것은?

<동남아시아 기행 - 캄보디아>

(가)　오늘은 캄보디아에 대해 알아보겠습니다. 캄보디아에서는 인도 문화의 영향으로 힌두교가 전파되면서 앙코르 왕조 때 거대한 힌두교 사원을 건설하였습니다.

① 　② 

③ 　④ 

⑤ 

10 밑줄 친 '이 양식'의 특징을 서술하시오.

사진은 연꽃을 든 보살의 모습으로 아잔타 석굴 벽화 중 가장 유명한 벽화이다. 아잔타 석굴의 벽화와 조각상은 인도의 이 양식이 잘 드러난 대표작으로 꼽힌다.

주제 12 

이슬람 제국의 성립과 발전

이 주제의 학습 목표
사산 왕조 페르시아와 이슬람 세계의 발전 과정을 알아 두자.

+ 헤지라
무함마드와 그를 따르는 신도들이 메카에서 메디나로 이주한 사건으로, 이슬람교에서는 헤지라가 일어난 622년을 이슬람력의 시작 연도로 삼음

+ 칼리프
무함마드를 잇는 '계승자'라는 뜻으로, 종교 지도자이면서 정치적·군사적 지배자 역할을 함

+ 지즈야
이슬람 세력이 정복지의 주민에게 머릿수대로 거둔 세금

+ 시아파와 수니파
제4대 칼리프 알리와 그의 후손만이 무함마드의 후계자로 자격이 있다고 주장하는 세력이 시아파를 형성하고, 무함마드의 혈통이 아니더라도 능력만 있으면 후계자가 될 수 있다고 주장한 세력은 수니파를 형성함

+ 술탄
'권력'이라는 뜻의 아랍어로, 정치·행정·군사상의 실권을 가진 군주의 칭호로 사용됨

1 사산 왕조 페르시아

성립	3세기 초 아케메네스 왕조 페르시아의 부흥을 내세우며 성립 → 파르티아 격퇴
발전	• 영토 확장: 메소포타미아 지역에서 인더스강에 이르는 제국 건설, 로마 제국과 경쟁 • 중앙 집권적 통치: 왕족을 지방 총독으로 파견 • 경제: 아시아와 유럽 사이 교역로에 위치 → 동서를 잇는 중계 무역으로 번영 • 문화: 조로아스터교 국교화(경전 『아베스타』 집대성), 페르시아어를 공용어로 사용, 서아시아 문화의 기틀 마련, 금속·유리 공예 기술 발달(동아시아에 전파) 자료 ❶
멸망	비잔티움 제국(동로마 제국)과 대립 → 7세기 이슬람 세력의 침입으로 멸망

2 아라비아반도의 변화와 이슬람교 성립

(1) **새로운 교역로 개척** 6세기 후반 사산 왕조 페르시아와 비잔티움 제국의 대립 → 교역로 단절 → 새로운 교역로 발달, 메카·메디나가 무역 중심지로 번영 자료 ❷

(2) **사회 갈등 심화** 소수 귀족의 이익 독점 → 빈부 격차 심화, 부족 간 갈등 심화

(3) **이슬람교의 성립**

창시	7세기 초 메카의 상인 무함마드가 이슬람교 창시
특징	유일신 알라 숭배, 우상 숭배 배격, 신 앞에 모든 인간의 평등 강조 → 하층민의 지지
확산	귀족의 박해로 메카에서 메디나로 이주(헤지라, 622) → 메디나를 거점으로 이슬람 공동체 건설 → 메카 정복, 그 주변 지역 통일

3 이슬람 제국의 발전 자료 ❸

(1) **정통 칼리프 시대(632~661)**
① 성립 무함마드 사후 4명의 칼리프 선출
② 정복 활동 이집트와 사산 왕조 페르시아 등 정복 → 영토 확장
③ 통치 비이슬람교도가 세금(지즈야)을 내면 신앙의 자유 허용 → 피정복민의 호응

(2) **우마이야 왕조(661~750)**
① 성립 제4대 칼리프 암살 이후 우마이야 가문이 칼리프 지위 세습(→ 시아파와 수니파로 분열), 다마스쿠스를 수도로 함
② 정복 활동 중앙아시아에서 북아프리카, 이베리아반도까지 대제국 건설
③ 통치 아랍인 우대 정책 실시 → 정복 지역 비아랍인의 불만

(3) **아바스 왕조(750~1258)**
① 성립 아바스 가문이 우마이야 왕조를 무너뜨리고 수립, 바그다드를 수도로 함
② 통치 아랍인 우대 정책 폐지(비아랍인에게 부과하던 세금 면제, 비아랍인도 관리나 군인으로 임명)
③ 발전 탈라스 전투에서 당에 승리(751) → 동서 교역로 장악, 바그다드가 교역과 학문의 중심지로 성장
④ 멸망 이슬람 세계가 분열하며 쇠퇴 → 13세기 몽골의 침입으로 멸망

4 이슬람 세계의 확대

(1) **후우마이야 왕조(756~1031)** 우마이야 왕조의 일부 세력이 유럽의 이베리아반도에 수립 → 이슬람 문화를 유럽에 전파(유럽의 학문과 문화 발전에 영향을 줌)

(2) **파티마 왕조(909~1171)** 시아파가 북아프리카에 수립, 카이로 중심으로 발전

(3) **셀주크 튀르크** 튀르크족이 이슬람교로 개종 → 11세기 이슬람 세계의 주도권 장악, 아바스 왕조로부터 술탄 칭호 획득, 비잔티움 제국을 압박하며 발전

개념 확인 문제
● 바른답·알찬풀이 17쪽

1 다음 괄호 안의 내용 중 옳은 것에 ○표를 하시오.
(1) (아바스 왕조, 사산 왕조 페르시아)는 조로아스터교를 국교로 삼았다.
(2) 이슬람교는 메카의 상인 (알리, 무함마드)가 창시하였다.

2 다음 설명이 맞으면 ○표, 틀리면 ✕표를 하시오.
(1) 우마이야 왕조는 아랍인을 우대하는 정책을 폐지하였다. ( )
(2) 아바스 왕조는 탈라스 전투에서 승리하여 동서 교역로를 장악하였다. ( )

자료 ❶ 사산 왕조 페르시아 문화의 전파

▲ 페르시아의　　▲ 신라의
　금속 물병　　　　유리 물병

사산 왕조 페르시아에서는 금속과 유리 공예 기술이 발달하였다. 사산 왕조 페르시아의 공예품과 공예 기술은 동서 무역로를 따라 이슬람 세계에 전해졌고, 한국, 중국, 일본 등 동아시아까지 전파되었다.

자료 ❷ 아라비아반도의 변화

6세기 후반 비잔티움 제국과 사산 왕조 페르시아의 대립으로 기존 육로를 이용한 교역로가 막히게 되었다. 이에 홍해와 아라비아반도를 거치는 새로운 교역로가 발달하였다.

자료 ❸ 이슬람 제국의 발전

이슬람 세력은 비이슬람교도가 세금을 내면 신앙의 자유를 허용하는 통치 방식으로 피정복민의 호응을 얻어 급속도로 영토를 넓혔다. 우마이야 왕조 때 대제국을 건설하였으나 아랍인 우대 정책으로 비이슬람교도의 불만을 샀다. 아바스 왕조는 아랍인 중심의 차별 정책을 없애고 동서 교역로를 차지하여 번영을 누렸다.

≫ 아라비아반도의 변화

1 지도와 같이 교역로가 변화한 배경으로 옳은 것은?

① 몽골 세력의 공격을 받았다.
② 시아파와 수니파가 대립하였다.
③ 로마 제국이 동서로 분열하였다.
④ 인도에서 새로운 과학 기술이 전해졌다.
⑤ 사산 왕조 페르시아와 비잔티움 제국이 대립하였다.

이것만은 꼭 기억하자! 6세기경 아라비아반도를 지나는 새로운 교역로가 발달하면서 메카와 메디나가 무역의 중심지로 번영을 누렸어.
✈ 66쪽 04번 문제도 풀어 보자!

≫ 이슬람 제국의 발전 `선택지` `하나 더`

2 (가) 왕조에 대한 설명으로 옳지 <u>않은</u> 것은?

① 아랍인 우대 정책을 펼쳤다.
② 다마스쿠스를 수도로 삼았다.
③ 우마이야 가문이 수립하였다.
④ 칼리프의 자리를 세습하였다.
⑤ 탈라스 전투에서 당에 승리하였다.
⑥ 왕조의 정통성을 놓고 시아파와 수니파가 대립하였다.

이것만은 꼭 기억하자! 우마이야 왕조는 아랍인 우대 정책을 펼쳤고, 아바스 왕조는 아랍인 우대 정책을 폐지하였어.
✈ 67쪽 07번, 11번 문제도 풀어 보자!

01 6세기 말 다음과 같은 영역을 차지한 왕조에 대한 설명으로 옳은 것은?

① 조로아스터교를 탄압하였다.
② 비잔티움 제국을 정복하였다.
③ 탈라스 전투에서 승리하였다.
④ 왕족을 지방 총독으로 파견하였다.
⑤ 인도에서 들어온 불교가 발전하였다.

02 사산 왕조 페르시아에서 볼 수 있는 모습으로 가장 적절한 것은?

① 『마하바라타』를 읽는 남성
② 『마누 법전』의 가르침을 전하는 종교인
③ 조로아스터교의 국교화를 선포하는 관리
④ 알렉산드로스의 침략으로 퇴각하는 페르시아 군인
⑤ 귀족의 탄압을 피해 메디나로 이주하는 이슬람교도

03 다음 자료를 활용한 탐구 주제로 가장 적절한 것은?

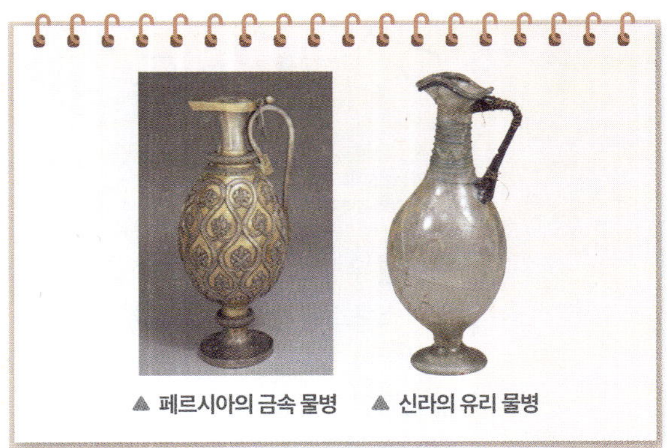

▲ 페르시아의 금속 물병   ▲ 신라의 유리 물병

① 국풍 문화의 발전
② 굽타 양식의 특징
③ 동아시아 문화권의 형성
④ 산스크리트어 문학의 발전
⑤ 사산 왕조 페르시아 문화의 전파

04 밑줄 친 '새로운 변화'로 옳은 것은?

6세기 후반 서아시아 일대에서는 비잔티움 제국과 사산 왕조 페르시아의 대립으로 기존의 무역로가 막히게 되었다. 그러자 홍해와 아라비아반도를 거치는 새로운 교역로가 발달하였다. 이로 인해 아라비아반도에 새로운 변화가 나타났다.

① 힌두교가 성립하였다.
② 크샤트리아와 바이샤가 성장하였다.
③ 메카와 메디나 등의 도시가 번영하였다.
④ 로마 제국이 동로마와 서로마로 분열하였다.
⑤ 아라비아반도 여러 부족 간의 갈등이 해결되었다.

중요
05 밑줄 친 '이 종교'에 대한 설명으로 옳은 것을 <보기>에서 고른 것은?

| 보기 |

ㄱ. 무함마드가 창시하였다.
ㄴ. 카스트에 따른 신분 차별을 정당화하였다.
ㄷ. 메카에서 메디나로 이주한 일을 헤지라라고 한다.
ㄹ. 세상을 선의 신과 악의 신이 대립하는 곳이라 여겼다.

① ㄱ, ㄴ   ② ㄱ, ㄷ   ③ ㄴ, ㄷ
④ ㄴ, ㄹ   ⑤ ㄷ, ㄹ

06 ㉠, ㉡에 들어갈 내용을 옳게 연결한 것은?

> 이슬람 공동체는 무함마드가 죽은 후 그의 계승자
> 인 (㉠)을/를 선출하여 지배자로 삼았다. 이후
> 제4대 (㉠)인 알리가 피살되자 후계자의 자리
> 를 놓고 다툼이 벌어졌는데, 알리를 추종하는 세력
> 이 (㉡)를 형성하였다.

	㉠	㉡
①	술탄	수니파
②	술탄	시아파
③	알라	시아파
④	칼리프	수니파
⑤	칼리프	시아파

07 (가) 왕조에 대한 설명으로 옳은 것은?

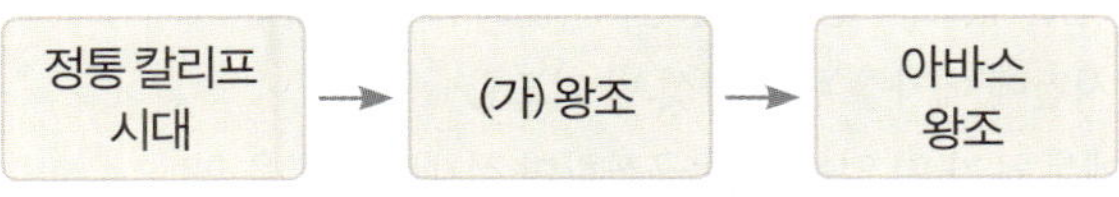

① 비잔티움 제국을 무너뜨렸다.
② 탈라스 전투에서 당을 물리쳤다.
③ 이베리아반도까지 세력을 확장하였다.
④ 수도 바그다그가 교역 중심지로 성장하였다.
⑤ 아케메네스 왕조 페르시아의 부흥을 내세웠다.

08 밑줄 친 '이 왕조'에 대한 설명으로 옳은 것은?

사진은 에스파냐에 있는 코르도바 대모스크의 내부 모습이다. 이곳은 8세기경 이슬람 세력이 유럽의 이베리아반도에 이 왕조를 세우면서 건축한 이슬람교 사원이다.

① 몽골의 침입으로 멸망하였다.
② 지배자를 술탄이라고 불렀다.
③ 시아파가 북아프리카에 세웠다.
④ 비아랍인을 군인으로 임명하였다.
⑤ 우마이야 왕조의 일파가 수립하였다.

09 지도는 11세기 이슬람 세계의 주도권을 장악한 국가의 영역이다. 이 국가에 대한 탐구 활동으로 가장 적절한 것은?

① 술탄의 의미와 역할을 조사한다.
② 수니파와 시아파로 나뉜 원인을 알아본다.
③ 아랍인 우대 정책 실시의 배경을 살펴본다.
④ 조로아스터교를 국교로 삼은 이유를 탐구한다.
⑤ 이베리아반도에서 이슬람 세력의 활동을 파악한다.

10 밑줄 친 '나의 종교'에 해당하는 종교를 쓰고, 주요 교리를 두 가지 서술하시오.

> 종교에는 강요가 없나니 …… 너희에게는 너희의
> 종교가 있고 나(무함마드)에게는 나의 종교가 있을
> 뿐이라.   - 『쿠란』 -

11 (가) 왕조의 지배 정책이 가지는 특징을 서술하시오.

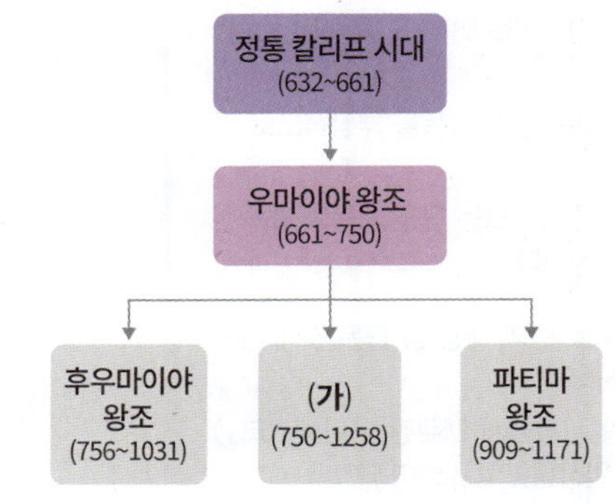

주제 13 이슬람 경제·문화의 발전

이 주제의 **학습 목표**
이슬람 문화권의 특징을 이슬람의 교리와 연결해서 알아 두자.

+ **향신료**(香 향기, 辛 맵다, 料 되질하다)
후추, 생강, 계피 등 음식에 향기를 더하거나 맵기를 더하는 조미료가 되는 재료

+ **『쿠란』**
예언자 무함마드를 통해 전해진 알라의 계시 내용을 정리한 이슬람교의 경전

+ **희사**(喜 기쁘다, 捨 버리다)
이슬람교도의 5행 가운데 하나로, 기꺼이 재물을 기부하는 일을 나타내는 말

+ **연금술**(鍊 단련하다, 金 금, 術 재주)
여러 금속을 화학 처리해서 금과 같은 귀금속을 얻으려고 하는 기술

1 이슬람 상인의 활약과 문화 교류

(1) 상업 발달의 배경

① 종교적 지원 상업 활동에 긍정적인 이슬람교의 교리 → 자유로운 상업 활동 보장

② 국가의 지원 국가적으로 도로망 정비, 상인의 상업 활동 지원 → 상업과 교역 발달, 도시 성장

③ 지리적 이점 유럽과 아프리카, 아시아를 잇는 통로에 위치

(2) 이슬람 상인의 활약 자료 ❶

① 활동 육로와 해로로 원거리 교역, 비단·향신료·도자기 등을 주로 거래 → 금융 산업 발달(금과 은을 화폐로 사용, 어음과 수표 이용)

② 영향 이슬람교와 이슬람 문화 전파, 동서 문화 교류에 기여(중국의 제지술, 인도의 숫자와 천문학이 이슬람 세계에 전래 → 다른 지역으로 전파)

2 이슬람 사회의 특징

(1) 주요 특징 『쿠란』이 일상생활의 규범이 됨 → 아랍어를 공용어로 사용, 돼지고기를 먹지 않음

(2) 이슬람교도의 다섯 가지 의무(5행)

신앙 고백	'알라 이외의 신은 없고, 무함마드는 신의 사도'라고 고백함
예배	매일 일정한 시간에 메카를 향해 다섯 번 기도함
단식	라마단 기간에는 해가 떠 있는 동안 금식하며 절제된 생활을 함
희사	재산의 일부를 가난한 사람을 돕기 위해 기부함
성지 순례	평생에 한 번 이상 이슬람 성지인 메카를 방문함

3 이슬람 문화권의 형성

(1) 배경 이슬람 제국의 확장, 아랍어로 쓰인『쿠란』은 다른 문자로 번역 금지 → 이슬람교와 아랍어를 바탕으로 이슬람 문화권 형성

(2) 학문과 예술의 발달

신학·법학	『쿠란』과 무함마드의 언행을 해석하는 과정에서 발달
역사학	무함마드의 전기 제작 과정에서 발달
지리학	상업 활동과 메카 순례를 위해 발달, 지리학자 이드리시가 세계 지도 제작
문학	여러 지역의 설화와 민담을 모은『천일 야화(아라비안나이트)』가 유행
건축	모스크(둥근 지붕과 뾰족한 탑이 특징), 아라베스크 발달 자료 ❷

(3) 자연 과학의 발달 자료 ❸

수학	• 고대 그리스의 기하학을 받아들여 발전 • 인도에서 만들어진 '0(영)'의 개념을 발전시켜 아라비아 숫자 완성
화학	연금술 유행 → 연구 과정에서 화학 발달
의학	외과 수술·예방 의학 발달, 이븐시나가『의학전범』에서 이슬람 의학 집대성(→ 유럽 의과 대학에서 교재로 사용)
천문학	• 예배, 성지 순례와 상업 활동을 위해 발달(방향과 시간 연구) • 경도와 위도 측정, 지구 구형설 증명, 천동설 비판
영향	중국의 제지술, 나침반, 화약과 함께 유럽에 전해져 근대 과학 발달에 이바지

꼭 나오는 자료

자료 ❶ 이슬람 상인의 활동과 교역망의 발달

이슬람 상인은 육로를 통해 서아프리카에서 중국까지 왕래하였고, 해로를 통해 인도·동남아시아·중국·한반도까지 왕래하였어.

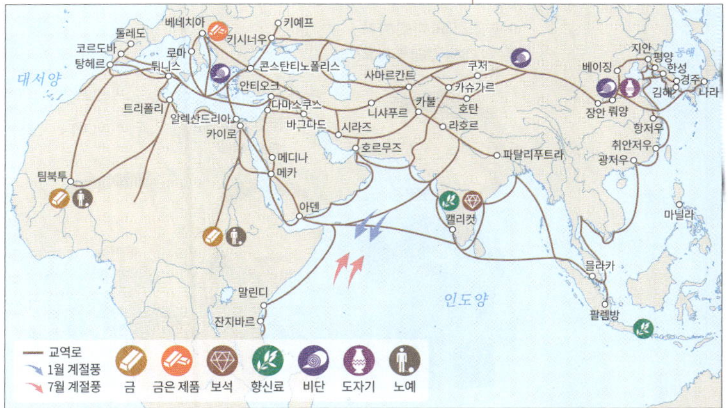

이슬람 제국은 유럽과 아프리카, 아시아를 연결하는 통로에 위치하였으며, 상업 활동에 긍정적인 이슬람교의 교리에 따라 여러 국가와 활발하게 교류하였다. 이슬람 상인의 활발한 상업 활동으로 이슬람교와 이슬람 문화가 널리 전파되었으며, 이들의 상업 활동은 동서 문화 교류에 기여하였다.

자료 ❷ 모스크의 구조

높은 탑(미너렛)에 사람이 올라가 예배 시간을 알렸어.

둥근 지붕(돔)의 완만한 선은 평화를 상징해.

아라베스크는 덩굴무늬, 기하학적 무늬, 아랍 문자를 예술적으로 배열한 장식 무늬야.

▲ 알아즈하르 모스크

▲ 아라베스크

이슬람교도가 예배를 드리는 이슬람 사원을 모스크라고 하는데, 모스크는 둥근 지붕(돔)과 높은 탑(미너렛)을 특징으로 한다. 이슬람교에서는 우상 숭배를 엄격히 금지하기 때문에 모스크 내부를 아라베스크로 장식하였다.

자료 ❸ 이슬람의 자연 과학

시간과 위도, 경도를 측정하는 기구야.

이슬람 세계에서는 값싼 금속을 금으로 만드는 방법을 찾는 연금술이 유행하였어. 금을 만드는 데는 실패하였지만 이 과정에서 화학이 발전하였어.

▲ 아스트롤라베(천문학)

▲ 연금술을 연구하는 학자(화학)

이슬람 세계에서는 자연 현상과 우주를 연구하는 것이 신의 뜻을 이해하기 위한 이슬람교도의 의무라고 생각하여 자연 과학이 발달하였다. 특히 수학, 천문학, 의학, 화학 분야에서 큰 발전이 있었다. 이슬람의 자연 과학은 유럽에 전해져 유럽 근대 과학 발달에 영향을 끼쳤다.

대표 문제로 **실력 쌓기** ● 바른답·알찬풀이 18쪽

》 이슬람 상인의 활동

1 지도의 교역로를 이용한 이슬람 상인의 활동이 끼친 영향으로 옳은 것은?

① 유럽의 과학 기술을 인도에 전하였다.
② 대서양을 이용하는 새 항로를 개척하였다.
③ 이슬람교의 전파와 동서 교류에 기여하였다.
④ 인도에서 창시된 불교를 전 세계에 전하였다.
⑤ 중국의 문화가 서쪽으로 유입되는 것을 막았다.

이것만은 꼭 기억하자! 이슬람 상인의 상업 활동으로 이슬람교와 이슬람 문화가 널리 전파되었어.
✈ 70쪽 01번, 02번 문제도 풀어 보자!

》 이슬람의 모스크 선택지 하나 더

2 다음의 건축 장식이 발달한 문화권에 대한 설명으로 옳지 <u>않은</u> 것은?

①『천일 야화』가 유행하였다.
② 건축에서 모스크가 발달하였다.
③ 아랍어를 공용어로 사용하였다.
④ 이드리시가 세계 지도를 제작하였다.
⑤ 이븐시나가『의학전범』을 저술하였다.
⑥ '0(영)'의 개념을 처음으로 사용하였다.

이것만은 꼭 기억하자! 이슬람 사원인 모스크는 둥근 지붕과 뾰족한 탑을 특징으로 하며 내부를 아라베스크로 장식하였어.
✈ 71쪽 07번, 11번 문제도 풀어 보자!

[01-02] 지도를 보고, 물음에 답하시오.

01 위 지도를 활용한 탐구 주제로 가장 적절한 것은?

① 당의 성장과 탈라스 전투
② 인도 고전 문화의 성립과 발전
③ 이슬람 상인의 활동과 교역의 발달
④ 교역의 확대와 동아시아 문화권의 형성
⑤ 사산 왕조 페르시아 문화의 발달과 전파

중요
02 지도의 교역로가 발달한 배경으로 옳은 것을 <보기>에서 고른 것은?

┤ 보기 ├
ㄱ. 로마에서 크리스트교를 국교로 채택하였다.
ㄴ. 이슬람교의 교리가 상업 활동에 긍정적이었다.
ㄷ. 화북과 강남을 연결하는 대운하를 완성하였다.
ㄹ. 이슬람 제국이 국가적으로 도로망을 정비하였다.

① ㄱ, ㄴ   ② ㄱ, ㄷ   ③ ㄴ, ㄷ
④ ㄴ, ㄹ   ⑤ ㄷ, ㄹ

03 『쿠란』에 대한 설명으로 옳지 <u>않은</u> 것은?

① 이슬람교의 경전이다.
② 무함마드를 통해 전해졌다.
③ 알라의 계시 내용을 정리하였다.
④ 여러 종류의 언어로 번역되었다.
⑤ 이슬람 사회에서 일상생활의 규범이 되었다.

04 (가)에 들어갈 내용으로 적절하지 <u>않은</u> 것은?

① 평생에 한 번 이상 메카를 순례해야 해요.
② 자신이 속한 신분과 직업에 따라 일을 해야 해요.
③ 라마단 기간에는 해가 떠 있는 동안 금식해야 해요.
④ 재산 중의 일부를 기부해서 가난한 사람을 도와야 해요.
⑤ 매일 일정한 시간에 메카를 향해 다섯 번 예배를 드려야 해요.

고난도
05 학생들의 대화 중 (가)에 들어갈 내용으로 적절한 것은?

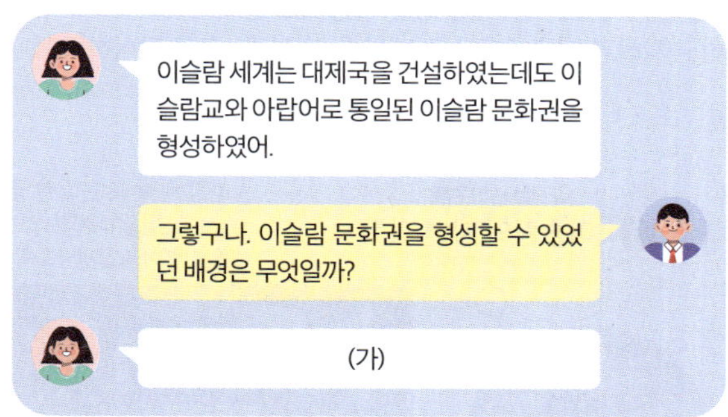

① 아랍인 우대 정책을 펼쳤기 때문이야.
② 정복한 지역에 이슬람교를 강요하였기 때문이야.
③ 국가 차원에서 상업 활동을 억압하였기 때문이야.
④ 『쿠란』을 다른 언어로 번역하는 것을 금지하였기 때문이야.
⑤ 당의 율령 체제를 받아들여 통치 체제를 정비하였기 때문이야.

06 밑줄 친 '이 제목'으로 옳은 것은?

> **역사 질문방**
>
> **Q** 이슬람 문화권의 문학 작품에 대해 설명해 주세요.
>
> **A** 아라비아의 민담을 중심으로 페르시아, 인도, 이집트 등지의 설화를 모은 문학 작품이 널리 읽혔습니다. 『천일 야화』라는 이름으로 발간되었으나 이후 <u>이 제목</u>으로 전 세계에 알려졌습니다.

① 『라마야나』
② 『아베스타』
③ 『의학전범』
④ 『마하바라타』
⑤ 『아라비안나이트』

중요
07 다음 건축물에 대한 설명으로 옳은 것을 <보기>에서 고른 것은?

| 보기 |
ㄱ. 둥근 지붕과 높은 탑을 특징으로 한다.
ㄴ. 건축물 내부를 아라베스크로 장식하였다.
ㄷ. 이슬람교도가 상업 활동을 하는 장소이다.
ㄹ. 간다라 양식과 인도 고유의 양식이 융합하였다.

① ㄱ, ㄴ
② ㄱ, ㄷ
③ ㄴ, ㄷ
④ ㄴ, ㄹ
⑤ ㄷ, ㄹ

08 이슬람 문화에 대한 설명으로 옳은 것은?

① 조로아스터교를 국교로 삼았다.
② 산스크리트어 문학이 발달하였다.
③ 민간 신앙과 결합한 다신교를 믿었다.
④ 이븐시나가 『의학전범』을 편찬하였다.
⑤ 『마누 법전』을 일상생활의 규범으로 삼았다.

09 다음 자료를 활용한 탐구 활동으로 가장 적절한 것은?

▲ 아스트롤라베(천문학)

▲ 연금술을 연구하는 학자(화학)

① 헬레니즘 문화의 특징을 검색한다.
② 이슬람의 자연 과학 발달을 조사한다.
③ 크리스트교가 확산된 배경을 살펴본다.
④ 인도 고전 문화의 발달 내용을 찾아본다.
⑤ 중국 문화가 이슬람 세계에 끼친 영향을 알아본다.

10 ㉠ 문화권이 형성된 배경을 서술하시오.

> (㉠) 문화권의 형성
> • 지리학: 메카 순례를 위해 발달
> • 역사학: 무함마드의 전기 제작 과정에서 발달
> • 신학·법학: 『쿠란』의 연구 과정에서 발달
> • 건축: 모스크 발달

11 이슬람 문화권에서 다음의 건축 장식을 사용한 종교적인 이유를 서술하시오.

서로마 제국의 멸망과 비잔티움 제국의 발전

주제 14

이 주제의 학습 목표
서로마 제국의 멸망을 이해하고, 비잔티움 제국의 발전 과정을 알아 두자.

+ **용병(傭 품팔이, 兵 병사)**
일정한 봉급을 받고 군 복무를 하는 병사로, 주로 자기 국가 국민이 아닌 외국인 병사를 가리킴

+ **훈족**
중앙아시아 초원 지대에 살던 유목 민족으로, 흉노의 일파였을 것으로 추정됨

+ **성상**
예수와 성모 마리아, 12사도와 성인들을 조각하거나 그린 것을 말하며, 당시 로마 가톨릭교회는 게르만족에게 쉽게 크리스트교를 전하고자 성상을 사용함

+ **정교**
정통 교회라는 뜻으로, 정통 크리스트교회를 계승하였다는 의미가 담긴 명칭

1 게르만족의 이동과 프랑크 왕국의 발전

(1) 게르만족의 이동과 서유럽의 변화 자료 ❶
① 게르만족 유럽 북부 지역에서 목축과 사냥 → 인구 증가, 농경지 부족 → 로마 제국의 변경 지역으로 이주, 로마 제국에서 군대의 +용병이 되거나 땅을 빌려 농사를 지음
② 게르만족의 이동 4세기 말 +훈족의 압박 → 게르만족이 대규모로 이동 → 서로마 제국 곳곳에 정착, 서로마 제국이 게르만족 출신 용병 대장에게 멸망(476)

(2) 프랑크 왕국의 성립과 발전
① 성장 배경 원래 거주지로부터 짧은 이동 거리, 크리스트교(로마 가톨릭교) 수용 → 로마 교회의 지지를 받으며 게르만 왕국 중 가장 넓은 영토 차지
② 8세기 초 이슬람 세력의 침입 격퇴, 서유럽 크리스트교 세계 보호
③ 8세기 후반 이후 카롤루스 대제(전성기)가 옛 서로마 제국 영토의 대부분을 정복·크리스트교 전파(→ 로마 교황이 서로마 황제의 관 수여), 곳곳에 학교를 세워 학문과 예술 발전(→ 게르만 문화, 로마 문화, 크리스트교가 융합된 서유럽 문화의 기틀 마련) 자료 ❷
④ 분열 카롤루스 대제가 죽은 후 서프랑크, 중프랑크, 동프랑크로 분열(오늘날 프랑스, 이탈리아, 독일의 기원)

2 비잔티움 제국의 발전

(1) 발전 황제 중심의 중앙 집권 체제를 갖춤(강력한 황제권을 바탕으로 황제가 교회 지배), 수도 콘스탄티노폴리스가 유럽과 아시아를 잇는 동서 무역의 중심지로 번성

(2) 유스티니아누스 황제(전성기)의 통치 자료 ❸
① 정복 활동 옛 로마 제국 영토의 상당 부분 회복
② 문화 발달 『유스티니아누스 법전』 편찬(로마의 법률 집대성), 성 소피아 대성당 건설

(3) 동서 교회의 분열 비잔티움 제국의 황제 레오 3세가 +성상 숭배 금지령을 내림 → 교황의 거부 → 서유럽의 로마 가톨릭교와 비잔티움 제국(동유럽)의 그리스 +정교로 분열(1054)

(4) 쇠퇴 및 멸망 유스티니아누스 황제가 죽은 후 사산 왕조 페르시아와 이슬람 세력의 침입으로 많은 영토 상실, 자영 농민층 몰락으로 황제의 권한 약화 → 11세기 이후 이슬람 세력의 침입에 시달리다가 오스만 제국에 멸망(1453)

3 비잔티움 제국의 문화

(1) 발달

특징	그리스 정교를 바탕으로 그리스·로마 문화와 헬레니즘 문화 융합 → 비잔티움 제국만의 독특한 문화 발전
학문	• 그리스어를 공용어로 사용 • 그리스·로마 고전 연구, 보존 → 이탈리아 르네상스에 영향
건축·미술	웅장한 돔과 화려한 모자이크가 특징인 비잔티움 양식 발달 → 성 소피아 대성당이 대표적

(2) 영향
① 배경 비잔티움 문화가 유럽 동북부 지역에 살던 슬라브족에게 영향을 끼침 → 오늘날 동유럽과 러시아 문화의 바탕이 됨
② 키예프 공국(키이우 공국) 비잔티움 제국과 교역하며 그리스 정교 수용, 그리스 문자를 바탕으로 만든 키릴 문자 사용, 비잔티움 양식의 영향을 받은 성 소피아 성당 건축

개념 확인 문제
● 바른답·알찬풀이 19쪽

1 다음 설명이 맞으면 ○표, 틀리면 ×표를 하시오.
(1) 4세기 말 이슬람 세력의 압박으로 게르만족이 대규모로 이동하였다.
( )
(2) 카롤루스 대제는 교황으로부터 서로마 황제의 관을 받았다.
( )

2 다음 괄호 안의 내용 중 옳은 것에 ○표를 하시오.
(1) 비잔티움 제국의 수도인 (로마, 콘스탄티노폴리스)는 동서 무역의 중심지로 번성하였다.
(2) 비잔티움 제국은 (라틴어, 그리스어)를 공용어로 사용하였다.

꼭 나오는 자료

자료 ❶ 게르만족의 이동

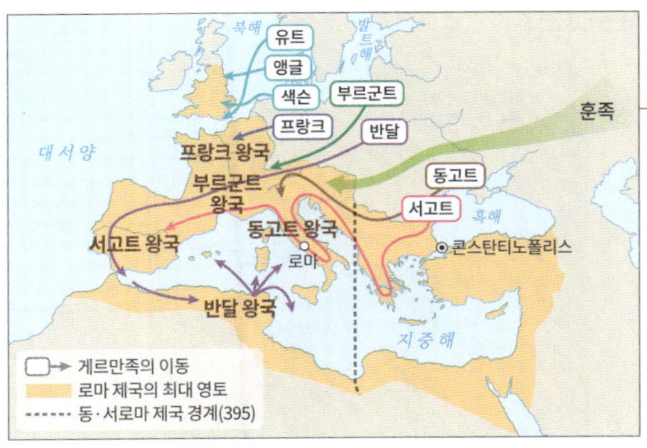

프랑크족은 다른 게르만족에 비해 이동 거리가 비교적 짧았기 때문에 빠르게 정착할 수 있었어.

유럽의 북부 지역에서 거주하던 게르만족은 인구가 증가하자 일부가 농경지를 찾아 로마 제국의 변경 지역으로 이주하였다. 4세기 후반 훈족의 압박으로 게르만족이 대규모로 로마 제국의 영토로 이동하여 서로마 제국 곳곳에 나라를 세웠으며, 서로마 제국은 게르만족 출신 용병 대장에게 멸망하였다.

자료 ❷ 프랑크 왕국의 발전

▲ 서로마 황제의 관을 받는 카롤루스 대제

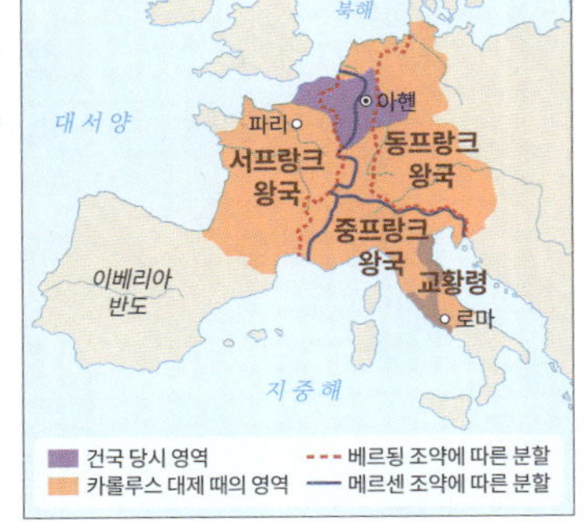

▲ 프랑크 왕국의 발전과 분열

카롤루스 대제는 학자들을 궁전으로 초청해서 로마 고전 문화의 부활에 노력하였고, 궁전과 수도원 등에 학교를 세워 라틴어를 가르치게 하였어. 이러한 그의 노력으로 로마 문화와 크리스트교, 게르만 문화가 융합되어 중세 서유럽 문화의 기틀이 마련되었어.

8세기 후반 프랑크 왕국의 카롤루스 대제가 정복 활동으로 옛 서로마 제국 영토의 많은 부분을 차지하였다. 로마 교황은 카롤루스 대제에게 서로마 황제의 관을 씌워 주면서 서로마 제국의 부활을 선포하였다. 카롤루스 대제가 죽은 후 프랑크 왕국은 셋으로 나뉘어 각각 오늘날 프랑스, 이탈리아, 독일의 기원이 되었다.

자료 ❸ 비잔티움 제국의 발전

▲ 산비탈레 성당의 벽화

▲ 성 소피아 대성당

나중에 오스만 제국이 비잔티움 제국의 수도 콘스탄티노폴리스를 점령하면서 성 소피아 대성당은 모스크로 바뀌게 되었어.

산비탈레 성당의 벽화에는 유스티니아누스 황제를 기준으로 그림의 왼쪽에는 군인과 관료, 오른쪽에는 성직자가 있어, 황제가 정치와 종교 모두의 지배자임이 드러나 있다. 한편 유스티니아누스 황제가 세운 성 소피아 대성당은 비잔티움 양식을 보여 주는 대표적인 건축물이다.

대표 문제로 **실력 쌓기** ● 바른답·알찬풀이 19쪽

›› 게르만족의 이동

1 지도에 나타난 민족의 이동 결과로 옳은 것은?

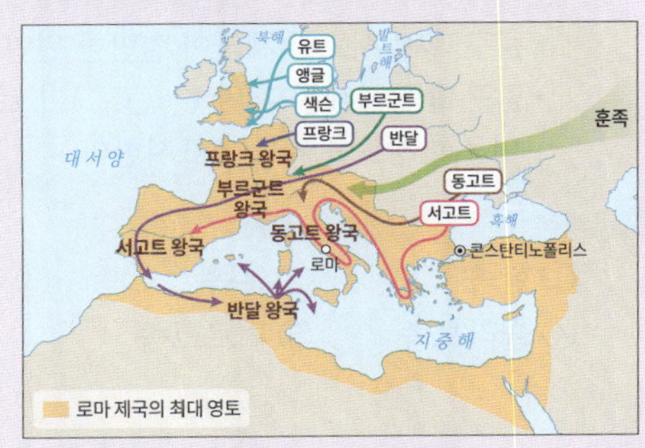

① 서로마 제국이 멸망하였다.
② 비잔티움 제국이 멸망하였다.
③ 훈족이 게르만족을 압박하였다.
④ 로마 제국이 동서로 분열하였다.
⑤ 이슬람교가 유럽에 널리 전파되었다.

이것만은 꼭 기억하자! 4세기 후반 훈족의 압박으로 게르만족이 이동하였고 이후 서로마 제국이 멸망하였어.
↗ 74쪽 01번, 02번 문제도 풀어 보자!

›› 비잔티움 제국의 발전 선택지 하나 더

2 그림과 관련된 제국에 대한 설명으로 옳지 <u>않은</u> 것은?

① 수도는 콘스탄티노폴리스였다.
② 성 소피아 대성당을 건축하였다.
③ 황제는 종교에 간섭할 수 없었다.
④ 그리스어를 공용어로 사용하였다.
⑤ 오스만 제국의 공격으로 멸망하였다.
⑥ 동유럽 문화의 형성에 영향을 주었다.

이것만은 꼭 기억하자! 비잔티움 제국에서는 황제가 정치적·군사적 지배자이자 교회의 수장 역할을 하였어.
↗ 75쪽 07번, 10번 문제도 풀어 보자!

01 ㉠에 들어갈 민족으로 옳은 것은?

> • 탐구 과제: 서로마 제국이 멸망한 원인
> • 탐구 활동: 4세기 후반 (　㉠　)이 로마 제국으로 이동한 경로를 지도에 표시한다.

① 한족 ② 훈족 ③ 게르만족
④ 슬라브족 ⑤ 튀르크족

02 (가) 왕국이 성장할 수 있었던 배경으로 옳은 것을 <보기>에서 고른 것은?

┤ 보기 ├
ㄱ. 크리스트교로 개종하였다.
ㄴ. 이슬람 세력과 연합하였다.
ㄷ. 원래 거주지로부터 이동 거리가 짧았다.
ㄹ. 스스로 비잔티움 제국의 계승자라고 주장하였다.

① ㄱ, ㄴ ② ㄱ, ㄷ ③ ㄴ, ㄷ
④ ㄴ, ㄹ ⑤ ㄷ, ㄹ

중요

03 ㉠인물이 한 일로 옳은 것은?

▲ 서로마 황제의 관을 받는 (　㉠　)

① 크리스트교를 공인하였다.
② 성 소피아 대성당을 건설하였다.
③ 아우구스투스라는 칭호를 받았다.
④ 정복 지역에 크리스트교를 전파하였다.
⑤ 로마의 법률을 집대성한 법전을 편찬하였다.

04 지도에 나타난 사실에 대한 설명으로 옳은 것을 <보기>에서 고른 것은?

▲ 프랑크 왕국의 분열

┤ 보기 ├
ㄱ. 이슬람 세력의 침입이 원인이 되었다.
ㄴ. 카롤루스 대제가 죽은 이후의 일이다.
ㄷ. 서로마 제국이 멸망한 배경에 해당한다.
ㄹ. 오늘날 프랑스, 이탈리아, 독일의 기원이 되었다.

① ㄱ, ㄴ ② ㄱ, ㄷ ③ ㄴ, ㄷ
④ ㄴ, ㄹ ⑤ ㄷ, ㄹ

고난도

05 밑줄 친 '변화'에 대한 설명으로 옳은 것은?

▲ 성상을 지우는 수도사

① 시아파와 수니파로 분열하였다.
② 로마가 크리스트교를 국교화하였다.
③ 슬라브족이 그리스 정교를 받아들였다.
④ 프랑크족이 로마 가톨릭교를 수용하였다.
⑤ 그리스 정교와 로마 가톨릭교로 분열하였다.

06 (가) 황제의 업적으로 옳은 것은?

① 로마의 법률을 집대성하였다.
② 스스로를 프린켑스로 불렀다.
③ 교황으로부터 서로마 황제의 관을 받았다.
④ 수도를 로마에서 콘스탄티노폴리스로 옮겼다.
⑤ 서로마 제국의 황제를 압박하여 물러나게 하였다.

07 비잔티움 제국의 문화에 대한 설명으로 옳은 것을 <보기>에서 고른 것은?

| 보기 |

ㄱ. 라틴어를 공용어로 사용하였다.
ㄴ. 이탈리아 르네상스로부터 영향을 받았다.
ㄷ. 미술에서 화려한 모자이크 양식이 발달하였다.
ㄹ. 그리스 정교를 바탕으로 그리스·로마 문화와 헬레니즘 문화를 융합하였다.

① ㄱ, ㄴ   ② ㄱ, ㄷ   ③ ㄴ, ㄷ
④ ㄴ, ㄹ   ⑤ ㄷ, ㄹ

08 밑줄 친 '이 나라'에 대한 설명으로 옳은 것은?

키이우에 있는 성 소피아 성당은 9세기 말 러시아 지역에서 성립한 이 나라에서 비잔티움 양식의 영향을 받아 세운 것이다.

① 게르만족이 건국하였다.
② 키릴 문자를 사용하였다.
③ 로마 가톨릭교를 믿었다.
④ 비잔티움 제국을 멸망시켰다.
⑤ 수도는 콘스탄티노폴리스였다.

09 다음에서 설명하는 문화유산으로 옳은 것은?

- 유스티니아누스 황제 때 건축
- 둥근 돔형 지붕, 모자이크 벽화로 내부 장식
- 오스만 제국이 모스크로 사용하면서 첨탑을 세움

①    ②  

③     ④ 

⑤ 

10 다음 그림을 보고 물음에 답하시오.

(1) 위의 그림과 관련된 나라를 쓰시오.

(2) 위의 그림을 통해 알 수 있는 (1) 나라의 정치 및 종교상의 특징을 서술하시오.

주제 15

서유럽 봉건 사회의 성립과 크리스트교 문화의 확산

이 주제의 학습 목표

서유럽 봉건제의 특징과 교황권의 확대 과정을 알아 두자.

+ **주종(主 주인, 從 따르다)**
주인과 부하의 관계 혹은 주체와 종속의 관계

+ **쌍무적 계약 관계**
어느 한쪽이 의무를 지키지 않으면 깨지는 계약 관계

+ **영주(領 영지, 主 주인)**
통치권이 미치는 일정한 범위의 땅을 영지라고 하는데, 그 영지의 지배자를 영주라고 함

+ **파문(破 깨뜨리다, 門 집안)**
신도의 자격을 빼앗고 교회의 보호에서 쫓아내는 것

1 봉건 사회의 성립 　자료 ❶

(1) **성립 배경** 프랑크 왕국의 분열, 바이킹·이슬람 세력 등의 침입으로 혼란 → 각 지역의 유력자들이 성을 쌓고 무력을 갖춘 기사가 됨 → 기사 계층 형성

(2) **주종 관계**

① **특징** 기사들 사이에 형성, 토지를 매개로 형성된 쌍무적 계약 관계

② **주군** 충성을 맹세한 기사에게 토지를 주고 봉신(신하)으로 임명

③ **봉신** 주군에게 충성과 군사적 봉사를 맹세

(3) **장원제의 형성**

① **배경** 봉신이 주군에게 받은 토지는 장원으로 운영, 봉신은 영주가 되어 주군의 간섭 없이 장원을 지배

② **구조** 영주의 성, 교회, 촌락(방앗간, 대장간), 경작지 등으로 구성 → 자급자족 가능

③ **농노** 장원의 농민은 대부분 농노, 영주의 토지 경작, 영주에게 노동력·생산물을 바침, 대장간·방앗간의 사용료 납부, 영주의 허락 없이 장원을 벗어날 수 없음, 영주의 법정에서 재판을 받음, 집과 약간의 토지 등 재산 소유 및 결혼 가능

(4) **봉건제의 성립** 주종 관계와 장원제를 바탕으로 봉건 사회 성립 → 지방 분권적인 정치 체제 정착(지방 세력 강화, 왕권 점차 약화)

(5) **중세 서유럽 사람들의 생활**

농민	중세 서유럽 인구의 상당수를 차지, 장원 안에서 농사를 지음, 자급자족의 농촌 공동체 형성, 쟁기를 개량하고 말을 농사에 이용하면서 농업 생산력 향상
기사	공동체를 안전하게 지키는 일을 의무로 여김, 평상시에 훈련 및 모의 전투 실시
성직자	탄생부터 죽음에 이르는 삶의 과정을 신과 연결하는 중재자 역할을 함

2 교황권의 성장

(1) **교회의 세속화** 봉건제 확대로 로마 가톨릭교회의 성직자도 군주나 제후를 주군으로 섬기는 일이 많아짐, 군주나 제후 등 세속 권력이 성직자 임명권 행사 → 성직자가 결혼하거나 성직을 매매하는 등 부패한 모습이 나타남

(2) **수도원 운동** 일부 수도원(클뤼니 수도원)을 중심으로 교회 개혁 운동 전개

(3) **교황권 성장**

① **카노사의 굴욕** 교황이 세속 군주의 성직자 임명 금지 → 신성 로마 제국 황제의 거부 → 교황이 황제를 파문, 제후의 지지를 잃게 된 황제의 굴복(1077)　자료 ❷

② **보름스 협약(1122)** 교황만이 성직자 임명권을 가질 수 있다고 결정

③ **교황의 권위 강화** 13세기에 교황권이 절정에 이름(교황은 해, 황제는 달에 비유됨)

3 크리스트교 중심의 서유럽 문화

특징	크리스트교 중심으로 발달, 라틴어를 공용어로 사용
학문	• 신학이 학문의 중심, 스콜라 철학 유행(신앙과 이성의 조화 강조, 토마스 아퀴나스가 『신학 대전』으로 집대성) • 대학 설립(12세기 이후): 영주의 간섭에서 벗어나 자치적으로 운영 → 중세의 학문 발전에 기여
건축	교회와 수도원 중심으로 발달, 11세기 로마네스크 양식 유행(둥근 천장, 반원형의 아치), 12세기 이후 고딕 양식 유행(첨탑과 스테인드글라스)　자료 ❸
문학	기사의 활약을 다룬 기사도 문학이 인기(『아서왕 이야기』, 『롤랑의 노래』 등)

개념 확인 문제

● 바른답·알찬풀이 21쪽

1 다음 설명이 맞으면 ○표, 틀리면 ×표를 하시오.

(1) 서유럽에서 기사들 사이에 맺어진 주종 관계는 토지를 매개로 하였다.
(　)

(2) 농노는 마음대로 장원을 벗어날 수 있었다.
(　)

2 다음 괄호 안의 내용 중 옳은 것에 ○표를 하시오.

(1) 중세 서유럽에서 (신학, 과학)이 학문의 중심이 되었다.

(2) 중세 서유럽에서는 (고딕, 비잔티움) 양식이 유행하였다.

꼭 나오는 자료

자료 ❶ 봉건제의 성립

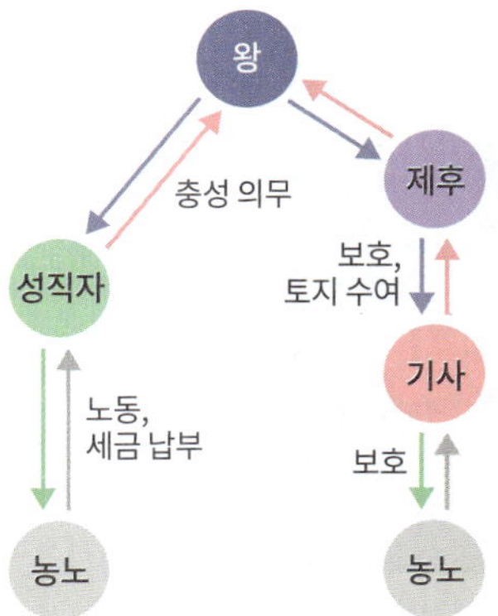

▲ 중세 서유럽 봉건 사회의 구조

장원에는 영주의 성과 교회를 중심으로 농민의 집, 농경지 등이 있고, 방앗간과 대장간이 있어 장원 안에서 자급자족이 이루어졌어.

▲ 장원의 구조

중세 서유럽에서는 왕과 제후부터 하급 기사에 이르기까지 지배층 사이에 주종 관계가 맺어졌다. 주군이 봉신에게 준 토지는 장원으로 운영되는데, 봉신이 주군의 간섭 없이 영주로서 장원을 지배하는 지방 분권적인 사회가 형성되었다. 이로써 중세 서유럽에서는 주종 관계와 장원제로 이루어진 봉건제가 형성되었다.

자료 ❷ 카노사의 굴욕

▲ 카노사의 굴욕

교황 그레고리우스 7세가 세속 군주의 성직자 임명을 금지한다고 선언하자, 신성 로마 제국의 황제 하인리히 4세는 이에 반발하여 교황의 폐위를 주장하였다. 그러나 교황이 황제를 파문한다고 선언한 후 제후들로부터 지지를 잃은 황제는 카노사성의 성주를 찾아 교황과 화해할 수 있게 도와달라고 부탁하였다. 이에 교황은 파문을 취소하였다. 이후에도 다툼은 계속되었으나 결국 교황이 성직자 임명권을 차지하였다.

└ 하인리히 4세의 아들 하인리히 5세는 교황 칼리스투스 2세와 보름스 협약을 맺어 교황의 성직자 임명권을 인정하였어.

자료 ❸ 중세 서유럽의 건축 양식

프랑스의 샤르트르 대성당은 고딕 양식의 대표적인 건축물로 유네스코 지정 세계 유산으로 등록되었어.

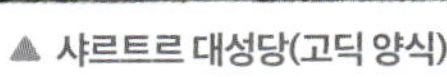

▲ 샤르트르 대성당(고딕 양식)

▲ 스테인드글라스

서유럽에서는 12세기부터 고딕 양식이 유행하였는데, 뾰족한 탑(첨탑)을 갖추어 신과 가까워지려는 소망을 표현하였다. 큰 창문으로 들어오는 빛을 이용한 색유리그림(스테인드글라스)으로 내부를 장식하였는데 글을 모르는 사람들에게 성경의 내용과 성인의 이야기를 알려 주는 역할을 하였다.

대표 문제로 **실력 쌓기** ● 바른답·알찬풀이 21쪽

〉〉 봉건제의 성립

1 ㉠에 대한 설명으로 옳은 것은?

▲ (㉠)의 구조

① 교회가 재판권을 가졌다.
② 주로 농노가 농사를 지었다.
③ 농노는 재산 소유가 불가능하였다.
④ 시장을 설치하고 상업을 장려하였다.
⑤ 국왕이 파견한 지방관이 통치하였다.

이것만은 꼭 기억하자! 영주는 장원의 행정·사법·조세 징수권을 갖고 있었어. 농노는 재산을 갖고 가정을 꾸릴 수 있었지만 장원을 떠날 수는 없었어.
🖋 78쪽 03번 문제도 풀어 보자!

〉〉 중세 서유럽의 건축 양식 선택지 하나 더

2 다음 건축물에 대한 설명으로 적절하지 않은 것은?

① 샤르트르 대성당이다.
② 고딕 양식에 해당한다.
③ 12세기 이후에 지어졌다.
④ 화려한 모자이크가 특징이다.
⑤ 중세 서유럽의 건축 양식을 보여 준다.
⑥ 첨탑은 신과 가까워지려는 소망을 표현한 것이다.

이것만은 꼭 기억하자! 중세 서유럽에서 유행한 고딕 양식은 첨탑과 스테인드글라스가 특징이야.
🖋 79쪽 10번 문제도 풀어 보자!

[01-02] 다음은 중세 서유럽 봉건 사회의 구조를 나타낸 것이다. 이를 보고 물음에 답하시오.

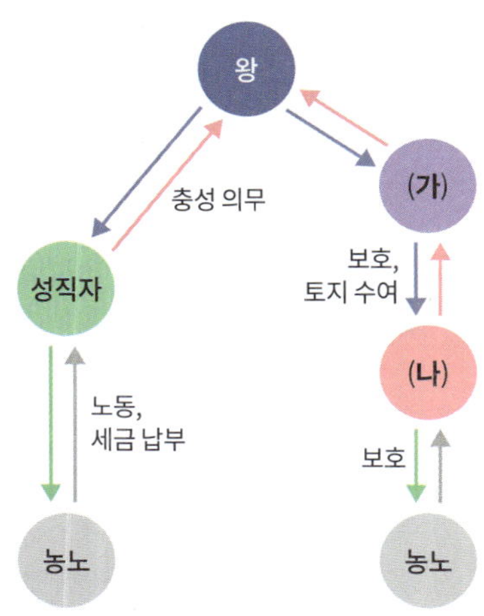

01 위와 같은 사회 구조가 성립하게 된 배경으로 옳은 것을 <보기>에서 고른 것은?

> **보기**
> ㄱ. 동서 교회가 분리되었다.
> ㄴ. 프랑크 왕국이 분열하였다.
> ㄷ. 서유럽이 이민족의 침입으로 혼란에 빠졌다.
> ㄹ. 비잔티움 제국의 황제가 성상 숭배를 금지하였다.

① ㄱ, ㄴ   ② ㄱ, ㄷ   ③ ㄴ, ㄷ
④ ㄴ, ㄹ   ⑤ ㄷ, ㄹ

02 위의 (가), (나)에 대한 설명으로 옳지 <u>않은</u> 것은?

① (가)는 주군이다.
② (나)는 봉신이다.
③ (가)와 (나)는 혈연관계를 바탕으로 하였다.
④ (가)가 (나)에게 준 토지는 장원으로 운영되었다.
⑤ (나)는 (가)에게 충성과 군사적 봉사를 맹세하였다.

03 중세 서유럽의 농노에 대한 설명으로 옳지 <u>않은</u> 것은?

① 혼인할 수 없었다.
② 재산을 소유할 수 있었다.
③ 영주의 토지를 경작하였다.
④ 영주의 법정에서 재판을 받았다.
⑤ 마음대로 장원을 벗어날 수 없었다.

고난도

04 그림의 (가) 신분에 대한 설명으로 옳은 것은?

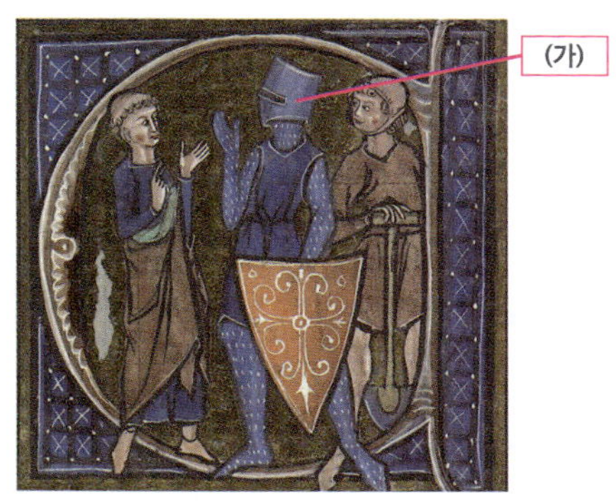

▲ 봉건 사회의 세 신분

① 장원 안에서 농사를 지었다.
② 거주 이전의 자유가 없었다.
③ 중세 서유럽 인구의 상당수를 차지하였다.
④ 공동체를 안전하게 지키는 것을 의무로 하였다.
⑤ 삶의 과정을 신과 연결하는 중재자 역할을 하였다.

중요
05 밑줄 친 '변화'에 해당하는 내용으로 옳은 것을 <보기>에서 고른 것은?

> 농민은 중세 서유럽 인구의 대부분을 차지하였다. 이들은 장원에 살면서 공동으로 농사짓고 자급자족하는 농촌 공동체를 이루었다. 11세기에 여러 변화가 나타나면서 농업 생산력이 크게 늘어나게 되었다.

> **보기**
> ㄱ. 쟁기를 개량하였다.
> ㄴ. 게르만족이 이동하였다.
> ㄷ. 말을 농사에 이용하였다.
> ㄹ. 흑사병이 유행하여 인구가 감소하였다.

① ㄱ, ㄴ   ② ㄱ, ㄷ   ③ ㄴ, ㄷ
④ ㄴ, ㄹ   ⑤ ㄷ, ㄹ

06 (가)에 들어갈 내용으로 가장 적절한 것은?

> **역사 조사 보고서**
>
> 1. 조사 주제: 10세기 무렵 중세 서유럽 교회의 세속
>   화와 성직자의 부패를 해결하려는 노력
> 2. 조사한 사례: _______________ (가) _______________

① 토마스 아퀴나스의 철학 연구
② 『유스티니아누스 법전』의 편찬
③ 클뤼니 수도원의 교회 개혁 운동
④ 카롤루스 대제의 서로마 황제 대관
⑤ 로마 가톨릭교와 그리스 정교의 분리

중요
07 밑줄 친 '교황'에 대한 설명으로 옳은 것은?

① 성상 숭배를 금지하였다.
② 성 소피아 대성당을 건축하였다.
③ 『유스티니아누스 법전』을 펴냈다.
④ 황제가 교회의 수장임을 선포하였다.
⑤ 세속 군주의 성직자 임명을 금지하였다.

08 중세 서유럽 문화에 대한 설명으로 옳은 것을 <보기>에서 고른 것은?

> **보기**
> ㄱ. 라틴어를 공용어로 사용하였다.
> ㄴ. 교회와 영주가 대학을 운영하였다.
> ㄷ. 크리스트교를 중심으로 발전하였다.
> ㄹ. 신학은 철학을 보조하는 학문이었다.

① ㄱ, ㄴ 　② ㄱ, ㄷ 　③ ㄴ, ㄷ
④ ㄴ, ㄹ 　⑤ ㄷ, ㄹ

09 (가)에 들어갈 인물로 옳은 것은?

① 하인리히 4세 　　② 카롤루스 대제
③ 토마스 아퀴나스 　④ 그레고리우스 7세
⑤ 유스티니아누스 황제

서술형
10 ㉠ 양식을 쓰고, 그 특징을 두 가지 서술하시오.

▲ (　㉠　) 양식을 대표하는 샤르트르 대성당

서술형
11 다음을 읽고 물음에 답하시오.

> **○○○ 협약 (1122)**
>
> 신성 로마 제국의 황제인 나, 하인리히 5세는
> …… 영적 권력에 따른 모든 _______ (가) _______ 을/를
> 신에게 그리고 성스러운 로마 가톨릭교회에 바
> 친다. …… 지금까지 나의 아버지와 내가 빼앗아
> 갖고 있는 모든 소유권과 세속적인 권리를 성스
> 러운 로마 가톨릭교회에 돌려준다.

(1) (가)에 들어갈 말을 쓰시오.

(2) 이 협약이 교황의 지위에 끼친 영향을 서술하시오.

주제 16 십자군 원정과 교황권의 쇠퇴, 르네상스

이 주제의 학습 목표
십자군 원정 이후 유럽 사회에 나타난 변화를 알아 두자.

+ **한자 동맹**
'한자(Hansa)'는 독일어로 조합, 동료라는 의미로, 뤼베크, 함부르크 등의 도시들이 상업적 이익을 도모하기 위해 맺은 상업 동맹을 말함

+ **흑사병(黑 검다, 死 죽다, 病 병)**
피부가 흑색으로 변하여 죽는 병으로 페스트균에 감염되어 일어나는 전염병

+ **유수(幽 숨다, 囚 가두다)**
사람을 잡아서 가둠

+ **인문주의(人 사람, 文 문화, 主 주장, 義 생각)**
인간의 존엄성 회복과 문화적 교양의 발전에 노력한 정신 운동

+ **우신(愚 어리석다, 神 신)**
'어리석음의 신'이라는 뜻

1 십자군 전쟁 자료 ❶

배경	11세기 말 셀주크 튀르크의 예루살렘 점령, 비잔티움 제국 위협 → 비잔티움 제국 황제가 로마 교황에게 지원 요청
전개	로마 교황이 성지 예루살렘을 되찾자고 호소 → 제후와 기사, 상인, 농민들의 호응(종교적 열정, 세속적 이익)으로 십자군 전쟁 시작 → 200여 년간 여러 차례 원정 → 점차 성지 회복보다 상업적 이익을 중시, 성지 회복에 실패
영향	• 교황, 봉건 제후, 기사 세력의 약화 → 왕권 강화 • 지중해 무역 활발 → 유럽의 상공업 발달, 이탈리아 도시 번성 • 이슬람 세계 및 비잔티움 제국의 문화와 접촉 → 서유럽 문화 발전의 계기 마련

2 도시의 성장과 장원의 해체

(1) 도시의 성장과 상업의 발달 자료 ❷
① **배경** 이민족 침입 감소, 농업 생산력 향상, 인구 증가 → 각지에 시장 형성, 도시 성장
② **도시 발달** 십자군 원정 이후 원거리 무역 활발 → 베네치아 등 이탈리아 항구 도시들이 지중해 무역권 발달로 번영, 유럽 북부 도시들이 한자 동맹을 맺어 북방 무역 주도
③ **자치권 획득** 도시민이 영주에게 돈을 내고 특허장을 얻거나 무력으로 자치권 획득
④ **길드 조직** 상인과 수공업자가 길드 결성 → 자신들의 이익과 안전 도모, 도시 운영

(2) 장원의 해체

화폐 경제 확산	화폐 사용 증가, 노동력과 생산물 대신 화폐로 지대(세금) 납부 → 곡물 가격 상승과 화폐 가치 하락으로 농노의 부담 감소
+흑사병의 유행	14세기 중엽 흑사병 유행으로 인구 감소, 노동력 부족 → 영주들이 농민의 처우를 일부 개선
농민 반란 발생	자크리의 난(프랑스), 와트 타일러의 난(영국)

3 교황권의 쇠퇴와 왕권의 강화

(1) 배경 십자군 전쟁 실패, 장원 해체, 화약과 대포의 사용 → 봉건 세력의 몰락

(2) 교황권 쇠퇴 14세기 초 성직자 과세 문제로 프랑스 국왕과 교황의 대립 → 교황청이 아비뇽으로 옮겨져 국왕의 통제를 받음(아비뇽 +유수) → 교회와 교황의 권위 실추

(3) 중앙 집권 국가의 등장 백년 전쟁(플랑드르 지방의 지배권과 프랑스 왕위 계승 문제를 둘러싼 영국과 프랑스의 전쟁), 장미 전쟁(영국의 왕위 계승권을 둘러싼 전쟁) → 귀족 세력 약화, 왕권 강화 → 중앙 집권 국가로 성장하는 기반 마련

4 르네상스 자료 ❸

(1) 의미 고대 그리스·로마 문화를 되살려 인간 중심의 새로운 문화를 만들려는 움직임

(2) 이탈리아의 르네상스(14~16세기)

배경	이탈리아에 로마의 문화유산이 많이 남아 있음, 비잔티움 제국 학자들의 이주로 그리스·로마 고전 문화 연구 활발, 지중해 무역으로 부유해진 상인들이 예술가 후원
특징	인간의 개성과 능력을 중시하는 +인문주의 발달
내용	• 미술: 레오나르도 다빈치, 미켈란젤로, 라파엘로, 보티첼리 등 • 문학: 보카치오의 『데카메론』　　　• 건축: 르네상스 양식(성 베드로 대성당)

(3) 알프스 이북의 르네상스(16세기 이후)
① **특징** 현실 사회의 문제점과 교회의 부패를 비판하는 경향이 강함
② **내용** 에라스뮈스의 『우신예찬』, 토머스 모어의 『유토피아』, 세르반테스의 『돈키호테』

개념 확인 문제

● 바른답·알찬풀이 22쪽

1 다음 설명이 맞으면 ○표, 틀리면 ×표를 하시오.
(1) 십자군 전쟁 이후 교황과 봉건 제후의 세력이 강화되었다. (　　　)
(2) 지중해 무역이 발달하면서 베네치아 등 이탈리아의 도시가 발전하였다. (　　　)

2 다음 괄호 안의 내용 중 옳은 것에 ○표를 하시오.
(1) 플랑드르 지방의 지배권을 둘러싸고 영국과 프랑스 사이에 (백년 전쟁, 장미 전쟁)이 일어났다.
(2) 대칭과 비례를 중시하는 르네상스 양식의 대표적인 건축물은 (샤르트르 대성당, 성 베드로 대성당)이다.

자료 ❶ 십자군 전쟁

십자군 전쟁은 실패하였고, 그 결과 교황권과 봉건 세력이 쇠퇴하였으며 원거리 무역이 성장하게 되었어.

11세기 후반 십자군 전쟁이 시작되었다. 교황은 교황권의 확대, 제후와 기사는 새로운 영지의 획득, 상인은 동방과의 무역으로 얻을 수 있는 이익, 농민은 면벌부의 획득 등을 목적으로 참여하였다.

자료 ❷ 중세 유럽의 상업 발달과 도시의 성장

▲ 중세 유럽의 교역망과 지중해 무역권

자치권을 얻은 도시에서 상인이나 수공업자들이 조직한 길드(동업 조합)가 도시 행정에 참여하기도 하였어.

▲ 자치권을 인정하는 증서인 특허장을 영주로부터 받는 도시민

십자군 전쟁이 끝난 후 크리스트교 세계와 이슬람 세계의 교역이 더욱 활발해지면서 지중해 무역권이 크게 성장하였으며, 베네치아, 제노바, 피사 등 지중해 연안의 도시들이 번성하였다. 영주의 지배를 받던 도시들은 경제력을 갖추게 되자 일정 금액을 지불하고 특허장을 얻거나 무력으로 자치권을 획득하기도 하였다.

자료 ❸ 르네상스의 예술

브뤼헐은 네덜란드의 화가로 주로 네덜란드 농민의 평범한 일상생활이나 농촌 풍경을 그렸어.

▲ 「봄」(보티첼리)

▲ 「농부의 결혼식」(브뤼헐)

르네상스는 지중해 무역으로 번영을 누리던 이탈리아에서 처음 일어났다. 보티첼리의 작품은 그리스·로마 신화를 소재로 인체의 아름다움을 사실적으로 묘사하였다. 한편 16세기에 르네상스가 알프스 이북 지역으로 확산하였는데, 이 지역의 르네상스는 현실 사회의 문제점과 교회의 부패를 비판하는 경향이 강하였고, 예술 분야에서 평범한 사람들의 일상생활 모습을 그린 미술 작품이 등장하였다.

≫ 십자군 전쟁

1 다음과 같이 전개된 전쟁의 배경을 탐구하기 위한 활동으로 가장 적절한 것은?

① 프랑크 왕국의 분열 과정을 알아본다.
② 성상 숭배 금지령의 영향을 알아본다.
③ 셀주크 튀르크의 세력 확장을 파악한다.
④ 아비뇽 유수가 교황권에 끼친 영향을 조사한다.
⑤ 영국의 왕위 계승권을 둘러싼 분쟁을 살펴본다.

> **이것만은 꼭 기억하자!** 셀주크 튀르크의 위협으로 비잔티움 제국의 황제가 로마 교황에게 지원을 요청하였고, 교황권 확대를 기대한 교황이 성지 회복을 호소하면서 십자군 전쟁이 시작되었어.
> ✎ 82쪽 01번, 02번 문제도 풀어 보자!

≫ 이탈리아의 르네상스 선택지 하나 더

2 다음 작품이 만들어진 지역의 르네상스에 대한 설명으로 옳지 <u>않은</u> 것은?

▲ 「봄」

① 인문주의가 발달하였다.
② 미켈란젤로가 「다비드」를 그렸다.
③ 보카치오가 『데카메론』을 저술하였다.
④ 건축에서 르네상스 양식이 발전하였다.
⑤ 레오나르도 다빈치가 「최후의 만찬」을 그렸다.
⑥ 현실 사회와 교회를 비판하는 경향이 강하였다.

> **이것만은 꼭 기억하자!** 이탈리아의 르네상스는 그리스·로마 문화를 되살려 인간 중심의 새로운 문화를 만들려는 움직임이야.
> ✎ 83쪽 08번, 89쪽 19번 문제도 풀어 보자!

01 ㉠ 전쟁에 대한 설명으로 옳지 <u>않은</u> 것은?

왼쪽 사진은 (㉠)을/를 일으킬 것을 호소하는 교황, 오른쪽 사진은 (㉠)의 제1차 예루살렘 공격을 보여 준다. 교황이 성지 예루살렘을 되찾자고 호소하면서 11세기 후반 (㉠) 전쟁이 시작되었다.

① 성지 회복에 성공하였다.
② 여러 차례에 걸쳐 계속되었다.
③ 본래의 목적이 점차 변질되었다.
④ 제후, 기사, 상인, 농민들이 참가하였다.
⑤ 교황이 이슬람 세력에 맞서 전쟁을 벌였다.

02 (가)에 들어갈 내용으로 옳은 것을 <보기>에서 고른 것은?

| 보기 |
ㄱ. 왕권이 약화되었어.
ㄴ. 전쟁에 참여한 제후와 기사 세력이 강해졌어.
ㄷ. 지중해 무역이 활발해지고 도시가 성장하였어.
ㄹ. 비잔티움 제국의 문화가 전해져 서유럽 문화가 발전하였어.

① ㄱ, ㄴ　　　② ㄱ, ㄷ　　　③ ㄴ, ㄷ
④ ㄴ, ㄹ　　　⑤ ㄷ, ㄹ

[03-04] 다음을 보고 물음에 답하시오.

중세 도시의 발달

▲ 카르카손

카르카손은 프랑스 남부 지역의 중세 도시이다. 11세기 들어 중세 서유럽에는 도시가 성장하고 상업이 발달하였다.

03 위와 같은 도시가 발달한 배경으로 옳은 것을 <보기>에서 고른 것은?

| 보기 |
ㄱ. 인구가 감소하였다.
ㄴ. 농업 생산력이 향상하였다.
ㄷ. 무역의 중심지가 쇠퇴하였다.
ㄹ. 이민족의 침입이 줄어들었다.

① ㄱ, ㄴ　　　② ㄱ, ㄷ　　　③ ㄴ, ㄷ
④ ㄴ, ㄹ　　　⑤ ㄷ, ㄹ

고난도

04 위와 같은 도시에서 당시 볼 수 있었던 모습으로 적절하지 <u>않은</u> 것은?

① 도시 운영에 참여하는 길드의 대표
② 아시아에서 수입한 향신료를 판매하는 가게
③ 영주로부터 무력으로 자치권을 획득한 시민
④ 정기적으로 열리는 시장에서 가게를 여는 상인
⑤ 노예 노동을 이용한 대농장(라티푼디움)을 경영하는 유력자

05 다음과 같은 상황에서 나타난 변화로 가장 적절한 것은?

> 교황청이 로마에서 아비뇽으로 옮겨지면서 약 70년 간 교황은 프랑스 국왕의 통제 아래 놓이게 되었다.

① 동서 교회가 분열되었다.
② 성상 숭배가 금지되었다.
③ 프랑크 왕국이 셋으로 나뉘었다.
④ 교회와 교황의 권위가 추락하였다.
⑤ 성지 회복을 위해 군대가 조직되었다.

06 (가)에 들어갈 검색어로 옳은 것은?

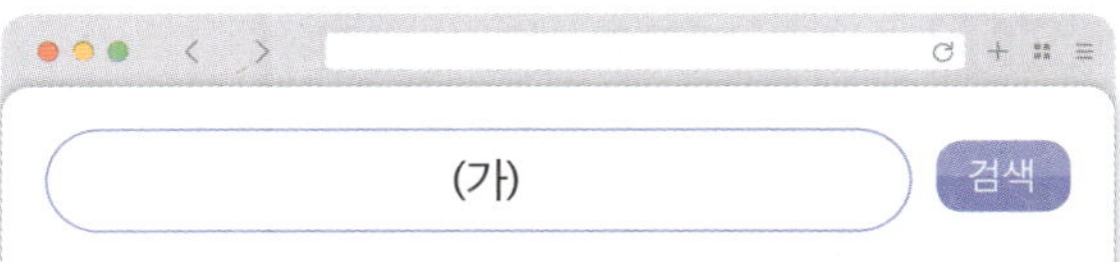

> 영국과 프랑스는 경제적으로 중요한 지역인 플랑드르 지방의 지배권을 놓고 갈등을 빚었습니다. 이러한 가운데 프랑스 국왕이 후계자 없이 죽자 영국과 프랑스가 왕위 계승 문제로 다투면서 전쟁이 일어났습니다.

① 7년 전쟁
② 30년 전쟁
③ 백년 전쟁
④ 장미 전쟁
⑤ 십자군 전쟁

07 이탈리아의 르네상스의 특징으로 옳은 것을 <보기>에서 고른 것은?

> **보기**
> ㄱ. 인문주의가 발달하였다.
> ㄴ. 이슬람교와 아랍어를 바탕으로 발전하였다.
> ㄷ. 고대 그리스·로마 문화를 되살리고자 하였다.
> ㄹ. 그리스 정교를 바탕으로 그리스·로마 문화와 헬레니즘 문화를 융합하였다.

① ㄱ, ㄴ
② ㄱ, ㄷ
③ ㄴ, ㄷ
④ ㄴ, ㄹ
⑤ ㄷ, ㄹ

08 다음 자료와 관련된 지역의 르네상스 미술 작품으로 옳은 것은?

> 교황은 가장 어려운 일들은 베드로와 바울에게 맡기고 호화로운 의식과 즐거운 일을 찾는다. 교황은 바로 나, 우신 덕분에 우아한 생활을 하고 있다. 왜냐하면 연극이나 다름없는 화려한 교회의 의식을 통해 축복이나 저주의 말을 하고 감사의 눈만 번쩍이면 그리스도에게 충분히 충성하였다고 생각하기 때문이다.
> - 『우신예찬』 -

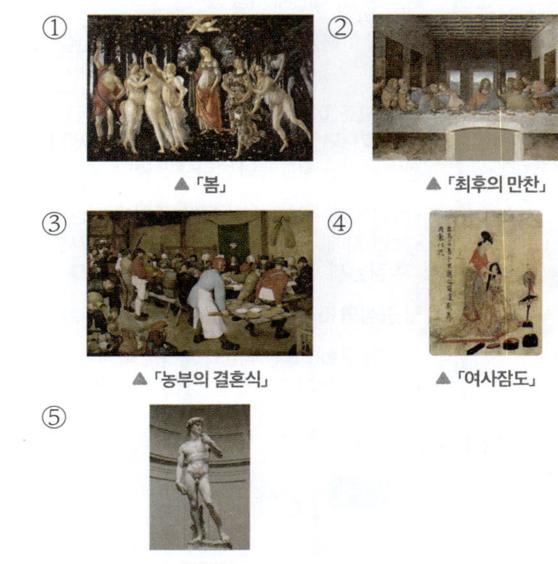
▲ 「봄」　▲ 「최후의 만찬」
▲ 「농부의 결혼식」　▲ 「여사잠도」
▲ 「다비드」

서술형

09 그래프를 보고 흑사병이 중세 서유럽 사회에 끼친 영향을 서술하시오.

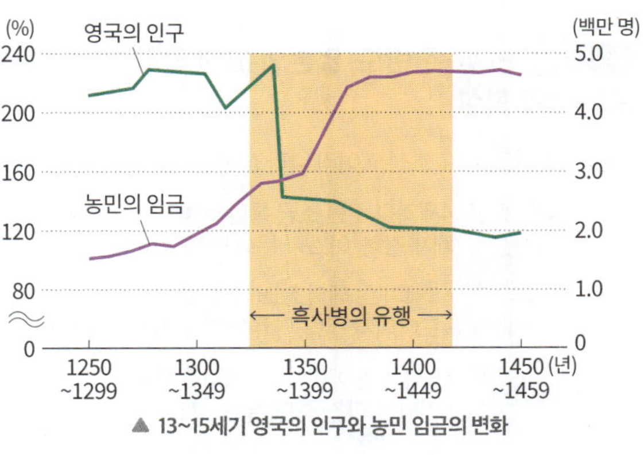

▲ 13~15세기 영국의 인구와 농민 임금의 변화

주제 09 위진 남북조 시대와 수·당의 발전

위진 남북조 시대	전개	후한 멸망 후 위·촉·오로 분열(삼국 시대) → 진(晉)의 통일 → 5호 16국 → 남북조
	정치	• 북조: 북위가 화북 통일, 북위 (❶)의 한화 정책으로 한족과 유목 민족 문화 융합 • 남조: 강남에 동진 이후 한족 왕조 수립
	사회	관리 선발 제도로 (❷) 실시
	문화	• 북조: 윈강·룽먼 등지에 대규모 석굴 사원 건축 • 남조: 귀족 문화 발달, 청담 사상 유행
수	문제	중국 통일, 과거제 처음 실시
	양제	강남과 화북을 연결하는 (❸) 건설, 고구려 원정
당	변천	이연(고조)이 당 건국(618) → 태종 때 동돌궐 정벌 → 8세기 중반 안사의 난 이후 절도사의 세력 확대 → 황소의 난 → 절도사의 반란으로 멸망(907)
	통치 체제	• 율령 체제: 3성 6부제(중앙), 주현제(지방) • 농민 지배: 균전제, 조용조, 부병제 → 7세기 말 이후 장원제, 양세법, 모병제로 전환 자료❶
	교류	당 중심의 조공·책봉 체제 수립
	문화	귀족적 문화(이백, 두보의 시 등), 국제적 문화(비단길을 통한 동서 교류 활발, 당삼채 유행)

자료 ❶ 당의 농민 지배

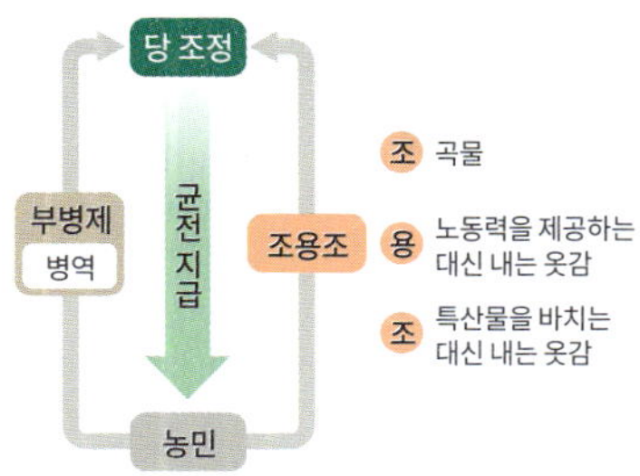

🔺 당은 농민에게 토지를 지급하는 균전제를 바탕으로 조용조와 부병제를 실시하였다. 그러나 점차 귀족의 대토지 소유로 균전제가 붕괴하면서 조용조는 양세법으로, 부병제는 (❹)로 변하였다.

주제 10 만주·한반도, 일본의 고대 국가 성장과 동아시아 문화권의 형성

만주·한반도		고조선 → 여러 나라 성립 → 삼국 시대 → 남북국 시대
일본	야마토 정권	4세기경 주변 소국 통합 → (❶)의 중앙 집권 체제 강화, 아스카 문화 발전 → 다이카 개신
	나라 시대	• 8세기 초 헤이조쿄(나라)로 천도 • 도다이사 건립, 『일본서기』 편찬, 견당사 파견
	헤이안 시대	• 8세기 말 헤이안쿄(교토)로 천도 • 견당사 파견 중단, 일본 고유의 '가나' 문자를 사용하는 등 (❷) 발달
동아시아 문화권		당과 주변 나라들의 활발한 교류 → 한자, 유교, 율령, 불교를 공통 요소로 하는 동아시아 문화권 형성

주제 11 힌두교 문화의 형성과 확산

굽타 왕조	발전	찬드라굽타 1세가 수립 → (❶) 때 전성기 이룩, 북인도 대부분 차지
	힌두교 성립	• 브라만교를 바탕으로 불교와 인도의 민간 신앙 융합 • 굽타 왕조 왕실의 지원을 받으며 성장 • 카스트에 따른 의무 수행 강조 • 카스트에 따른 의무와 규범을 담은 『마누 법전』 정비
	문화	• 특징: 인도 고전 문화 발전 • 문학: (❷) 문학 발달 • 미술·건축: 간다라 양식과 인도 고유의 양식이 융합한 (❸) 양식 발달 • 자연 과학: 천문학과 수학 발달(인도 숫자는 아라비아 숫자의 기원이 됨)
힌두 문화의 전파		인도 상인들이 동남아시아에 진출 → 힌두 문화 전파(캄보디아의 앙코르 와트 등)

주제 12 이슬람 제국의 성립과 발전

사산 왕조 페르시아		• 아케메네스 왕조 페르시아의 부흥 표방 • (❶)의 국교화 • 서아시아 문화의 기틀 마련
이슬람교의 성립		• 배경: 새로운 교역로 발달, 사회 갈등 심화 • 창시: 메카의 상인 (❷)가 창시 • 특징: 유일신 알라 숭배, 신 앞에 인간 평등
이슬람 제국 자료❷	정통 칼리프 시대	• 무함마드 사후 계승자인 (❸) 선출 • 이집트와 사산 왕조 페르시아 정복 • 비이슬람교도가 세금을 내면 신앙의 자유 허용
	우마이야 왕조	• 칼리프 지위 세습, 수니파와 시아파로 분열 • 아랍인 우대 정책 실시
	아바스 왕조	• 아랍인 우대 정책 폐지 • 탈라스 전투에서 당에 승리, 수도 (❹) 번영
	이슬람 세계 확대	• 후우마이야 왕조: 이베리아반도에 수립 • 셀주크 튀르크: 11세기 이슬람 세계의 주도권 장악, 아바스 왕조로부터 술탄 칭호 획득

자료 ❷ 이슬람 제국의 발전

🔺 이슬람 세력은 정복지 주민들에게 (❺)를 강요하지 않는 한편, 비이슬람교도가 세금을 내면 신앙의 자유를 허용하는 통치 방식을 펼쳐 급속도로 영토를 넓혔다.

주제 13 이슬람 경제·문화의 발전

이슬람 경제	발달 배경	상업 활동에 긍정적인 이슬람교의 교리, 국가가 상인의 상업 활동 지원, 유럽·아프리카·아시아를 잇는 통로에 위치
	이슬람 상인	육로와 해로로 원거리 교역 → 이슬람교와 이슬람 문화 전파, 동서 문화 교류에 기여
이슬람 사회	특징	경전인 (❶)이 일상생활의 규범이 됨
	5행	신앙 고백, 예배, 단식, 희사, 성지 순례
이슬람 문화권	특징	이슬람교와 (❷)를 바탕으로 이슬람 문화권 형성
	발달	• 신학, 법학, 역사학, 지리학 발달 • 문학: 『천일 야화(아라비안나이트)』 유행 • 건축: 모스크(둥근 지붕과 뾰족한 탑이 특징), 아라베스크 발달 자료③ • 자연 과학: 아라비아 숫자 완성, 연금술이 유행하며 화학 발달, 이븐시나의 (❸) 편찬 등 → 유럽에 전해져 근대 과학 발달에 이바지

자료 3 이슬람의 건축

▲ 알아즈하르 모스크   ▲ 아라베스크

⬈ 이슬람교도가 예배드리는 이슬람 사원인 (❹   )는 둥근 지붕과 뾰족한 탑이 특징이다. 우상 숭배를 금지하는 이슬람교의 교리에 따라 식물 모양, 기하학적 모양 등을 배열한 아라베스크로 장식하였다.

주제 14 서로마 제국의 멸망과 비잔티움 제국의 발전

게르만족의 이동		4세기 말 훈족의 압박 → 게르만족이 대규모로 이동 → 서로마 제국 곳곳에 게르만족 국가 수립 → 서로마 제국의 멸망
프랑크 왕국		• 성장 배경: 원거주지로부터 짧은 이동 거리, 크리스트교 수용 • 8세기 초: 이슬람 세력의 침입 격퇴 • (❶): 옛 서로마 영토 대부분을 정복, 크리스트교 전파 → 로마 교황이 서로마 황제의 관 수여
비잔티움 제국	발전	• 유스티니아누스 황제: 전성기, 로마 법률을 집대성한 (❷) 편찬, 성 소피아 대성당 건축 • 비잔티움 제국 황제가 성상 숭배 금지로 로마 교황과 대립 → 동서 교회의 분열
	문화	• 그리스 정교를 바탕으로 그리스·로마 문화와 헬레니즘 문화 융합 • 비잔티움 양식 발달(돔과 화려한 모자이크가 특징) → 성 소피아 대성당이 대표적 • 슬라브족에게 전파 → 동유럽 문화의 바탕이 됨

주제 15 서유럽 봉건 사회의 성립과 크리스트교 문화의 확산

봉건 사회 성립 자료④	배경	바이킹·이슬람 세력 등 침입 → 기사 계층 형성
	주종 관계	토지를 매개로 제후와 기사 사이에 형성된 쌍무적 계약 관계
	장원제	• 구조: 영주의 성·교회·촌락·경작지 등, 자급자족 • (❶): 장원의 농민, 영주의 토지 경작, 재산 소유와 혼인 가능, 거주 이전의 자유 없음
교황권의 성장		• 교회 개혁 운동: 성직자의 성직 매매 등 교회의 세속화 → (❷) 수도원 중심으로 개혁 운동 • 카노사의 굴욕: 교황이 세속 군주의 성직자 임명권 금지 → 신성 로마 제국 황제의 거부 → 교황이 황제를 파문, 황제의 굴복 → 교황권 강화
서유럽 문화	학문	• 신학 발달, 스콜라 철학 집대성(『신학 대전』) • 대학 설립(자치적 운영, 중세 학문 발전에 기여)
	건축	11세기 로마네스크 양식 유행(둥근 천장, 반원형의 아치) → 12세기 이후 (❸) 양식 유행(첨탑, 스테인드글라스)
	문학	기사도 문학 유행

자료 4 봉건 사회의 구조

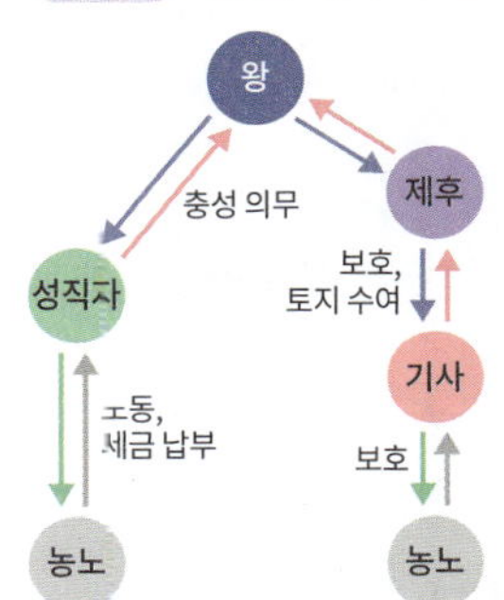

◀ 상하 관계가 형성된 기사들은 토지를 매개로 한 쌍무적 계약을 바탕으로 (❹   )를 맺었다. 주군은 기사에게 토지를 수여하고 보호를 약속하였으며, 봉신(기사)은 주군에게 충성과 군사적 봉사를 맹세하였다. 봉신은 주군에게 받은 토지의 영주가 되어 주군의 간섭 없이 (❺   )을 다스렸다.

주제 16 십자군 원정과 교황권의 쇠퇴, 르네상스

십자군 전쟁	• 배경: 셀주크 튀르크의 (❶) 점령, 비잔티움 제국이 로마 교황에게 지원 요청 → 교황의 호소 • 전개: 200여 년간 여러 차례 원정 → 성지 회복 실패 • 영향: 교황과 봉건 세력의 약화, 왕권 강화, 지중해 무역 활발, 이슬람 및 비잔티움 문화와 접촉
도시 성장	• 배경: 농업 생산력 향상, 원거리 무역 활발 • 전개: 도시의 자치권 획득, 길드 조직
장원 해체	화폐 경제 확산, (❷) 유행으로 인구 감소, 농민 반란 → 장원 해체
교황권 쇠퇴	성직자 과세 문제로 프랑스 국왕과 로마 교황 대립 → 아비뇽 유수(프랑스 국왕이 교황 통제) → 교황권 추락
중앙 집권 국가	백년 전쟁(영국 – 프랑스), 장미 전쟁(영국 귀족 간 왕위 계승 다툼) → 중앙 집권 국가의 성장 기반 마련
르네상스	• 이탈리아: 인문주의, 인간·자연의 미를 사실적으로 표현, 보카치오·레오나르도 다빈치 등 • 알프스 이북: 현실 사회의 문제점과 교회의 부패 비판, 에라스뮈스의 『우신예찬』, 토머스 모어의 (❸)

1 동아시아 문화의 형성과 발전

[01-02] 다음 도표를 보고, 물음에 답하시오.

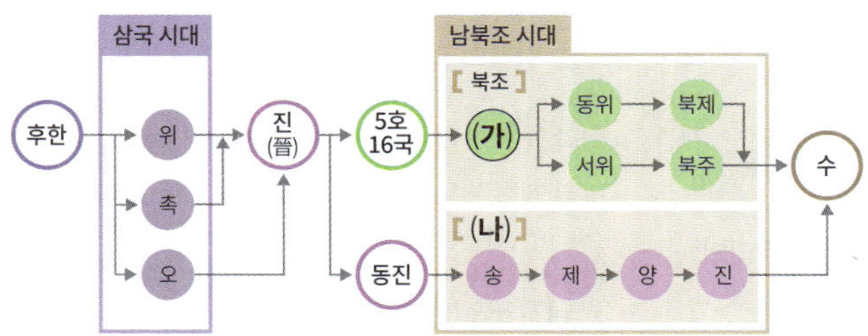

01 (가) 국가에 대한 설명으로 옳지 <u>않은</u> 것은?

① 선비족이 건국하였다.
② 한화 정책을 추진하였다.
③ 고구려 원정에 실패하였다.
④ 왕실에서 불교를 지원하였다.
⑤ 대규모 석굴 사원을 건축하였다.

02 (나) 왕조의 지배층에 대한 설명으로 옳은 것을 <보기>에서 고른 것은?

┌ 보기 ┐
ㄱ. 유목 민족 출신이었다.
ㄴ. 문벌 귀족 사회를 형성하였다.
ㄷ. 안사의 난 이후 세력을 확대하였다.
ㄹ. 9품중정제를 통해 관직에 진출하였다.

① ㄱ, ㄴ　　② ㄱ, ㄷ　　③ ㄴ, ㄷ
④ ㄴ, ㄹ　　⑤ ㄷ, ㄹ

03 (가) 왕조에 대한 설명으로 옳은 것은?

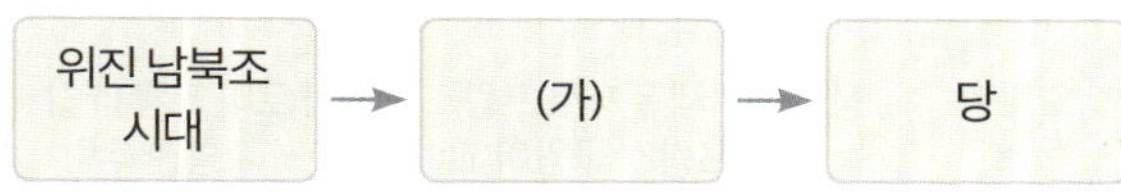

① 대운하를 건설하였다.
② '가나' 문자를 사용하였다.
③ 5호 16국의 분열을 통일하였다.
④ 분서갱유로 사상을 통제하였다.
⑤ 절도사의 반란으로 멸망하였다.

04 (가)에 들어갈 내용으로 적절하지 <u>않은</u> 것은?

① 이연이 건국하였습니다.
② 수도가 장안이었습니다.
③ 3성 6부제를 시행하였습니다.
④ 과거제를 처음 실시하였습니다.
⑤ 균전제와 부병제를 시행하였습니다.

[05-06] 다음 연표를 보고, 물음에 답하시오.

(가)	(나)	(다)	(라)	(마)	
야요이 시대	야마토 정권 수립	다이카 개신	헤이조쿄 천도	헤이안쿄 천도	막부의 성립

05 다음의 사실이 일어난 시기를 연표에서 옳게 고른 것은?

쇼토쿠 태자가 불교와 유교 등 선진 문물을 받아들여 중앙 집권 체제를 확립하기 위해 노력하였다.

① (가)　② (나)　③ (다)　④ (라)　⑤ (마)

06 (마) 시기의 문화에 대한 설명으로 옳은 것은?

① 청담 사상이 유행하였다.
② 조로아스터교를 국교로 삼았다.
③ 한자를 변형한 '가나' 문자를 만들었다.
④ 훈고학을 집대성한 『오경정의』를 편찬하였다.
⑤ 도다이사와 같은 대규모 불교 사원과 불상을 만들었다.

② 인도·서아시아·지중해 세계의 변화

07 ㉠왕조에 대한 설명으로 옳은 것을 <보기>에서 고른 것은?

> (㉠) 왕조의 문화
>
> • 문학: 산스크리트어 문학 발달
> • 건축: 아잔타 석굴, 엘롤라(엘로라) 석굴 건설

| 보기 |

ㄱ. 상좌부 불교가 발달하였다.
ㄴ. 찬드라굽타 2세 때 전성기를 맞았다.
ㄷ. 미술에서 간다라 양식이 유행하였다.
ㄹ. 왕실의 지원을 받아 힌두교가 발전하였다.

① ㄱ, ㄴ ② ㄱ, ㄷ ③ ㄴ, ㄷ
④ ㄴ, ㄹ ⑤ ㄷ, ㄹ

08 힌두교에 대한 설명으로 옳은 것은?

① 조로아스터가 창시하였다.
② 밀라노 칙령으로 공인되었다.
③ 『쿠란』의 가르침을 중시하였다.
④ 신 앞에 모든 인간의 평등을 강조하였다.
⑤ 카스트에 따른 의무를 성실히 수행할 것을 강조하였다.

09 다음 벽화를 남긴 왕조의 과학 발전에 대한 설명으로 옳은 것은?

① 아라비아 숫자를 완성하였다.
② 최초로 '0(영)'의 개념을 사용하였다.
③ 채륜이 종이 만드는 법을 개량하였다.
④ 이븐시나가 『의학전범』을 편찬하였다.
⑤ 연금술 연구 과정에서 화학이 발전하였다.

10 (가)에 해당하는 유적으로 옳은 것은?

11 ㉠왕조의 국교에 대한 설명으로 옳은 것은?

① 유일신 알라를 숭배하였다.
② 소를 신성한 동물로 여겼다.
③ 중세 유럽 문화의 근간을 이루었다.
④ 『아베스타』에서 교리를 집대성하였다.
⑤ 동아시아 문화권의 공통 요소 중 하나이다.

12 (가) 왕조에 대한 설명으로 옳은 것을 <보기>에서 고른 것은?

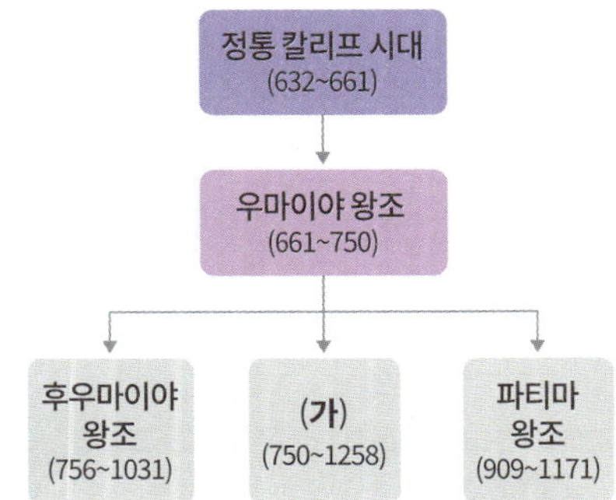

┌ 보기 ┐

ㄱ. 탈라스 전투에서 당을 물리쳤다.
ㄴ. 북아프리카에 시아파가 건국하였다.
ㄷ. 비아랍인에 대한 차별을 폐지하였다.
ㄹ. 수도 다마스쿠스를 중심으로 발전하였다.

① ㄱ, ㄴ   ② ㄱ, ㄷ   ③ ㄴ, ㄷ
④ ㄴ, ㄹ   ⑤ ㄷ, ㄹ

13 밑줄 친 '이 문화권'에 대한 탐구 활동으로 가장 적절한 것은?

① 모스크의 구조를 살펴본다.
② 그리스 정교의 특징을 알아본다.
③ '가나' 문자가 제작된 배경을 검색한다.
④ 프랑크 왕국이 분열한 이유를 조사한다.
⑤ 산스크리트어 문학 작품의 특징을 분석한다.

14 다음에서 설명하는 나라로 옳은 것은?

> 게르만족이 세운 나라로, 크리스트교를 받아들여 로마 교회의 지지를 얻었다. 카롤루스 대제 때 전성기를 맞았다.

① 굽타 왕조   ② 아바스 왕조
③ 프랑크 왕국   ④ 비잔티움 제국
⑤ 사산 왕조 페르시아

15 다음 유적을 건축한 황제에 대한 설명으로 옳은 것은?

① 『신학 대전』을 편찬하였다.
② 로마의 법률을 집대성하였다.
③ 카노사에서 교황에게 용서를 빌었다.
④ 보름스 협약을 맺어 교황권을 인정하였다.
⑤ 로마 교황에게 서로마 황제의 관을 받았다.

❸ 크리스트교 문화의 확산과 변화

16 다음은 서유럽 봉건 사회의 구조를 나타낸 그림이다. 이에 대한 설명으로 옳지 <u>않은</u> 것은?

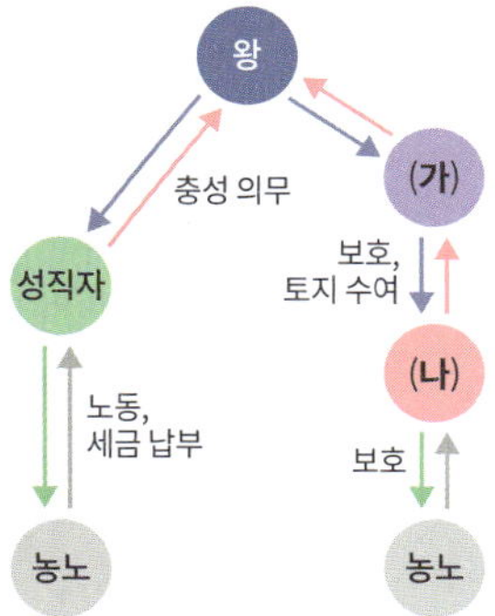

① (가)는 (나)를 봉신으로 삼았다.
② (가)와 (나)는 쌍무적 계약 관계를 맺었다.
③ (가)와 (나)는 같은 기사 신분에 속하였다.
④ (나)는 (가)에게 군사적 봉사를 맹세하였다.
⑤ (가)는 (나)의 봉토를 직접 지배할 수 있었다.

17 ⊙ 협약의 영향으로 옳은 것은?

> (⊙)
>
> 신성 로마 제국의 황제인 나, 하인리히 5세는 ……
> 모든 성직자 임명권을 신에게 그리고 성스러운
> 로마 카톨릭교회에 바친다. 또한 신성 로마 제국
> 안에 있는 모든 교회에서 교회법에 따라 자유롭
> 게 성직자를 임명하는 것에 동의한다.

① 십자군 전쟁이 일어났다.
② 프랑크 왕국이 분열하였다.
③ 로마 교황의 지위가 강화되었다.
④ 프랑스가 중앙 집권 국가로 성장하였다.
⑤ 크리스트교 세계가 동서 교회로 분열되었다.

18 밑줄 친 '전쟁'의 결과로 옳은 것은?

> 15세기 영국의 랭커스터 가문과 요크 가문은 영국
> 의 왕위를 놓고 치열하게 전쟁을 벌였다.

① 와트 타일러의 난이 일어났다.
② 교황권이 황제권을 추월하였다.
③ 원거리 무역과 도시가 발달하였다.
④ 교황청을 프랑스 아비뇽으로 옮겼다.
⑤ 봉건 영주가 몰락하고 왕권이 강화되었다.

19 (가)에 들어갈 내용으로 가장 적절한 것은?

> 학습 주제: 알프스 이북의 르네상스
>
> 자료 1. 브뤼헐의 「농부의 결혼식」
> 자료 2.   (가)
> 자료 3. 토머스 모어의 『유토피아』

① 보티첼리의 「봄」
② 미켈란젤로의 「다비드」
③ 보카치오의 『데카메론』
④ 에라스뮈스의 『우신예찬』
⑤ 레오나르도 다빈치의 「최후의 만찬」

20 다음을 읽고, 물음에 답하시오.

> 당대에는 한반도와 일본, 베트남이 당에 사신과 유
> 학생을 보내 선진 문물을 적극 받아들였다. 이 과정
> 에서 (⊙)이/가 형성되었는데 이 문화권에서
> 는 ⓒ 한자, 유교, 율령, 불교 등을 공통 요소로 한다.

(1) ⊙에 들어갈 문화권의 명칭을 쓰시오.

(2) 밑줄 친 ⓒ이 한반도, 일본, 베트남의 문자 형성에 끼친
영향을 서술하시오.

21 다음과 같이 두 종파가 대립한 배경을 서술하시오.

22 밑줄 친 '이 전쟁'이 서유럽에 끼친 영향을 두 가지 서술하
시오.

> < 세계사 연극 대본 >
>
> 장면1. 클레르몽 광장에서 교황이 연설하는 장면
> • 교황: 튀르크인들이 비잔티움 제국을 공격하고 있
>   소. 이 전쟁에 참전하여 목숨을 바치는 자는 죄를
>   용서받을 것이오!
> • 군중: 크리스트교 형제들을 구하자!

IV

지역 세계의 교류와 변화

주제 17 북방 민족과 송의 성장

+ 절도사(節 마디, 度 법도, 使 부리다)
당대 주변 민족의 침입을 막는 조직을 지휘하던 관직으로, 군 지휘권과 지역의 행정권까지 지님

+ 문치(文 학문, 治 다스리다)
무력이나 형벌이 아니라 유교에 기초하여 백성들의 마음을 교화하고 통치자를 따르게 하자는 통치 방식

+ 전시(殿 궁궐, 試 시험 치르다)
황제나 국왕 앞에서 치르던 과거의 마지막 시험으로, 합격자들이 자신을 선발한 황제에게 충성을 다하기에 황제권이 강화됨

+ 사대부(士 선비, 大 크다, 夫 남자)
유학자와 관리를 합쳐 부르는 말로, 유학을 공부하여 과거를 통해 관직에 진출한 지식인 계층

+ 훈고학(訓 가르침, 詁 설명하다, 學 학문)
유교 경전의 글자나 문구 해석에 치중하는 유학의 한 경향

● 바른답·알찬풀이 24쪽

개념 확인 문제

1 다음 설명이 맞으면 ○표, 틀리면 ×표를 하시오.
(1) 송 태조는 문치주의 정책을 추진하여 황제권을 강화하였다. ( )
(2) 야율아보기가 부족을 통일하고 금을 건국하였다. ( )

2 다음 괄호 안의 내용 중 옳은 것에 ○표를 하시오.
(1) 10세기 (왕안석, 아구다)은/는 민생 안정과 부국강병을 위한 여러 개혁을 추진하였으나 보수파의 반대로 실패하였다.
(2) 주희는 인간의 본성과 우주의 원리를 탐구하는 (훈고학, 성리학)을 발전시켰다.

---

1 송의 건국과 발전

(1) 건국 + 절도사 출신 조광윤(송 태조)이 카이펑을 수도로 송을 세우고(960) 당 멸망 이후의 혼란 수습

(2) 송 태조의 +문치주의 정책

목적	절도사의 권한 박탈, 황제권 강화
내용	문관 우대, 중앙군의 황제 직속화, 과거제 개혁(황제가 직접 주관하는 +전시 실시)
영향	군사력 약화 → 거란(요), 서하 등 북방 민족의 송 압박 → 은, 비단 등 많은 물자를 제공하고 평화 유지

(3) 왕안석의 개혁 북방 민족에 제공하는 물자와 국방비 증가로 재정 악화 → 신종의 왕안석 등용 → 민생 안정과 부국강병을 위한 개혁 추진 → 보수파의 반대로 실패 → 개혁파와 보수파의 대립으로 정치적 혼란 가중

(4) 남송의 성립 금의 침략 → 송이 창장강 이남의 임안(항저우)으로 수도를 옮김

2 북방 민족의 성장 자료❶

(1) 북방 민족 국가의 성립

거란(요)	야율아보기가 부족을 통일하고 건국(916) → 발해 정복, 화북 지방에 진출하여 송과 대립, 고려 침략
서하	11세기 티베트 계통의 탕구트족이 건국, 비단길을 통한 동서 무역의 이익 차지
여진(금)	요의 지배를 받던 여진족의 아구다가 부족을 통일하고 건국(1115) → 송과 연합하여 요 정복 → 송을 남쪽으로 밀어내고 송의 수도 카이펑 등 화북 지방 지배

(2) 요와 금의 통치 방식 한족의 통치 방식 활용, 고유 통치 방식 유지, 고유 문자 제정

3 송의 경제와 해상 교역의 발전 자료❷

농업	• 새로운 농지 개간 방법 개발 → 강남 지역의 경지 면적 확대 • 재배 기간이 짧은 벼 도입, 모내기법 보편화 → 농업 생산력 증대
수공업	도자기, 비단, 차, 철 등 생산 활발
상업	각지에 도시와 시장 형성, 동전 대량 유통, 교자 등 지폐 등장
해상 교역	• 조선술과 항해술 등의 발전(정크선 제작, 나침반 사용) • 항저우, 취안저우 등 주요 항구에 시박사 설치(해상 무역 업무 전담)

4 송의 사회와 문화

(1) +사대부의 성장
① 배경 문치주의 정책의 영향으로 유교적 소양을 갖춘 사대부가 지배층으로 등장
② 활동 훈고학을 비판하고 성리학을 발전시킴

(2) 성리학의 발전 남송의 주희가 완성, 인간의 본성과 우주의 원리 탐구, 대의명분과 화이론 중시 → 동아시아 각국의 정치 이념으로 확산

(3) 서민 문화의 발달
① 배경 서민의 사회적·경제적 지위 향상
② 내용 카이펑과 항저우 등 대도시를 중심으로 만담, 곡예, 인형극 등 서민 오락 성행

(4) 과학 기술의 발전 화약 무기, 나침반, 활판 인쇄술 발명 및 실용화 → 이슬람 세계를 거쳐 유럽에 전파 자료❸

꼭 나오는 자료

자료 ① 북방 민족의 성장과 고유 문자

▲ 송, 요, 서하의 대립(11세기)

▲ 남송, 금, 서하의 대립(12세기)

거란, 여진, 서하 등 북방 민족은 독자적인 문자를 사용하였어.

▲ 거란 문자 　　　▲ 여진 문자

요와 금 등은 한족의 통치 방식을 활용하면서도 자신의 부족과 한족을 구분하여 통치하였다. 또한 독자적인 문자를 제정하는 등 고유문화를 지키기 위해 노력하였다.

자료 ② 송의 상업과 서민 문화

「청명상하도」에는 이야기꾼의 이야기를 듣는 사람들, 식당에서 음식을 먹는 사람, 짐을 실을 낙타를 끌고 가는 상인 등 도시의 다양한 사람들이 그려져 있어.

▲ 「청명상하도」

장택단이 그린 「청명상하도」에는 송의 수도였던 카이펑의 모습이 그려져 있다. 카이펑은 황허강과 대운하가 만나는 지점에 있어 상업이 크게 성장하였고, 이를 바탕으로 경제력이 커진 서민들이 즐기는 서민 문화가 발달하였다.

자료 ③ 중국의 발명품

남쪽을 가리킨다고 하여 '지남어'라고도 불린 나침반은 정크선에 장착되어 원거리 항해를 할 수 있게 하였어.

▲ 점토 활자판 　　　▲ 나침반

송대에 개발된 활판 인쇄술은 점토로 한 글자씩 새겨 구운 활자를 판 위에 배열하는 방식으로 인쇄에 들어가는 비용과 시간을 크게 줄여 지식의 보급에 기여하였다. 또한 송대에는 나침반을 사용하면서 먼 곳까지 항해할 수 있게 되어 해상 무역이 활발해지게 되었다.

대표 문제로 실력 쌓기 ● 바른답·알찬풀이 24쪽

>> **북방 민족의 성장**

1 다음 자료를 활용한 탐구 주제로 가장 적절한 것은?

▲ 거란 문자 　　　▲ 여진 문자

① 성리학의 발전
② 북위의 한화 정책
③ 송 태조의 문치주의
④ 왕안석이 추진한 개혁의 결과
⑤ 북방 민족의 고유문화 유지 노력

이것만은 꼭 기억하자! 요와 금은 독자적인 문자를 사용하는 등 고유문화를 유지하고자 노력하였어.
94쪽 05번, 132쪽 02번 문제도 풀어 보자!

>> **송대의 경제와 사회** 선택지 하나 더

2 다음 그림에 나타난 시기의 중국에서 볼 수 있는 모습으로 적절하지 않은 것은?

① 전시를 주관하는 황제
② 수도 장안에 모여든 외국 상인들
③ 요에 제공할 은을 운반하는 일꾼
④ 정크선을 타고 무역에 나서는 상인
⑤ 무역 업무를 처리하는 시박사의 관리
⑥ 모내기법을 이용하여 농사를 짓는 농민

이것만은 꼭 기억하자! 「청명상하도」는 송대 카이펑에서 발달한 상업과 서민 문화의 모습을 보여 줘.
95쪽 07번, 132쪽 03번 문제도 풀어 보자!

01 송 태조의 활동으로 옳은 것을 <보기>에서 고른 것은?

| 보기 |
ㄱ. 발해를 정복하였다.
ㄴ. 절도사 출신으로 황제의 자리에 올랐다.
ㄷ. 과거제를 개혁하고 전시를 실시하였다.
ㄹ. 대운하를 건설하여 강남의 물자를 화북 지역으로 운반하였다.

① ㄱ, ㄴ　　② ㄱ, ㄷ　　③ ㄴ, ㄷ
④ ㄴ, ㄹ　　⑤ ㄷ, ㄹ

02 밑줄 친 '어려움'에 대한 설명으로 옳은 것은?

① 수도가 함락되었다.
② 황건적의 난이 일어났다.
③ 5호가 여러 국가를 세웠다.
④ 탈라스 전투에서 패배하였다.
⑤ 국방비 지출 등으로 재정이 악화되었다.

03 ㉠, ㉡에 들어갈 나라(민족)를 옳게 연결한 것은?

- 야율아보기가 부족을 통일하고 세운 (㉠)은/는 송과 대립하고 고려를 침략하였다.
- 티베트 계통의 (㉡)족이 세운 서하는 동서 무역의 이익을 차지하며 번영을 누렸다.

	㉠	㉡
①	금	탕구트
②	몽골	여진
③	몽골	거란
④	거란(요)	여진
⑤	거란(요)	탕구트

04 (가) 나라에 대한 설명으로 옳은 것은?

① 부병제를 실시하였다.
② 카이펑을 차지하였다.
③ 문치주의 정책을 실시하였다.
④ 주변국에 은과 비단을 제공하였다.
⑤ 송과 연합한 나라의 공격으로 멸망하였다.

중요
05 10세기 이후 등장한 북방 민족 국가의 통치에 대한 설명으로 옳은 것을 <보기>에서 고른 것은?

| 보기 |
ㄱ. 9품중정제를 실시하였다.
ㄴ. 위·촉·오로 분열된 삼국을 통일하였다.
ㄷ. 고유한 문자를 만들어 이를 사용하였다.
ㄹ. 자신들 고유의 통치 방식을 유지하였다.

① ㄱ, ㄴ　　② ㄱ, ㄷ　　③ ㄴ, ㄷ
④ ㄴ, ㄹ　　⑤ ㄷ, ㄹ

06 다음을 일어난 순서대로 옳게 나열한 것은?

(가) 요가 발해를 무너뜨렸다.
(나) 송이 창장강 이남으로 수도를 옮겼다.
(다) 아구다가 부족을 통일하고 금을 건국하였다.

① (가) - (나) - (다)　　② (가) - (다) - (나)
③ (나) - (가) - (다)　　④ (나) - (다) - (가)
⑤ (다) - (나) - (가)

07 다음 화폐를 처음 사용한 나라의 경제 상황으로 옳지 <u>않은</u> 것은?

① 모내기법이 보편화되었다.
② 대운하 건설이 시작되었다.
③ 취안저우 등 무역항이 번성하였다.
④ 재배 기간이 짧은 벼가 도입되었다.
⑤ 도자기 등 수공업품 생산이 활발하였다.

고난도

08 송대 항저우에 대한 설명으로 옳은 것을 <보기>에서 고른 것은?

| 보기 |
ㄱ. 「청명상하도」의 배경이 되었어요.
ㄴ. 금이 군대를 이끌고 와 점령하였어요.
ㄷ. 서민 오락을 위한 공연장이 세워졌어요.
ㄹ. 무역 업무를 담당하는 시박사가 설치되었어요.

① ㄱ, ㄴ   ② ㄱ, ㄷ   ③ ㄴ, ㄷ
④ ㄴ, ㄹ   ⑤ ㄷ, ㄹ

중요

09 ㉠, ㉡에 들어갈 내용을 옳게 연결한 것은?

송대에는 과거제가 정비되면서 유교적 소양을 갖춘 (㉠)이/가 사회의 지배층으로 등장하였다. 이들은 인간의 본성과 우주의 원리를 탐구하는 (㉡)을/를 발전시켰다.

	㉠	㉡
①	호족	훈고학
②	절도사	훈고학
③	절도사	성리학
④	사대부	훈고학
⑤	사대부	성리학

10 송대 문화에 대한 설명으로 옳은 것만을 <보기>에서 있는 대로 고른 것은?

| 보기 |
ㄱ. 주희에 의해 성리학이 완성되었다.
ㄴ. 활판 인쇄술 등이 발명·실용화되었다.
ㄷ. 문구 해석을 중시하는 훈고학이 등장하였다.
ㄹ. 만담, 곡예, 인형극 등 서민 오락이 성행하였다.

① ㄱ, ㄷ   ② ㄴ, ㄷ   ③ ㄴ, ㄹ
④ ㄱ, ㄴ, ㄹ   ⑤ ㄱ, ㄷ, ㄹ

서술형

11 다음을 읽고, 물음에 답하시오.

카이펑을 수도로 삼아 송을 세운 태조는 절도사의 권한을 빼앗고 문신을 우대하는 (㉠) 정책을 실시하였다.

(1) ㉠에 들어갈 정책을 쓰시오.

(2) ㉠ 정책이 송에 끼친 영향을 <u>두 가지</u> 서술하시오.

서술형

12 다음 사진을 보고, 물음에 답하시오.

(1) 이 발명품의 명칭을 쓰시오.

(2) 이 발명품이 끼친 영향을 서술하시오.

몽골의 대제국 건설

╋ 칭기즈 칸
칸은 유목 국가에서 지배자를 부르는 호칭으로, 칭기즈 칸은 위대한 군주라는 의미

╋ 천호제(千 일천, 戶 집, 制 제도)
유목민을 1천 호씩 나누어 지배하도록 한 몽골 제국의 군사 조직이자 행정 조직

╋ 색목인(色 종류, 目 명목, 人 사람)
다양한 종류의 사람이라는 뜻으로, 주로 이란, 중앙아시아 등 서역 출신 사람들을 의미

╋ 역참(驛 역, 站 마을)
몽골 제국이 주요 교통로에 일정 거리마다 설치한 것으로, 관리나 여행자에게 말과 숙식을 제공

1 몽골 제국의 성장

(1) **몽골의 대제국 건설** 테무친이 몽골고원의 유목민을 통합하고 ╋칭기즈 칸으로 추대됨(1206) → 국가 체제 정비, 중앙아시아 일대 정복, 금과 서하 공격 → 칭기즈 칸 사후 여러 울루스로 분열 → 금을 멸망시킴 → 서아시아의 아바스 왕조 정복 → 대제국 건설 **자료 ❶**

(2) **몽골의 대제국 건설 배경**
① 천호제로 편성된 기마 군단의 강력한 군사력
② 이슬람 상인들의 군수 물자 및 정복지에 대한 정보 제공

2 원의 중국 지배

(1) **원의 성립** 쿠빌라이 칸이 대도(베이징)를 수도로 삼고 국호를 '원'으로 변경, 남송 정복 → 중국 전역 차지

(2) **통치 방식**
① 중국 제도 활용 중국의 전통적인 관료 제도와 지방 행정 기구 이용
② 몽골 제일주의 **자료 ❷**

목적	넓은 영토와 다양한 민족을 다스리게 됨 → 몽골인을 중심으로 하는 독자적인 방식으로 통치
내용	• 몽골인과 ╋색목인 우대: 몽골인이 중요 관직 차지, 색목인은 재정 업무 등 다방면에서 활약 • 한인(금의 지배를 받던 한족)과 남인(남송 출신의 한족) 차별

(3) **쇠퇴** 14세기 이후 왕위 계승을 둘러싼 분쟁, 교초 남발로 인한 경제 혼란, 자연재해 → 홍건적의 난 등 한족들의 반란으로 북쪽으로 쫓겨남

3 원의 문화

서민 문화	• 상업의 발전 → 송대 이래 도시의 서민 문화가 한층 발달함 • 잡극(음악, 춤, 연기가 어우러진 연극)과 구어체의 희곡 유행
종교	황실이 티베트 불교 보호, 다른 종교에 대해서도 관용적인 태도를 보임 → 이슬람교, 가톨릭교 등 다양한 종교 공존

4 유라시아·인도양 교역권의 성장

(1) **교역망의 발달**

육상	도로망 정비, 주요 교역로에 ╋역참 설치, 군사력으로 안전 확보 **자료 ❸**
해상	대운하 및 해상 운송로 정비
영향	• 대도(베이징)를 중심으로 초원길, 비단길, 바닷길 연결 → 활발한 동서 교류 • 항저우, 취안저우 등이 세계적인 무역항으로 번영

(2) **동서 교류 확대**
① 왕래 교황과 유럽 군주들이 몽골에 사절단 파견, 마르코 폴로(『동방견문록』), 이븐 바투타(『여행기』) 등이 중국 방문
② 문화 수용 곽수경이 이슬람의 천문 관측 기술을 이용하여 관성대를 세우고 수시력 제작
③ 문화 전파 중국의 화약, 나침반, 인쇄술 등이 이슬람을 거쳐 유럽에 전파

---

1 다음 설명이 맞으면 ○표, 틀리면 ×표를 하시오.
(1) 쿠빌라이 칸이 죽은 후 몽골 제국은 여러 울루스로 나뉘었다. ( )
(2) 원은 몽골 제일주의를 내세워 몽골인을 중심으로 하는 독자적인 방식으로 다스렸다. ( )

2 다음 괄호 안의 내용 중 옳은 것에 ○표를 하시오.
(1) 원은 14세기 이후 (교자, 교초)의 남발에 따른 경제 혼란 등이 겹치며 약화하였다.
(2) 베네치아 출신의 (마르코 폴로, 이븐 바투타)는 몽골을 방문한 후 『동방견문록』을 남겼다.

자료 ① 몽골 제국의 영역

중국 동북부에서 오늘날 이란과 러시아 일대에 이르는 대제국을 건설하였어.

칭기즈 칸이 죽은 후 후계자들 사이에 다툼이 발생하여 몽골 제국은 여러 울루스로 나뉘었다. 울루스는 몽골어로 '많은 사람'이라는 뜻으로, 점차 부족, 국가 등을 의미하게 되었다. 몽골 제국의 울루스들은 서로 대립하기도 하였지만, 느슨한 통합 관계를 유지하였다.

자료 ② 몽골 제일주의

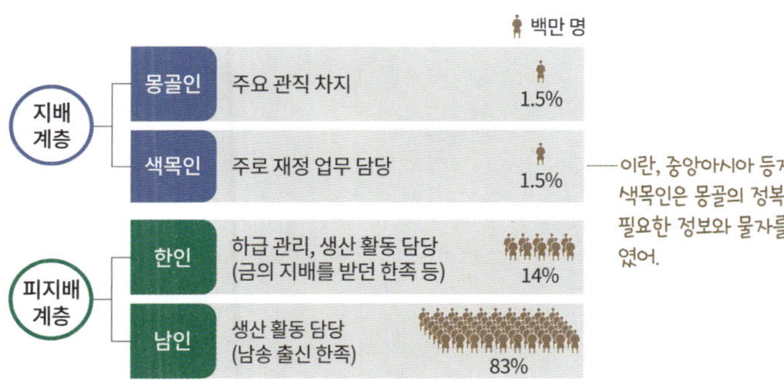

이란, 중앙아시아 등지에서 온 색목인은 몽골의 정복 전쟁에 필요한 정보와 물자를 제공하였어.

원에서는 소수의 몽골인이 중요 관직을 독점하였지만, 실무에 정통한 색목인을 인종, 언어, 종교와 상관없이 관리로 채용하였다. 색목인은 재정 업무를 비롯하여 정치, 종교, 문화 등 다방면에서 활약하였다. 한편 금의 지배를 받던 한족은 한인으로, 남송 출신의 한족은 남인으로 구분되었다.

자료 ③ 역참과 패자

여행자에게는 중국 지방이 가장 안전하고 좋은 고장이다. 혼자서 큰 돈을 지니고 돌아다녀도 걱정할 것이 없는 곳이다. 전국의 모든 역참에는 숙소가 있는데, 관리자가 몇몇 기병과 보병을 데리고 상주하고 있다. …… 사람을 보내 다음 역참까지 안내한다. - 이븐 바투타, 『여행기』 -

패자는 역참을 이용할 수 있는 통행증이었어. 패자를 가진 관리나 여행자는 역참에서 갈아탈 말, 잠자리, 식사 등을 제공받았어.

▲ 패자

원대에는 역참제와 교통로가 발달하면서 동서의 문화 교류가 활발하게 이루어졌다. 이탈리아의 상인 마르코 폴로와 이슬람교도인 이븐 바투타도 중국을 다녀갔다.

>> 원의 중국 지배

1 ㉠에 들어갈 계층에 대한 설명으로 옳은 것은?

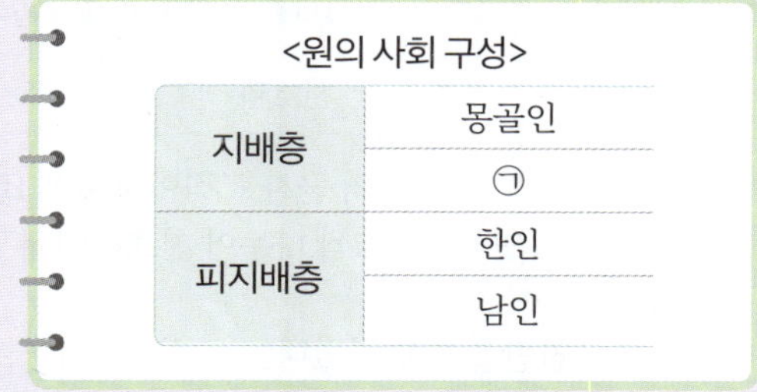

① 성리학을 발전시켰다.
② 주요 관직을 독점하였다.
③ 재정 업무 등에 종사하였다.
④ 주로 생산 활동에 종사하였다.
⑤ 금의 지배를 받던 사람들이다.

이것만은 꼭 기억하자! 몽골 제국 시기 서역 출신의 색목인들은 재정 등 다양한 업무에 종사하였어.
✈ 98쪽 05번, 132쪽 05번 문제도 풀어 보자!

>> 몽골 제국 시기의 동서 교류 선택지 하나 더

2 다음 자료와 관련된 나라에 대한 설명으로 옳지 <u>않은</u> 것은?

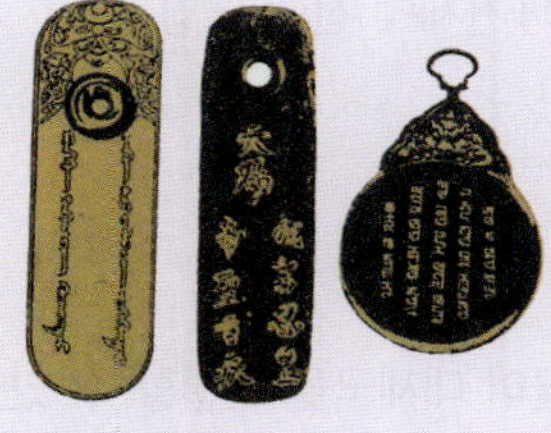

① 마르코 폴로가 방문하였다.
② 시박사가 처음 설치되었다.
③ 이슬람의 천문학이 전해졌다.
④ 교황의 사절단이 왕래하였다.
⑤ 화약, 인쇄술을 유럽에 전하였다.
⑥ 주요 교역로에 역참이 설치되었다.

이것만은 꼭 기억하자! 몽골 제국 시기에 교역망이 통합되면서 동서 교류가 활발하였어.
✈ 99쪽 11번, 132쪽 05번 문제도 풀어 보자!

01 ⊙제국에 대한 설명으로 옳은 것은?

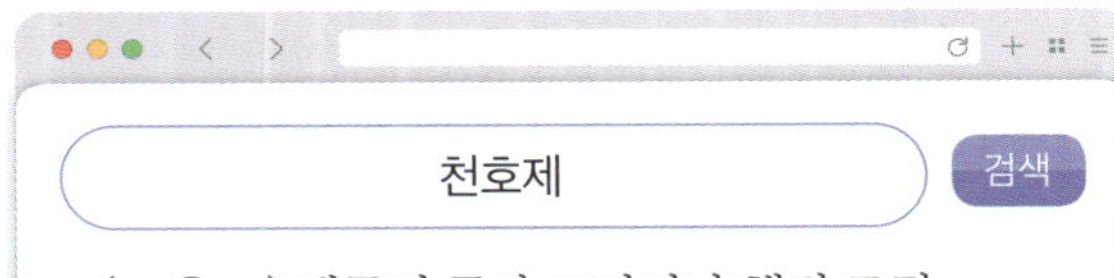

① 나침반을 발명하였다.
② 카이펑을 수도로 삼았다.
③ 여러 울루스로 나뉘었다.
④ 송과 연합하여 요를 무너뜨렸다.
⑤ 왕안석을 등용하여 개혁에 나섰다.

02 (가)에 들어갈 내용으로 옳은 것은?

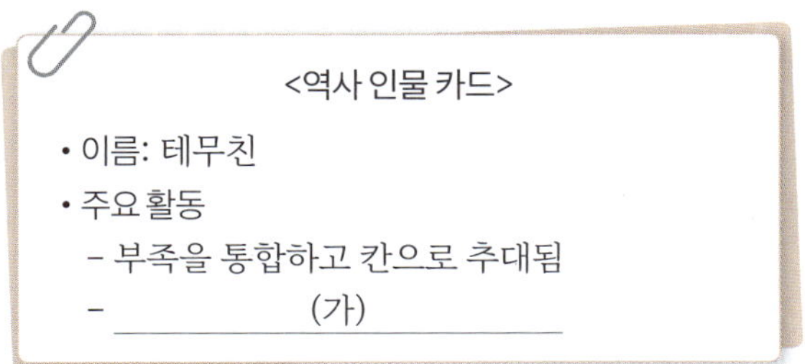

① 금, 서하 등 공격
② 아바스 왕조 정복
③ 절도사의 권한 회수
④ 문치주의 정책 실시
⑤ 과거제에 전시 도입

중요
03 몽골이 대제국을 건설할 수 있었던 배경으로 옳은 것을 <보기>에서 고른 것은?

| 보기 |
ㄱ. 지방관을 문관으로 임명하였다.
ㄴ. 송으로부터 은, 비단 등의 물자를 받았다.
ㄷ. 기마 군단의 강력한 군사력을 보유하였다.
ㄹ. 이슬람 상인들이 정복지에 대한 정보를 제공하였다.

① ㄱ, ㄴ　　② ㄱ, ㄷ　　③ ㄴ, ㄷ
④ ㄴ, ㄹ　　⑤ ㄷ, ㄹ

중요
04 밑줄 친 '그'에 대한 설명으로 옳은 것은?

칭기즈 칸의 손자로 칸의 자리에 올라 남송을 멸망시켰던 그가 수행원들과 사냥하는 모습을 그린 그림이다.

① 교자를 발행하였다.
② 국호를 원으로 정하였다.
③ 항저우를 새 수도로 삼았다.
④ 여진족을 통합하여 나라를 세웠다.
⑤ 당 멸망 이후의 혼란을 수습하였다.

05 ⊙, ⓒ에 들어갈 계층을 옳게 연결한 것은?

원의 피지배층은 (⊙), (ⓒ)으로 구성되었다. (⊙)에는 과거 금의 지배를 받았던 한족 등이 속하였고, (ⓒ)은 주로 남송 출신의 한족들로 구성되었다.

	⊙	ⓒ
①	남인	색목인
②	한인	색목인
③	한인	남인
④	색목인	한인
⑤	색목인	남인

06 ㉠ 나라와 관련된 탐구 주제로 적절하지 <u>않은</u> 것은?

① 교초 남발의 영향
② 해상 운송로의 정비
③ 사대부 계층의 성장
④ 이슬람 문화의 유입
⑤ 몽골 제일주의의 특징

07 원의 쇠퇴 원인으로 옳은 것을 <보기>에서 고른 것은?

| 보기 |
ㄱ. 절도사의 반란
ㄴ. 송과 연합한 금의 공격
ㄷ. 교초의 남발로 인한 경제 혼란
ㄹ. 왕위 계승을 둘러싼 지배층의 갈등

① ㄱ, ㄴ   ② ㄱ, ㄷ   ③ ㄴ, ㄷ
④ ㄴ, ㄹ   ⑤ ㄷ, ㄹ

08 ㉠ 인물의 활동으로 옳은 것은?

이슬람 천문학의 영향을 받아 원의 (㉠)이/가 세운 천문대이다.

▲ 관성대

① 수시력을 만들었다.
② 성리학을 완성하였다.
③ 『여행기』를 저술하였다.
④ 『동방견문록』을 남겼다.
⑤ 종이 만드는 기술을 개량하였다.

09 (가) 나라에서 볼 수 있는 모습으로 가장 적절한 것은?

① 「청명상하도」를 그리는 화가
② 교자로 물품을 구입하는 농민
③ 구어체로 쓰인 희곡을 읽는 서민
④ 창장강 이남으로 이주하는 사대부
⑤ 신종이 등용한 왕안석의 개혁에 반대하는 관리

10 ㉠ 계층의 명칭을 쓰고, 그 역할을 서술하시오.

원에서는 소수의 몽골인이 중요 관직을 독점하였다. 그러나 능력 위주의 인재 등용 방식을 채택하여 관리를 채용하였는데, 이는 몽골의 지배층이 몽골인과 (㉠)(으)로 구성되었다는 것에서 확인할 수 있다. '다양한 종류의 사람들'이라는 의미의 (㉠)은/는 주로 이란, 중앙아시아 등 서역 출신 사람들을 가리킨다.

11 밑줄 친 '이 나라'에서 있었던 동서 문화 교류의 사례를 <u>두 가지</u> 서술하시오.

여행자에게는 이 나라가 가장 안전하고 좋은 고장이다. 혼자서 큰돈을 지니고 돌아다녀도 걱정할 것이 없는 곳이다. 전국의 모든 역참에는 숙소가 있는데, 관리자가 몇몇 기병과 보병을 데리고 상주하고 있다.
- 『여행기』 -

명·청의 성립과 발전

+ **이갑제(里 마을, 甲 첫번째, 制 제도)**
110호를 1리로 편성하고 마을의 집들이 돌아가며 이장과 갑수호를 맡아 스스로 세금을 걷고 치안을 유지하도록 한 제도

+ **조공·책봉(朝 인사하다, 貢 바치다, 冊 책서, 封 임명하다)**
주변 나라들이 중국의 황제에게 선물을 바치면서 신하의 예를 표시하면 중국 황제가 그들을 왕으로 인정하고 답례품을 주는 외교 형식

+ **팔기군(八 여덟, 旗 깃발, 軍 군사)**
만주족이 편성한 군사와 행정을 겸한 조직으로, 이름은 각기 다른 8개의 깃발을 가리키는 데에서 유래함

+ **화이사상(華 중화, 夷 오랑캐, 思 생각, 想 생각)**
한족이 자신들을 세상의 중심인 중화라고 여기고 주변 민족을 오랑캐라고 여기는 사상

+ **만한 병용제(萬 만주족, 漢 한족, 竝 함께, 用 사용하다, 制 제도)**
만주족과 한족을 함께 등용하는 제도로 한족도 과거제를 통해 고위 관리로 임명됨

1 명의 성립과 발전

(1) 건국 원 말기 홍건적 출신의 주원장(홍무제)이 금릉(난징)을 수도로 명 건국(1368) → 몽골을 만리장성 이북으로 몰아내고 중국 차지

(2) 홍무제의 정책
① 황제권 강화 재상제 폐지 → 황제에게 권력 집중
② 유교 전통 회복 학교 제도와 과거제 정비, 육유 반포 **자료 ❶**
③ 제도 정비 +이갑제 실시, 토지와 인구를 조사하여 토지 대장·호적 대장 작성

(3) 영락제의 통치
① 정책 베이징으로 천도, 자금성 건설, 적극적인 대외 정책(몽골 공격, 베트남 정복) 추진
② 정화의 함대 파견 **자료 ❷**

목적	주변국과 +조공·책봉 관계를 맺어 동아시아 질서 주도
활동	여러 차례에 걸쳐 정화가 이끄는 대함대 파견 → 동남아시아, 인도, 아프리카 동부 해안 방문 → 조공·책봉 질서 확대

(4) 쇠퇴
① 배경 관료들의 권력 다툼, 북쪽의 몽골과 남동 해안의 왜구 침입, 임진왜란 참전에 따른 재정 악화, 무리한 세금 징수 → 각지에 농민 반란 발생
② 멸망 이자성이 이끄는 농민군에게 멸망(1644)

2 청의 건국과 발전

(1) 건국 누르하치(태조)가 여진족(만주족)을 통합하여 후금 건국(1616) → 홍타이지(태종)가 국호를 청으로 변경하고 몽골과 조선 침략(1636) → 명 멸망 후 팔기군을 이끌고 베이징 점령(1644)

(2) 발전

강희제	청에 반란을 일으킨 세력 진압, 러시아와의 네르친스크 조약 체결로 청의 국경 확정
옹정제	황제권 강화, 새로운 +화이사상을 제시하여 청의 통제 정당화
건륭제	• 몽골의 남은 세력 정복, 신장·티베트 등 정복 → 오늘날 중국 영토의 대부분 확보 **자료 ❸** • 『사고전서』를 편찬하여 중국 전통문화 집대성

(3) 통치 방식
① 한족 통치 소수의 만주족으로 다수의 한족을 다스리고자 회유책과 강경책 병행

회유책	고위 관직에 만주족과 한족 함께 등용(+만한 병용제), 『사고전서』 등 대규모 편찬 사업에 한족 참여
강경책	만주족의 전통인 변발과 호복 강요, 만주족에 대한 비판 탄압

② 주변부·소수 민족 통치 몽골, 티베트, 신장 등은 토착 지배자를 이용한 간접 지배 실시

(4) 동아시아 각국의 세계관 변화 오랑캐로 여겼던 만주족이 중국 지배 → 각국이 독자적인 화이사상 주장

청	태어난 곳이 중원이 아니어도 도덕성을 갖춘다면 중화가 될 수 있다고 주장
조선	청은 오랑캐의 나라로, 조선이 작은 중화로서 명의 전통을 이어야 한다고 주장
일본	본래 독립적인 나라로, 천하의 중심임을 자처

꼭 나오는 자료

자료 ❶ 육유

1. 부모에게 효도하라.
2. 웃어른을 존경하라.
3. 이웃과 화목하게 지내라.
4. 자손을 잘 교육하라.
5. 자신의 일에 최선을 다하라.
6. 잘못을 저지르지 말라.

육유는 황제가 내린 여섯 가지 가르침이라는 뜻이다. 홍무제는 이민족인 몽골의 지배에서 벗어나 한족의 유교적 전통을 회복하고 백성을 유교적으로 교화하기 위해 육유를 반포하였다.

─ 이후 황제들도 육유를 지킬 것을 강조하였고, 조선과 일본에도 전해졌어.

자료 ❷ 정화의 항해

─ 정화의 함대는 인도양을 넘어 아프리카까지 항해하였어.

정화는 영락제 때부터 일곱 차례에 걸쳐 항해에 나섰다. 항해마다 배 200여 척, 약 2만 7천 명의 선원이 동원되었다. 정화의 항해 결과 명은 30여 개의 국가와 조공·책봉 관계를 맺었고 이를 계기로 동남아시아 국가들과의 교류가 활발해졌다. 기린 등 진귀한 동식물이 중국에 소개되기도 하였다.

자료 ❸ 청의 최대 영역

─ 청의 영토는 오늘날 중국의 영토와 거의 일치해.

▲ 청의 최대 영토와 오늘날 영토 비교

청은 강희제 때 러시아와 국경을 확정하였고, 이후 지속적으로 영토를 확장하였다. 특히 건륭제 때 몽골의 남은 세력을 정복하고 신장, 티베트를 포함한 오늘날 중국 영토의 대부분을 확보하였다.

대표 문제로 **실력 쌓기**   ● 바른답·알찬풀이 27쪽

>> **영락제의 활동** [선택지] [하나 더]

1 다음 함대를 처음 파견한 황제에 대한 설명으로 옳지 않은 것은?

① 몽골을 공격하였다.
② 베트남을 정복하였다.
③ 이갑제를 시행하였다.
④ 자금성을 건설하였다.
⑤ 베이징으로 천도하였다.
⑥ 주변국과 조공·책봉 질서를 맺었다.

이것만은 꼭 기억하자! 영락제는 정화의 함대를 파견하는 등 명의 전성기를 이끌었어.
✈ 102쪽 03번, 133쪽 07번 문제도 풀어 보자!

>> **청의 통치 체제**

2 다음 영토를 차지한 나라에 대한 설명으로 옳은 것은?

① 주원장이 건국하였다.
② 『사고전서』를 편찬하였다.
③ 문치주의 정책을 실시하였다.
④ 발해를 공격하여 무너뜨렸다.
⑤ 항저우에 시박사를 설치하였다.

이것만은 꼭 기억하자! 청은 오늘날 중국 영토의 대부분을 차지하였고, 회유책과 강경책을 통해 한족을 다스렸어.
✈ 103쪽 08번, 133쪽 08번 문제도 풀어 보자!

중요
01 다음을 반포한 인물에 대한 설명으로 옳은 것은?

> 1. 부모에게 효도하라.
> 2. 웃어른을 존경하라.
> 3. 이웃과 화목하게 지내라.
> 4. 자손을 잘 교육하라.
> 5. 자신의 일에 최선을 다하라.
> 6. 잘못을 저지르지 말라.

① 재상제를 폐지하였다.
② 9품중정제를 시행하였다.
③ 변발과 호복을 강요하였다.
④ 정화의 함대를 파견하였다.
⑤ 5호 16국 시대를 통일하였다.

02 ㉠에 들어갈 지명으로 옳은 것은?

> • 명칭: ○○성
> • 소재지: (㉠)
> • 특징: 명·청대 황제들이 거
>   처하며 집무를 보던 궁성

① 시안　　　② 난징　　　③ 베이징
④ 카이펑　　⑤ 항저우

03 정화의 항해에 대한 설명으로 옳은 것을 <보기>에서 고른 것은?

┤ 보기 ├
ㄱ. 명의 홍무제 때 시작되었다.
ㄴ. 명의 조공국을 확대하는 계기가 되었다.
ㄷ. 동남아시아부터 아프리카 동해안까지 항해하
　 였다.
ㄹ. 중국의 화약과 인쇄술이 유럽에 전해지는 배경이
　 되었다.

① ㄱ, ㄴ　　② ㄱ, ㄷ　　③ ㄴ, ㄷ
④ ㄴ, ㄹ　　⑤ ㄷ, ㄹ

04 (가) 나라에 대한 설명으로 옳은 것은?

① 베트남을 공격하였다.
② 아바스 왕조를 정복하였다.
③ 서하를 공격하여 무너뜨렸다.
④ 송과 연합하여 요를 멸망시켰다.
⑤ 송으로부터 은 등의 물자를 받았다.

05 명이 쇠퇴한 원인을 알아보기 위한 탐구 활동으로 적절한 것을 <보기>에서 고른 것은?

┤ 보기 ├
ㄱ. 몽골과 왜구가 명을 침략한 사례를 조사한다.
ㄴ. 임진왜란 참전이 명에 끼친 영향을 알아본다.
ㄷ. 교초의 남발로 인한 경제적 혼란을 찾아본다.
ㄹ. 왕안석의 개혁을 둘러싼 당시 관리들의 입장을 분
　 석한다.

① ㄱ, ㄴ　　② ㄱ, ㄷ　　③ ㄴ, ㄷ
④ ㄴ, ㄹ　　⑤ ㄷ, ㄹ

06 다음 사건들을 일어난 순서대로 옳게 나열한 것은?

> (가) 청이 조선을 공격하였다.
> (나) 주원장이 한족 왕조를 세웠다.
> (다) 이자성의 난으로 명이 무너졌다.
> (라) 영락제가 베이징에 자금성을 세웠다.

① (가) – (나) – (다) – (라)
② (나) – (가) – (라) – (다)
③ (나) – (라) – (가) – (다)
④ (다) – (라) – (나) – (가)
⑤ (라) – (다) – (나) – (가)

07 밑줄 친 '조직'에 대한 학생들의 발표 내용으로 적절한 것은?

> 만주족이 편성한 군사와 행정을 겸한 <u>조직</u>으로, 각기 다른 8개의 깃발을 가리키는 데에서 그 명칭이 유래하였다.

① 금을 멸망시켰어요.
② 청의 대외 팽창에 앞장섰어요.
③ 발해를 공격하여 무너뜨렸어요.
④ 영락제와 함께 몽골 정벌에 나섰어요.
⑤ 여러 개로 나뉜 울루스를 통치하였어요.

08 ㉠에 들어갈 인물로 옳은 것은?

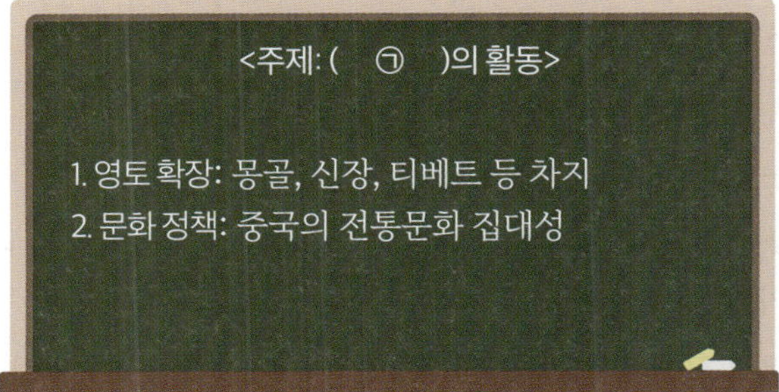

① 강희제
② 옹정제
③ 건륭제
④ 누르하치
⑤ 홍타이지

09 청이 한족에게 강경책과 회유책을 함께 실시한 이유로 가장 적절한 것은?

① 자국의 국력을 과시하기 위해
② 한족의 유교 전통을 회복하기 위해
③ 국가 재정이 악화되자 이를 해결하기 위해
④ 소수의 만주족으로 다수의 한족을 통치하기 위해
⑤ 국력을 과시하고 여러 나라와 조공 관계를 맺기 위해

10 다음 글을 읽고, 물음에 답하시오.

> 이갑제는 마을의 집들이 돌아가며 이장과 갑수호를 맡아 스스로 세금을 걷고 치안을 유지하도록 한 제도로, 명의 <u>초대 황제</u>가 시행하였다.

(1) 밑줄 친 '초대 황제'가 누구인지 쓰시오.

(2) (1)이 실시한 정책을 <u>두 가지</u> 서술하시오.

11 ㉠ 나라의 통치 정책을 강경책과 회유책으로 나누어 각각 <u>두 가지</u> 서술하시오.

주제 20 명·청의 경제, 사회, 문화

이 주제의 **학습 목표**
명·청대 경제, 사회, 문화를 서로 비교
하여 알아 두자.

＋해금(海 바다, 禁 금지하다)
외국과의 교역이나 바다로 나가는 것을 금
지하는 것을 뜻하며, 명·청대에 해금이 완
화되면서 대외 무역이 활발해짐

＋공행
청 정부로부터 외국 상인과 무역하는 것을
허가받은 상인 조합

＋신사
명·청대의 지배층으로 지방 행정을 보좌하
는 대신 부역을 면제받았고 가벼운 범죄에
대한 처벌을 면제받은 특권층

＋고증학(考 살피다, 證 증거, 學 공부하다)
경전을 실증적으로 연구하는 학문 경향으
로 청대 사상 통제가 심해지면서 발달함

＋경극(京 수도, 劇 연극)
청대 수도 베이징을 중심으로 유행한 연극
으로 베이징 오페라라고도 불림

1 명·청대의 경제 발전

(1) **농업 발달** 농업 기술 발전, 아메리카에서 고추·담배·감자·옥수수·고구마 등 작물 전래 → 농업 생산력 증대

(2) **수공업 발달** 비단, 면직물, 도자기를 생산하는 수공업 발전 → 쑤저우, 항저우 등 상공업 도시 번영 **자료 ❶**

(3) **상업 발달** 상품을 전국으로 유통하는 대상인 집단 성장

(4) **대외 무역 확대** **자료 ❷**
① **명** 왜구의 침략을 막기 위해 해금 정책 실시 → 중기 이후 해금 정책 완화, 16세기 후반 민간 무역 허용
② **청** 초기에 해금 정책 실시 → 반란 세력 진압 후 일부 항구 개방 → 18세기 중반 이후에 광저우 한 곳만 개방, 공행을 통한 교역만 허용
③ **영향** 유럽 상인과의 교역(비단, 도자기, 차 수출) 등을 통해 많은 양의 은 유입 → 은이 화폐로 쓰임 → 세금을 은으로 거두는 제도 시행

일조편법(명)	여러 세금을 토지세와 인두세로 단순화하여 은으로 납부
지정은제(청)	인두세를 토지세에 포함하여 은으로 납부

2 명·청대의 사회와 문화

(1) **신사층의 성장**

특징	유교적 소양을 갖춘 지식인
역할	지방관을 도우면서 향촌의 사회 안정과 질서 유지에 기여
특권	부역 면제, 가벼운 범죄에 대한 처벌 면제

(2) **새로운 학문의 등장**

양명학	왕수인이 집대성, 이론과 형식에 치우친 성리학 비판, 올바른 지식(양지)과 행동의 일치 강조
고증학	청대 정부의 사상 통제 → 현실 정치를 멀리하고 경전을 실증적으로 연구

(3) **서민 문화의 발달**

배경	도시와 상공업의 발전 → 서민의 지위 향상
소설	『삼국지연의』, 『수호전』, 『홍루몽』 등 유행
경극	노래와 춤이 혼합된 연극, 베이징을 중심으로 발전

(4) **유럽과의 문화 교류**
① **서양 문물 유입** 명 말부터 유럽의 선교사들이 크리스트교 선교를 목적으로 중국에서 활동

마테오 리치	「곤여만국전도」 제작 → 중국인의 세계관 확대에 영향 **자료 ❸**
아담 샬	서양의 천문학과 대포 제작 기술 전수

② **중국 문화 전파** 서양 선교사를 통해 중국의 문물과 지식이 유럽에 전파됨 → 유럽에서 중국산 차, 도자기, 가구 등 유행

비단	쑤저우의 비단 유행, 공방에서 대량 생산
차	쓰촨 지방의 차 수출 → 중국의 차 문화 유행
도자기	징더전에서 대량 생산 → 유럽 왕실과 귀족 사이에서 인기

개념 확인 문제
● 바른답·알찬풀이 28쪽

1 다음 설명이 맞으면 ○표, 틀리면 ×표를 하시오.
(1) 명·청대에는 사대부가 사회 지배층으로 성장하였다. ( )
(2) 청대에는 베이징을 중심으로 노래와 춤이 혼합된 경극이 유행하였다. ( )

2 다음 괄호 안의 내용 중 옳은 것에 ○표를 하시오.
(1) 청은 (광저우 , 쑤저우)만 개방하고 외국 상인들에게 공행을 통한 교역만 허용하였다.
(2) (아담 샬 , 마테오 리치)은/는 「곤여만국전도」를 제작하여 세계에 대한 중국인의 인식을 넓혀 주었다.

꼭 나오는 자료

자료 ❶ 명·청대의 산업 발달

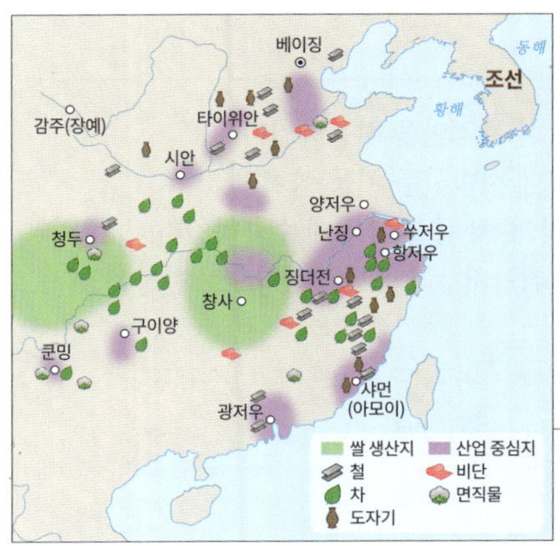

명·청 시대에 각종 산업이 크게 발달하여 상공업 도시가 발전하였다. 쑤저우의 비단, 징더전의 도자기, 쓰촨의 차는 품질이 우수하여 유럽에까지 수출되었다. 이러한 수공업의 발달을 배경으로 전국적으로 상품을 유통하는 대상인 집단이 성장하였다.

— 명·청대에는 쌀의 주요 생산지가 창장강 중상류로 이동하였어. 창장강 하류 지역에서는 뽕과 면화 등 상품 작물 재배가 활발해지고 수공업이 발달하였어.

자료 ❷ 16~17세기 세계 은의 유통

— 16세기 이후 은을 매개로 하여 전 세계의 교역이 활발하게 전개되었어.

16~17세기 무렵, 유럽인이 정복한 아메리카에서 은광이 개발되어 많은 양의 은이 생산되었다. 당시 유럽과 이슬람 세계에서는 중국의 도자기, 차, 비단 등이 인기가 많았고, 중국의 은값은 유럽보다 두 배 정도 비쌌다. 이에 유럽인은 중국에서 은으로 물건 값을 지불하였고, 세계의 은이 중국으로 유입되었다.

자료 ❸ 유럽 선교사들의 서양 학문 전래

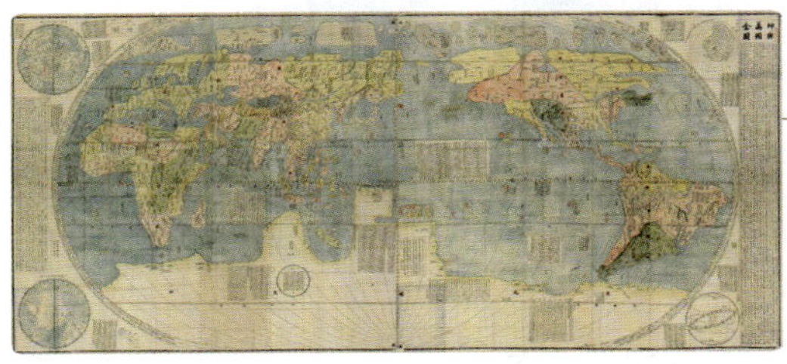

▲ 「곤여만국전도」

— 「곤여만국전도」는 중국이 세계의 중심이라고 생각하던 중국인들에게 큰 충격을 주었어.

명 말부터 크리스트교 선교를 위해 많은 유럽의 선교사들이 중국으로 들어왔다. 이들은 중국 관리와 교류하면서 서양의 과학 기술을 소개하였다. 특히 마테오 리치는 세계 지도인 「곤여만국전도」를 제작하였는데, 이는 중국인들의 세계관 확대에 기여하였다.

대표 문제로 **실력 쌓기** ● 바른답·알찬풀이 28쪽

>> **명·청대의 산업** 선택지 하나 더

1 지도에 나타난 시기의 중국의 상황으로 옳지 <u>않은</u> 것은?

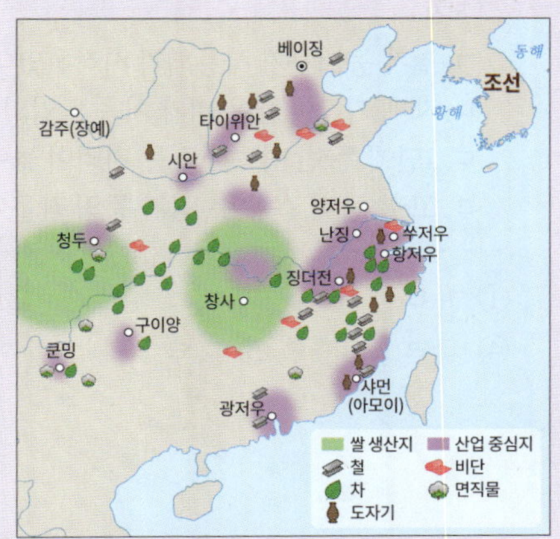

① 은으로 세금을 걷었다.
② 교자가 거래에 활용되었다.
③ 대상인 집단이 성장하였다.
④ 쑤저우 등이 번영을 누렸다.
⑤ 고추, 옥수수 등이 전래되었다.
⑥ 유럽 상인과 비단, 도자기, 차를 교역하였다.

> **이것만은 꼭 기억하자!** 명·청대에 각종 산업이 발달하였고, 은이 대량으로 유통되었어.
> ◁ 106쪽 02번, 133쪽 09번 문제도 풀어 보자!

>> **명·청의 사회와 문화 발달**

2 다음을 제작한 인물에 대한 설명으로 옳은 것은?

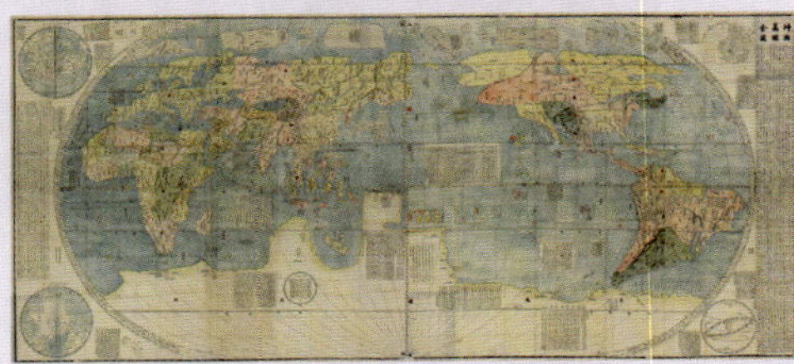

① 수시력을 제작하였다.
② 관성대를 건립하였다.
③ 『동방견문록』을 남겼다.
④ 중국에 크리스트교를 전파하였다.
⑤ 중국에 대포 제작 기술을 전수하였다.

> **이것만은 꼭 기억하자!** 명 말부터 서양 선교사들이 크리스트교 전파를 목적으로 중국에 들어와 서양 문물을 전래하였어.
> ◁ 107쪽 09번 문제도 풀어 보자!

01 명·청대 농업에 대한 설명으로 옳은 것을 <보기>에서 고른 것은?

| 보기 |

ㄱ. 철제 농기구가 사용되기 시작하였다.
ㄴ. 재배 기간이 짧은 벼가 처음 도입되었다.
ㄷ. 1년에 두 번 벼농사 짓는 지역이 늘어났다.
ㄹ. 고추, 담배, 옥수수, 감자 등의 작물이 전래되었다.

① ㄱ, ㄴ   ② ㄱ, ㄷ   ③ ㄴ, ㄷ
④ ㄴ, ㄹ   ⑤ ㄷ, ㄹ

02 밑줄 친 '이 시기'에 대한 설명으로 옳은 것은?

자료의 그림은 쑤저우의 번화한 모습을 그린 「고소번화도」의 일부이다. <u>이 시기</u>에는 쌀의 생산지가 창장강 중상류로 이동하였고, 창장강 하류 지역의 쑤저우가 비단 생산지로 번성하였다.

① 대운하가 완성되었다.
② 교초가 널리 유통되었다.
③ 농민들에게 토지가 지급되었다.
④ 조용조가 양세법으로 전환되었다.
⑤ 대상인 집단이 전국을 무대로 활동하였다.

03 청의 대외 무역에 대한 설명으로 옳은 것을 <보기>에서 고른 것은?

| 보기 |

ㄱ. 공행을 통한 무역만을 허용하였다.
ㄴ. 주요 항구에 시박사를 처음 설치하였다.
ㄷ. 비단, 도자기, 차 등을 유럽에 수출하였다.
ㄹ. 항저우와 취안저우가 국제 무역항으로 번성하였다.

① ㄱ, ㄴ   ② ㄱ, ㄷ   ③ ㄴ, ㄷ
④ ㄴ, ㄹ   ⑤ ㄷ, ㄹ

04 (가) 도시로 옳은 것은?

▲ 16~17세기 세계 은의 유통

① 징더전   ② 카이펑   ③ 항저우
④ 광저우   ⑤ 취안저우

고난도

05 (가)에 들어갈 내용으로 가장 적절한 것은?

① 교자의 발행과 유통
② 세계 은의 중국 유입
③ 서하의 동서 교역로 장악
④ 초원길, 비단길, 바닷길의 연결
⑤ 「청명상하도」에 나타난 생활 모습

06 다음 ⊙에 들어갈 계층으로 가장 적절한 것은?

유교적 소양을 갖춘 지식인으로, 명·청대 지방관을 도와 향촌 사회의 안정과 질서 유지에 기여하였던 계층을 말한다.

① 호족 ② 신사 ③ 색목인
④ 사대부 ⑤ 절도사

07 명·청대의 문화에 대한 설명으로 옳은 것을 <보기>에서 고른 것은?

| 보기 |

ㄱ. 티베트 불교가 황실의 후원을 받았다.
ㄴ. 베이징을 중심으로 경극이 인기를 끌었다.
ㄷ. 음악, 가무 등이 어우러진 잡극이 등장하였다.
ㄹ. 『삼국지연의』, 『홍루몽』 등의 소설이 유행하였다.

① ㄱ, ㄴ ② ㄱ, ㄷ ③ ㄴ, ㄷ
④ ㄴ, ㄹ ⑤ ㄷ, ㄹ

중요
08 ⊙, ⓒ에 들어갈 내용을 옳게 연결한 것은?

명대에는 (⊙)을 비판하며 올바른 지식과 행동의 일치를 강조하는 새로운 유학 경향이 나타났다. 청대에는 현실 정치를 멀리하고 경전을 실증적으로 연구하는 (ⓒ)이 유행하였다.

	⊙	ⓒ
①	성리학	양명학
②	성리학	고증학
③	고증학	양명학
④	고증학	성리학
⑤	양명학	고증학

09 다음 글에 해당하는 사례로 옳은 것을 <보기>에서 고른 것은?

명 말부터 선교사들이 중국에 들어와 서양의 다양한 과학 기술을 소개하였다.

| 보기 |

ㄱ. 곽수경이 수시력을 만들었다.
ㄴ. 이븐 바투타가 『여행기』를 남겼다.
ㄷ. 아담 샬이 대포 제작 기술을 전하였다.
ㄹ. 마테오 리치가 「곤여만국전도」를 제작하였다.

① ㄱ, ㄴ ② ㄱ, ㄷ ③ ㄴ, ㄷ
④ ㄴ, ㄹ ⑤ ㄷ, ㄹ

서술형
10 다음 글을 읽고, 물음에 답하시오.

• 명은 여러 잡다한 명목의 세금을 각각 합쳐 토지세와 인두세를 (⊙)(으)로 납부하게 하였다.
• 청은 인두세를 토지세에 포함하여 (⊙)(으)로 납부하게 하였다.

(1) ⊙에 들어갈 물품을 쓰시오.

(2) 위와 같은 제도가 시행된 배경을 쓰시오.

서술형
11 (가)에 들어갈 내용을 쓰시오.

<○○○의 특징>
• 왕양명이 창시하였다.
• 이론과 형식에만 치우친 성리학을 비판하였다.
• ________________ (가)

일본 막부 정치의 전개와 무굴 제국의 성장

＋막부(幕 장막, 府 관청)
장군이 장막을 치고 군사 관련 업무를 보던 곳을 의미하는 말이었으나 점차 일본의 무사 정권을 지칭하는 말로 의미가 확대됨, 막부의 명칭은 막부가 세워진 지역의 이름을 따서 지어짐

＋전국 시대(戰 싸우다, 國 나라, 時 시간, 代 시대)
무로마치 막부 말 이후 각지의 다이묘들이 서로 싸우던 시대

＋난학(蘭 네덜란드, 學 학문)
네덜란드를 통해 들어온 서양의 학문

＋인두세(人 사람, 頭 머리, 稅 세금)
토지 등이 아니라 성인이 된 사람에게 부과하는 세금

＋유일신(唯 오직, 一 하나, 神 신)
오직 하나의 신만이 있다는 종교 관념으로 힌두교는 다신교이고, 이슬람교는 유일신 신앙임

1 일본 막부 정치의 전개

(1) 막부 정권의 수립과 변천

① 수립 배경　헤이안 시대 후반 천황의 권위 약화, 사회 불안 고조 → 귀족과 지방 호족들이 무사 고용 → 무사들이 독자적인 세력으로 성장

② 가마쿠라 막부

성립	12세기 말 미나모토노 요리토모가 가마쿠라 막부 수립, 막부의 쇼군이 실질적인 지배권을 행사하는 일본 특유의 봉건제 시행
쇠퇴	13세기 후반 몽골의 침입 격퇴 → 재정 부담 등으로 쇠퇴

③ 무로마치 막부　가마쿠라 막부를 이어 정권 장악

발전	중국과 외교 관계 회복, 조선과 국교 수립
쇠퇴	쇼군 계승 문제를 둘러싼 내분이 일어나면서 쇠퇴

④ 전국 시대　16세기 말 도요토미 히데요시가 전국 시대 통일 → 조선 침략 실패, 도요토미 정권 붕괴

(2) 에도 막부의 성립과 발전

① 성립　도쿠가와 이에야스가 에도 막부 수립(1603), 쇼군은 직할지 통치·다이묘들은 영지(번) 통치 → 산킨코타이 제도를 통해 다이묘 통제(중앙 집권적 봉건제) **자료❶**

② 경제　농업 생산력 증가, 교통망 정비, 상품 유통 활발 → 도시 상공업자(조닌) 성장

③ 문화　조닌 문화 유행 → 가부키, 우키요에 등 **자료❷**

④ 대외 교류

해금 정책	크리스트교 금지, 해외 무역 통제
대외 관계	통신사를 통해 조선과 교류, 나가사키 개방(인공 섬 데지마 조성)하여 중국과 네덜란드 상인에게 무역 허용 → 난학 발전(서양의 학문과 기술 전래)

2 무굴 제국의 발전

(1) 건국
13세기부터 인도 북부 지방에 이슬람 왕조 지속 → 16세기 초 바부르가 델리를 정복하고 무굴 제국 수립

(2) 성장

아크바르 황제	• 영토 확장(북인도에서 아프가니스탄), 중앙 집권 체제 확립(관료 제도 정비) • 이슬람교와 힌두교의 화합 노력: 힌두교도의 인두세 폐지, 힌두교도들을 군인과 관료로 등용
아우랑제브 황제	• 남인도 정복 → 최대 영토 차지 • 이슬람 제일주의(인두세 부활, 힌두 사원 파괴) → 비이슬람교도의 반란, 유럽 세력의 침투 → 쇠퇴

(3) 산업 발달
상공업 발달, 대외 교역(면직물 수출) → 은 유입 증가 → 화폐 경제 발달

(4) 인도·이슬람 문화

시크교	• 힌두교와 이슬람교 절충 → 펀자브 지방을 중심으로 발전 • 유일신 신앙, 인간 평등 주장(카스트제의 신분 차별 반대)
우르두어	힌디어에 아랍어와 페르시아어 혼합 → 일상생활에서 사용
타지마할	인도 양식과 이슬람 양식의 융합한 인도·이슬람 양식의 대표적인 건축물 **자료❸**
무굴 회화	페르시아의 세밀화에 인도의 미술 융합

---

1 다음 괄호 안의 내용 중 옳은 것에 ○표를 하시오.

(1) 미나모토노 요리토모가 (가마쿠라, 무로마치) 막부를 수립하였다.

(2) (무로마치, 에도) 막부는 나가사키 앞바다에 데지마를 조성하고 네덜란드 상인의 무역을 허용하였다.

2 다음 설명이 맞으면 ○표, 틀리면 ×표를 하시오.

(1) 아우랑제브 황제는 힌두교도에 대한 인두세를 폐지하였다. (　　　)

(2) 힌두교와 이슬람교가 절충된 시크교는 유일신을 섬기며 인간의 평등을 주장하였다. (　　　)

꼭 나오는 자료

자료 ❶ 산킨코타이 제도

▲ 산킨코타이 제도에 따라 에도로 이동하는 다이묘 행렬

에도 막부는 다이묘를 통제하기 위해 산킨코타이 제도를 실시하였다. 이에 따라 다이묘는 1년마다 정기적으로 영지에서 나와 에도로 와서 근무하며 쇼군의 지휘를 받아야 했고, 그 가족들은 인질로 에도에 머물러야 했다. 산킨코타이 제도 시행의 결과 다이묘들은 재정적으로 어려워졌고, 많은 인원들이 이동하면서 상업과 교통의 발달이 촉진되었다.

자료 ❷ 조닌 문화의 발달

▲ 가부키의 한 장면   ▲ 파도를 그린 우키요에

에도 시대 상공업과 도시의 발달로 도시 상공업자인 조닌 계층이 성장하였다. 이들은 경제력을 바탕으로 가부키, 우키요에 등의 조닌 문화를 발전시켰다. 가부키는 노래와 춤, 연기가 어우러진 연극이고, 우키요에는 일상생활이나 풍경 등을 판화로 표현한 것이다.

자료 ❸ 타지마할

무굴 제국의 황제인 샤자한이 왕비인 뭄타즈 마할을 추모하며 세운 것으로 인도·이슬람 건축의 특징을 잘 보여 준다. 돔형의 지붕, 뾰족한 아치, 벽에 새겨진 쿠란의 구절 등은 이슬람 양식에 해당한다. 반면 작은 탑, 연꽃 문양, 벽돌 장식 등은 인도 양식에 해당한다.

대표 문제로 **실력 쌓기** ● 바른답·알찬풀이 29쪽

>> 에도 막부의 발전 선택지 하나 더

1 ㉠막부에 대한 설명으로 옳지 <u>않은</u> 것은?

▲ (㉠) 막부가 시행한 산킨코타이 제도에 따라 이동하는 행렬

① 난학이 발달하였다.
② 원의 침입을 막아 냈다.
③ 조닌 문화가 발전하였다.
④ 크리스트교를 탄압하였다.
⑤ 도쿠가와 이에야스가 수립하였다.
⑥ 중앙 집권적 봉건제를 유지하였다.

이것만은 꼭 기억하자! 에도 막부는 산킨코타이 제도를 시행하여 다이묘를 통제하려 하였어.
✈ 111쪽 07번, 135쪽 22번 문제도 풀어 보자!

>> 무굴 제국의 문화

2 ㉠나라의 문화로 옳은 것은?

(㉠)의 황제인 샤자한은 왕비인 뭄타즈 마할을 추모하기 위해 거대한 건축물을 세웠다. 타지마할은 인도 문화와 이슬람 문화가 융합된 대표적인 사례이다.

① 산치 대탑이 세워졌다.
② 간다라 불상이 유행하였다.
③ 『마하바라타』가 정리되었다.
④ 아잔타 석굴 사원이 조성되었다.
⑤ 일상생활에서 우르두어가 사용되었다.

이것만은 꼭 기억하자! 무굴 제국 시기에는 인도 문화와 이슬람 문화가 융합되었어.
✈ 113쪽 17번, 21번 문제도 풀어 보자!

01 ⊙, ⓒ에 들어갈 내용을 옳게 연결한 것은?

> (⊙) 시대 후반에 천황의 권위가 약화되고 치안이 악화하자 귀족과 지방 세력이 토지와 재산을 지키기 위해 무사들을 고용하였다. 이 과정에서 무사들이 힘을 키우며 성장하였고 12세기 말 (ⓒ) 막부가 수립되었다.

	⊙	ⓒ
①	나라	가마쿠라
②	나라	무로마치
③	아스카	가마쿠라
④	헤이안	무로마치
⑤	헤이안	가마쿠라

중요
02 다음 그림에 나타난 제도에 대한 설명으로 옳은 것을 <보기>에서 고른 것은?

> ┤ 보기 ├
> ㄱ. 조공·책봉 관계를 나타낸 것이다.
> ㄴ. 쇼군은 다이묘에게 토지를 나누어 주었다.
> ㄷ. 쇼군은 다이묘들의 투표에 의해 선출되었다.
> ㄹ. 천황은 실권이 없고 쇼군이 실질적으로 지배하였다.

① ㄱ, ㄴ   ② ㄱ, ㄷ   ③ ㄴ, ㄷ
④ ㄴ, ㄹ   ⑤ ㄷ, ㄹ

03 밑줄 친 '막부'에 대한 설명으로 옳은 것은?

① 견수사를 파견하였다.
② 미나모토노 요리토모가 수립하였다.
③ 일본이라는 국호를 처음 사용하였다.
④ 다이묘들을 정기적으로 에도에 근무시켰다.
⑤ 당의 율령 체제를 모방한 개혁을 단행하였다.

04 (가) 막부에 대한 설명으로 옳은 것은?

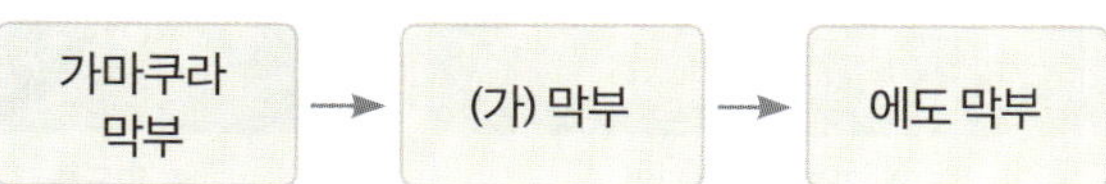

① 『사고전서』를 편찬하였다.
② 정화의 함대를 파견하였다.
③ 조선과 국교를 수립하였다.
④ 이갑제를 통해 향촌을 다스렸다.
⑤ 도쿠가와 이에야스가 수립하였다.

05 무로마치 막부에 대한 설명으로 옳은 것을 <보기>에서 고른 것은?

> ┤ 보기 ├
> ㄱ. 변발과 호복을 강요하였다.
> ㄴ. 중국과 외교 관계를 회복하였다.
> ㄷ. 팔기군을 이끌고 주변국을 침략하였다.
> ㄹ. 쇼군 계승 문제로 내분이 일어나 쇠퇴하였다.

① ㄱ, ㄴ   ② ㄱ, ㄷ   ③ ㄴ, ㄷ
④ ㄴ, ㄹ   ⑤ ㄷ, ㄹ

06 밑줄 친 '그'에 대한 설명으로 옳은 것은?

> 그는 16세기 말 각지의 다이묘들이 싸우는 혼란한 시대를 통일하였다.

① 수도를 나라로 옮겼다.
② 에도 막부를 수립하였다.
③ 견당사 파견을 중단하였다.
④ 다이카 개신을 단행하였다.
⑤ 조선 침략에 나섰으나 실패하였다.

고난도

07 다음 ㉠, ㉡의 관계를 알아보기 위한 탐구 활동으로 가장 적절한 것은?

> 도요토미 히데요시가 죽은 후 수립된 새로운 막부는 (㉠)이/가 직할지만 다스리고, 나머지 지역은 (㉡)이/가 '번'이라 불리는 자신의 영지를 다스리게 하였다.

① 신사층이 누린 특권을 찾아본다.
② 양명학이 등장한 이유를 조사한다.
③ 다이카 개신이 단행된 목적을 살펴본다.
④ 천황 칭호가 처음 사용된 시기를 파악한다.
⑤ 산킨코타이 제도가 실시된 배경을 알아본다.

08 에도 막부에 대한 설명으로 옳은 것을 <보기>에서 고른 것은?

> **보기**
> ㄱ. 견당사가 파견되었다.
> ㄴ. 크리스트교를 탄압하였다.
> ㄷ. 도시 상공업자인 조닌이 성장하였다.
> ㄹ. 장안성을 모방한 헤이조쿄가 건설되었다.

① ㄱ, ㄴ 　② ㄱ, ㄷ 　③ ㄴ, ㄷ
④ ㄴ, ㄹ 　⑤ ㄷ, ㄹ

중요✦

09 다음 공연이 성행하였던 시기의 일본 문화에 대한 설명으로 옳은 것은?

▲ 가부키의 한 장면

① 호류사가 건립되었다.
② 국풍 문화가 발달하였다.
③ 『일본서기』가 편찬되었다.
④ 도다이사 대불이 완성되었다.
⑤ 다색 목판화인 우키요에가 유행하였다.

10 다음 인공 섬이 조성된 도시로 옳은 것은?

▲ 데지마

① 도쿄 　② 교토 　③ 아스카
④ 나가사키 　⑤ 가마쿠라

11 16세기 이후 일본의 대외 무역에 대한 설명으로 옳은 것만을 <보기>에서 있는 대로 고른 것은?

> **보기**
> ㄱ. 중국 상인의 왕래를 허용하였다.
> ㄴ. 아담 샬이 대포 제작 기술을 전수하였다.
> ㄷ. 네덜란드와 교류하며 난학이 발전하였다.

① ㄱ 　② ㄴ 　③ ㄱ, ㄷ
④ ㄴ, ㄷ 　⑤ ㄱ, ㄴ, ㄷ

12 (가)에 해당하는 인물로 옳은 것은?

① 샤자한
② 바부르
③ 아구다
④ 칭기즈 칸
⑤ 아크바르 황제

중요
13 (가)에 들어갈 내용으로 가장 적절한 것은?

① 산치 대탑을 건립하도록 하라.
② 힌두교도들도 관료로 등용하라.
③ 『마누 법전』을 편찬하도록 하라.
④ 비이슬람교도에게 인두세를 걷도록 하라.
⑤ 알렉산드로스의 침공을 막아 내도록 하라.

14 무굴 제국에 대한 설명으로 옳지 <u>않은</u> 것은?

① 16세기 초 바부르가 델리를 정복하였다.
② 면직물이 대표적 수출품으로 인기가 높았다.
③ 아우랑제브 황제는 이슬람 제일주의를 내세웠다.
④ 아크바르 황제는 힌두교도의 인두세를 폐지하였다.
⑤ 아크바르 황제는 남인도를 차지하여 최대 영토를 확보하였다.

고난도
15 다음 영역을 확보한 무굴 제국의 황제에 대한 설명으로 옳은 것은?

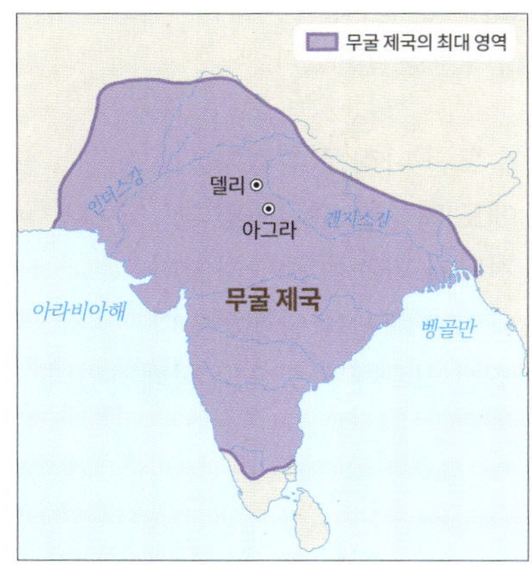

① 육유를 반포하였다.
② 산치 대탑을 세웠다.
③ 힌두 사원을 파괴하였다.
④ 색목인을 적극 등용하였다.
⑤ 대승 불교의 발달에 기여하였다.

16 밑줄 친 '이 종교'에 대한 설명으로 옳은 것을 <보기>에서 고른 것은?

보기
ㄱ. 유일신을 숭배하였다.
ㄴ. 개인의 해탈을 중시하였다.
ㄷ. 카스트제의 신분 차별을 반대하였다.
ㄹ. 동아시아 문화권 형성에 기여하였다.

① ㄱ, ㄴ
② ㄱ, ㄷ
③ ㄴ, ㄷ
④ ㄴ, ㄹ
⑤ ㄷ, ㄹ

17 무굴 제국의 문화에 대한 설명으로 옳은 것을 <보기>에서 고른 것은?

> **보기**
> ㄱ. 아잔타 석굴 사원이 조성되었다.
> ㄴ. 일상에서 우르두어가 사용되었다.
> ㄷ. 『마하바라타』가 산스크리트어로 정리되었다.
> ㄹ. 펀자브 지방을 중심으로 시크교가 발전하였다.

① ㄱ, ㄴ   ② ㄱ, ㄷ   ③ ㄴ, ㄷ
④ ㄴ, ㄹ   ⑤ ㄷ, ㄹ

18 ㉠에 들어갈 말로 옳은 것은?

> 탐구 주제: 무굴 제국의 문화
> 이름: ○○○
>
> • 공식 문서에는 (㉠)어가 사용되었다.
> • (㉠)의 세밀화에 인도의 미술이 융합된 무굴 회화가 발전하였다.

① 몽골   ② 로마   ③ 이슬람
④ 간다라   ⑤ 페르시아

중요
19 밑줄 친 '그'에 해당하는 인물로 옳은 것은?

> 무굴 제국의 황제였던 <u>그</u>는 왕비인 뭄타즈 마할을 추모하여 거대한 묘당을 세웠다. 이 묘당은 이슬람 양식의 돔형 지붕과 아치, 인도 양식의 연꽃 문양 등이 조화를 이룬다.

① 샤자한   ② 바부르
③ 카니슈카왕   ④ 아크바르 황제
⑤ 아우랑제브 황제

20 다음을 보고, 물음에 답하시오.

(1) 위의 작품과 같은 풍속화의 명칭을 쓰시오.

(2) 위의 작품과 같은 그림이 유행하게 된 배경을 당시의 경제 상황과 관련지어 서술하시오.

21 다음을 보고, 물음에 답하시오.

(1) 위 건축물의 명칭을 쓰시오.

(2) 위의 문화유산을 남긴 제국의 문화적 특징과 그 사례를 <u>세 가지</u> 서술하시오.

주제 22 오스만 제국의 성립과 발전

이 주제의 학습 목표
서아시아 일대에서 건국된 여러 나라들의 특징을 알아 두자.

＋ 중계 무역(中 가운데, 繼 잇다, 貿 바꾸다, 易 바꾸다)
다른 나라에서 사들인 물자를 그대로 제삼국으로 수출하는 형식의 무역

＋ 시아파
이슬람교에서 수니파 다음으로 큰 분파로, 정통 칼리프 계승 과정에서 일어난 갈등이 원인이 되어 형성됨

＋ 소아시아
아시아 서쪽 끝에 있는 반도로 오늘날 튀르키예 영토의 대부분을 차지하는 지역

＋ 술탄 칼리프
술탄은 이슬람 세계의 정치 지배자를 의미하고, 칼리프는 종교 지도자를 의미

---

1 티무르 왕조의 성립과 발전

건국	티무르가 몽골 제국의 부흥을 내걸고 건국(1370)
발전	• 영토 확장(중앙아시아에서 서아시아) →＋중계 무역으로 번영, 수도 사마르칸트가 국제적인 상업 도시로 발전 • 이슬람·페르시아·튀르크 문화 융합
멸망	티무르 사후 약화 → 16세기 초 이민족에게 멸망

2 사파비 왕조의 성립과 발전

건국	티무르 왕조 쇠퇴 → 이란 지역에서 이스마일 1세가 건국(1501)
발전	• 아바스 1세: 관료 조직 체계화, 상비군 구성, 오스만 제국 격퇴, 이스파한으로 천도(국제적인 교역 도시로 성장) • 이란인의 민족의식을 일깨움: 페르시아 군주 칭호인 '샤' 사용, 시아파 이슬람교를 국교로 지정
멸망	왕실 내부 갈등, 주변 민족 침입 → 18세기 중엽 멸망

3 오스만 제국의 성립과 발전

(1) 성립 ＋소아시아 지역에서 튀르크 계통의 오스만족이 건국(1299) → 발칸반도 남부 차지, 술탄 칭호 사용

(2) 발전

① 영토 확장 메흐메트 2세 때 비잔티움 제국을 멸망시킴(1453), 콘스탄티노폴리스(이후 이스탄불로 불림)를 수도로 삼음 → 16세기 초 시리아와 이집트 정복(아시아, 유럽, 아프리카에 걸친 대제국 건설)

② ＋술탄 칼리프 제도 확립 오스만 제국의 술탄이 칼리프의 지위까지 획득 → 이슬람 세계의 최고 지배자로 군림 **자료 ❶**

③ 술레이만 1세(전성기) 헝가리 정복, 오스트리아 수도 빈 공격, 북아프리카로 세력 확대, 유럽 연합 함대를 격파하고 지중해 해상권 장악

4 오스만 제국의 통치 정책과 문화

(1) 통치 정책

분할 통치	넓은 영토를 술탄이 직접 통치하는 지역과 총독을 보내 간접 통치하는 지역으로 나누어 관리
관용 정책	제국 내 비이슬람교도에게 이슬람교를 강요하지 않고 지즈야(인두세)만 내면 자치적인 공동체(밀레트) 허용 → 다양한 민족과 종교 공존
능력주의	• 혈통이나 출신에 관계없이 유능한 사람을 관리로 등용 • 예니체리: 술탄의 친위 부대로, 크리스트교도 청소년을 징발하여 개종시킨 후 군대나 관료로 충당, 정복 전쟁에서 크게 활약 **자료 ❷**

(2) 문화

특징	튀르크 전통을 바탕으로 페르시아, 이슬람, 비잔티움 문화 등 융합
학문	• 튀르크어로 쓰인 역사서와 문학 유행 • 천문학, 수학, 지리학 등 실용적인 학문 발전
건축	웅장하고 화려한 이슬람 사원 건립(술탄 아흐메트 사원 등) **자료 ❸**
미술	페르시아의 영향을 받은 세밀화 유행

개념 확인 문제 ● 바른답·알찬풀이 31쪽

1 다음 설명이 맞으면 ○표, 틀리면 ×표를 하시오.

(1) 사파비 왕조의 수도인 사마르칸트는 중계 무역으로 번영을 누렸다. (　　　)

(2) 오스만 제국은 지즈야만 내면 비이슬람교도에게 자치적인 공동체를 허용하였다. (　　　)

2 다음 괄호 안의 내용 중 옳은 것에 ○표를 하시오.

(1) (티무르, 사파비) 왕조는 페르시아 군주의 칭호인 '샤'를 사용하였다.

(2) 오스만 제국의 (메흐메트 2세, 술레이만 1세)는 헝가리를 정복하고 오스트리아의 수도 빈을 포위하였다.

꼭 나오는 자료

자료 ❶ 오스만 제국의 팽창

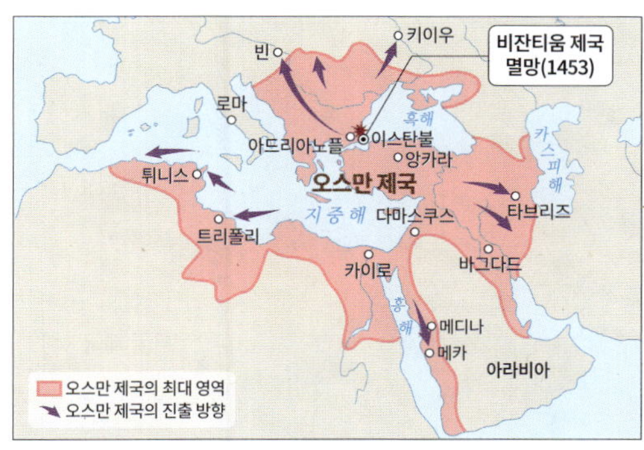

▲ 오스만 제국의 영역

메흐메트 2세는 천 년 넘게 무너지지 않았던 견고한 성벽을 무너뜨려 콘스탄티노폴리스를 점령하였어.

오스만 제국은 시리아와 이집트를 정복하고 메카와 메디나를 차지하여 아시아, 유럽, 아프리카 세 대륙에 걸친 대제국을 건설하였다. 이후 술레이만 1세 때 헝가리를 정복하고 지중해 해상권을 장악하는 등 전성기를 누렸다.

자료 ❷ 오스만 제국의 통치

▲ 오스만 제국 내에서 이루어진 크리스트교 예식 행렬

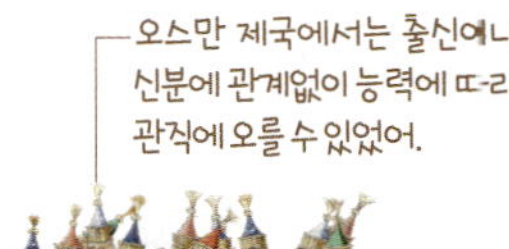

▲ 예니체리

오스만 제국에서는 출신이나 신분에 관계없이 능력에 따라 관직에 오를 수 있었어.

밀레트는 같은 종교를 바탕으로 한 자치 공동체를 말한다. 오스만 제국은 지즈야만 내면 각 밀레트에 종교뿐 아니라 관습, 재판, 교육 등 폭넓은 자율권을 부여하였다. 또 오스만 제국은 발칸반도의 크리스트교도 청소년을 징발하여 이슬람교로 개종시킨 후 군대나 관료로 충당하였다. 이들은 술탄에 대한 충성심을 인정받아 고위 관료로 등용되기도 하였다.

자료 ❸ 술탄 아흐메트 사원

중앙의 돔은 비잔티움 양식의 영향을 받았어.

첨탑은 이슬람교를 상징한다고 해.

술탄 아흐메트 1세의 명령으로 세워졌다. 전통적인 오스만 건축 양식으로 지어졌으나 비잔티움 양식의 영향을 받은 이슬람 사원으로 오스만 건축 양식과 비잔티움 양식이 잘 어우러져 있다. 내부가 푸른색 타일로 장식되어 있어 '블루 모스크'라고도 불린다.

》 오스만 제국의 팽창

1 (가)에 해당하는 나라로 옳은 것은?

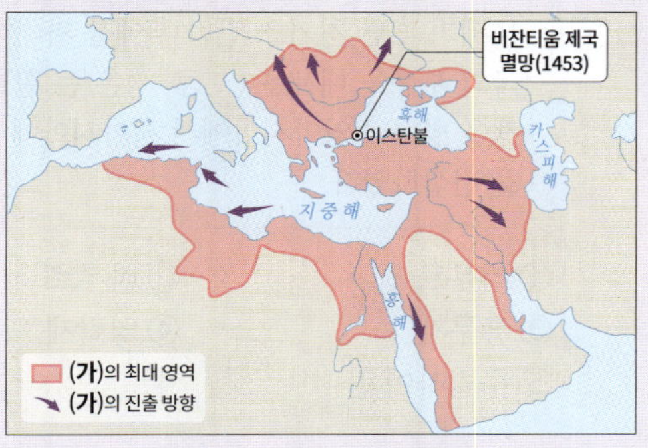

① 무굴 제국
② 아바스 왕조
③ 티무르 왕조
④ 사파비 왕조
⑤ 오스만 제국

이것만은 꼭 기억하자! 오스만 제국은 비잔티움 제국을 무너뜨렸어.
117쪽 07번, 09번 문제도 풀어 보자!

》 오스만 제국의 문화 선택지 하나 더

2 다음 문화유산을 만든 나라에 대한 설명으로 옳지 <u>않은</u> 것은?

① 가부키가 성행하였다.
② 세밀화가 유행하였다.
③ 실용적인 학문이 발전하였다.
④ 다양한 민족과 종교가 공존하였다.
⑤ 튀르크어로 쓰인 문학이 유행하였다.
⑥ 혈통과 출신에 상관없이 인재를 등용하였다.

이것만은 꼭 기억하자! 오스만 제국의 문화는 튀르크 전통을 바탕으로 페르시아, 이슬람, 비잔티움 문화 등이 융합되었어.
118쪽 15번, 119쪽 16번 문제도 풀어 보자!

01 ㉠에 들어갈 인물로 옳은 것은?

> 14세기 후반 칭기즈 칸의 후예를 자처하고 몽골 제국의 부흥을 내세운 (㉠)은/는 활발한 정복 전쟁을 벌여 중앙아시아에서 서아시아에 이르는 제국을 건설하였다.

① 티무르
② 바부르
③ 홍무제
④ 영락제
⑤ 쿠빌라이 칸

02 밑줄 친 '이곳'의 명칭으로 옳은 것은?

① 메카
② 메디나
③ 바그다드
④ 카라코룸
⑤ 사마르칸트

03 티무르 왕조에 대한 설명으로 옳은 것은?

① 헤지라를 단행하였다.
② 여러 울루스로 나뉘었다.
③ 무함마드의 후계자를 칼리프로 선출하였다.
④ 아케메네스 왕조 페르시아에 의해 무너졌다.
⑤ 이슬람·페르시아·튀르크 문화가 융합하여 발달하였다.

중요
04 다음 지역을 통치한 나라에 대한 설명으로 옳은 것은?

① 예루살렘을 점령하였다.
② 성상 숭배 금지령을 내렸다.
③ 탈라스 전투에서 승리하였다.
④ 시아파 이슬람교를 국교로 삼았다.
⑤ 몽골 제국의 공격으로 멸망하였다.

05 ㉠, ㉡에 들어갈 인물을 옳게 연결한 것은?

> **＜사파비 왕조＞**
> • 건국: 티무르 왕조 쇠퇴 → 페르시아 제국의 부활을 내세우며 (㉠)가 건국
> • 발전: (㉡)가 관료 조직 체계화, 상비군 구성, 오스만 제국을 물리침

	㉠	㉡
①	아바스 1세	술레이만 1세
②	이스마일 1세	아바스 1세
③	아크바르 황제	아바스 1세
④	아크바르 황제	이스마일 1세
⑤	아우랑제브 황제	술레이만 1세

06 다음에서 설명하는 나라로 옳은 것은?

> 페르시아 제국에서 사용한 왕의 칭호를 사용하는 등 페르시아의 전통을 이어 갔다. 나라의 수도 이스파한은 동서를 잇는 중계 무역의 중심지로 세계적인 도시로 성장하였다.

① 무굴 제국
② 사파비 왕조
③ 아바스 왕조
④ 셀주크 튀르크
⑤ 비잔티움 제국

고난도

07 다음 오스만 제국에서 일어난 사건들을 순서대로 옳게 나열한 것은?

> (가) 비잔티움 제국을 멸망시켰다.
> (나) 발칸반도 남부를 차지하였다.
> (다) 오스트리아 수도 빈을 공격하였다.

① (가) - (나) - (다)
② (가) - (다) - (나)
③ (나) - (가) - (다)
④ (다) - (가) - (나)
⑤ (다) - (나) - (가)

08 술레이만 1세의 활동으로 옳은 것을 <보기>에서 고른 것은?

> ┤ 보기 ├
> ㄱ. 헝가리를 정복하였다.
> ㄴ. 지중해 해상권을 장악하였다.
> ㄷ. 델리를 정복하고 왕조를 세웠다.
> ㄹ. 남인도 지역으로 영토를 확장하였다.

① ㄱ, ㄴ
② ㄱ, ㄷ
③ ㄴ, ㄷ
④ ㄴ, ㄹ
⑤ ㄷ, ㄹ

중요

09 다음 왕조에 대한 설명으로 옳은 것은?

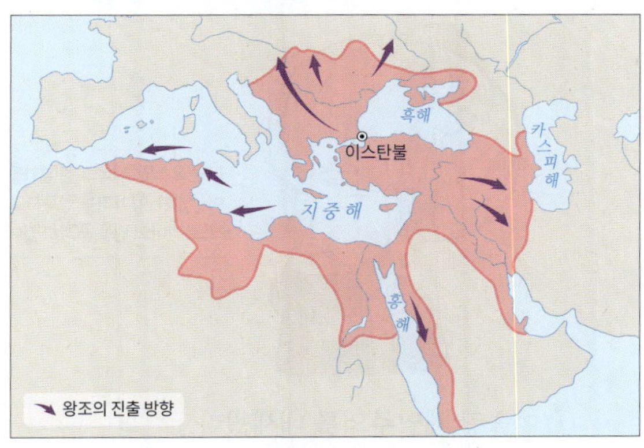

① 십자군 전쟁을 일으켰다.
② 프랑크 왕국에 패배하였다.
③ 다마스쿠스를 새 수도로 삼았다.
④ 콘스탄티노폴리스를 함락하였다.
⑤ 비이슬람교도에게 이슬람교를 강요하였다.

10 ㉠에 들어갈 나라로 옳은 것은?

> 주제: (㉠)의 팽창
>
> • 칼리프 칭호 획득
> • 시리아, 이집트 차지
> • 지중해를 중심으로 동서 교역 장악

① 마케도니아
② 오스만 제국
③ 비잔티움 제국
④ 우마이야 왕조
⑤ 아케메네스 왕조 페르시아

고난도

11 다음 인물의 활동으로 옳은 것은?

① 이슬람 제일주의를 내세웠다.
② 유럽 연합 함대를 격파하였다.
③ 시아파 이슬람교를 국교로 삼았다.
④ 뭄타즈 마할을 위한 묘당을 세웠다.
⑤ 힌두교도를 고위 관리에 등용하였다.

12 오스만 제국의 통치 방식에 대한 설명으로 옳은 것을
<보기>에서 고른 것은?

┤ 보기 ├
ㄱ. 도편 추방제를 실시하였다.
ㄴ. 술탄이 직접 통치하는 지역이 있었다.
ㄷ. '왕의 눈'이라 불리는 감찰관을 보냈다.
ㄹ. 혈통과 출신에 상관없이 인재를 등용하였다.

① ㄱ, ㄴ　　　② ㄱ, ㄷ　　　③ ㄴ, ㄷ
④ ㄴ, ㄹ　　　⑤ ㄷ, ㄹ

13 (가)에 들어갈 내용으로 가장 적절한 것은?

오스만 제국은 이슬람교의 전통에 따라 제국 내 비
이슬람교도에게 이슬람교를 강요하지 않았고, 성인
남자에게 부과하던 인두세만 내면 ______ (가)

① 성직자 임명권을 주었다.
② '샤'의 칭호를 내려 주었다.
③ '칼리프'의 칭호를 내려 주었다.
④ 자치적인 공동체를 허용하였다.
⑤ 술탄의 친위 부대로 등용하였다.

중요

14 (가)에 들어갈 내용으로 가장 적절한 것은?

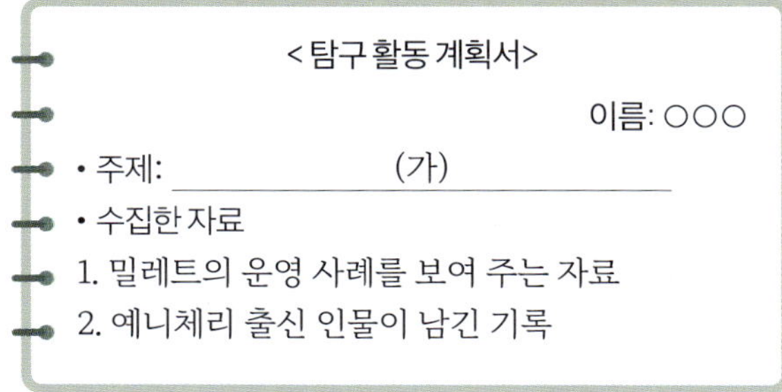
<탐구 활동 계획서>
이름: ○○○
• 주제: ______ (가) ______
• 수집한 자료
1. 밀레트의 운영 사례를 보여 주는 자료
2. 예니체리 출신 인물이 남긴 기록

① 시크교의 창설과 활동
② 시아파와 수니파의 대립
③ 오스만 제국의 관용 정책
④ 아크바르 황제의 통치 방식
⑤ 아우랑제브 황제에 맞선 저항

15 이스탄불에서 볼 수 있는 문화유산으로 옳은 것을 <보기>
에서 고른 것은?

① ㄱ, ㄴ　　　② ㄱ, ㄷ　　　③ ㄴ, ㄷ
④ ㄴ, ㄹ　　　⑤ ㄷ, ㄹ

16 ⓒ에 들어갈 말로 옳은 것은?

① 로마　　　　　　② 튀르크
③ 그리스　　　　　④ 페르시아
⑤ 신성 로마 제국

17 오스만 제국의 문화에 대한 설명으로 옳은 것을 <보기>에서 고른 것은?

| 보기 |

ㄱ. 시크교의 황금 사원이 건립되었다.
ㄴ. 브라만교를 바탕으로 힌두교가 형성되었다.
ㄷ. 페르시아의 영향을 받은 세밀화가 나타났다.
ㄹ. 천문학, 수학 등 실용적인 학문이 발달하였다.

① ㄱ, ㄴ　　　② ㄱ, ㄷ　　　③ ㄴ, ㄷ
④ ㄴ, ㄹ　　　⑤ ㄷ, ㄹ

18 밑줄 친 '수도'에서 볼 수 있던 모습으로 적절하지 <u>않은</u> 것은?

수도는 보스포루스 해협을 사이에 두고 아시아와 유럽에 걸쳐 있어 오스만 제국을 중심으로 이루어진 동서 문명의 교차로 역할을 하였다.

① 세밀화를 파는 상인
② 잡극을 공연하는 예인
③ 주요 업무를 처리하는 술탄
④ 이슬람 사원에서 예배를 드리는 신자
⑤ 튀르크어로 쓰인 역사서를 읽는 학자

19 다음 글을 읽고, 물음에 답하시오.

13세기 말 수립된 오스만 제국은 여러 어려움 속에서도 지속적인 (가) 영토 팽창을 시도하였다. 그 결과 오스만 제국의 통치자는 이슬람 세계의 종교 지도자를 의미하는 (ⓒ)의 칭호를 얻었다.

(1) ⓒ에 들어갈 용어를 쓰시오.

(2) 밑줄 친 (가)에 해당하는 사례를 <u>두 가지</u> 서술하시오.

20 다음을 읽고, 물음에 답하시오.

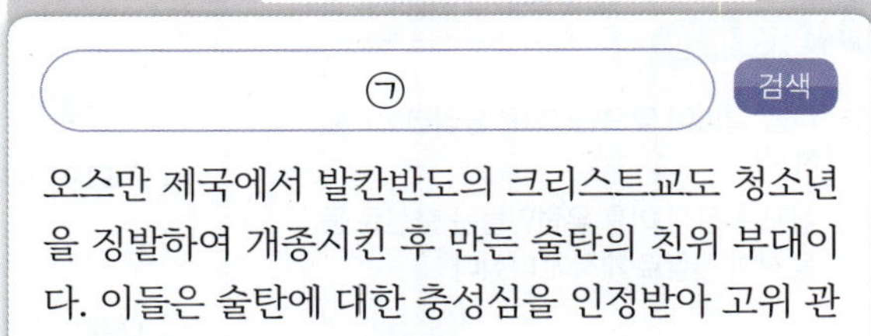

오스만 제국에서 발칸반도의 크리스트교도 청소년을 징발하여 개종시킨 후 만든 술탄의 친위 부대이다. 이들은 술탄에 대한 충성심을 인정받아 고위 관료로 등용되기도 하였다.

(1) ⓒ에 들어갈 명칭을 쓰시오.

(2) 위의 자료를 통해 알 수 있는 오스만 제국 통치 정책에 대해 서술하시오.

주제 23 신항로 개척

+ **향신료(香 향기, 辛 맵다, 料 재료)**
음식에 향과 맛을 더하는 후추, 육두구, 정향, 계피 등의 조미료를 뜻하며, 음식이 상하는 것을 막아 줌

+ **해도(海 바다, 圖 지도)**
바다의 상태를 자세히 기록한 항해용 지도로, 바다의 깊이, 바다 밑의 성질, 조류의 방향 등이 자세히 기록됨

+ **주식회사(株 그루터기, 式 법, 會 모이다, 社 단체)**
여러 사람으로부터 자본금을 받아 세워진 회사

+ **동인도 회사**
네덜란드, 영국, 프랑스 등이 아시아 지역과의 무역을 위해 만든 회사로, 무역뿐 아니라 군대를 가지고 외국과 조약을 체결할 수 있었음

+ **면직물(綿 솜, 織 조직하다, 物 물건)**
목화솜으로 짠 물건

1 신항로의 개척

(1) 배경

동방에 대한 호기심 증가	• 『동방견문록』 등의 여행기를 통해 동양에 대한 호기심 고조 • 십자군 전쟁 이후 동서 무역 활발 → 향신료, 비단 등 아시아 물품 인기 상승
새로운 교역로 필요	이탈리아, 오스만 제국 상인의 동서 무역 장악 → 유럽인들이 새로운 교역로 모색
과학 기술 발달	• 지리학과 천문학 발달, 선박 제조 기술 향상(캐러벨선 등) • 나침반과 해도 사용 등으로 먼 거리 항해 가능

(2) 전개 대서양 연안에 위치한 포르투갈과 에스파냐 주도 자료 ❶

바스쿠 다 가마	아프리카 남쪽의 희망봉을 돌아 인도로 가는 항로 개척
콜럼버스	에스파냐의 지원 → 아메리카의 서인도 제도에 도착
마젤란의 함대	최초의 세계 일주(아메리카 남쪽 ~ 태평양 ~ 인도양)

2 아메리카 문명과 아프리카의 변화

(1) 유럽인 진출 이전의 아메리카

① 아스테카 제국 멕시코의 테노치티틀란을 중심으로 발전, 피라미드 모양의 신전 제작, 그림 문자와 달력 사용

② 잉카 제국 안데스 고원의 쿠스코를 중심으로 성장(마추픽추), 계단식 밭을 이용하여 옥수수와 감자 등 재배

(2) 신항로 개척 이후 아메리카의 변화 자료 ❷

① 아메리카 문명의 파괴 에스파냐의 코르테스(아스테카 제국)와 피사로(잉카 제국)에 의해 정복당함

② 인구 급감 에스파냐 등 유럽인이 아메리카에 광산을 세워 금 채굴, 플랜테이션 농장 건설 → 광산 및 대농장에서의 가혹한 노동과 유럽에서 전파된 전염병으로 원주민 인구 급감

(3) 아프리카의 변화 아메리카 원주민의 감소 → 아프리카인을 노예로 동원(노예 무역) → 수많은 아프리카 원주민 희생(인구 감소, 남녀 성 비율 불균형)

3 유럽의 경제적 변화와 무역의 확대

(1) 무역 중심지 이동 지중해에서 대서양으로 무역 중심지 이동

(2) 삼각 무역 발달 자료 ❸

내용	유럽, 아프리카, 아메리카를 잇는 삼각 무역 발달
영향	아메리카 작물(감자, 옥수수 등) 전래, 차·면직물·향신료 등이 싼값에 유럽에 유입

(3) 상공업의 변화 아메리카의 많은 금과 은 유입 → 물가 폭등(가격 혁명) → 도시 상공업자 성장, 주식회사 등장, 금융 제도 발달(상업 혁명)

(4) 무역의 확대

배경	신항로 개척을 주도한 에스파냐, 포르투갈 외 네덜란드, 프랑스, 영국 등도 신항로 개척에 뛰어들어 경쟁(동인도 회사 설립)
영향	유럽이 동남아시아의 향신료·면직물·도자기·비단·차 등 구입 → 많은 양의 은 지급 → 세계적인 교역망 형성

---

1 다음 설명이 맞으면 ○표, 틀리면 ✕표를 하시오.

(1) 십자군 전쟁 이후 유럽인들은 향신료 등을 찾아 신항로 개척에 나섰다. ( )

(2) 네덜란드와 영국이 신항로 개척을 주도하였다. ( )

2 다음 괄호 안의 내용 중 옳은 것에 ○표를 하시오.

(1) (에스파냐, 포르투갈)의 지원을 받은 콜럼버스는 아메리카의 서인도 제도에 도착하였다.

(2) 아메리카 원주민이 급감하자 유럽인들은 (아시아, 아프리카) 사람들을 노예로 동원하였다.

꼭 나오는 자료

자료 ❶ 신항로 개척

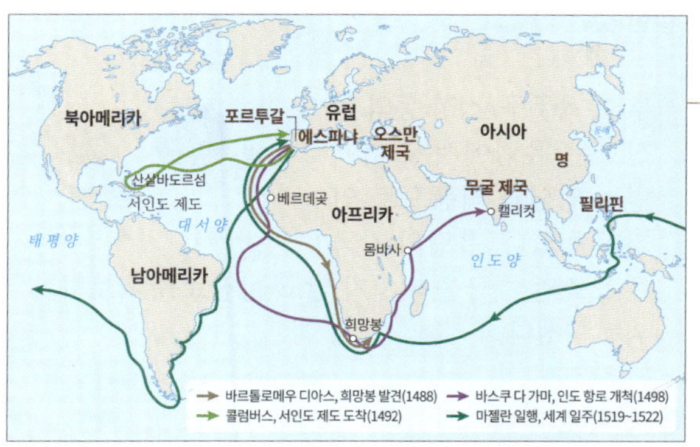

포르투갈과 에스파냐는 대서양에서 아메리카 대륙과 인도로 향하는 새 항로를 개척하였어.

지중해 무역에서 소외되어 있던 포르투갈과 에스파냐는 신항로 개척에 적극적으로 나섰다. 포르투갈의 엔히크 왕자는 여러 탐험가들의 신항로 개척을 지원하고, 포르투갈의 바스쿠 다 가마는 희망봉을 돌아 인도로 가는 항로를 개척하였다. 에스파냐는 콜럼버스와 마젤란의 항해를 지원하였다.

자료 ❷ 신항로 개척 이후 아메리카의 변화

유럽에서 들어온 천연두, 홍역 등의 전염병까지 퍼지면서 원주민의 인구는 급격히 줄어들었어.

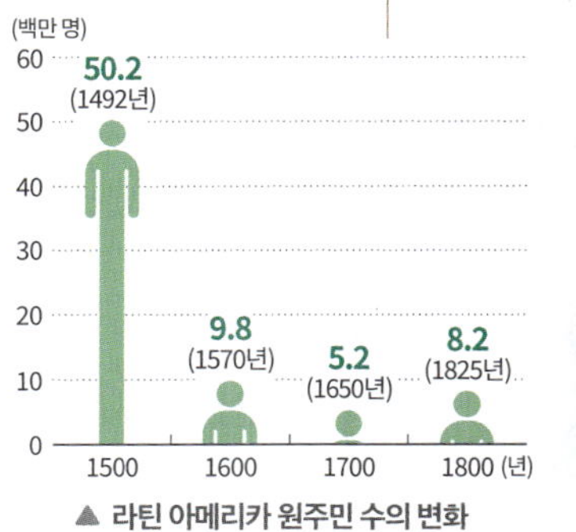

▲ 포토시 은광

신항로 개척 이후 유럽인들에게 정복당한 라틴 아메리카 원주민들은 가혹한 노동과 유럽에서 전파된 전염병 등으로 고통을 받았고, 이는 인구수의 급감으로 이어졌다. 에스파냐에 의해 광산촌으로 개발된 볼리비아 포토시의 은광에서는 많은 원주민들이 착취당하였다.

자료 ❸ 삼각 무역

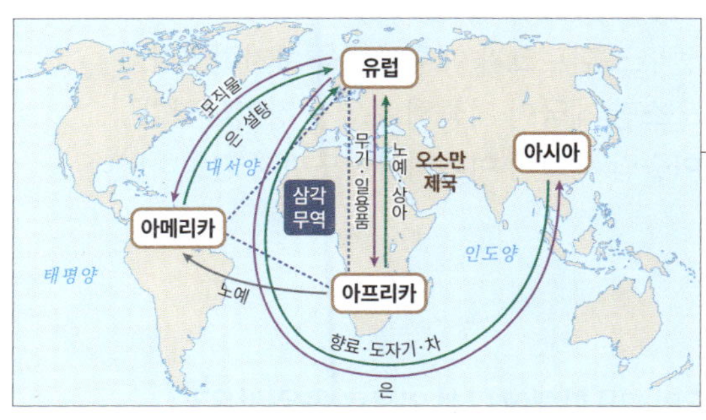

삼각 무역을 통해 유럽에 유입된 은이 아시아와의 무역을 통해 중국으로 유출되었어.

신항로 개척 이후 유럽인은 무기, 일용품을 아프리카의 노예로 교환하였고, 이렇게 사들인 노예를 아메리카의 농장으로 보내 일을 시켰다. 그리고 은, 설탕 등을 다시 유럽에 팔아 큰 이익을 남겼다. 또한 유럽 상인들은 은을 가지고 아시아에 진출하여 향신료, 도자기, 차 등을 수입하였다.

대표 문제로 **실력 쌓기**　● 바른답·알찬풀이 33쪽

>> 신항로의 개척

1 다음 항해를 지원한 나라로 옳은 것은?

① 영국　　　　② 프랑스
③ 포르투갈　　④ 네덜란드
⑤ 에스파냐

이것만은 꼭 기억하자! 포르투갈과 에스파냐가 신항로 개척을 주도하였어.
✈ 123쪽 06번, 125쪽 20번 문제도 풀어 보자!

>> 삼각 무역　선택지 하나 더

2 다음 무역이 유럽에 끼친 영향으로 적절하지 <u>않은</u> 것은?

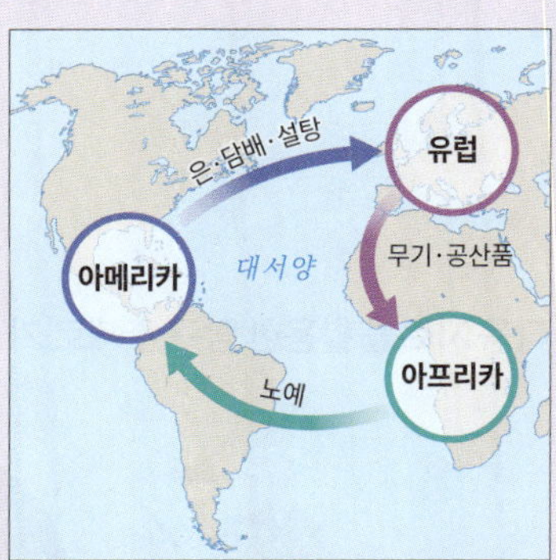

① 물가가 폭락하였다.
② 주식회사가 등장하였다.
③ 많은 금과 은이 유입되었다.
④ 감자, 옥수수 등이 전해졌다.
⑤ 보험 등 금융 제도가 발달하였다.
⑥ 도시의 상공업자들이 성장하였다.

이것만은 꼭 기억하자! 삼각 무역의 결과 유럽에서 가격 혁명과 상업 혁명이 일어나 자본주의가 발달하게 되었어.
✈ 124쪽 16번, 134쪽 17번 문제도 풀어 보자!

01 (가)에 들어갈 내용으로 적절한 것을 <보기>에서 고른 것은?

| 보기 |

ㄱ. 『동방견문록』이 출간되었습니다.
ㄴ. 장건이 서역으로 파견되었습니다.
ㄷ. 비단 등의 상품이 인기를 끌었습니다.
ㄹ. 게르만족이 대규모로 이동하였습니다.

① ㄱ, ㄴ　　　② ㄱ, ㄷ　　　③ ㄴ, ㄷ
④ ㄴ, ㄹ　　　⑤ ㄷ, ㄹ

02 다음 자료를 활용한 탐구 주제로 가장 적절한 것은?

▲ 역풍을 거스를 수 있던 배　　　▲ 천문 관측기구

① 수시력의 편찬
② 아담 샬의 활동
③ 몽골 제국의 팽창
④ 원거리 항해 기술의 발달
⑤ 아시아 문화의 유럽 전파

03 다음 내용을 배경으로 하여 유럽에서 일어난 일로 가장 적절한 것은?

후추, 육두구, 정향 등의 향신료는 유럽에서 고기에 넣는 양념과 약품으로 인기가 높았다. 유럽의 각국은 오스만 제국을 거치지 않고 향신료를 확보하기 위해 나섰다.

▲ 후추　　　▲ 육두구

① 신항로가 개척되었다.
② 르네상스가 일어났다.
③ 십자군 전쟁이 일어났다.
④ 동서 교회가 분열되었다.
⑤ 콘스탄티노폴리스가 점령당하였다.

[04-07] 다음 지도를 보고, 물음에 답하시오.

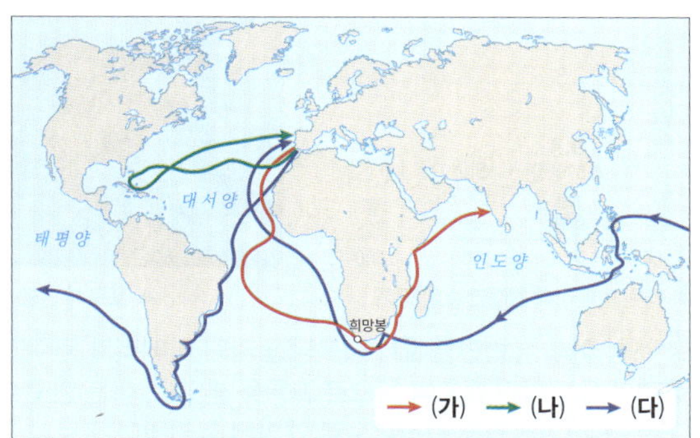

04 지도와 같은 항해가 이루어진 배경으로 가장 적절한 것은?

① 서로마 제국이 멸망하였다.
② 티무르 제국이 세력을 확대하였다.
③ 셀주크 튀르크가 예루살렘을 차지하였다.
④ 오스만 제국이 지중해 무역을 장악하였다.
⑤ 이슬람 세력이 이베리아반도까지 진출하였다.

05 지도의 (가) 항해에 나선 인물로 옳은 것은?

① 마젤란　　　　　② 마테오 리치
③ 마르코 폴로　　　④ 이븐 바투타
⑤ 바스쿠 다 가마

06 지도의 (나) 항해가 끼친 영향으로 가장 적절한 것은?

① 헝가리가 정복되었다.
② 인도로 가는 항로가 개척되었다.
③ 서유럽에서 십자군이 결성되었다.
④ 라틴 아메리카의 나라들이 식민지가 되었다.
⑤ 유럽 연합 함대가 오스만 제국에 패배하였다.

중요
07 지도의 (다) 항해에 대한 학생들의 발표 내용으로 가장 적절한 것은?

① 최초의 세계 일주였어요.
② 콜럼버스 주도로 이루어졌어요.
③ 남인도의 정복으로 이어졌어요.
④ 술레이만 1세의 지원을 받았어요.
⑤ 사마르칸트의 번영에 기여하였어요.

08 ㉠ 제국에 대한 설명으로 옳은 것은?

① 페르시아 전통을 계승하였다.
② 코르테스에 의해 정복되었다.
③ 이민족에게 인두세를 걷었다.
④ 계단식 밭을 이용하여 농사를 지었다.
⑤ 거대한 피라미드 모양의 신전을 지었다.

09 아스테카 제국에 대한 설명으로 옳은 것을 <보기>에서 고른 것은?

┤ 보기 ├
ㄱ. 피사로에 의해 멸망하였다.
ㄴ. 포르투갈의 식민지가 되었다.
ㄷ. 멕시코 일대에서 발전하였다.
ㄹ. 그림 문자와 달력을 사용하였다.

① ㄱ, ㄴ　　②ㄱ, ㄷ　　③ ㄴ, ㄷ
④ ㄴ, ㄹ　　⑤ ㄷ, ㄹ

[10-11] 다음 지도를 보고, 물음에 답하시오.

10 (가), (나)의 명칭을 옳게 연결한 것은?

	(가)	(나)
①	잉카 제국	아스테카 제국
②	티무르 왕조	잉카 제국
③	티무르 왕조	사파비 왕조
④	아스테카 제국	잉카 제국
⑤	아스테카 제국	사파비 왕조

11 (가), (나)의 공통점으로 옳은 것은?

① 역참을 설치하였다.
② 이슬람교로 개종하였다.
③ 은으로 조세를 징수하였다.
④ 유럽의 침입으로 멸망하였다.
⑤ 라티푼디움 경영으로 몰락하였다.

중요
12 다음 자료에 나타난 변화의 배경으로 옳은 것을 <보기>에서 고른 것은?

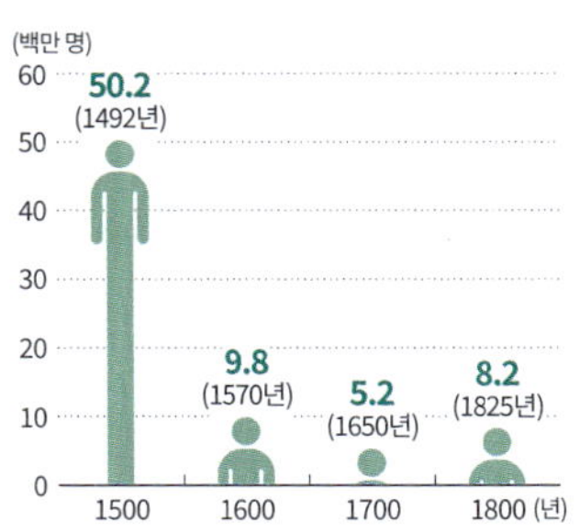

▲ 라틴 아메리카 인구의 변화

┌ 보기 ┐
ㄱ. 영주의 수탈로 고통받았다.
ㄴ. 유럽인들이 전염병을 옮겼다.
ㄷ. 대농장에서 가혹한 노동에 시달렸다.
ㄹ. 몽골 제국과의 전쟁에서 패배하였다.

① ㄱ, ㄴ　　　　② ㄱ, ㄷ　　　　③ ㄴ, ㄷ
④ ㄴ, ㄹ　　　　⑤ ㄷ, ㄹ

13 (가)에 들어갈 내용으로 가장 적절한 것은?

아메리카를 식민지로 삼은 유럽인들은 막대한 양의 귀금속을 수탈하였고, 사탕수수, 담배 등을 대규모로 재배하였다. 이 과정에서 아메리카의 원주민 수가 급감하여 노동력이 부족해졌다. 이 문제를 해결하기 위해 유럽인들은 ________ (가)

① 해금 정책을 실시하였다.
② 포토시 은광을 개발하였다.
③ 공행을 통한 교역만 허용하였다.
④ 카르타고라는 식민지를 건설하였다.
⑤ 아프리카 원주민을 노예로 동원하였다.

[14-16] 다음 지도를 보고, 물음에 답하시오.

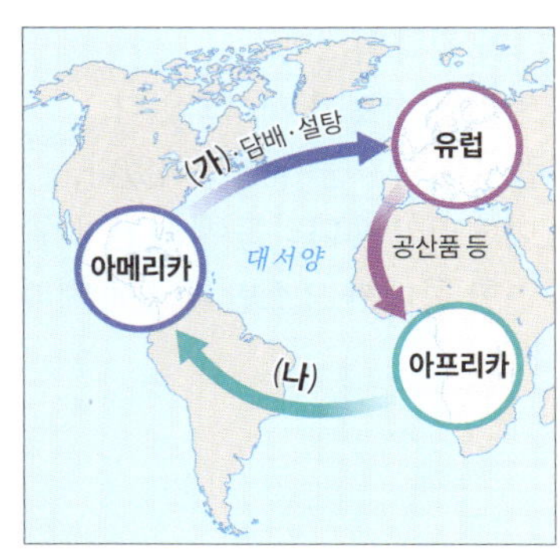

14 (가)에 들어갈 물품으로 가장 적절한 것은?

① 은　　　　　② 차　　　　　③ 비단
④ 향신료　　　⑤ 면직물

15 (나)에 들어갈 내용으로 가장 적절한 것은?

① 농노　　　　② 노예　　　　③ 설탕
④ 옥수수　　　⑤ 선교사

16 위 지도의 무역이 끼친 영향으로 옳은 것을 <보기>에서 고른 것은?

┌ 보기 ┐
ㄱ. 아프리카의 성비 균형이 깨졌다.
ㄴ. 무역 중심지가 대서양으로 옮겨졌다.
ㄷ. 이스파한이 무역의 거점으로 성장하였다.
ㄹ. 술레이만 1세가 유럽 함대를 격파하였다.

① ㄱ, ㄴ　　　　② ㄱ, ㄷ　　　　③ ㄴ, ㄷ
④ ㄴ, ㄹ　　　　⑤ ㄷ, ㄹ

17 (가)에 들어갈 물품으로 적절하지 <u>않은</u> 것은?

▲ 신항로 개척 이후 새로운 작물과 가축의 전래

① 감자　　　　　② 담배　　　　　③ 고추
④ 향신료　　　　⑤ 옥수수

18 동인도 회사에 대한 설명으로 옳은 것을 <보기>에서 고른 것은?

┤ 보기 ├

ㄱ. 네덜란드, 영국, 프랑스 등이 세웠다.
ㄴ. 아메리카의 여러 문명을 파괴하였다.
ㄷ. 외국과 조약을 체결하는 권한을 가졌다.
ㄹ. 지중해를 중심으로 하는 무역을 주도하였다.

① ㄱ, ㄴ　　　　② ㄱ, ㄷ　　　　③ ㄴ, ㄷ
④ ㄴ, ㄹ　　　　⑤ ㄷ, ㄹ

중요

19 신항로 개척 이후 유럽에서 나타난 변화로 옳은 것만을 <보기>에서 있는 대로 고른 것은?

┤ 보기 ├

ㄱ. 물가가 폭락하였다.
ㄴ. 주식회사 등이 설립되었다.
ㄷ. 화폐 가치가 크게 하락하였다.
ㄹ. 보험 등 금융 제도가 갖추어졌다.

① ㄱ, ㄴ　　　　　　② ㄴ, ㄷ
③ ㄱ, ㄴ, ㄷ　　　　④ ㄱ, ㄷ, ㄹ
⑤ ㄴ, ㄷ, ㄹ

20 다음 글을 읽고, 물음에 답하시오.

미국 뉴욕의 한 자치구에서 (　㉠　)을/를 기념하는 퍼레이드가 열렸다. 미국은 (　㉠　)이/가 아메리카 대륙을 발견한 것을 기념하여 매년 10월 두 번째 일요일을 국경일로 지정하였다. 반면 베네수엘라의 대통령은 그가 아메리카 대륙에 발을 디딘 것이 많은 <u>희생</u>을 가져왔다며 비판하였고, 나아가 같은 날을 원주민 저항의 날로 바꾸었다.

(1) ㉠에 들어갈 인물을 쓰시오.

(2) 밑줄 친 '희생'에 해당하는 내용을 <u>두 가지</u> 서술하시오.

21 다음 글을 읽고, 물음에 답하시오.

신항로 개척 이후 포르투갈, 에스파냐의 뒤를 이어 여러 나라들이 아시아 시장에 진출하였다. 이들은 동남아시아의 향신료, 인도의 면직물, 중국의 도자기·차·비단 등을 대량으로 구매하고 많은 양의 <u>이것</u>을 지급하였다.

(1) 밑줄 친 '이것'에 해당하는 물품을 쓰시오.

(2) 위와 같은 무역이 끼친 영향을 구체적으로 서술하시오.

재정·군사 국가의 등장

이 주제의 학습 목표
재정·군사 국가의 발전 과정과 특징을 알아 두자.

+ **상비군**(常 항상, 備 갖추다, 軍 군대)
비상시에 대비하여 언제든 동원할 수 있도록 준비된 군대

+ **중상주의**(重 중요하다, 商 상업, 主 주장, 義 뜻)
나라의 부를 늘리기 위해 상업을 중시하는 입장을 뜻하며, 수출을 장려하고 수입 상품에 관세를 부과하여 수입을 억제함으로써 무역 차액으로 자본을 축적하려 함

+ **전제 정치**(專 마음대로, 制 제어하다, 政 정치, 治 다스리다)
국가 권력을 장악한 개인이 민의나 법률의 제약을 받지 않고 실시하는 정치

+ **입헌 군주제**(立 입각하다, 憲 헌법, 君 임금, 主 주인, 制 제도)
군주의 권력이 헌법에 의해 제한을 받는 정치체제

+ **왕권신수설**(王 임금, 權 권력, 神 신, 授 주다, 說 주장)
왕권은 신으로부터 받은 신성한 권력이라는 주장

---

1 종교 개혁과 종교 전쟁

(1) 루터의 종교 개혁
① 배경　교황 레오 10세가 성 베드로 대성당의 보수 비용 마련을 위해 면벌부 판매
② 주장　「95개조 반박문」 발표(인간의 구원은 오직 신앙과 신의 은총에 의해서만 가능하다고 주장) → 독일 전역으로 확산 **자료 ❶**
③ 결과　아우크스부르크 화의에서 공식적으로 루터파 승인(1555)

(2) 칼뱅의 종교 개혁　스위스에서 인간의 구원은 신에 의해 예정되어 있다는 예정설 주장 → 도시 상공업자들의 환영을 받음 → 프랑스, 영국, 네덜란드 등으로 확산

(3) 영국 국교회 성립　헨리 8세가 영국 국교회를 세워 스스로 교회의 수장이 됨

(4) 종교 전쟁　가톨릭교회(구교)와 신교 사이의 대립 격화 → 독일에서 30년 전쟁 발발 → 베스트팔렌 조약 체결, 공식적으로 칼뱅파 승인(1648)

2 재정·군사 국가의 등장

(1) 배경　유럽의 국가 간 군사적 경쟁 및 통합 → 국왕 중심의 중앙 집권 국가로 성장

(2) 특징
① 왕권 강화　강력한 군사력(상비군) 유지, 효율적인 세금 제도와 중앙 행정 기구를 갖춤 **자료 ❷**
② 재정 확대　세금 제도 정비, 상공 시민 계층의 재정적 지원을 받음, 식민지 확보
③ 중상주의 정책 실시　수출 장려, 관세 부과로 수입 억제

(3) 에스파냐와 네덜란드의 재정·군사 국가
① 에스파냐　펠리페 2세 때 번영(무적함대를 통해 지중해 해상권 장악) → 영국에 패배한 이후 쇠퇴
② 네덜란드　대서양 무역으로 상공업 발달 → 베스트팔렌 조약 체결로 에스파냐로부터 독립 → 동인도 회사 설립

(4) 국왕과 의회가 협력하는 영국의 재정·군사 국가
① 의회 정치 발전

배경	• 엘리자베스 1세 때 에스파냐의 무적함대 격파 → 해상권 장악, 해외 시장 개척 (동인도 회사 설립) • 젠트리, 상인, 제조업자 등 시민 계층 성장 → 의회 진출
청교도 혁명	찰스 1세의 전제 정치, 의회 무시 → 의회의 「권리 청원」 제출 → 의회파와 왕당파 사이 내전 발생 → 크롬웰이 이끄는 의회파 승리(공화정 수립) → 크롬웰의 독재 정치 → 왕정 부활
명예혁명	제임스 2세의 의회 무시, 청교도 탄압 → 의회가 메리와 윌리엄을 공동 왕으로 세움(1688) → 「권리 장전」 승인(입헌 군주제의 토대 마련) **자료 ❸**

② 국왕과 의회의 협력　의회가 협력하여 군사비 지출을 늘림, 강력한 해군 유지 → 아시아 시장에 진출

(5) 국왕 주도의 프랑스 재정·군사 국가

내용	• 루이 14세 주도 → 왕권신수설 신봉(스스로 '태양왕'이라 칭함) • 콜베르를 재무 장관으로 등용하여 중상주의 정책 실시 • 베르사유 궁전 건축
영향	• 의회의 동의 없이 세금을 늘림, 무리한 대외 전쟁 → 국가 재정 악화 • 신교의 자유를 인정하지 않음(신교도인 위그노의 해외 이탈) → 산업 위축

● 바른답·알찬풀이 34쪽

개념 확인 문제

1 다음 설명이 맞으면 ○표, 틀리면 ×표를 하시오.
(1) 칼뱅은 「95개조 반박문」을 발표하여 교황의 면벌부 판매를 비판하였다. (　　　)
(2) 루터는 스위스에서 인간의 구원이 신에 의해 예정되어 있다고 주장하였다. (　　　)

2 다음 괄호 안의 내용 중 옳은 것에 ○표를 하시오.
(1) 베스트팔렌 조약의 결과 독립한 (에스파냐, 네덜란드)는 동인도 회사를 설립하고 해외 무역에 나섰다.
(2) (프랑스, 영국)의 루이 14세는 스스로를 '태양왕'으로 칭하였다.

자료 ❶ 루터의 「95개조 반박문」

제6조	교황은 신의 용서를 선언하거나 증명하는 것 이외에 어떠한 죄도 용서할 수 없다.
제21조	인간이 교황의 면벌부를 통해 모든 형벌을 면하고 구원을 받을 수 있다고 말하는 선교자들은 잘못을 범하고 있다.
제36조	진심으로 회개하는 크리스트교도는 면벌부 없이도 죄와 벌로부터 완전한 용서를 받을 수 있다.

> 로마 가톨릭교회가 금전이나 재물을 바친 사람에게 그 죄를 면한다는 뜻으로 발행하던 증서야.

교황 레오 10세가 성 베드로 대성당의 보수 비용을 마련하기 위해 면벌부를 판매하자, 루터는 이를 비판하는 「95개조 반박문」을 발표하였다. 여기서 루터는 인간의 구원은 오직 신앙에 의해서만 가능하고, 성서가 신앙의 유일한 근거라고 주장하였다.

자료 ❷ 재정·군사 국가의 군사력

> 별 모양의 기하학적 형태로 요새가 만들어졌어.

▲ 별 모양의 성채

▲ 상비군

16~18세기 유럽에서는 30년 전쟁 등 전쟁이 빈번하였다. 잦은 전쟁을 겪으면서 유럽 재정·군사 국가들은 상비군을 갖추고 군사 기술을 발전시켰다. 특히 대포 공격에도 견딜 수 있도록 별 모양의 요새가 세워졌고, 군대는 화약 무기로 무장하였다. 이러한 군사비를 지출하기 위해 재정·군사 국가들은 효율적인 관료 제도와 세금 제도를 마련하고 세금을 징수하였다.

자료 ❸ 「권리 장전」

> 명예혁명의 결과로 이루어진 권리 선언으로, 의회의 입법권과 과세 승인권 등을 규정함으로써 왕권을 제약하고 의회의 우위를 다졌어.

제1조	국왕이 의회의 동의 없이 법의 효력을 정지하거나 법의 집행을 정지하는 것은 위법이다.
제4조	의회의 승인 없이 국왕을 위해 세금을 거두어들이는 행위는 위법이다.
제6조	의회의 동의 없이 평상시에 상비군을 징집하고 유지하는 것은 위법이다.

제임스 2세를 몰아낸 의회에 의해 왕으로 추대된 메리와 윌리엄은 이듬해 「권리 장전」을 승인하였다. 「권리 장전」의 승인으로 국왕의 권력은 의회가 제정한 법의 제한을 받으며, 국왕이 의회의 동의를 거쳐 통치해야 한다는 입헌주의의 전통이 마련되었다. 이는 미국의 「독립 선언문」, 프랑스의 「인권 선언」에도 영향을 끼쳤다.

대표 문제로 **실력 쌓기** ● 바른답·알찬풀이 34쪽

>> **루터의 종교 개혁**

1 다음 문서가 발표된 배경으로 가장 적절한 것은?

제6조	교황은 신의 용서를 선언하거나 증명하는 것 이외에 어떠한 죄도 용서할 수 없다.
제21조	인간이 교황의 면벌부를 통해 모든 형벌을 면하고 구원을 받을 수 있다고 말하는 선교자들은 잘못을 범하고 있다.

① 30년 전쟁이 일어났다.
② 아우크스부르크 화의가 열렸다.
③ 베스트팔렌 조약이 체결되었다.
④ 칼뱅파가 공식적으로 인정받았다.
⑤ 레오 10세가 면벌부를 판매하였다.

> **이것만은 꼭 기억하자!** 루터는 교황의 면벌부 판매를 비판하며 「95개조 반박문」을 발표하였어.
> ✈ **128쪽** 01번, **135쪽** 18번 문제도 풀어 보자!

>> **「권리 장전」의 승인** `선택지 하나 더`

2 다음 자료를 활용한 탐구 주제로 가장 적절한 것은?

제1조	국왕이 의회의 동의 없이 법의 효력을 정지하거나 법의 집행을 정지하는 것은 위법이다.
제4조	의회의 승인 없이 국왕을 위해 세금을 거두어들이는 행위는 위법이다.

① 크롬웰의 집권
② 무적함대의 격파
③ 명예혁명의 결과
④ 동인도 회사의 설립
⑤ 청교도 혁명의 배경
⑥ 베르사유 궁전의 조성

> **이것만은 꼭 기억하자!** 영국에서는 명예혁명의 결과 「권리 장전」이 승인되었어.
> ✈ **129쪽** 08번, **135쪽** 19번 문제도 풀어 보자!

01 다음 인물에 대한 설명으로 옳은 것은?

① 예정설을 주장하였다.
② 성상 파괴를 명령하였다.
③ 면벌부 판매를 비판하였다.
④ 서인도 제도로 가는 항로를 발견하였다.
⑤ 성직자 임명권을 두고 교황과 대립하였다.

02 (가) 종파에 대한 학생들의 발표 내용으로 가장 적절한 것은?

① 국왕이 스스로 교회의 수장이 되었어.
② 아우크스부르크 화의에서 인정받았지.
③ 『신학 대전』으로 교리가 집대성되었어.
④ 인간의 구원이 예정되어 있다고 주장하였어.
⑤ 「95개조 반박문」 발표 후 독일 전역으로 퍼졌어.

03 유럽의 재정·군사 국가에 대한 설명으로 옳은 것을 <보기>에서 고른 것은?

| 보기 |

ㄱ. 강력한 상비군을 보유하였다.
ㄴ. 지방 분권에 기초한 국가였다.
ㄷ. 식민지를 확보하기 위해 노력하였다.
ㄹ. 그리스 정교를 바탕으로 사상을 통제하였다.

① ㄱ, ㄴ   ② ㄱ, ㄷ   ③ ㄴ, ㄷ
④ ㄴ, ㄹ   ⑤ ㄷ, ㄹ

04 (가)에 들어갈 내용으로 가장 적절한 것은?

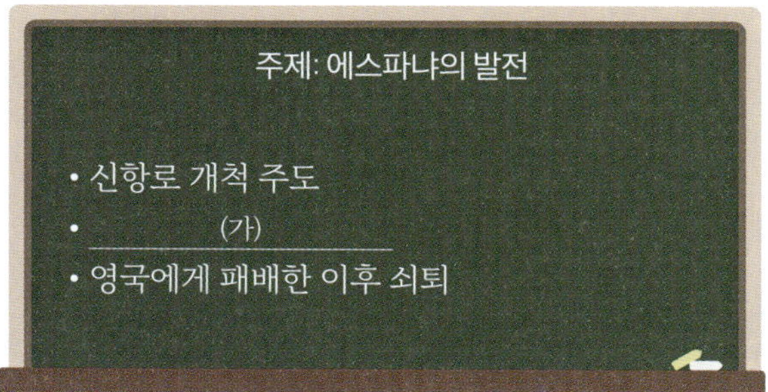

① 타지마할 건립
② 지중해 해상권 장악
③ 오스트리아 빈 포위
④ 유럽 연합 함대 격파
⑤ 『유스티니아누스 법전』 편찬

05 다음에서 설명하는 국가로 옳은 것은?

• 베스트팔렌 조약 체결로 독립
• 동인도 회사를 세워 많은 부 축적
• 상공업자들로부터 효율적으로 세금 징수

① 영국   ② 프랑스
③ 에스파냐   ④ 네덜란드
⑤ 포르투갈

06 ⑦ 인물에 대한 설명으로 옳은 것은?

자료는 영국 의회에 참석한 (⑦)의 모습을 담은 그림이다. (⑦)은/는 동인도 회사를 세워 해외 시장 개척에 나섰다.

① 무적함대를 격파하였다.
② 영국 국교회를 수립하였다.
③ 청교도 혁명으로 제거되었다.
④ 서로마 황제의 자리에 올랐다.
⑤ 십자군을 일으킬 것을 호소하였다.

고난도
07 다음 사건들을 일어난 순서대로 옳게 나열한 것은?

(가) 크롬웰이 공화정을 수립하였다.
(나) 찰스 1세가 전제 정치를 하였다.
(다) 의회파와 왕당파가 내전을 벌였다.

① (가) – (나) – (다)　　② (가) – (다) – (나)
③ (나) – (가) – (다)　　④ (나) – (다) – (가)
⑤ (다) – (가) – (나)

중요
08 ⑦, ⓒ에 들어갈 내용을 옳게 연결한 것은?

제임스 2세는 의회를 무시하고 의회에 진출한 신흥 상공업자인 (⑦)를 무시하였다. 의회는 제임스 2세를 물러나게 하고 그의 딸과 남편을 공동 왕으로 세웠다. 그리고 이듬해 (ⓒ)이 승인되었다.

	⑦	ⓒ
①	위그노	「권리 청원」
②	위그노	「권리 장전」
③	청교도	「인권 선언」
④	청교도	「권리 장전」
⑤	청교도	「권리 청원」

09 루이 14세에 대한 설명으로 옳은 것은?

보기
ㄱ. 카노사의 굴욕을 겪었다.
ㄴ. 베르사유 궁전을 건설하였다.
ㄷ. 스스로를 '태양왕'으로 칭하였다.
ㄹ. 콘스탄티노폴리스를 점령하였다.

① ㄱ, ㄴ　　② ㄱ, ㄷ　　③ ㄴ, ㄷ
④ ㄴ, ㄹ　　⑤ ㄷ, ㄹ

서술형
10 다음을 읽고, 물음에 답하시오.

17세기 스웨덴, 프랑스 등이 신교를 지원하고, 에스파냐가 가톨릭교회를 지원하는 등 유럽의 많은 국가들이 이해관계에 따라 이 전쟁에 참전하였다.

(1) 밑줄 친 '이 전쟁'의 명칭을 쓰시오.

(2) 밑줄 친 '이 전쟁'의 결과를 두 가지 서술하시오.

서술형
11 밑줄 친 '경제 정책'의 내용을 세 가지 서술하시오.

재정·군사 국가들은 여러 전쟁을 겪으면서 군대 규모를 더욱 늘리고자 하였다. 하지만 강력한 상비군을 유지하기 위해서는 막대한 비용이 필요하였다. 이에 재정·군사 국가들은 이를 위한 경제 정책을 추진하였다.

주제 17 북방 민족과 송의 성장

송	건국	(❶　　　　)이 카이펑을 수도로 송 건국(960)
	(❷　　　　) 정책	황제권 강화, 절도사의 권한 약화 목적, 군대의 황제 직속화, 과거제 개혁(황제가 과거를 직접 주관) → 군사력 약화 → 북방 민족에 물자 제공
	왕안석의 개혁	민생 안정과 부국강병을 위한 개혁 실시 → 보수파의 반대로 실패
북방 민족 자료❶	거란(요)	야율아보기가 부족 통일 → 화북 지방에 진출하여 송과 대립
	서하	티베트 계통의 (❸　　　　)이 건국, 동서 무역
	여진(금)	아구다가 여진족을 통일하고 건국(1115) → 송과 연합하여 요 정복 → 송을 몰아내고 화북 지방 지배

자료 ❶ 거란(요)과 금의 성장

⬆ 금에 의해 창장강 이남으로 밀려난 송은 (❹　　　　)(항저우)에 수도를 두고 왕조를 이어 갔다(남송). 남송은 창장강 이남의 비옥한 강남 지역을 개발하여 경제적으로 번영을 누렸다.

주제 18 몽골의 대제국 건설

몽골 제국	성립	테무친의 몽골족 통일 → (❶　　　　)으로 추대 (1206) → 몽골 제국 수립
	발전	금을 멸망시킴, 아바스 왕조 정복 → 대제국 건설 자료❷
원	성립	(❷　　　　) 칸이 대도(베이징)를 수도로 삼고 국호를 '원'으로 변경 → 남송 정복
	통치	몽골 제일주의 정책 → 몽골인과 (❸　　　　) 우대, 한인과 남인 차별
	쇠퇴	왕위 계승 다툼, 경제 혼란, 한족의 반란 등으로 쇠퇴

자료 ❷ 몽골 제국의 영역

⬆ 칭기즈 칸 사후 몽골 제국은 여러 (❹　　　　)로 나뉘었다. 몽골 제국의 울루스는 서로 대립하기도 하였지만 느슨한 통합 관계를 유지하였다.

주제 19 명·청의 성립과 발전

명	성립	주원장(홍무제)이 명 건국, 원을 북쪽으로 몰아냄 → 재상제 폐지, 육유 반포, 이갑제 실시
	발전	(❶　　　　)가 베이징 천도, 자금성 건설, 정화의 함대 파견
청	성립	누르하치가 (❷　　　　)을 통일하고 후금 건국, 팔기군 이끌고 베이징 점령 → 이후 국호를 청으로 변경
	발전	(❸　　　　)·옹정제·건륭제 3대 전성기, 강경책(호복과 변발 강요, 중화사상 탄압)과 회유책(만한 병용제, 『사고전서』 편찬) 병행

주제 20 명·청의 경제, 사회, 문화

경제	고추·담배 등 아메리카 작물 전래, 상공업 발달, 농업 생산력 향상, 쑤저우 등 수공업 도시 발달, 대량의 은 유입(→ 세금을 은으로 징수) 자료❸
사회	유교적 소양을 갖춘 (❶　　　　) 계층이 사회 주도
문화	양명학(명)·고증학(청) 발달, 서민 문화 발달[『삼국지연의』·『수호전』·『홍루몽』 등 소설 유행, (❷　　　　) 유행], 크리스트교와 서양의 과학 기술 전래

자료 ❸ 16~17세기 세계 은의 유통 및 중국의 은 유입

⬆ 명·청의 (❸　　　　) 완화와 신항로 개척에 따라 유럽이 아시아에 진출하면서 중국은 세계적인 교역망의 중심이 되었다. 유럽 상인들은 앞다투어 중국에 (❹　　　　)을 내고 비단, 도자기, 차 등을 구입하였다.

주제 21 일본 막부 정치의 전개와 무굴 제국의 성장

일본	가마쿠라 막부	12세기 말 미나모토노 요리토모가 세운 최초의 무사 정권, (❶　　　　)이 실질적 지배권을 행사하는 일본 특유의 봉건제 시행
	(❷　　　　) 막부	중국과 외교 관계 회복, 조선과 국교 수립, 쇼군의 후계자를 둘러싼 내분으로 쇠퇴
	전국 시대	(❸　　　　)가 전국 시대 통일 후 조선을 침략(임진왜란)
	에도 막부	17세기 초 도쿠가와 이에야스가 수립, 다이묘들을 일정 기간 에도에서 머물게 하는 (❹　　　　) 제도를 통해 다이묘 통제, 상공업이 발달하면서 가부키·우키요에 등 (❺　　　　) 문화 발달

무굴 제국	성립	16세기 초 (⑥)가 북인도에 진출하여 델리를 정복하고 건국
	아크바르 황제	이슬람교 외 다른 종교도 존중, 힌두교도의 인두세(지즈야) 폐지
	아우랑제브 황제	남인도 정복 → 무굴 제국 최대의 영토 확보, 이슬람 제일주의(비이슬람교도의 지즈야 부활, 힌두 사원 파괴)→ 비이슬람교도의 반발 → 쇠퇴
	문화	인도·이슬람 문화 발달: 힌두교와 이슬람교가 융합된 (⑦) 등장, 우르두어 사용, 페르시아 세밀화와 인도 미술이 융합된 무굴 회화 유행, (⑧) 건축

주제 22 오스만 제국의 성립과 발전

성립	튀르크 계통의 오스만족이 건국 → 발칸반도 남부 차지, 술탄 칭호 사용
발전	메흐메트 2세가 (①)을 멸망시키고 콘스탄티노폴리스를 수도로 삼음 → 술레이만 1세 때 지중해 해상권 장악
통치	술탄 칼리프 칭호 획득, 다양한 민족의 문화와 종교 포용, 밀레트 제도, (②) 구성
문화	천문학 등 실용적인 학문 발전, 술탄 (③) 사원 건축

주제 23 신항로 개척

배경		동방 상품 수요 증가, 오스만 제국의 (①) 무역 독점, 항해술과 조선술의 발달
전개		바스쿠 다 가마(인도 항로 개척), 콜럼버스(아메리카 서인도 제도 도착), 마젤란 일행(세계 일주) 자료④
영향	아메리카	유럽인이 아스테카 문명과 (②) 문명 파괴, 금과 은 수탈, 플랜테이션 농장 경영, 인구 감소 → 아프리카 노예 유입(노예 무역)
	유럽	감자·옥수수 등의 새로운 작물 전래, 금과 은의 유입으로 물가 상승(가격 혁명), 상업 혁명(근대 자본주의 발달에 영향)
	아프리카	(③) 무역으로 인구 감소, 성비 불균형

자료④ 신항로 개척

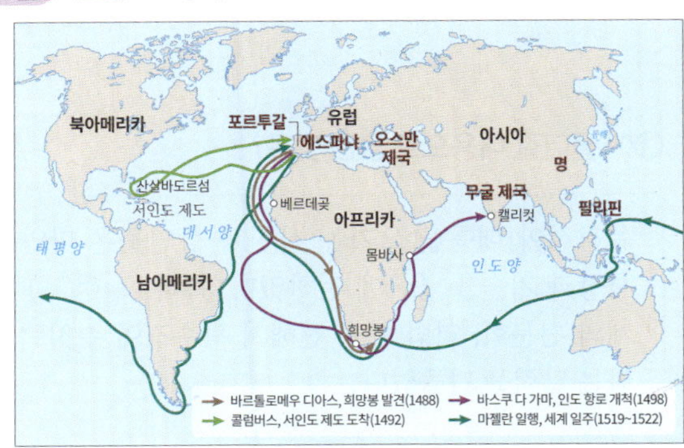

⬆ 지중해 무역에서 소외되어 있었던 (④)과 에스파냐는 신항로 개척에 적극적으로 나섰다.

주제 24 재정·군사 국가의 등장

종교 개혁 자료⑤	루터	교황 레오 10세가 성 베드로 대성당 보수 비용 마련을 위해 면벌부 판매 → 루터가 「95개조 반박문」 발표→ (①) 화의에서 루터파 승인
	칼뱅	스위스에서 (②) 주장 → 상공업이 발달한 프랑스, 영국, 네덜란드 등으로 확산
	영국	헨리 8세가 영국 국교회를 세워 스스로 교회의 수장임을 선언
종교 전쟁		로마 가톨릭교회(구교)와 신교의 대립 → 독일에서 (③) 발발 → 베스트팔렌 조약으로 종결
재정·근사 국가	특징	강력한 군사력(상비군), 세금 제도 정비, 중상주의 정책, 식민지 확보
	(④)	찰스 1세의 전제 정치 → 의회의 「권리 청원」 제출 → 청교도 혁명 → 왕정 부활 → 명예혁명 → 「권리 장전」 승인 자료⑥
	프랑스	루이 14세 주도, 왕권신수설 신봉, 관료제와 상비군 정비, 베르사유 궁전 건축

자료⑤ 16세기 유럽의 종교 분포

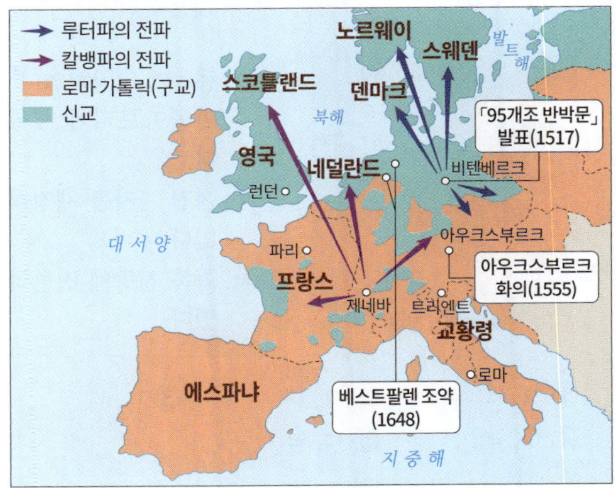

- (⑤)는 인간의 구원은 오직 신앙과 신의 은총에 의해서만 이루어진다고 주장하였고, 그의 주장은 독일 전역에서 지지를 얻었다.
- (⑥)의 예정설은 이윤을 추구하는 도시 상공업자들의 지지를 받아 프랑스, 네덜란드 등으로 퍼졌다.

자료⑥ 영국의 「권리 장전」

제1조 국왕이 의회의 동의 없이 법의 효력을 정지하거나 법의 집행을 정지하는 것은 위법이다.

제4즈 의회의 승인 없이 국왕을 위해 세금을 거두어들이는 행위는 위법이다.

제6조 의회의 동의 없이 평상시에 상비군을 징집하고 유지하는 것은 위법이다.

⬆ 영국게서는 의회가 무력 충돌 없이 제임스 2세를 폐위하고 새로운 왕을 추대하였다. 이듬해 영국 의회는 「권리 장전」을 승인받았으며, 이러한 과정을 통해 영국은 입헌 군주제의 토대를 마련하였다.

① 유라시아 교역 및 문화 교류의 확대

01 밑줄 친 '이 황제'에 대한 설명으로 옳은 것은?

> 송대 이 황제 때 과거 시험의 마지막 단계인 전시가 제도화되었다.

① 금에 패배하였다.
② 자금성을 건설하였다.
③ 왕안석을 등용하였다.
④ 여진 문자를 만들었다.
⑤ 절도사의 권한을 빼앗았다.

02 (가) 나라에 대한 설명으로 옳은 것을 <보기>에서 고른 것은?

▲ 11세기 정세

> **보기**
> ㄱ. 몽골에 멸망하였다.
> ㄴ. 야율아보기가 세웠다.
> ㄷ. 여진 문자를 제정하였다.
> ㄹ. 화북 지방에 진출하였다.

① ㄱ, ㄴ ② ㄱ, ㄷ ③ ㄴ, ㄷ
④ ㄴ, ㄹ ⑤ ㄷ, ㄹ

03 ㉠ 나라의 문화에 대한 설명으로 적절한 것은?

> (㉠)의 경제
> • 세계 최초로 지폐 사용
> • 재배 기간이 짧은 벼 도입

① 만담, 인형극 등이 성행하였다.
②『사고전서』 편찬이 이루어졌다.
③ 황실이 티베트 불교를 보호하였다.
④ 성리학을 비판하는 양명학이 발전하였다.
⑤ 화약, 나침반, 인쇄술 등이 유럽에 전해졌다.

04 (가)에 들어갈 내용으로 옳은 것은?

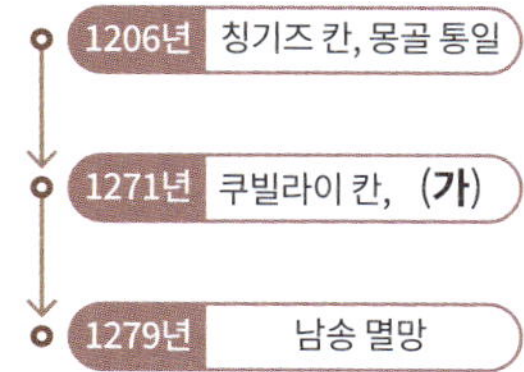

① 원 수립
② 서하 건국
③ 카이펑 차지
④ 베이징 점령
⑤ 정화의 함대 파견

05 밑줄 친 '이곳'에서 볼 수 있는 모습으로 적절한 것을 <보기>에서 고른 것은?

> 세상에서 가장 귀하고, 진귀한 물건은 모두 이곳 대도에서 찾아볼 수 있다. 인도의 상품도 있고, 비단도 매일 1천 수레가 들어온다.

> **보기**
> ㄱ. 육유를 반포하는 황제
> ㄴ. 교자를 이용해 거래하는 상인
> ㄷ. 많은 세금 부담에 시달리는 남인
> ㄹ. 패자를 보여 주고 역참을 이용하는 관리

① ㄱ, ㄴ ② ㄱ, ㄷ ③ ㄴ, ㄷ
④ ㄴ, ㄹ ⑤ ㄷ, ㄹ

06 ㉠에 들어갈 내용으로 옳은 것은?

> 유라시아 대륙을 오가는 사신과 상인들은 다양한 사상과 기술을 중국에 전하였다. 특히 (㉠) 세계의 천문학, 역법 등이 전해져 곽수경이 수시력이라는 달력을 만들었다.

① 인도 ② 유럽 ③ 이슬람
④ 크리스트교 ⑤ 동남아시아

❷ 동아시아·인도 지역 질서의 변화

07 ㉠ 황제에 대한 설명으로 옳은 것은?

① 교초를 남발하였다.
② 티베트를 정복하였다.
③ 나라 이름을 변경하였다.
④ 베이징을 수도로 삼았다.
⑤ 천호제를 군사 조직으로 마련하였다.

08 청 시기에 다음 정책을 추진한 목적으로 가장 적절한 것은?

> • 중요 관직에 만주족뿐만 아니라 기존 세력을 등용하였다.
> • 유학 교육을 장려하고 과거제를 실시하여 신사층의 협조를 얻었다.

① 한족을 회유하고자 하였다.
② 이자성의 난을 진압하고자 하였다.
③ 새로운 수도에 자금성을 짓고자 하였다.
④ 만주족을 새로운 중화라고 내세우고자 하였다.
⑤ 여러 나라와 조공·책봉 관계를 맺고자 하였다.

09 ㉠에 들어갈 도시로 옳은 것은?

청대 창장강 하류의 비단 생산지로 번성하였던 (㉠)의 모습을 보여 주는 「고소번화도」이다.

① 광저우   ② 쑤저우   ③ 항저우
④ 징더전   ⑤ 양저우

10 다음 상황이 나타난 배경으로 가장 적절한 것은?

① 해금 정책이 실시되었다.
② 유럽 상인의 왕래가 증가하였다.
③ 주요 무역항에 시박사가 설치되었다.
④ 에도 막부와 조공 무역을 전개하였다.
⑤ 벼 농사를 1년에 두 번 지을 수 있는 지역이 늘어났다.

11 (가)에 들어갈 내용으로 가장 적절한 것은?

> <수행 평가 보고서>
> • 주제: _________ (가) _________
> • 수집 자료
>   - 가부키 극장의 모습을 나타낸 우키요에
>   - 고흐 그림에 제시된 우키요에

① 난학의 발달 사례
② 데지마의 조성 목적
③ 상공업의 발달과 조닌 문화
④ 산킨코타이 제도의 시행 배경
⑤ 이븐 바투타가 남긴 여행 기록

12 (가)에 들어갈 내용으로 가장 적절한 것은?

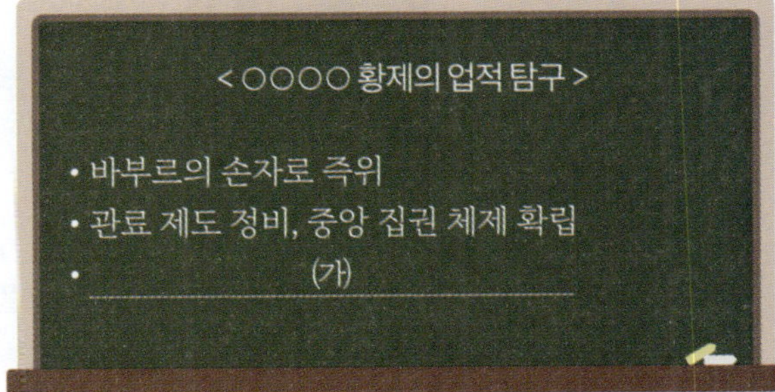

① 힌두 사원 파괴
② 시크교의 황금 사원 건립
③ 왕비를 추모하며 묘당 건립
④ 이교도에게 거두던 인두세 폐지
⑤ 남인도를 정복하여 최대 영토 확보

❸ 서아시아와 유럽 사회의 변화

13 (가)에 대한 설명으로 가장 적절한 것은?

① 비잔티움 제국을 멸망시켰다.
② 14세기 후반 티무르가 건국하였다.
③ 아바스 왕조를 공격하여 무너뜨렸다.
④ 페르시아 왕의 칭호인 '샤'를 사용하였다.
⑤ 아바스 1세 때 오스만 제국을 격퇴하였다.

14 다음 사건 이후의 ㉠ 제국에서 일어난 사실에 대한 학생들의 발표 내용으로 가장 적절한 것은?

(㉠) 제국의 메흐메트 2세는 콘스탄티노폴리스를 공격하여 함락하였다.

① 델리를 점령하였어요.
② 셀주크 튀르크가 무너졌어요.
③ 칼리프의 칭호를 획득하였어요.
④ 발칸반도 남부를 차지하였어요.
⑤ 성 소피아 대성당을 건설하였어요.

15 (가)에 들어갈 내용으로 가장 적절한 것은?

> <○○○ 제국의 관용 정책>
> • 인두세만 내면 자치적인 공동체인 밀레트 허용
> • 혈통, 출신에 상관없이 능력에 따라 관직 진출 가능
> •   (가)

① 데지마를 통한 무역 허용
② 카스트제의 신분 차별 반대
③ 『유스티니아누스 법전』 편찬
④ 페르시아어가 혼합된 우르두어 사용
⑤ 크리스트교도를 개종시키고 예니체리로 양성

16 ㉠에 들어갈 인물로 옳은 것은?

아메리카 작물의 전파

• 고대 마야인들의 주요 식량
• 아메리카의 서인도 제도를 발견한 (㉠)이/가 에스파냐에 소개
• 포르투갈을 통해 아시아에도 소개됨

① 피사로   ② 마젤란
③ 콜럼버스   ④ 마르코 폴로
⑤ 바스쿠 다 가마

17 밑줄 친 (가)의 사례로 옳은 것을 <보기>에서 고른 것은?

> 에스파냐는 원주민을 동원하여 막대한 양의 금과 은을 수탈하였다. 또한 사탕수수, 담배 등을 재배하는 대농장을 건설하고 생산물을 유럽에 판매하여 부를 축적하였다. 이러한 (가) 유럽의 진출은 아메리카, 아프리카, 유럽, 아시아에 큰 영향을 끼쳤다.

> | 보기 |
> ㄱ. 아프리카 – 물가가 크게 올랐다.
> ㄴ. 아시아 – 많은 은이 유입되었다.
> ㄷ. 유럽 – 자본주의 발달의 토대가 마련되었다.
> ㄹ. 아메리카 – 남녀 성 비율이 크게 불균형해졌다.

① ㄱ, ㄴ   ② ㄱ, ㄷ   ③ ㄴ, ㄷ   ④ ㄴ, ㄹ   ⑤ ㄷ, ㄹ

18 다음 주장을 펼친 인물에 대한 학생들의 발표 내용으로 가장 적절한 것은?

① 독일에서 처음 제기되었어요.
② 영국 국교회의 토대가 되었어요.
③ 도시 상공업자들의 지지를 받았어요.
④ 「95개조 반박문」을 통해 확산되었어요.
⑤ 아우크스부르크 화의에서 공식 인정받았어요.

19 밑줄 친 '이 나라'로 옳은 것은?

> 청교도 혁명과 명예혁명을 겪으면서 이 나라에서는 국왕과 의회가 협력하는 체제가 자리 잡았다.

① 독일　　　② 영국　　　③ 프랑스
④ 네덜란드　　⑤ 에스파냐

20 밑줄 친 '폐하'에 대한 설명으로 옳은 것은?

> 폐하, 당신의 재무 장관 콜베르는 다음과 같이 건의합니다. 모든 무역에서 국내 산업에 도움이 되는 상품을 수입할 때는 세금을 면제해 주고, 외국에서 만들어진 상품을 들여올 때에는 세금을 부과해야 합니다.

① 「권리 청원」을 제출하였다.
② 「권리 장전」을 승인하였다.
③ 베르사유 궁전을 만들었다.
④ 부인과 함께 공동 왕에 올랐다.
⑤ 무적함대를 무찔러 해상권을 장악하였다.

21 (가) 왕조를 쓰고, 이 왕조의 대외 교역의 특징을 서술하시오.

	(가) 왕조

· 건국: 11세기에 티베트 계통의 탕구트족이 세웠다.
· 고유 문자

한자	一	二	三	四	五	六
(가) 문자	𗆉	𗍳	𗼑	𗥃	𗏳	𘕕

22 다음 그림이 유행하던 막부 시기 일본의 통치 제도에 대해 서술하시오.

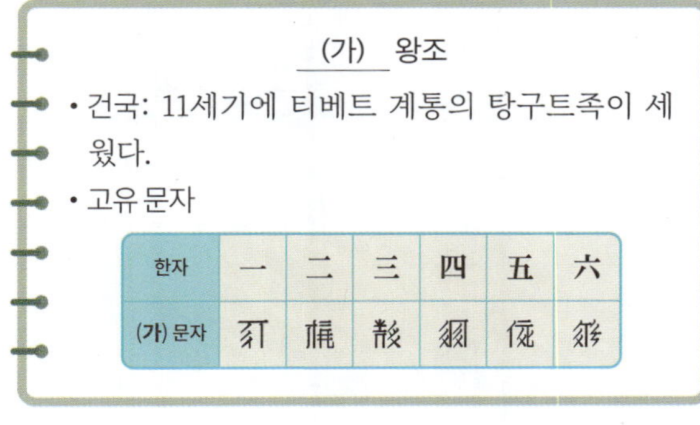

23 다음 글을 읽고, 물음에 답하시오.

> 대서양 연안에 위치한 포르투갈과 (㉠)은/는 적극적으로 신항로 개척에 나섰다. 포르투갈은 아시아로 가는 동쪽 항로를 개척하였다. 반면 (㉠)은/는 (가) 대서양으로 돌아가는 서쪽 항로를 열었다.

(1) ㉠에 들어갈 국가를 쓰시오.

(2) (가)에 해당하는 사례를 두 가지 서술하시오.

MEMO

내신 만점을 위한 필수 기본서

엔픽

중등 **역사**
1 · **1**

N Pick

시험대비편

Mirae **N** 에듀

시험 대비편

중등 역사 1·1

Ⅰ-❶ 역사의 의미와 역사 학습의 목적

01 밑줄 친 ㉠의 사례로 적절한 것을 <보기>에서 고른 것은?

> 역사는 과거에 실제로 일어난 사실이다. 그러나 역사는 단순히 과거의 사실만이 아니라 역사를 기록하는 과정에서 ㉠ 역사가의 생각이나 사상이 반영될 수밖에 없다.

| 보기 |

> ㄱ. 주의 봉건제는 가장 이상적인 정치 체제이다.
> ㄴ. 로마의 콘스탄티누스 대제는 크리스트교를 공인하였다.
> ㄷ. 칭기즈 칸은 정복 전쟁에서 많은 사람을 잔인하게 학살한 침략자이다.
> ㄹ. 아케메네스 왕조 페르시아는 기원전 330년에 알렉산드로스에게 정복당하였다.

① ㄱ, ㄴ ② ㄱ, ㄷ ③ ㄴ, ㄷ
④ ㄴ, ㄹ ⑤ ㄷ, ㄹ

Ⅰ-❷ 역사 탐구의 절차와 방법

02 역사 탐구 과정에 대한 학생들의 대화 내용 중 적절하지 않은 것은?

① 역사 자료는 비판적으로 검토해야 해.
② 탐구 결과 발표는 보고서 형태로만 해야 해.
③ 관심 있는 내용을 바탕으로 탐구 주제를 선정하는 것이 좋아.
④ 토의와 토론 등으로 자료에 대한 해석을 검증하는 과정도 필요해.
⑤ 자료를 찾을 때는 인터넷, 도서관, 답사 등으로 필요한 자료를 수집할 수 있어.

Ⅱ-❶ 선사 문화와 문명의 특징

03 ㉠ 인류에 대한 설명으로 옳은 것은?

> (㉠)은/는 약 390만 년 전 아프리카에서 출현한 최초의 인류이다. '남방의 원숭이'라는 의미를 지녔으며, 간단한 도구를 사용하였다.

① 직립 보행을 하였다.
② 농경과 목축을 하였다.
③ 동굴에 벽화를 남겼다.
④ 불과 언어를 사용하였다.
⑤ 시신을 매장하는 풍습이 있었다.

---

04 ㉠ 시대 사람들의 생활 모습으로 옳지 않은 것은?

> 오스트리아에서 발견된 빌렌도르프의 비너스상으로, (㉠) 시대의 대표적인 유물이다. 가슴, 배, 엉덩이를 과장되게 표현하여 (㉠) 시대 사람들이 다산과 풍요를 기원하였음을 알 수 있다.

① 동굴 벽화를 남겼다.
② 이동 생활을 하였다.
③ 바위 그늘이나 강가의 막집에 살았다.
④ 특정 동물을 부족의 수호신으로 숭배하였다.
⑤ 주먹도끼, 긁개, 찍개 등 뗀석기를 사용하였다.

---

05 다음 신석기인의 가상 일기 내용 중 적절하지 않은 것은?

> 오늘 우리 가족은 바쁜 하루를 보냈다. 나는 ㉠ 돌을 부수어 뗀석기를 제작하고, 더 넓은 ㉡ 움집을 만들었다. 아내는 ㉢ 가락바퀴로 옷을 짓고, ㉣ 토기에 곡식을 조리하였다. 아들은 ㉤ 기르고 있는 가축을 돌보았다.

① ㉠ ② ㉡ ③ ㉢ ④ ㉣ ⑤ ㉤

06 밑줄 친 '이 문명'이 발생한 지역을 지도에서 옳게 고른 것은?

왼쪽 사진은 이 문명의 수메르인이 사용한 문자를 새긴 진흙판이다. 수메르인은 쐐기 문자를 사용하여 생활 모습을 기록으로 남겼다.

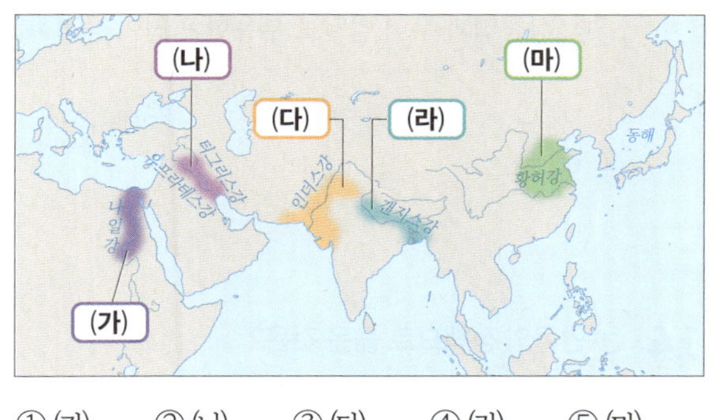

① (가)　② (나)　③ (다)　④ (라)　⑤ (마)

07 다음 신분 제도를 만든 문명에 대한 설명으로 옳은 것은?

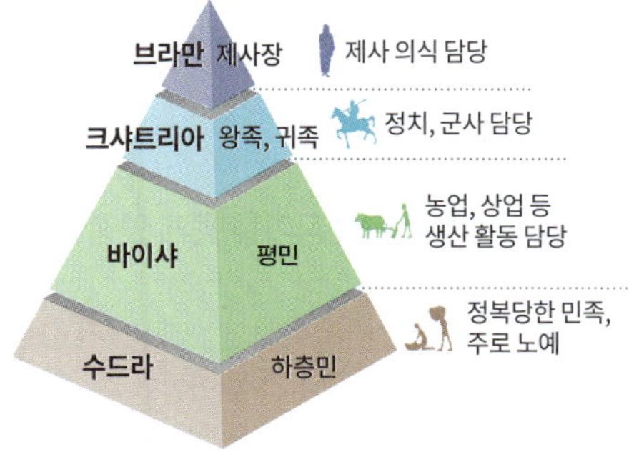

① 폴리스를 중심으로 발전하였다.
② 창장강 하류까지 영토를 확장하였다.
③ 제사 의식을 정리하여 『베다』를 만들었다.
④ 왕은 신의 대리자로서 지구라트라는 신전에서 제사를 지냈다.
⑤ 내세에서 영원히 살기를 소망하며 죽은 사람을 미라로 만들었다.

08 이집트 문명에 대한 탐구 활동으로 가장 적절한 것은?

① 봉건제를 운영한 이유를 조사한다.
② 함무라비 법전의 내용을 살펴본다.
③ 모헨조다로 유적의 특징을 검색한다.
④ 「사자의 서」에 기록된 내용을 분석한다.
⑤ 알파벳의 기원이 된 표음 문자를 찾아본다.

09 밑줄 친 '이 왕조'에 대한 설명으로 옳은 것은?

왼쪽 유물은 기원전 6세기에 만들어진 키루스 2세의 원통이다. 원통에는 이 왕조의 국왕인 그가 바빌로니아를 정복한 후 피정복민의 전통과 종교를 존중하겠다는 취지를 밝힌 칙령의 내용이 적혀 있다.

① 공화정을 수립하였다.
② 산치 대탑을 건립하였다.
③ 종이 만드는 법을 개량하였다.
④ '왕의 길'이라는 도로망을 건설하였다.
⑤ 제국 각지에 알렉산드리아를 건설하였다.

10 ㉠에 들어갈 국가로 옳은 것은?

아케메네스 왕조 페르시아가 멸망한 이후 기원전 3세기 중엽 서아시아 지역에서는 이란 계통의 유목민이 (㉠)를 건국하였다. (㉠)는 지리적 이점을 이용하여 중국과 로마를 연결하는 중계 무역으로 번영을 누렸으나 사산 왕조 페르시아에 멸망하였다.

① 아시리아　　　② 카르타고
③ 파르티아　　　④ 페니키아
⑤ 헤브라이

11 교사의 질문에 대한 학생의 답변으로 가장 적절한 것은?

① 국제적인 문화가 발전하였습니다.
② 피정복민의 전통을 억압하였습니다.
③ 실용적인 분야를 중심으로 발달하였습니다.
④ 인도 문화와 헬레니즘 문화를 융합하였습니다.
⑤ 다른 문화에 대한 배타적인 태도를 보였습니다.

12 지도에 표시된 도시 국가에 대한 설명으로 옳지 <u>않은</u> 것은?

① 시민이 직접 정치에 참여하였다.
② 평민회를 만들고 호민관을 선출하였다.
③ 같은 언어를 사용하고 같은 신을 믿었다.
④ 올림피아 제전을 열어 동족 의식을 강화하였다.
⑤ 아크로폴리스는 종교 생활과 군사의 중심지였다.

13 밑줄 친 ㉠이 일어난 배경으로 옳은 것을 <보기>에서 고른 것은?

> 아테네에서는 ㉠ 평민이 정치적 권리의 확대를 요구하며 참정권이 확대되어 갔다.

| 보기 |
ㄱ. 자영농이던 평민이 몰락하였다.
ㄴ. 평민이 군대의 주력을 형성하였다.
ㄷ. 조로아스터교가 평민 사이에 널리 유행하였다.
ㄹ. 상공업과 무역 발달로 부유한 평민이 등장하였다.

① ㄱ, ㄴ   ② ㄱ, ㄷ   ③ ㄴ, ㄷ
④ ㄴ, ㄹ   ⑤ ㄷ, ㄹ

14 ㉠ 인물의 정책으로 옳은 것은?

(㉠)은/는 사진과 같은 도자기 파편에 독재자가 될 가능성이 있는 사람의 이름을 적어 많은 표를 얻은 사람을 국외로 추방하는 제도를 도입하였다.

① 관리에게 공무 수당을 지급하였다.
② 대부분의 관리를 추첨으로 뽑았다.
③ 강력한 군사 통치 체제를 실시하였다.
④ 재산을 기준으로 참정권을 부여하였다.
⑤ 혈연 중심의 부족제를 거주지 중심으로 개편하였다.

15 ㉠, ㉡에 들어갈 도시 국가를 옳게 연결한 것은?

> 델로스 동맹을 주도하는 (㉠)가 세력을 확대하자 이에 반발한 폴리스들이 (㉡)를 중심으로 펠로폰네소스 동맹을 결성하였다.

	㉠	㉡
①	아테네	로마
②	아테네	트로이
③	아테네	스파르타
④	스파르타	로마
⑤	스파르타	아테네

16 다음 사상가들의 논쟁이 있었던 시대의 문화에 대한 설명으로 옳지 <u>않은</u> 것은?

① 파르테논 신전을 건립하였다.
② 헤로도토스가 『역사』를 저술하였다.
③ 세계 시민주의적 문화가 발달하였다.
④ 수학 분야에서 피타고라스가 활약하였다.
⑤ 합리적이고 인간 중심적인 성격이 강하였다.

17 검색창에 들어갈 (가) 인물로 옳은 것은?

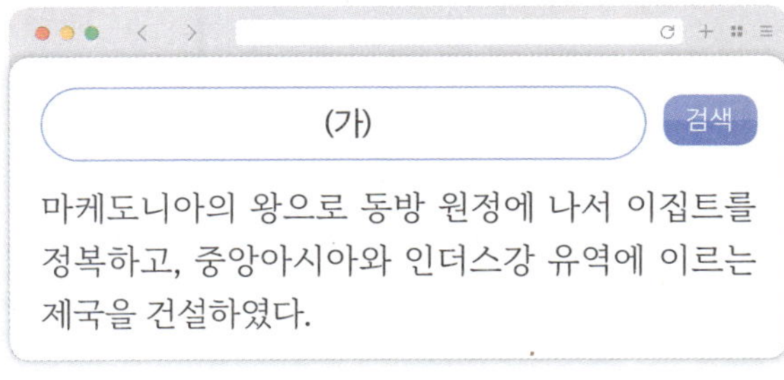

① 솔론
② 아소카왕
③ 페리클레스
④ 알렉산드로스
⑤ 콘스탄티누스 대제

18 공화정 시대의 로마에서 볼 수 있었던 모습으로 적절한 것은?

① '왕의 귀'로 파견된 감찰관
② 아고라에서 토론을 하는 시민
③ 원로원의 결정을 거부하는 호민관
④ 펠로폰네소스 전쟁에 참전한 군인
⑤ 도편에 독재자가 될 사람의 이름을 적는 남성

19 (가) 시기 로마에서 있었던 일로 옳은 것은?

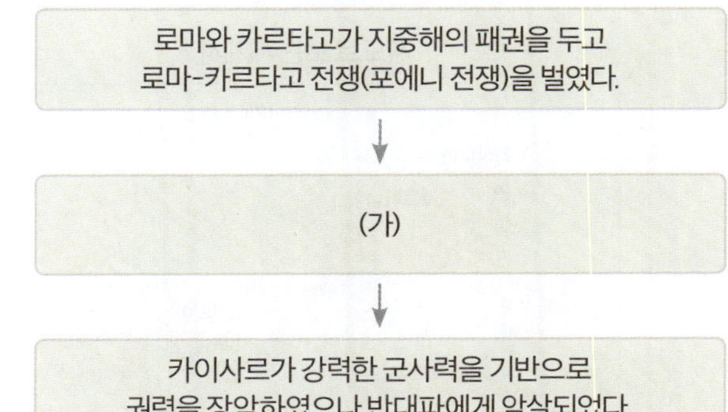

① 로마 제정이 수립되었다.
② 로마 제국이 동서로 나뉘었다.
③ 로마의 평화 시대가 전개되었다.
④ 그라쿠스 형제가 개혁을 시도하였다.
⑤ 군대의 개입으로 황제가 자주 교체되었다.

20 ㉠ 황제에 대한 설명으로 옳은 것은?

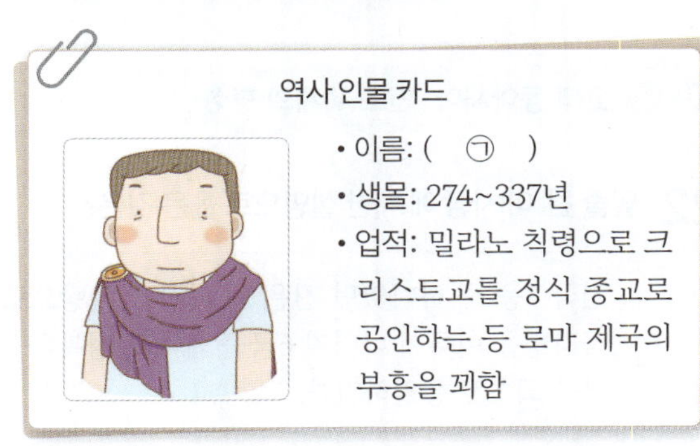

① 제국을 넷으로 나누어 통치하였다.
② 수도를 콘스탄티노폴리스로 옮겼다.
③ 로마법을 집대성한 법전을 편찬하였다.
④ 원로원으로부터 '아우구스투스' 칭호를 받았다.
⑤ 정복지에 알렉산드리아라는 도시를 건설하였다.

21 (가) 종교에 대한 설명으로 옳지 <u>않은</u> 것은?

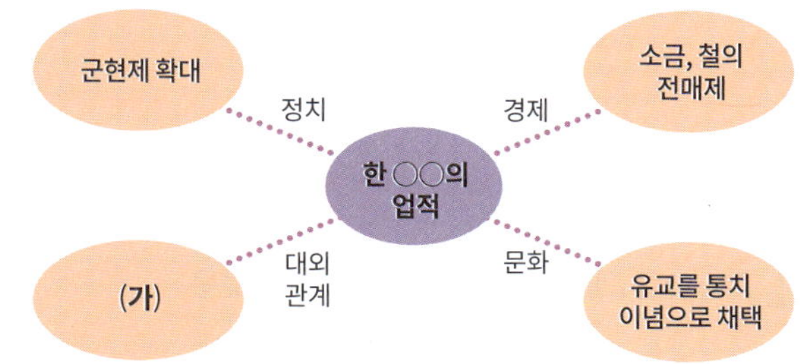

[해설] 지도는 (가) 종교가 유럽과 서아시아로 확산되는 과정을 보여 줍니다. (가) 종교는 모든 사람이 평등하며 사랑과 믿음을 통해 누구나 구원받을 수 있다는 가르침을 바탕으로 세계 종교로 성장하였습니다.

① 신을 상징하는 불을 숭배하였다.
② 황제 숭배를 거부하여 박해당하였다.
③ 죽은 후의 세상에 대한 구원을 약속하였다.
④ 테오도시우스 1세가 로마의 국교로 지정하였다.
⑤ 베드로, 바울 등이 각지에 교회를 세워 전파하였다.

22 밑줄 친 '이 사상'에 대한 설명으로 옳은 것은?

전국 7웅 중 하나였던 진은 이 사상을 바탕으로 부국강병을 이루어 나머지 6국을 차례로 정복하고 중국을 최초로 통일하였다.

① 주요 사상가로 공자가 있다.
② 엄격한 법의 적용을 주장하였다.
③ 차별 없는 사랑과 평화를 강조하였다.
④ 자연의 순리를 따르는 무위자연을 강조하였다.
⑤ 인과 예를 바탕으로 한 도덕 정치를 주장하였다.

23 밑줄 친 '황제'에 대한 설명으로 옳은 것은?

황제는 이사의 상소를 허락하고, 시서와 백가의 저서를 몰수하여 불태우고 …… 비판하는 자들을 구덩이를 파고 묻어버렸다.
  - 사마천, 『사기』 -

① 군국제를 실시하였다.
② 왕망에게 왕위를 빼앗겼다.
③ 도량형과 문자를 통일하였다.
④ 유교를 통치 이념으로 채택하였다.
⑤ 유목 민족의 공격을 받아 수도를 동쪽으로 옮겼다.

24 마인드맵의 (가)에 들어갈 내용으로 적절하지 <u>않은</u> 것은?

① 남월 정복　　　② 흉노 정벌
③ 고조선 정복　　④ 장건의 서역 파견
⑤ 상 왕조를 멸망시킴

25 다음 인물이 창시한 종교에 대한 설명으로 옳은 것은?

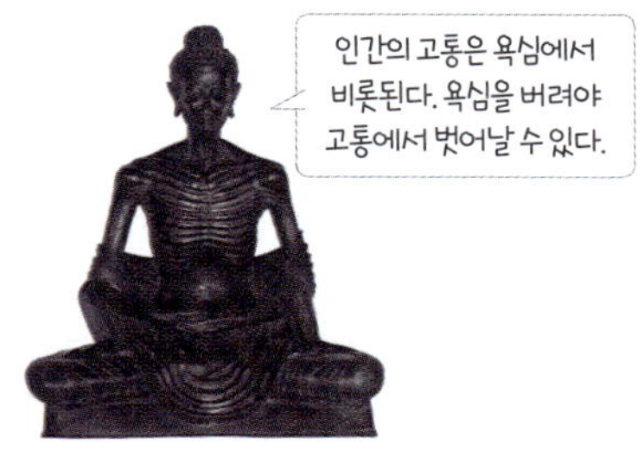

① 자비와 평등을 강조하였다.
② 선의 신 아후라 마즈다를 믿었다.
③ 신도들이 카타콤에서 예배를 드렸다.
④ 카스트제의 신분 차별을 인정하였다.
⑤ 황제 숭배를 거부하여 로마 제국의 박해를 받았다.

26 다음 대본에 등장하는 왕의 업적으로 옳은 것은?

> **장면 15. 칼링가 전투 승리 이후 왕의 독백 장면**
> • 왕: 아, 건물은 모두 불타 버리고, 거리는 시체로 가득하구나. 나의 정복 전쟁은 도대체 어떤 의미를 가지는 것인가. 인도 대부분을 통일하면 무엇하나. 내 마음속에는 고뇌만 남아 있거늘.

① 12표법을 만들었다.
② 비단길을 개척하였다.
③ 대승 불교를 장려하였다.
④ 마우리아 왕조를 건국하였다.
⑤ 전국 곳곳에 사원과 탑을 건립하였다.

27 (가) 인물로 옳은 것은?

① 아소카왕
② 카니슈카왕
③ 다리우스 1세
④ 옥타비아누스
⑤ 테오도시우스 1세

28 다음 사실을 일어난 순서대로 옳게 나열한 것은?

> (가) 아소카왕이 전국에 관리를 파견하였다.
> (나) 찬드라굽타 마우리아가 마우리아 왕조를 세웠다.
> (다) 카니슈카왕이 북인도에서 중앙아시아에 이르는 넓은 영토를 확보하였다.

① (가) - (나) - (다)
② (가) - (다) - (나)
③ (나) - (가) - (다)
④ (나) - (다) - (가)
⑤ (다) - (가) - (나)

29 (가)에 들어갈 내용을 두 가지 서술하시오.

> 아케메네스 왕조 페르시아의 다리우스 1세는 수사에서 사르디스까지 약 2,400km에 이르는 '왕의 길'을 건설하였다. 또한 중앙 집권 체제를 강화하기 위해 (가)

30 다음 지도를 보고, 물음에 답하시오.

(1) 위 제국이 형성된 시기에 발달한 문화의 명칭을 쓰시오.

(2) (1)의 성격을 서술하시오.

31 한대에 다음의 학문이 발달한 이유를 서술하시오.

> 한대에는 유교 경전을 바르게 해석하고 주석을 다는 훈고학이 발달하였다.

I-❶ 역사의 의미와 역사 학습의 목적

01 다음을 통해 알 수 있는 역사 학습의 목적으로 가장 적절한 것은?

> 오늘 선생님께서 음식 문화를 예로 들어 역사를 배우는 목적에 대해 설명해 주셨다. 어떤 나라에서는 소고기, 어떤 나라에서는 돼지고기를 먹지 않는데, 나라마다 고유한 문화가 다르기 때문이라고 하셨다.

① 현재 문제의 원인을 파악할 수 있다.
② 우리 민족의 정체성을 확립할 수 있다.
③ 과거의 사례를 통해 교훈을 얻을 수 있다.
④ 다양한 문화를 존중하는 태도를 기를 수 있다.
⑤ 역사적 사고력을 바탕으로 문제 해결 능력을 키울 수 있다.

I-❷ 역사 탐구의 절차와 방법

02 ㉠에 대한 설명으로 옳지 <u>않은</u> 것은?

> 기록물, 유물, 유적 등 (㉠)은/는 옛사람이 남긴 흔적으로, 역사 탐구에 이용된다.

① 기록물의 예로 『삼국사기』가 있다.
② 비판적으로 검토하여 활용하여야 한다.
③ 의도적으로 조작된 부분이 있을 수 있다.
④ 과학 기술의 발달로 더욱 풍부해지고 있다.
⑤ 같은 사건에 대해 모두 같은 내용을 담고 있다.

03 역사 용어를 설명한 내용 중 옳지 <u>않은</u> 것은?

① 사관 – 역사를 바라보는 관점
② 사료 비판 – 사료의 내용을 검증하는 과정
③ 유적 – 인류가 남긴 자취로 옮길 수 없는 것
④ 유물 – 인류가 남긴 물건으로 옮길 수 있는 것
⑤ 서기 – 100년을 단위로 연도를 구분하는 방법

II-❶ 선사 문화와 문명의 특징

04 인류의 진화 과정 중 (가) 인류의 특징으로 옳은 것은?

① 시신을 매장하였다.
② 동굴 벽화를 남겼다.
③ 직립 보행을 하였다.
④ 불과 언어를 사용하였다.
⑤ 정교한 도구를 사용하였다.

05 밑줄 친 '이 시대' 사람들의 생활 모습으로 옳은 것을 <보기>에서 고른 것은?

> 알제리에서 발견된 약 6000년 전에 그려진 타실리나제르 벽화에는 소를 기르는 사람들의 모습이 표현되어 있다. <u>이 시대</u> 사람들은 농경과 목축을 통해 스스로 식량을 생산하였다.

> ┤ 보기 ├
> ㄱ. 토기를 만들어 식량을 저장하였다.
> ㄴ. 가락바퀴와 뼈바늘로 옷을 만들었다.
> ㄷ. 찍개, 주먹도끼 등 뗀석기를 사용하였다.
> ㄹ. 동굴, 바위 그늘에 거주하며 무리를 지어 이동하였다.

① ㄱ, ㄴ   ② ㄱ, ㄷ   ③ ㄴ, ㄷ
④ ㄴ, ㄹ   ⑤ ㄷ, ㄹ

● 바른답·알찬풀이 40쪽

06 다음 법전을 남긴 국가에 대한 설명으로 옳은 것은?

> 서 문　"신들을 경외하는 나 함무라비가 정의를 이 땅에 세워 악한 자들과 악을 행하는 자들을 없애고……"
> 196조　평민이 귀족의 눈을 쳐서 빠지게 하면 그의 눈을 뺀다.

① 카스트제를 운영하였다.
② 「사자의 서」를 만들었다.
③ 히타이트인에게 멸망하였다.
④ 점을 친 결과를 갑골문으로 남겼다.
⑤ 카르타고 등 식민 도시를 건설하였다.

07 다음 제도를 운영한 왕조에 대한 설명으로 옳은 것은?

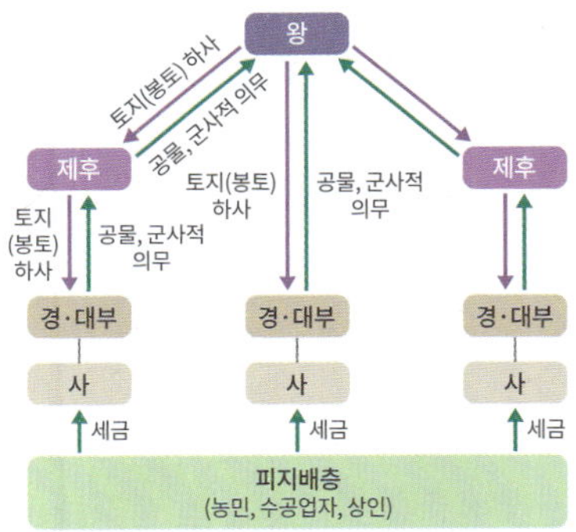

① 메소포타미아 지역을 통일하였다.
② 우르, 라가시 등의 도시를 건설하였다.
③ 브라만이 복잡한 제사 의식을 주관하였다.
④ 유목 민족의 침략으로 수도를 낙읍으로 옮겼다.
⑤ 왕은 파라오로 불렸으며, 태양신의 아들로 여겨졌다.

08 인도 문명에 대한 탐구 활동으로 가장 적절한 것은?

① 갑골문의 내용을 분석한다.
② 모헨조다로 도시 유적을 조사한다.
③ 유대교가 창시된 배경을 알아본다.
④ 스핑크스와 미라를 제작한 이유를 검색한다.
⑤ 황허강 유역의 황토 지대가 지닌 특징을 찾아본다.

Ⅱ-❷ 고대 서아시아·지중해 세계의 형성

09 (가)에 들어갈 문화유산으로 옳은 것은?

> **문화유산 카드**
>
> (가)
>
> [해설] 아케메네스 왕조 페르시아의 키루스 2세가 제작하였다. 피정복민의 전통과 신앙을 존중하겠다는 취지를 밝힌 칙령의 내용이 적혀 있다.

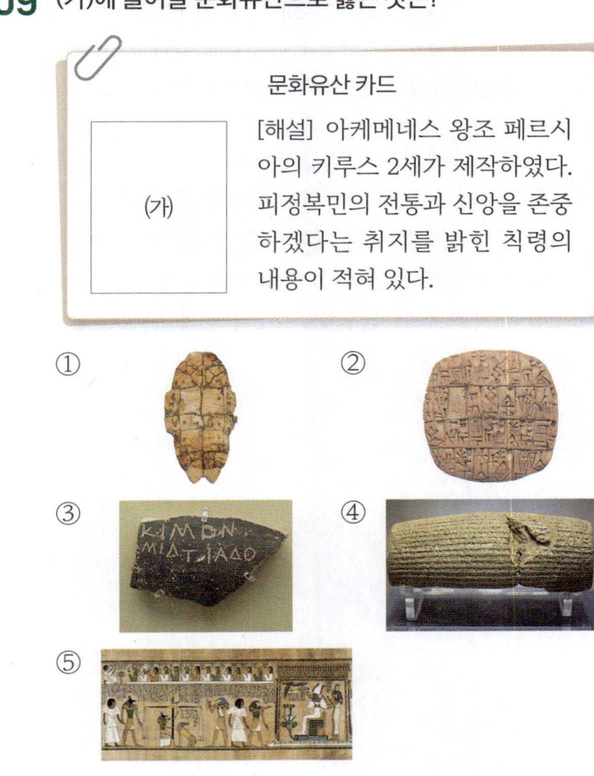

10 ㉠, ㉡에 들어갈 국가를 옳게 연결한 것은?

> • (㉠): 기원전 7세기경 우수한 기마 전술과 철제 무기를 앞세워 서아시아를 최초로 통일하였다.
> • (㉡): 다리우스 1세 때 지중해 연안에서 인더스강에 이르는 대제국을 건설하였다. 피정복민의 종교와 관습을 존중하는 관용 정책을 펼쳐 약 200년 동안 통일 왕조를 이어 갔다.

① ㉠ 아시리아, ㉡ 헤브라이
② ㉠ 아시리아, ㉡ 아케메네스 왕조 페르시아
③ ㉠ 파르티아, ㉡ 알렉산드로스 제국
④ ㉠ 파르티아, ㉡ 아케메네스 왕조 페르시아
⑤ ㉠ 아케메네스 왕조 페르시아, ㉡ 아시리아

11 ㉠ 종교에 대한 설명으로 옳은 것은?

> 아케메네스 왕조 페르시아에서는 (㉠)을/를 널리 믿었다. (㉠)은/는 세상을 선과 빛의 신 아후라 마즈다와 어둠과 악의 신 아리만이 싸우는 곳으로 보았다. 페르시아인들은 아후라 마즈다의 상징인 불을 소중히 여기며 숭배하였다.

① 카니슈카왕의 후원을 받았다.
② 크리스트교와 이슬람교에 영향을 끼쳤다.
③ 로마 제국을 통해 세계 종교로 성장하였다.
④ 영혼 불멸을 믿어 시신을 미라로 만들었다.
⑤ 제사 의식을 담당하는 브라만 계급이 종교적 특권을 누렸다.

12 (가)에 들어갈 내용으로 가장 적절한 것은?

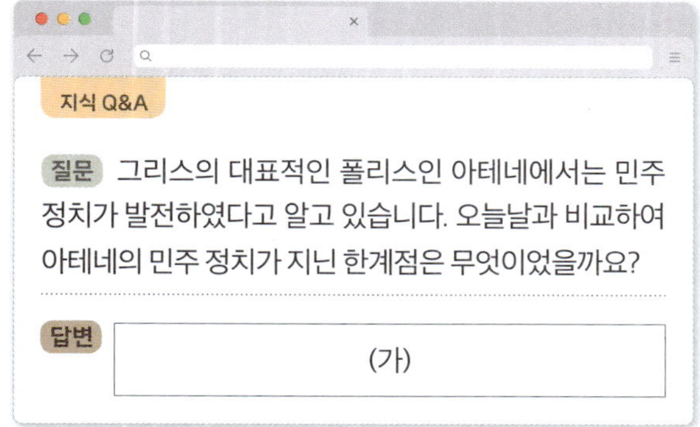

① 왕족에게만 참정권을 주었습니다.
② 관리에게 공무 수당을 지급하지 않았습니다.
③ 대부분의 평민은 정치에 참여할 수 없었습니다.
④ 정책 결정 과정에서 토론을 실시하지 않았습니다.
⑤ 여성, 외국인, 노예에게는 참정권을 부여하지 않았습니다.

13 밑줄 친 '이 인물'에 대한 설명으로 옳은 것은?

> 사료로 읽는 세계사
>
> "우리의 정치 제도는 이웃 나라의 제도를 모방한 것이 아닙니다. 오히려 우리는 다른 사람들에게 모범이 됩니다. …… 공무에 진출하는 것은 능력에 대한 평판에 달렸지, 신분이 영향을 주는 것은 아닙니다. 또한 가난도 그런 길을 막지 않으니 ……."
> - 투키디데스, 『역사』-
>
> [해설] 위의 사료는 이 인물이 한 연설의 일부이다. 그는 관리에게 공무 수당을 지급하여 가난한 시민도 정치에 참여할 수 있게 하는 등 아테네 민주 정치의 전성기를 이끌었다.

① 관리 추첨제를 실시하였다.
② 도편 추방제를 도입하였다.
③ 대토지 소유를 제한하는 개혁을 시도하였다.
④ 신분 대신 재산을 기준으로 참정권을 부여하였다.
⑤ 모든 남자 시민이 어릴 때부터 엄격한 군사 훈련을 받게 하였다.

14 다음 사건들을 일어난 순서대로 옳게 나열한 것은?

> (가) 델로스 동맹이 결성되었다.
> (나) 펠로폰네소스 전쟁이 일어났다.
> (다) 마케도니아가 그리스를 정복하였다.
> (라) 아케메네스 왕조 페르시아가 그리스를 침략하였다.

① (가) - (나) - (다) - (라)
② (가) - (다) - (나) - (라)
③ (다) - (가) - (라) - (나)
④ (라) - (가) - (나) - (다)
⑤ (라) - (가) - (다) - (나)

15 밑줄 친 '이 나라'의 문화에 대한 설명으로 옳지 <u>않은</u> 것은?

① 콜로세움을 건립하였다.
② 문학에서 호메로스가 『오디세이』를 썼다.
③ 소크라테스가 보편적인 진리를 주장하였다.
④ 신을 인간의 모습과 감정을 지닌 존재로 여겼다.
⑤ 헤로도토스, 투키디데스 등의 역사가가 활동하였다.

16 알렉산드로스 제국에 대한 설명으로 옳지 <u>않은</u> 것은?

① 집정관이 국정을 운영하였다.
② 세계 시민주의적 문화가 발달하였다.
③ 그리스 문화의 확산에 영향을 끼쳤다.
④ 마케도니아, 시리아, 이집트로 분열되었다.
⑤ 라오콘상, 밀로의 비너스상 등의 조각을 남겼다.

17 로마에서 다음의 일이 나타난 배경으로 옳은 것은?

> • 평민회 구성　　　　• 호민관 선출

① 로마가 카르타고와 전쟁을 벌였다.
② 평민이 군대의 주력을 형성하였다.
③ 로마가 이탈리아반도를 통일하였다.
④ 그라쿠스 형제의 개혁이 실패하였다.
⑤ 로마의 유력자들이 라티푼디움을 경영하였다.

18 밑줄 친 '개혁'의 내용으로 옳은 것을 <보기>에서 고른 것은?

> 로마와 카르타고의 전쟁은 로마의 승리로 돌아갔다. 로마 자영농은 로마군의 주력으로 전쟁에 참여하였으나 전쟁의 이득은 유력자들에게 돌아갔다. 이에 그라쿠스 형제는 개혁을 시도하였으나 귀족의 반대로 실패하였다.

┤ 보기 ├
ㄱ. 호민관직을 설치한다.
ㄴ. 대토지 경영을 제한한다.
ㄷ. 원로원의 권한을 강화한다.
ㄹ. 가난한 농민에게 싼값으로 곡물을 제공한다.

① ㄱ, ㄴ　　　② ㄱ, ㄷ　　　③ ㄴ, ㄷ
④ ㄴ, ㄹ　　　⑤ ㄷ, ㄹ

19 밑줄 친 '이 인물'에 대한 설명으로 옳은 것은?

왼쪽은 이 인물의 조각상이다. 그는 이집트의 클레오파트라와 연합한 안토니우스를 악티움에서 격파하였다. 로마의 원로원은 그에게 '아우구스투스'라는 칭호를 부여하였다. 그는 스스로를 프린켑스(로마의 제1시민)라 불렀다.

① 크리스트교를 공인하였다.
② 로마의 제정 시대를 열었다.
③ 군현제를 전국으로 확대하였다.
④ 수도를 콘스탄티노폴리스로 옮겼다.
⑤ 제국 각지에 알렉산드리아를 건설하였다.

20 다음 전시회에서 볼 수 있는 사진으로 적절하지 <u>않은</u> 것은?

<동아리 전시회 안내문>

(가)

거대한 제국을 통치하기 위해 실용적인 문화가 발달한 ○○! 콜로세움을 비롯한 ○○의 대표적인 문화유산을 멋진 사진으로 감상하세요.

① 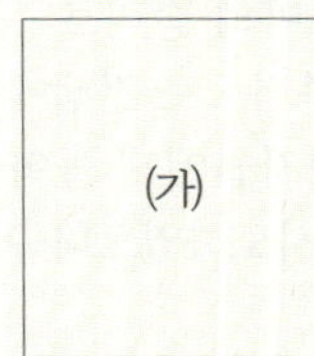

② 

③

④

⑤ 

---

22 밑줄 친 '이 황제'로 옳은 것은?

왼쪽은 병마용 갱으로 실제 크기와 비슷하게 만든 병사와 말들을 <u>이 황제</u>의 무덤 근처에 묻어 놓은 것이다. 이 황제는 만리장성을 쌓는 등 대규모 토목 공사를 실시하였다.

① 왕망　　② 광무제　　③ 한 고조
④ 한 무제　　⑤ 진시황제

---

23 ㉠ 황제에 대한 설명으로 옳은 것은?

① 군국제를 시행하였다.
② 분서갱유로 사상을 탄압하였다.
③ 소금과 철의 전매제를 실시하였다.
④ 법가를 통치 이념으로 채택하였다.
⑤ 한을 건국하고 중국을 재통일하였다.

Ⅱ-❸ 고대 동아시아·인도 세계의 형성

21 춘추 전국 시대에 대한 설명으로 옳지 <u>않은</u> 것은?

① 훈고학이 발달하였다.
② 제자백가가 등장하였다.
③ 제후국이 부국강병을 목표로 세력을 다투었다.
④ 철제 무기를 사용하면서 전쟁의 규모가 커졌다.
⑤ 철제 농기구와 소를 이용한 농사법이 보급되었다.

---

24 밑줄 친 ㉠~㉤ 중 옳지 <u>않은</u> 것은?

한대에는 ㉠사마천이 『사기』를 편찬하였고, ㉡채륜이 종이 만드는 기술을 개량하였다. 이 시기 동서 교류가 활발하여 ㉢인도의 불교가 중국에 전래되고, ㉣중국의 비단이 유럽에 전파되었다. 한편, ㉤분서갱유로 사상을 통제하기도 하였다.

① ㉠　　② ㉡　　③ ㉢　　④ ㉣　　⑤ ㉤

25 (가) 왕조에 대한 설명으로 옳지 <u>않은</u> 것은?

① 최초로 북인도를 통일하였다.
② 찬드라굽타 마우리아가 세웠다.
③ 아소카왕 때 전성기를 맞이하였다.
④ 대표적인 유적으로 산치 대탑이 있다.
⑤ 카니슈카왕 때 대승 불교가 발전하였다.

26 상좌부 불교에서 강조한 내용으로 가장 적절한 것은?

① 중생의 구제
② 엄격한 수행을 통한 개인의 해탈
③ 인과 예를 바탕으로 한 도덕 정치
④ 민족과 신분을 초월한 사랑과 평등
⑤ 도와 자연의 순리를 따르는 무위자연의 삶

27 (가), (나) 시기 사이에 있었던 일로 옳은 것은?

> (가) 아소카왕이 남부를 제외한 인도 대부분을 통일하였다.
> (나) 카니슈카왕이 전국에 수많은 사원과 탑을 세웠다.

① 불교가 창시되었다.
② 쿠샨 왕조가 세워졌다.
③ 마우리아 왕조가 수립되었다.
④ 아리아인이 인더스강 유역에 침입하였다.
⑤ 갠지스강 유역에 철기 문화가 널리 퍼졌다.

28 지도에 표시된 문명들이 발생한 공통적인 배경을 세 가지 서술하시오.

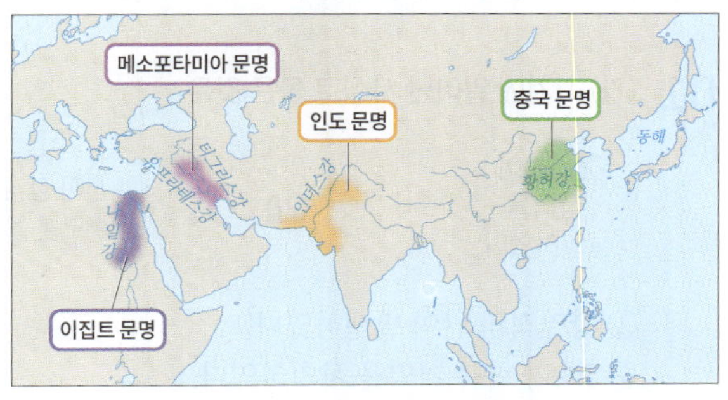

29 (가)에 들어갈 사례를 세 가지 서술하시오.

> 전국 시대를 통일한 진의 시황제는 국가 통치의 효율성을 높이고자 지역마다 다른 것들을 하나로 통일하려 하였다. 이에 _________ (가)

30 ㉠에 들어갈 양식을 쓰고, 이 양식이 발달한 배경을 서술하시오.

초기 불교도는 부처의 모습을 직접 표현하지 않고 보리수, 수레바퀴 등 다양한 상징으로 표현하였다. 그러나 쿠샨 왕조 시기에는 인도 문화와 헬레니즘 문화가 결합한 (㉠)이/가 유행하면서 곱슬머리, 깊은 눈, 오뚝한 콧날 등을 특징으로 하는 불상을 제작하기 시작하였다.

① 동아시아 문화의 형성과 발전

01 (가) 시기에 일어난 사실로 옳은 것은?

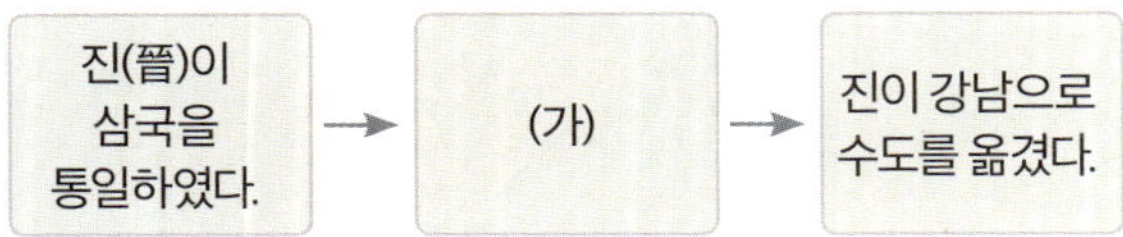

① 황건적의 난이 발생하였다.
② 5호가 화북 지역을 차지하였다.
③ 과거제가 처음으로 실시되었다.
④ 후한이 위·촉·오의 삼국으로 분열되었다.
⑤ 흉노를 막기 위해 만리장성이 건축되었다.

02 (가), (나) 나라에 대한 설명으로 옳은 것을 <보기>에서 고른 것은?

▲ 5세기의 중국

┤ 보기 ├
ㄱ. (가) - 유목 민족이 통치하였다.
ㄴ. (가) - 과거제로 관리를 선발하였다.
ㄷ. (나) - 청담 사상이 유행하였다.
ㄹ. (나) - 5호 16국 시대를 통일하였다.

① ㄱ, ㄴ   ② ㄱ, ㄷ   ③ ㄴ, ㄷ
④ ㄴ, ㄹ   ⑤ ㄷ, ㄹ

03 밑줄 친 '이 왕조'에 대한 설명으로 옳은 것은?

사진은 이 왕조에서 조성한 중국 최대 규모의 석굴 사원이다. 석굴에는 황제의 얼굴을 본 뜬 거대한 불상을 만들었다.

① 창장강 이남을 개발하였다.
② 수의 여러 제도를 계승하였다.
③ 절도사의 반란으로 멸망하였다.
④ 한족의 제도와 문물을 받아들였다.
⑤ 위진 남북조 시대의 분열을 통일하였다.

04 ㉠, ㉡에 들어갈 말을 옳게 연결한 것은?

분열되어 있던 중국은 6세기 수에 의해 다시 통일되었다. 수를 건국한 (㉠)은/는 과거제를 실시하였다. (㉠)을/를 이은 양제는 (㉡)을/를 완성하여 강남과 화북의 경제를 통합하였다.

	㉠	㉡		㉠	㉡
①	고조	대운하	②	문제	대운하
③	문제	비단길	④	태종	비단길
⑤	태종	역참제			

05 다음을 일어난 순서대로 옳게 나열한 것은?

(가) 농민 반란으로 수가 멸망하였다.
(나) 안녹산과 사사명이 반란을 일으켰다.
(다) 이연(고조)이 장안을 수도로 새 왕조를 세웠다.

① (가) - (나) - (다)   ② (가) - (다) - (나)
③ (나) - (가) - (다)   ④ (나) - (다) - (가)
⑤ (다) - (나) - (가)

● 바른답·알찬풀이 42쪽

06 다음에서 설명하는 나라로 옳은 것은?

> 만주와 한반도에 처음으로 세워진 국가로, 중국 한의 공격으로 멸망하였다.

① 발해 ② 백제 ③ 신라
④ 고구려 ⑤ 고조선

07 다음 문화유산이 만들어진 시대에 대한 설명으로 옳은 것은?

① 아스카 문화가 발전하였다.
② 헤이안쿄를 수도로 삼았다.
③ 벼농사가 처음으로 시작되었다.
④ 역사서인 『일본서기』가 편찬되었다.
⑤ 야마토 정권이 주변 소국을 통합하였다.

08 ㉠ 시대에 대한 설명으로 옳은 것을 <보기>에서 고른 것은?

▲ 고대 일본 (㉠) 시대의 수도

| 보기 |

ㄱ. '가나' 문자를 사용하였다.
ㄴ. 견당사 파견을 중단하였다.
ㄷ. '천황' 칭호를 처음 사용하였다.
ㄹ. 쇼토쿠 태자가 불교를 보급하였다.

① ㄱ, ㄴ ② ㄱ, ㄷ ③ ㄴ, ㄷ
④ ㄴ, ㄹ ⑤ ㄷ, ㄹ

09 지도는 8~9세기 동아시아 국가의 교류를 나타낸 것이다. (가) 왕조에 대한 설명으로 옳지 <u>않은</u> 것은?

① 3성 6부제를 시행하였다.
② 한자를 응용한 '이두'를 만들었다.
③ 귀족적, 국제적 문화가 발달하였다.
④ 주변국과 조공 · 책봉 관계를 맺었다.
⑤ 동아시아 여러 나라에 영향을 주었다.

10 ㉠에 들어갈 말로 가장 적절한 것은?

① 도교 ② 불교 ③ 유교
④ 율령 ⑤ 한자

❷ 인도·서아시아·지중해 세계의 변화

11 ㉠에 대한 설명으로 옳은 것을 <보기>에서 고른 것은?

보기
ㄱ. 카스트에 따른 의무를 담았다.
ㄴ. 힌두교도의 일상생활에 영향을 미쳤다.
ㄷ. 아랍어로 쓰여 있고 번역이 금지되었다.
ㄹ. 유일신 알라의 계시 내용을 정리하였다.

① ㄱ, ㄴ　　② ㄱ, ㄷ　　③ ㄴ, ㄷ
④ ㄴ, ㄹ　　⑤ ㄷ, ㄹ

12 (가)에 들어갈 내용으로 적절하지 <u>않은</u> 것은?

< ○○ 왕조의 발전 >
1. 건국: 찬드라굽타 1세
2. 최대 영역

3. 문화 발전: ______________ (가)

① 굽타 양식 등장
② 앙코르 와트 건설
③ 산스크리트어 문학 유행
④ 최초로 '0(영)'의 개념 사용
⑤ 원주율을 이용하여 지구의 둘레 계산

13 ㉠왕조에 대한 설명으로 옳은 것은?

사진은 로마 황제를 포로로 잡은 (㉠)의 황제 샤푸르 1세를 조각한 것이다.

① 칼리프를 선출하였다.
② 파르티아를 멸망시켰다.
③ 이슬람교를 국교로 삼았다.
④ 탈라스 전투에서 승리하였다.
⑤ 동남아시아에 힌두 문화를 전파하였다.

14 다음 교역로의 변화가 가져온 결과로 적절한 것을 <보기>에서 고른 것은?

▲ 6세기 후반 교역로의 변화

보기
ㄱ. 동서 교회가 분열되었다.
ㄴ. 아라비아반도의 사회 갈등이 커졌다.
ㄷ. 메카와 메디나 등의 도시가 성장하였다.
ㄹ. 로마 교황이 십자군을 일으킬 것을 호소하였다.

① ㄱ, ㄴ　　② ㄱ, ㄷ　　③ ㄴ, ㄷ
④ ㄴ, ㄹ　　⑤ ㄷ, ㄹ

15 (가), (나) 시기 사이에 일어난 사실로 옳은 것은?

> (가) 무함마드와 그를 따르는 사람들은 메카 귀족들의 박해를 피해 메디나로 옮겨 갔다.
> (나) 우마이야 왕조는 중앙아시아에서 북아프리카, 유럽의 이베리아반도까지 세력을 확장하여 대제국을 건설하였다.

① 아바스 왕조가 수립되었다.
② 사산 왕조 페르시아가 건국되었다.
③ 이슬람 공동체가 칼리프를 선출하였다.
④ 셀주크 튀르크가 술탄의 칭호를 받았다.
⑤ 탈라스 전투에서 이슬람 세력이 승리하였다.

16 밑줄 친 '이 왕조'가 남긴 문화유산으로 옳은 것은?

> 아바스 가문이 우마이야 왕조를 멸망시키자, 우마이야 왕조의 일부 세력은 유럽의 이베리아반도로 건너가 이 왕조를 세웠다. 이 왕조의 이슬람 문화는 유럽의 학문과 문화의 발달에 큰 영향을 끼쳤다.

① 
② 
③ 
④ 
⑤ 

17 이슬람교도의 5가지 의무로 적절하지 <u>않은</u> 것은?

① 카스트에 따른 의무를 지킨다.
② 평생에 한 번 이상 성지 메카를 순례한다.
③ 라마단 한 달간 해가 떠 있는 동안 금식한다.
④ 재산의 일부를 기부하여 가난한 사람을 돕는다.
⑤ 하루 다섯 번 메카의 카바 신전을 향해 기도한다.

18 (가)에 들어갈 내용으로 옳지 <u>않은</u> 것은?

① 아라베스크가 발달하였어.
② 최초로 '0(영)'의 개념을 사용하였어.
③ 이슬람 사원인 모스크를 건축하였어.
④ 설화와 민담을 모은 『천일 야화』가 유행하였어.
⑤ 무함마드의 전기를 제작하면서 역사학이 발전하였어.

19 프랑크 왕국에 대한 설명으로 옳은 것을 <보기>에서 고른 것은?

보기
ㄱ. 이슬람 세력의 침입을 격퇴하였다.
ㄴ. 서유럽 문화의 기틀을 마련하였다.
ㄷ. 오스만 제국의 침입으로 멸망하였다.
ㄹ. 『유스티니아누스 법전』을 편찬하였다.

① ㄱ, ㄴ　　② ㄱ, ㄷ　　③ ㄴ, ㄷ
④ ㄴ, ㄹ　　⑤ ㄷ, ㄹ

3 크리스트교 문화의 확산과 변화

20 ㉠ 신분에 대한 설명으로 옳은 것은?

▲ 봉건 사회의 세 신분

① 결혼할 수 없었다.
② 재산을 소유하지 못하였다.
③ 종교 선택의 자유를 가졌다.
④ 영주와 쌍무적 계약 관계를 맺었다.
⑤ 영주에게 노동력을 바칠 의무가 있었다.

21 다음 자료를 활용한 탐구 활동 주제로 적절한 것은?

<교황의 연설>

우주의 창조주는 두 개의 광체를 설치하였다. 더 위대한 광체는 낮을 지배하고 약한 광체는 밤을 지배한다. 마찬가지로 교회에서도 …… 더 위대한 것이 영혼을 지배하고 약한 것이 육체를 지배한다. 이 두 권위란 교황권과 황제권이다.

① 교황권의 강화
② 장원제의 형성
③ 동서 교회의 분열
④ 프랑크 왕국의 발전
⑤ 중앙 집권 국가의 등장

22 다음 건축 양식이 유행한 지역의 문화에 대한 설명으로 옳지 <u>않은</u> 것은?

▲ 샤르트르 대성당

▲ 스테인드글라스

① 스콜라 철학이 발전하였다.
② 라틴어를 공용어로 사용하였다.
③ 기사도 문학이 주류를 이루었다.
④ 학문이 발전하면서 대학이 설립되었다.
⑤ 『마하바라타』, 『라마야나』 등 산스크리트어로 쓰인 문학 작품이 유행하였다.

23 다음과 같은 목적을 바탕으로 전개된 전쟁으로 옳은 것은?

· 교황: 성지를 회복하고 그리스 정교와 다시 통합을 이루겠어.
· 기사: 전쟁에서 이기면 새 영토를 차지할 거야.
· 상인: 동방 무역으로 많은 이익을 얻을 수 있을 거야.

① 백년 전쟁
② 장미 전쟁
③ 십자군 전쟁
④ 탈라스 전투
⑤ 로마-카르타고 전쟁

24 ㉠에 들어갈 말로 옳은 것은?

11세기 들어 유럽에서는 도시가 발달하였다. 도시의 상인과 수공업자는 동업 조합인 (㉠)을/를 결성하여 자신들의 이익과 안전을 꾀하고 도시 운영에 참여하였다.

① 교회
② 길드
③ 시장
④ 장원
⑤ 수도원

25 밑줄 친 '변화'의 내용으로 가장 적절한 것은?

> **가상 역사 일기**
>
> 13○○년 ○○월 ○○일
>
> 신은 우리를 버린 것 같다. 몸이 까맣게 변하면서 마을 사람들이 죽어가고 있다. 귀족이든 성직자든 농노든 누구도 이 병을 피해갈 수 없다. 마을 사람들의 3분의 1이 죽었고, 사람이 적은 곳을 찾아 마을을 떠난 사람도 많다. 앞으로 어떤 <u>변화</u>가 일어나게 될까?

① 동서 교회가 분열되었다.
② 농노의 처우가 개선되었다.
③ 교황의 권위가 확대되었다.
④ 봉건적 주종 관계가 성립하였다.
⑤ 십자군이 성지 회복을 위해 전쟁을 시작하였다.

26 다음 두 사건에 대한 설명으로 옳은 것은?

> • 프랑스 – 자크리의 난(1358)
> • 영국 – 와트 타일러의 난(1381)

① 장원의 해체에 영향을 주었다.
② 국왕의 권한을 제한하려고 하였다.
③ 도시의 자치권 획득을 목표로 하였다.
④ 종교의 자유를 인정할 것을 주장하였다.
⑤ 이슬람 세력의 공격에 대항하여 일어났다.

27 다음 그림이 그려진 시대의 문화에 대한 설명으로 가장 적절한 것은?

① 인도 고전 문화가 발달하였다.
② 아라베스크 무늬가 유행하였다.
③ 신 중심의 세계관이 강조되었다.
④ 인간의 개성과 능력을 중시하였다.
⑤ 산스크리트어 문학 작품이 유행하였다.

28 다음 표에 나타난 당의 농민 지배 방식을 (가), (나)에 들어갈 명칭을 포함하여 서술하시오.

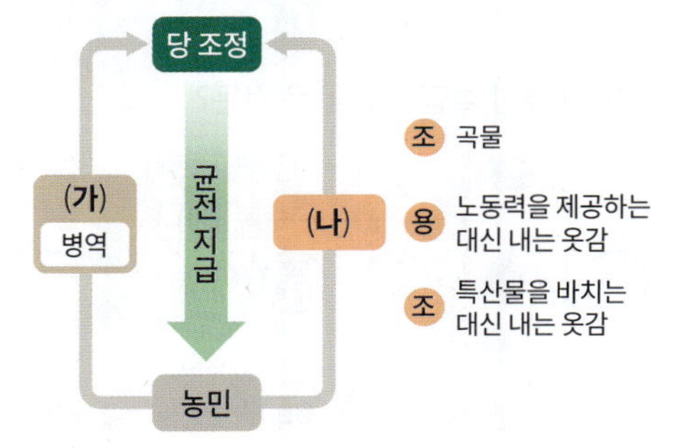

29 (가)에 들어갈 이유를 서술하시오.

30 다음 그림의 사건이 일어난 배경을 (가)의 업적과 연결 지어 서술하시오.

▲ 서로마 황제의 관을 받는 프랑크 왕국의 왕

❶ 동아시아 문화의 형성과 발전

01 (가)에 대한 설명으로 옳은 것은?

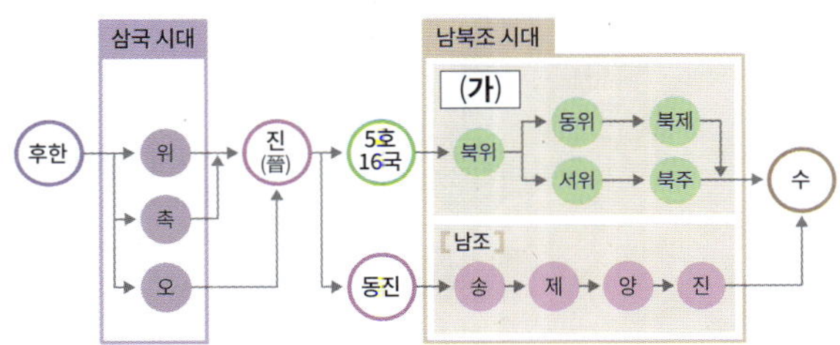

① 한족이 건국하였다.
② 강남 지역을 개발하였다.
③ 과거제를 처음 시행하였다.
④ 절도사의 반란으로 멸망하였다.
⑤ 윈강, 룽먼 석굴 사원을 조성하였다.

02 다음 보고서에서 사진 자료로 활용할 수 있는 문화유산으로 가장 적절한 것은?

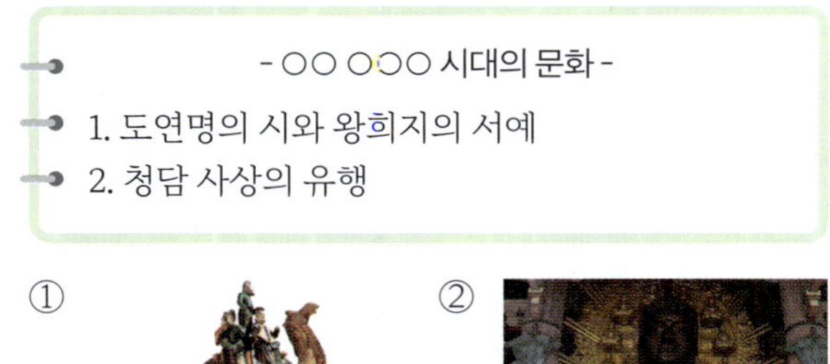

① 
② 
③
④
⑤ 

03 (가)에 들어갈 내용으로 가정 적절한 것은?

① 북위의 한화 정책
② 대운하 건설의 영향
③ 5호 16국의 통일 과정
④ 동아시아 문화권의 형성
⑤ 흉노의 침입과 만리장성의 건설

04 (가) 왕조에 대한 설명으로 옳은 것을 <보기>에서 고른 것은?

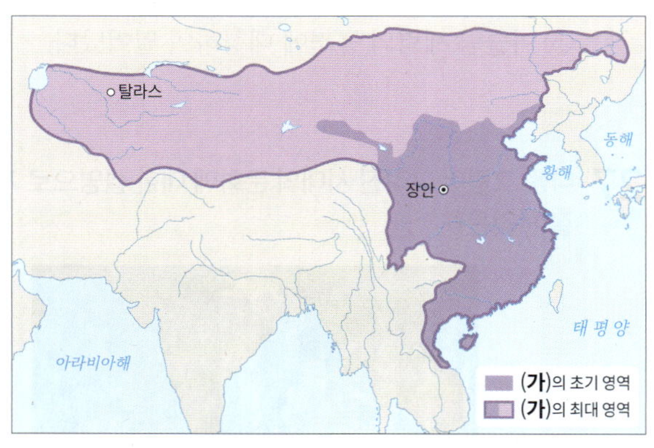

| 보기 |

ㄱ. 9품중정제를 시행하였다.
ㄴ. 이백과 두보의 시가 유명하였다.
ㄷ. 황실의 지원으로 도교가 성장하였다.
ㄹ. 후한 이후 분열된 삼국을 통일하였다.

① ㄱ, ㄴ   ② ㄱ, ㄷ   ③ ㄴ, ㄷ
④ ㄴ, ㄹ   ⑤ ㄷ, ㄹ

● 바른답·알찬풀이 44쪽

05 밑줄 친 '이 시대'에 해당하는 시기를 연표에서 옳게 고른 것은?

사진은 국풍화된 귀족의 복식을 보여 준다. 이 시대에는 일본 고유의 특색이 나타나는 문화인 국풍 문화가 발달하였다.

	(가)	(나)	(다)	(라)	(마)
야요이 시대	야마토 정권 수립	다이카 개신	헤이조쿄 천도	헤이안쿄 천도	막부의 성립

① (가) ② (나) ③ (다) ④ (라) ⑤ (마)

06 다음 자료를 활용한 탐구 주제로 가장 적절한 것은?

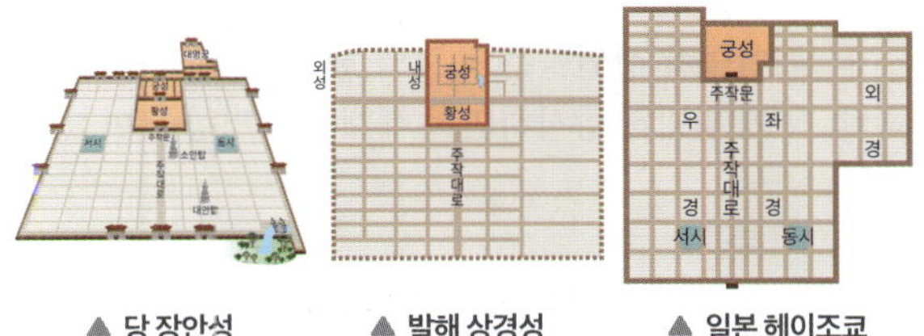

▲ 당 장안성   ▲ 발해 상경성   ▲ 일본 헤이조쿄

① 동아시아 문화권의 형성
② 당의 귀족적인 문화 발전
③ 위진 남북조 시대의 혼란
④ 만주, 한반도의 고대 국가 발전
⑤ 견당사의 폐지와 국풍 문화의 발전

❷ 인도·서아시아·지중해 세계의 변화

07 밑줄 친 '이 왕조'로 옳은 것은?

① 굽타 왕조   ② 쿠샨 왕조
③ 아바스 왕조   ④ 마우리아 왕조
⑤ 우마이야 왕조

08 다음 자료와 관련된 종교에 대한 설명으로 옳은 것은?

▲ 비슈누의 모습

① 굽타 왕조의 후원을 받았다.
② 신분에 대한 차별을 금지하였다.
③ 사산 왕조 페르시아가 국교로 삼았다.
④ 『아베스타』에서 교리를 집대성하였다.
⑤ 메카를 방문하는 성지 순례가 의무이다.

09 사산 왕조 페르시아에 대한 설명으로 옳지 <u>않은</u> 것은?

① 파르티아를 멸망시켰다.
② 비잔티움 제국과 대립하였다.
③ 왕족을 지방 총독으로 파견하였다.
④ 칼리프로부터 술탄의 칭호를 받았다.
⑤ 아케메네스 왕조 페르시아의 부흥을 내세웠다.

10 (가)에 들어갈 역사 용어로 옳은 것은?

① 쿠란　　② 라마단　　③ 헤지라
④ 카스트　　⑤ 모스크

11 (가) 왕조에 대한 설명으로 가장 적절한 것은?

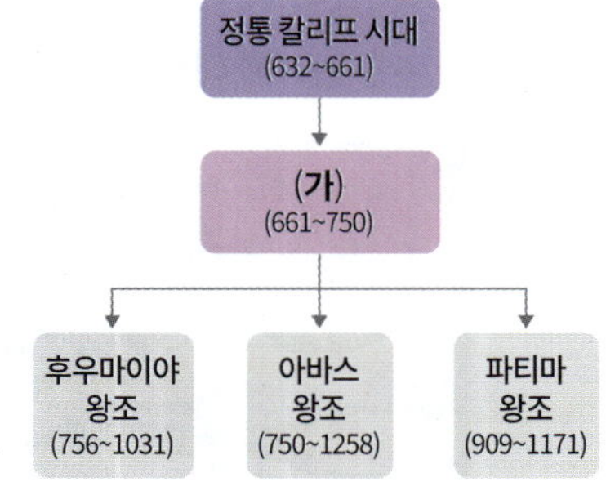

▲ 이슬람 세계의 변천

① 몽골의 침략으로 멸망하였다.
② 아랍인 우대 정책을 실시하였다.
③ 탈라스 전투에서 당에 승리하였다.
④ 시아파가 북아프리카에 수립하였다.
⑤ 종교 공동체에서 칼리프를 선출하였다.

12 밑줄 친 '이 왕조'의 수도로 옳은 것은?

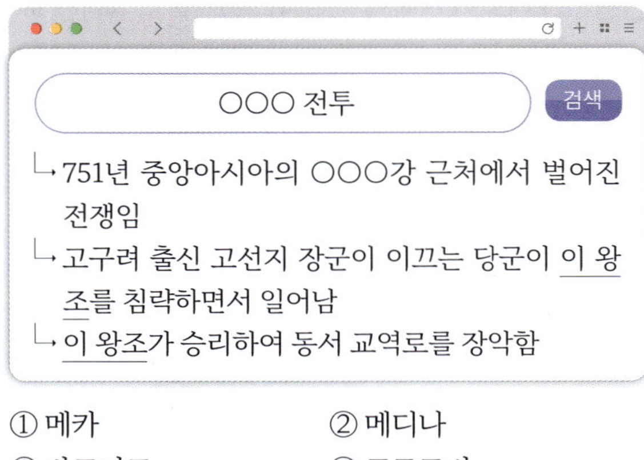

① 메카　　　　　② 메디나
③ 바그다드　　　④ 코르도바
⑤ 사마르칸트

13 밑줄 친 '영향'에 해당하는 내용으로 적절한 것을 <보기>에서 고른 것은?

이슬람 상인들은 육로와 해로를 통해 원거리 교역에 활발히 종사하면서 세계사에 영향을 미쳤다.

| 보기 |

ㄱ. 동서 문화의 교류에 기여하였다.
ㄴ. 동남아시아에 힌두 문화를 전파하였다.
ㄷ. 이슬람교와 이슬람 문화를 전파하였다.
ㄹ. 동아시아 문화권의 형성에 이바지하였다.

① ㄱ, ㄴ　　② ㄱ, ㄷ　　③ ㄴ, ㄷ
④ ㄴ, ㄹ　　⑤ ㄷ, ㄹ

14 (가)에 들어갈 내용으로 옳은 것은?

[세계사 학습 노트]

○○○ 문화

1. 특징: ○○○교와 아랍어를 바탕으로 발전
2. 건축: 모스크 건축, 아라베스크 장식
3. 지리학: 성지 순례와 원거리 상업 활동의 과정에
   서 발달
4. 문학 작품: _______________ (가) _______________

① 『라마야나』 ② 『유토피아』
③ 『천일 야화』 ④ 『마하바라타』
⑤ 『롤랑의 노래』

15 (가) 민족에 대한 설명으로 옳은 것은?

① 서로마 제국을 멸망시켰다.
② 간다라 양식을 발전시켰다.
③ 비잔티움 문화를 계승하였다.
④ 다수가 그리스 정교로 개종하였다.
⑤ 중앙아시아 초원 지대에서 이주하였다.

16 밑줄 친 '제국'에 대한 설명으로 옳은 것을 <보기>에서 고른 것은?

┤ 보기 ├
ㄱ. 라틴어를 공용어로 사용하였다.
ㄴ. 슬라브족의 문화에 영향을 주었다.
ㄷ. 그리스·로마 고전을 연구하고 보존하였다.
ㄹ. 베르됭 조약과 메르센 조약으로 분열하였다.

① ㄱ, ㄴ ② ㄱ, ㄷ ③ ㄴ, ㄷ
④ ㄴ, ㄹ ⑤ ㄷ, ㄹ

17 (가)에 들어갈 내용으로 가장 적절한 것은?

비잔티움 제국, _______________ (가) _______________
9세기 말 슬라브족이 세운 키예프 공국은 그리스 정교를 받아들이고, 그리스 문자를 바탕으로 만든 키릴 문자를 사용하였다. 또한 비잔티움 양식의 영향을 받은 성 소피아 성당을 세웠다.

① 동아시아 문화권을 형성하다
② 서유럽 문화의 기틀을 마련하다
③ 유럽의 근대 과학 발달을 이끌다
④ 동유럽 문화 형성에 영향을 주다
⑤ 이탈리아 르네상스의 배경이 되다

3 크리스트교 문화의 확산과 변화

18 ㉠ 신분에 대한 설명으로 옳은 것은?

> 프랑크 왕국이 셋으로 나뉜 이후 바이킹과 이슬람 세력 등 이민족이 침입하면서 서유럽은 혼란에 빠졌다. 이러한 상황에서 각 지역의 힘 있는 사람들은 방어를 위해 스스로 성을 쌓고 무력을 갖춘 (㉠)이/가 되었다. 세력이 더 강한 (㉠)은/는 주군이 되고 자신에게 충성을 맹세한 (㉠)을/를 봉신으로 삼았다.

① 장원을 벗어날 수 없었다.
② 자신의 장원을 영주로서 지배하였다.
③ 영주에게 노동력과 생산물을 바쳤다.
④ 농노와 계약을 맺고 농지를 나눠 주었다.
⑤ 혈연관계를 바탕으로 주종 관계를 맺었다.

19 다음과 같은 상황에서 일어난 사실로 가장 적절한 것은?

> 봉건제가 확대되면서 로마 가톨릭교회의 성직자도 군주나 제후를 주군으로 섬기는 일이 많아졌다. 교회가 점차 세속화하면서 성직 매매 등 부패한 모습이 나타났다.

① 동서 교회가 분열하였다.
② 성상 숭배를 금지하였다.
③ 십자군 전쟁이 일어났다.
④ 교황의 권위가 추락하였다.
⑤ 교회 개혁 운동이 전개되었다.

20 (가), (나) 시기 사이에 일어난 사실로 옳은 것은?

> (가) 그레고리우스 7세가 군주의 성직자 임명을 금지하였다.
> (나) 보름스 협약을 통해 황제가 교황의 성직자 임명권을 인정하였다.

① 십자군 전쟁이 시작되었다.
② 카노사의 굴욕 사건이 일어났다.
③ 영국에서 장미 전쟁이 일어났다.
④ 흑사병의 유행으로 인구가 줄었다.
⑤ 프랑크 왕국이 세 왕국으로 분열되었다.

21 다음과 같이 전개된 전쟁에 대한 설명으로 옳은 것을 <보기>에서 고른 것은?

> **보기**
> ㄱ. 성지 회복에 실패하였다.
> ㄴ. 이탈리아의 도시들이 쇠퇴하게 되었다.
> ㄷ. 전쟁을 통해 지중해 무역이 활발해졌다.
> ㄹ. 봉건 제후의 권위가 확대되는 계기가 되었다.

① ㄱ, ㄴ ② ㄱ, ㄷ ③ ㄴ, ㄷ
④ ㄴ, ㄹ ⑤ ㄷ, ㄹ

22 (가)에 들어갈 제목으로 가장 적절한 것은?

① 십자군 전쟁의 전개
② 교황은 해, 황제는 달
③ 서유럽 봉건 사회의 형성
④ 봉건제의 몰락과 장원의 해체
⑤ 백년 전쟁과 장미 전쟁의 발발

23 다음과 같은 상황이 가져온 결과로 가장 적절한 것은?

> 필리프 4세는 교황을 통제하기 위해 이탈리아 로마에 있던 교황청을 프랑스의 아비뇽으로 옮겼다. 이후 약 70년 동안 교황들이 아비뇽에서 지냈다. 교황청이 다시 로마로 돌아갔지만 로마와 아비뇽에서 각각 교황을 선출하면서 서유럽 사회에 큰 혼란이 일어났다.

① 봉건 사회가 성립하였다.
② 성직 매매가 금지되었다.
③ 교황의 권위가 추락하였다.
④ 프랑크 왕국이 분열하였다.
⑤ 비잔티움 제국이 멸망하였다.

24 다음 사건이 발생한 시기를 연표에서 옳게 고른 것은?

> 왕위 계승 문제를 둘러싼 영국 귀족 간의 전쟁으로, 랭커스터 가문은 붉은 장미, 요크 가문은 흰 장미를 문장으로 삼았기 때문에 장미 전쟁이라고 한다.

	1309	1337	1358	1453	
(가)	(나)	(다)	(라)	(마)	
	아비뇽 유수	백년 전쟁 시작	자크리의 난	백년 전쟁 종료	

① (가)　② (나)　③ (다)　④ (라)　⑤ (마)

25 이탈리아에서 르네상스가 가장 먼저 시작된 이유로 적절한 것을 <보기>에서 고른 것은?

> ┤ 보기 ├
> ㄱ. 강력한 중앙 집권 국가가 형성되었기 때문에
> ㄴ. 한자 동맹의 도시들이 부를 축적하였기 때문에
> ㄷ. 지중해 무역으로 경제적으로 번영하였기 때문에
> ㄹ. 그리스·로마 고전 연구가 활발하게 이루어졌기 때문에

① ㄱ, ㄴ　② ㄱ, ㄷ　③ ㄴ, ㄷ
④ ㄴ, ㄹ　⑤ ㄷ, ㄹ

26 다음 정책을 추진한 인물을 쓰고, 이러한 정책이 가져온 결과를 서술하시오.

27 다음 자료와 관련된 종교의 특징을 <u>두 가지</u> 서술하시오.

▲ 비슈누

▲ 앙코르 와트

28 다음 자료를 보고 물음에 답하시오.

> **세계사의 여성 인물 - 잔 다르크**
> 영국 왕이 프랑스의 왕위 계승을 주장하면서 전쟁이 일어났다. 전쟁 초반 프랑스가 계속 패배하였으나, 잔 다르크가 활약하면서 프랑스가 전세를 역전할 수 있었다.

(1) 밑줄 친 '전쟁'의 명칭을 쓰시오.

(2) (1)의 전쟁이 프랑스에 끼친 영향을 서술하시오.

1 유라시아 교역 및 문화 교류의 확대

01 밑줄 친 '황제'에 대한 설명으로 옳은 것은?

> 귀족들이 청탁 등 불공정한 방법으로 과거 시험에 합격하는 일이 빈번하였다. 이를 해결하고자 황제는 과거제의 운영 방식을 고쳤다. 지방에서 1차 시험을 치르고 수도에서 실시한 2차 시험에서 합격한 사람들을 대상으로 황제가 직접 시험을 치러 합격자의 순위를 매기는 것이었다.

① 발해를 공격하여 멸망시켰다.
② 5호 16국 시대를 통일하였다.
③ 임안(항저우)을 수도로 삼았다.
④ 지방관을 문관으로 임명하였다.
⑤ 왕안석을 등용하여 개혁에 나섰다.

02 (가), (나) 나라의 공통점으로 옳은 것은?

▲ 11세기 정세

① 고려를 침공하였다.
② 한화 정책을 추진하였다.
③ 9품중정제를 실시하였다.
④ 고유한 문자를 제정하였다.
⑤ 농민에게 토지를 지급하였다.

03 (가) 나라로 옳은 것은?

▲ 12세기 정세

① 요　②금　③수　④당　⑤진

04 밑줄 친 '이 나라'에서 볼 수 있는 모습으로 가장 적절한 것은?

① 원으로 국호를 고치는 황제
② 이븐 바투타와 대화하는 상인
③ 『오경정의』 편찬에 동원되는 학자
④ 현장과 함께 불경을 공부하는 승려
⑤ 교자를 이용하여 거래하는 도성 주민

● 바른답·알찬풀이 46쪽

05 밑줄 친 '신학문'에 대한 설명으로 옳은 것은?

① 분서갱유로 탄압받았다.
② 현실 정치를 멀리하였다.
③ 경전을 실증적으로 연구하였다.
④ 동아시아 각국의 통치 이념으로 자리 잡았다.
⑤ 세속을 떠나 자유로운 정신세계를 추구하였다.

06 다음에서 설명하는 인물로 옳은 것은?

- 13세기 초 몽골고원의 유목민 통합
- 중앙아시아와 서하 등 공격

① 아구다 ② 누르하치
③ 칭기즈 칸 ④ 야율아보기
⑤ 쿠빌라이 칸

07 ㉠ 나라에 대한 설명으로 옳은 것은?

천호제는 (㉠)의 군사 조직이자 행정 조직으로, 유목민을 1천 호씩 나누어 천호장에게 맡겼다.

① 요를 멸망시켰다.
② 동돌궐을 복속하였다.
③ 여러 울루스로 나뉘었다.
④ 과거에 전시를 도입하였다.
⑤ 여러 차례 고구려를 공격하였다.

08 (가)에 들어갈 내용으로 옳은 것을 <보기>에서 고른 것은?

| 보기 |

ㄱ. 국호를 바꾸었다.
ㄴ. 주변국에 조공을 바쳤다.
ㄷ. 수도를 대도로 정하였다.
ㄹ. 문치주의 정책을 추진하였다.

① ㄱ, ㄴ ② ㄱ, ㄷ ③ ㄴ, ㄷ
④ ㄴ, ㄹ ⑤ ㄷ, ㄹ

09 다음 통행증을 발급한 나라의 동서 교류 사례로 옳은 것을 <보기>에서 고른 것은?

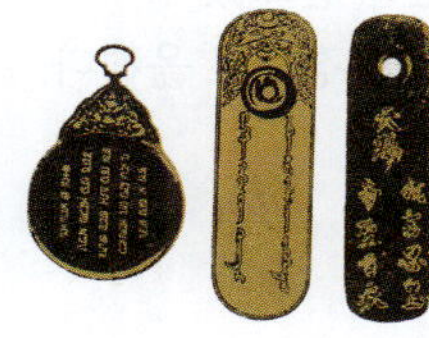

관리나 여행자가 주요 교통로에 설치된 역참을 이용할 수 있는 일종의 통행증이다.

| 보기 |

ㄱ. 당삼채가 유행하였다.
ㄴ. 대안탑이 건립되었다.
ㄷ. 수시력이 제작되었다.
ㄹ. 마르코 폴로가 방문하였다.

① ㄱ, ㄴ ② ㄱ, ㄷ ③ ㄴ, ㄷ
④ ㄴ, ㄹ ⑤ ㄷ, ㄹ

② 동아시아·인도 지역 질서의 변화

10 홍무제에 대한 설명으로 옳은 것을 <보기>에서 고른 것은?

| 보기 |
ㄱ. 홍건적 출신이었다.
ㄴ. 이갑제를 시행하였다.
ㄷ. 『사고전서』를 펴냈다.
ㄹ. 몽골·신장·티베트를 정복하였다.

① ㄱ, ㄴ   ② ㄱ, ㄷ   ③ ㄴ, ㄷ
④ ㄴ, ㄹ   ⑤ ㄷ, ㄹ

11 밑줄 친 '황제'에 대한 설명으로 옳지 <u>않은</u> 것은?

그림은 황제의 명에 따라 처음 항해에 나선 정화가 사용하였던 배를 표현한 것이다. 콜럼버스가 신항로 개척 당시 사용하였던 배보다 5배가량 컸다.

① 자금성을 세웠다.
② 몽골을 공격하였다.
③ 베트남을 정복하였다.
④ 병자호란을 일으켰다.
⑤ 수도를 베이징으로 옮겼다.

12 ㉠에 들어갈 인물로 옳은 것은?

명은 임진왜란 때 조선에 군대를 보내면서 국가 재정이 어려워졌다. 부족한 세금을 무리하게 거두자 농민들이 각지에서 저항하였고, 결국 (㉠)이/가 이끄는 농민군이 수도를 점령하여 나라를 무너뜨렸다.

① 이자성   ② 주전충   ③ 안녹산
④ 왕안석   ⑤ 영락제

13 다음 정책을 실시한 나라에 대한 설명으로 옳은 것을 <보기>에서 고른 것은?

• 한족의 중화 사상 탄압
• 한족에게 변발과 호복을 강요

| 보기 |
ㄱ. 주요 항구에 시박사를 설치하였다.
ㄴ. 교초를 발행하여 교역에 사용하였다.
ㄷ. 조선과 조공·책봉 관계를 유지하였다.
ㄹ. 18세기 중반 이후 광저우만 외국에 개방하였다.

① ㄱ, ㄴ   ② ㄱ, ㄷ   ③ ㄴ, ㄷ
④ ㄴ, ㄹ   ⑤ ㄷ, ㄹ

14 (가) 물품에 대한 학생들의 발표 내용으로 적절하지 <u>않은</u> 것은?

▲ 16~17세기 (가)의 유통

① 송이 북방 민족에게 제공하였어요.
② 징더전의 생산품으로 유명해졌어요.
③ 16세기 일본에서 많이 생산되었어요.
④ 명·청대 세금 제도의 개혁과 관련이 있어요.
⑤ 유럽 상인을 통해 중국으로 대량 유입되었어요.

15 다음 지도를 제작한 인물로 옳은 것은?

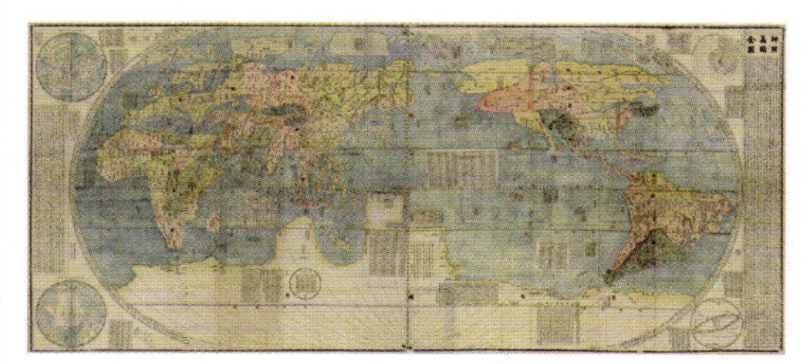

명 말에 제작된 것으로, 중국인의 세계관에 영향을 끼쳤다.

① 현장   ② 곽수경
③ 고개지   ④ 마테오 리치
⑤ 이븐 바투타

16 (가) 막부에 대한 설명으로 옳은 것은?

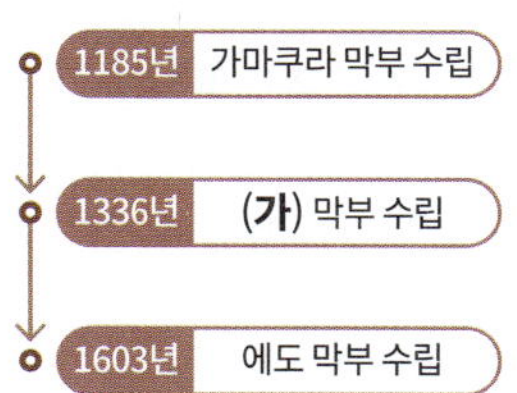

① 전국 시대를 통일하였다.
② 원의 침입을 막아 내었다.
③ 산킨코타이 제도를 실시하였다.
④ 중국과 외교 관계를 회복하였다.
⑤ 도쿠가와 이에야스가 수립하였다.

17 ㉠에 들어갈 계층으로 옳은 것은?

에도 시대에는 농업 생산력이 향상되고 상품 작물의 재배가 활발해졌다. 이에 따라 각지에 도시가 발달하고 경제력을 갖춘 새로운 계층이 성장하였다. 이들을 (㉠)(이)라고 한다.

① 조닌   ② 신사   ③ 사대부
④ 다이묘   ⑤ 사무라이

18 밑줄 친 '이 제국'에 대한 탐구 활동으로 적절한 것을 <보기>에서 고른 것은?

이 제국의 황족과 귀족은 대외 무역에 적극 참여하여 이익을 얻었다. 특히 아크바르 황제는 스스로를 상인이라고 말할 정도였다. 이런 상황에서 네덜란드와 영국이 세운 동인도 회사는 통행료를 면제받으며 무역에 나섰다.

┤ 보기 ├
ㄱ. 시크교가 발전한 배경을 알아본다.
ㄴ. 「고소번화도」에 담긴 내용을 분석한다.
ㄷ. 인도에 세워진 이슬람 왕조를 조사한다.
ㄹ. 유럽에 전해진 도자기의 특징을 파악한다.

① ㄱ, ㄴ   ② ㄱ, ㄷ   ③ ㄴ, ㄷ
④ ㄴ, ㄹ   ⑤ ㄷ, ㄹ

❸ 서아시아와 유럽 사회의 변화

19 술레이만 1세에 대한 설명으로 옳은 것을 <보기>에서 고른 것은?

┤ 보기 ├
ㄱ. 헝가리를 정복하였다.
ㄴ. 타지마할을 건설하였다.
ㄷ. 유럽 연합 함대를 격파하였다.
ㄹ. 콘스탄티노폴리스를 수도로 삼았다.

① ㄱ, ㄴ   ② ㄱ, ㄷ   ③ ㄴ, ㄷ
④ ㄴ, ㄹ   ⑤ ㄷ, ㄹ

20 (가)에 들어갈 내용으로 가장 적절한 것은?

① 조닌 문화의 특징
② 이슬람 제일주의 실시
③ 무굴 제국의 종교 정책
④ 티무르 제국의 대외 관계
⑤ 오스만 제국의 관용 정책

21 ㉠에 들어갈 문화유산으로 옳은 것은?

> 오스만 제국에서는 튀르크 전통을 바탕으로 페르시아, 이슬람, 비잔티움 문화 등이 융합되었다. 특히 건축에서는 (㉠) 등 웅장하고 화려한 종교 시설이 새로 세워졌다.

① 타지마할
② 톱카프 궁전
③ 샤르트르 대성당
④ 아잔타 석굴 사원
⑤ 술탄 아흐메트 사원

22 ㉠에 들어갈 인물로 옳은 것은?

> • 미국은 1492년 (㉠)이/가 대륙을 발견한 것을 기념하여 매년 10월 두 번째 월요일을 국경일로 지정하였다.
> • 베네수엘라의 대통령은 (㉠)이/가 1492년 대륙에 발을 디딘 것이 인종 학살을 일으켰다며 원주민 저항의 날을 지정하였다.

① 칼뱅
② 루터
③ 마젤란
④ 콜럼버스
⑤ 바스쿠 다 가마

23 ㉠ 나라에 대한 설명으로 옳은 것은?

> (㉠)은/는 포르투갈과 함께 신항로 개척에 앞장섰다. 이후 펠리페 2세 때 무적함대를 통해 지중해 해상권을 장악하였다. 그러나 영국에 패배한 뒤 쇠퇴하였다.

① 타지마할을 건립하였다.
② 잉카 문명을 파괴하였다.
③ 사마르칸트를 수도로 삼았다.
④ 페르시아의 전통을 계승하였다.
⑤ 이교도에게 지즈야를 징수하였다.

24 신항로 개척의 결과로 옳지 <u>않은</u> 것은?

① 아메리카의 토착 문명이 파괴되었다.
② 유럽인에 의한 노예 무역이 확대되었다.
③ 라틴 아메리카의 원주민 수가 급감하였다.
④ 오스만 제국이 지중해 무역을 장악하였다.
⑤ 유럽에 금, 은이 유입되어 물가가 상승하였다.

● 바른답·알찬풀이 46쪽

IV

25 밑줄 친 '독일'에서 있었던 일로 옳은 것은?

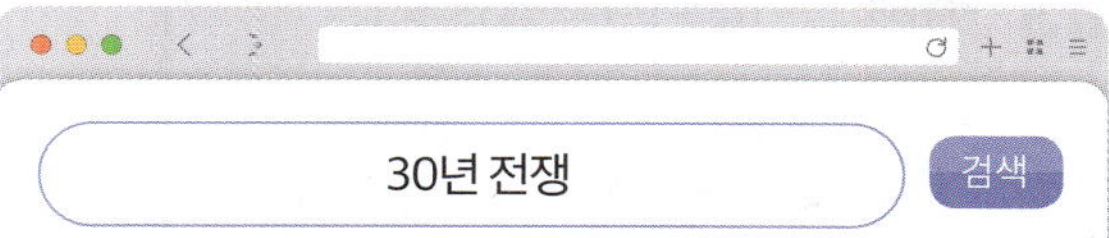

① 마젤란이 항해에 나섰다.
② 아스테카 문명이 파괴되었다.
③ 성 소피아 대성당이 세워졌다.
④ 「95개조 반박문」이 발표되었다.
⑤ 칼뱅이 예정설을 처음 주장하였다.

26 (가), (나) 사이 시기에 있었던 사실로 옳은 것을 <보기>에서 고른 것은?

(가) 헨리 8세는 로마 가톨릭 교회의 영향력에서 벗어나기 위해 영국 국교회를 세우고 스스로 교회의 수장이 되었다.
(나) 크롬웰이 독재 정치를 펼치면서 국민의 반감이 높아졌고, 크롬웰이 죽은 후 왕정이 부활되었다.

| 보기 |
ㄱ. 제임스 2세가 왕위에 올랐다.
ㄴ. 의회가 「권리 청원」을 제출하였다.
ㄷ. 메리와 윌리엄이 공동 왕이 되었다.
ㄹ. 엘리자베스 1세가 무적함대를 무찔렀다.

① ㄱ, ㄴ　　　② ㄱ, ㄷ　　　③ ㄴ, ㄷ
④ ㄴ, ㄹ　　　⑤ ㄷ, ㄹ

27 밑줄 친 '이 나라'의 통치 방식을 서술하시오.

중국 전역을 지배하게 된 이 나라는 송에 비해 과거제를 축소하여 운영하였고, 선발 인원도 민족에 따라 차별을 두었다. 이에 관직 진출이 어려워진 사대부들이 잡극의 대본인 원곡을 썼다.

28 다음 자료에 해당하는 섬에서 이루어진 무역의 내용과 그 영향을 서술하시오.

▲ 나가사키의 인공 섬 데지마

29 다음 사원의 명칭을 쓰고, 이 사원을 건설한 나라의 문화적 특징을 서술하시오.

1 유라시아 교역 및 문화 교류의 확대

01 다음 정책이 실시된 결과로 적절한 것을 <보기>에서 고른 것은?

- 중앙 군대의 황제 직속 운영
- 황제가 직접 주관하는 전시 실시
- 절도사 권한을 빼앗음, 문관 우대

┤ 보기 ├
ㄱ. 사대부가 성장하였다.
ㄴ. 군사력이 약화되었다.
ㄷ. 동서 교류가 확대되었다.
ㄹ. 황소의 난이 일어나게 되었다.

① ㄱ, ㄴ   ② ㄱ, ㄹ   ③ ㄴ, ㄷ
④ ㄴ, ㄹ   ⑤ ㄷ, ㄹ

02 ㉠, ㉡ 나라에 대한 설명으로 옳은 것을 <보기>에서 고른 것은?

- 11세기 티베트 계통의 탕구트족이 (㉠)을/를 건국하였다.
- 12세기 초 아구다가 부족을 통합하고 (㉡)을/를 세웠다.

┤ 보기 ├
ㄱ. ㉠ – 카이펑을 수도로 삼았다.
ㄴ. ㉠ – 동서 무역의 이익을 차지하였다.
ㄷ. ㉡ – 발해를 공격하여 무너뜨렸다.
ㄹ. ㉡ – 송과 연합하여 요를 멸망시켰다.

① ㄱ, ㄴ   ② ㄱ, ㄹ   ③ ㄴ, ㄷ
④ ㄴ, ㄹ   ⑤ ㄷ, ㄹ

03 (가)에 들어갈 나라로 옳은 것은?

① 요   ② 원   ③ 수   ④ 한   ⑤ 주

04 ㉠ 나라에 대한 설명으로 옳지 <u>않은</u> 것은?

그림은 10세기 이후 대외 무역이 활성화되면서 중국의 (㉠)와/과 다른 나라를 오가며 무역하였던 정크선의 모습이다. 당시 사용된 정크선은 대부분 (㉠)에서 제작되었다. 상인들은 나침반을 이용하여 원거리 항해에 나섰다.

① 서민 문화가 발달하였다.
② 교자와 같은 화폐가 사용되었다.
③ 주요 항구에 시박사가 설치되었다.
④ 이와미 은광에서 채굴된 은이 유입되었다.
⑤ 화약 무기, 나침반, 활판 인쇄술 등이 발명·실용화되었다.

05 밑줄 친 '이곳'에 들어갈 도시로 옳은 것은?

송의 수도인 이곳은 황허강과 대운하가 만나는 지점에 있어 각종 물품이 유통되었고, 많은 사람이 드나들었다. 「청명상하도」는 이 모습을 그린 대표적인 그림이다.

① 난징   ② 항저우   ③ 카이펑
④ 베이징   ⑤ 광저우

● 바른답·알찬풀이 47쪽

06 다음에서 설명하는 학문으로 옳은 것은?

> • 주희에 의해 집대성된 유학
> • 인간의 본성과 우주의 원리를 탐구

① 법가 ② 훈고학 ③ 양명학
④ 고증학 ⑤ 성리학

07 다음 몽골(원)에서 일어난 사건들을 순서대로 옳게 나열한 것은?

> (가) 남송을 멸망시켰다.
> (나) 국호가 원으로 바뀌었다.
> (다) 아바스 왕조를 정복하였다.
> (라) 테무친이 칸으로 추대되었다.

① (가) - (나) - (다) - (라) ② (나) - (다) - (라) - (가)
③ (다) - (라) - (나) - (가) ④ (라) - (가) - (나) - (다)
⑤ (라) - (다) - (나) - (가)

08 다음은 (가)의 최대 영역을 나타낸 것이다. (가) 나라에 대한 설명으로 옳은 것은?

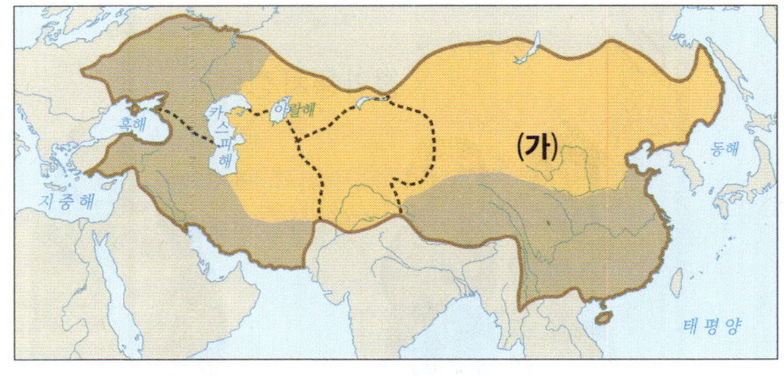

① 대도를 수도로 정하였다.
② 지중해 무역을 주도하였다.
③ 강력한 해군을 육성하였다.
④ 바스쿠 다 가마의 항해를 지원하였다.
⑤ 정화로 하여금 원정에 나서게 하였다.

09 ㉠ 나라의 쇠퇴 배경으로 가장 적절한 것은?

> 여행자에게는 (㉠)이/가 가장 안전하고 좋은 고장이다. 혼자서 큰돈을 지니고 다녀도 걱정할 것이 없는 곳이다. 전국의 모든 역참에는 숙소가 있는데, 관리자가 몇몇 기병과 보병을 데리고 상주하고 있다.
> — 이븐 바투타 —

① 교초가 남발되었다.
② 대운하가 완성되었다.
③ 균전제가 붕괴되었다.
④ 안사의 난이 일어났다.
⑤ 북방 민족에게 은을 지급하였다.

10 ㉠에 들어갈 용어로 옳은 것은?

그림은 원대에 유행한 음악, 가무, 연기가 어우러진 공연인 (㉠)을/를 그린 것이다.

① 경극 ② 잡극
③ 가부키 ④ 우키요에
⑤ 「여사잠도」

11 원에서 볼 수 있는 모습으로 가장 적절한 것은?

① 관성대에서 연구하는 관리
② 야율아보기와 전투하는 장수
③ 항저우를 수도로 정하는 황제
④ 주희와 함께 토론하는 유학자
⑤ 「청명상하도」를 그리는 지식인

② 동아시아·인도 지역 질서의 변화

12 다음을 반포한 황제에 대한 설명으로 옳은 것은?

> 부모에게 효도하라. / 웃어른을 존경하라. / 이웃과 화목하게 지내라. / 자손을 잘 교육하라. / 자신의 일에 최선을 다하라. / 잘못을 저지르지 말라.

① 국호를 변경하였다.
② 재상제를 폐지하였다.
③ 중화사상을 탄압하였다.
④ 정화의 함대를 파견하였다.
⑤ 서하에 물자를 제공하였다.

13 ㉠ 나라에 대한 설명으로 옳은 것은?

> **<○○의 항해>**
> • 한 번에 수백 척 내외의 선박과 약 2만 7천 명의 선원 동원
> • 총 7회에 걸쳐 동남아시아부터 아프리카 동해안까지 진출
> • 수십 개의 국가가 (㉠)(으)로 조공 사절 파견

① 부병제를 시행하였다.
② 9품중정제를 실시하였다.
③ 『사고전서』를 편찬하였다.
④ 창장강 이남으로 수도를 옮겼다.
⑤ 이자성이 이끄는 농민군에 의해 멸망하였다.

14 (가)에 들어갈 탐구 주제로 가장 적절한 것은?

① 거란의 멸망
② 명의 대외 정책
③ 청의 영토 확장
④ 남송의 건국 과정
⑤ 몽골 제국의 동서 교류

15 ㉠에 들어갈 민족으로 옳은 것은?

① 선비족
② 흉노족
③ 만주족
④ 여진족
⑤ 거란족

16 ⊙에 들어갈 물품으로 옳은 것은?

> 16세기 이후 유럽 등지에서 중국의 비단, 도자기, 차를 찾는 사람들이 많았다. 유럽 상인들은 중국에 와서 (⊙)을/를 지불하고 이들 물품을 구입하였다.

① 금 　② 은 　③ 비단
④ 담배 　⑤ 노예

17 다음 공연이 성행하였던 시기에 볼 수 있는 모습으로 적절한 것을 <보기>에서 고른 것은?

| 보기 |

ㄱ. 쑤저우에서 생산된 비단을 파는 상인
ㄴ. 은으로 세금을 납부하는 향촌의 농민
ㄷ. 왕안석과 함께 나랏일을 토론하는 황제
ㄹ. 패자를 보여 주고 역참을 이용하는 관리

① ㄱ, ㄴ 　② ㄱ, ㄷ 　③ ㄴ, ㄷ
④ ㄴ, ㄹ 　⑤ ㄷ, ㄹ

18 (가)에 들어갈 계층으로 옳은 것은?

① 호족 　② 신사 　③ 조닌 　④ 남인 　⑤ 다이묘

19 밑줄 친 '막부' 시기의 사실로 옳지 <u>않은</u> 것은?

> 영지에서의 1년이 지나갔다. 내일이면 다시 막부의 쇼군이 계신 곳으로 떠나야 한다. 1년 후에야 다시 올 수 있으니 필요한 물건을 빠짐없이 챙겨야겠다. …… 두 곳에서 생활하려니 돈이 너무 많이 들어 부담이 크다.

① 원이 침입하였다.
② 데지마가 건설되었다.
③ 통신사가 왕래하였다.
④ 해외 무역이 통제되었다.
⑤ 크리스트교가 탄압받았다.

20 ⊙나라에 대한 설명으로 옳은 것은?

답사 계획서
• 주제: (⊙)의 문화유산을 찾아서
• 개요

지역	아그라	암리차르
문화유산		

① 공행과의 무역만 허용하였다.
② 『홍루몽』 등의 소설이 유행하였다.
③ 영국의 회사들에 면직물을 수출하였다.
④ 간다라 양식의 불상이 널리 제작되었다.
⑤ 네덜란드를 통해 들어온 난학이 발달하였다.

③ 서아시아와 유럽 사회의 변화

21 ㉠에 들어갈 인물로 옳은 것은?

> 오스만 제국은 (㉠) 때 콘스탄티노폴리스를 수도로 삼았다.

① 티무르
② 바부르
③ 아우랑제브
④ 메흐메트 2세
⑤ 술레이만 1세

22 오스만 제국의 발전 과정에 대한 다음 사건들을 순서대로 옳게 나열한 것은?

> (가) 술탄의 칭호를 사용하였다.
> (나) 비잔티움 제국을 멸망시켰다.
> (다) 유럽 연합 함대를 격파하였다.
> (라) 시리아와 이집트를 정복하였다.

① (가) - (나) - (라) - (다)
② (가) - (라) - (나) - (다)
③ (나) - (다) - (라) - (가)
④ (다) - (라) - (나) - (가)
⑤ (라) - (다) - (나) - (가)

23 다음 내용에 해당하는 나라에 대한 설명으로 옳은 것은?

> • 성 소피아 대성당을 이슬람 사원으로 사용
> • 크리스트교도 청소년을 개종시킨 후 군대나 관료로 충당

① 일상에 우르두어가 사용되었다.
② 펀자브 지방에 사원이 세워졌다.
③ 시크교가 등장하여 교세를 확장하였다.
④ 천문학, 수학 등 실용적 학문이 발전하였다.
⑤ 페르시아의 세밀화에 인도의 미술이 융합되었다.

24 다음 지도에 나타난 항해의 배경으로 적절하지 <u>않은</u> 것은?

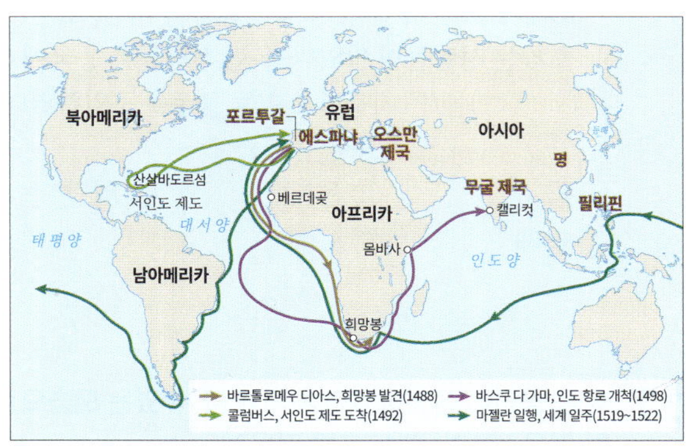

① 원거리 항해가 가능해졌다.
② 명과 청이 해금 정책을 강화하였다.
③ 『동방견문록』 등이 호기심을 키웠다.
④ 오스만 제국이 지중해 무역을 장악하였다.
⑤ 향신료, 비단 등 동방 상품의 인기가 높아졌다.

25 ㉠ 문명에 대한 설명으로 옳은 것은?

사진은 (㉠) 문명의 요새로 해발 2,430m에 세워진 성벽과 계단식 밭이 당시 문명의 뛰어난 건축 기술을 보여 준다.

① 30년 전쟁에 참전하였다.
② 에스파냐에 의해 무너졌다.
③ 베스트팔렌 조약을 체결하였다.
④ 콜럼버스의 항해를 지원하였다.
⑤ 멕시코 지역을 중심으로 발달하였다.

● 바른답·알찬풀이 47쪽

26 ㉠, ㉡에 들어갈 물품을 옳게 연결한 것은?

> 신항로 개척 이후 유럽은 동남아시아의 향신료, 인도의 (㉠), 중국의 비단·차·도자기 등을 대량으로 구매하고 많은 양의 (㉡)을 지급하였다. 아메리카에서 생산된 (㉡)을 매개로 세계적 교역망이 형성된 것이다.

① ㉠ 노예, ㉡ 금
② ㉠ 감자, ㉡ 은
③ ㉠ 옥수수, ㉡ 금
④ ㉠ 면직물, ㉡ 은
⑤ ㉠ 사탕수수, ㉡ 금

27 밑줄 친 '신교도'에 대한 설명으로 옳은 것은?

> 프랑스의 루이 14세는 강력한 왕권을 구축하였다. 하지만 루이 14세가 신교의 자유를 인정하지 않자 상공업 분야에서 활동하던 <u>신교도</u>들이 해외로 빠져나가면서 산업이 위축되었다.

① 면벌부를 판매하였다.
② 「권리 청원」을 제출하였다.
③ 칼뱅의 예정설을 수용하였다.
④ 국왕을 교회 수장으로 삼았다.
⑤ 아우크스부르크 화의에서 종교를 인정받았다.

28 다음 문서가 제출될 당시의 상황으로 옳은 것은?

> 제1조 국왕이 의회의 동의 없이 법의 효력을 정지하거나 법의 집행을 정지하는 것은 위법이다.
> 제4조 의회의 승인 없이 국왕을 위해 세금을 거두어들이는 행위는 위법이다.
> 제6조 의회의 동의 없이 평상시에 상비군을 징집하고 유지하는 것은 위법이다.

① 의회가 국왕을 처형하였다.
② 크롬웰이 독재 정치를 펼쳤다.
③ 찰스 1세가 전제 정치를 강화하였다.
④ 메리와 윌리엄이 국정을 담당하였다.
⑤ 엘리자베스 1세가 동인도 회사를 세웠다.

29 밑줄 친 '그'의 이름을 쓰고, 다음 개혁이 추진된 배경을 주변국과의 관계를 중심으로 서술하시오.

> 신종 때 등용된 <u>그</u>는 중소 농민과 상인에게 낮은 이자로 돈을 빌려주고, 국가가 물자의 유통에 개입하였으며, 농민을 군에 편성시키거나 치안을 유지하게 하는 등 개혁을 추진하였다.

30 다음 지도를 만든 사람의 이름을 쓰고, 이 지도가 동아시아에 끼친 영향을 쓰시오.

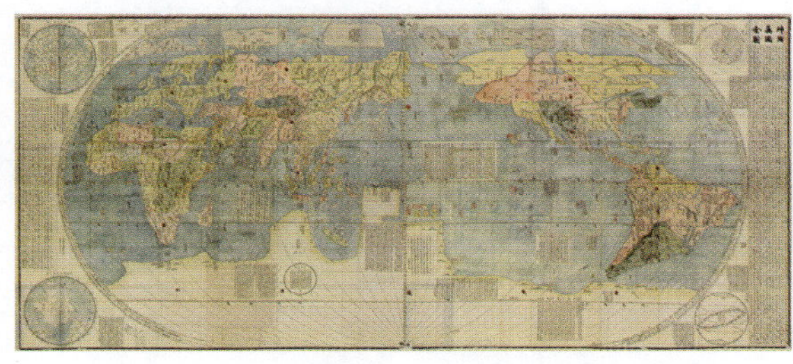

31 다음을 건설한 인물의 이름을 쓰고, 그의 주요 활동을 <u>두 가지</u> 서술하시오.

▲ 베르사유 궁전의 전경

MEMO

MEMO

MEMO

Mirae N 에듀

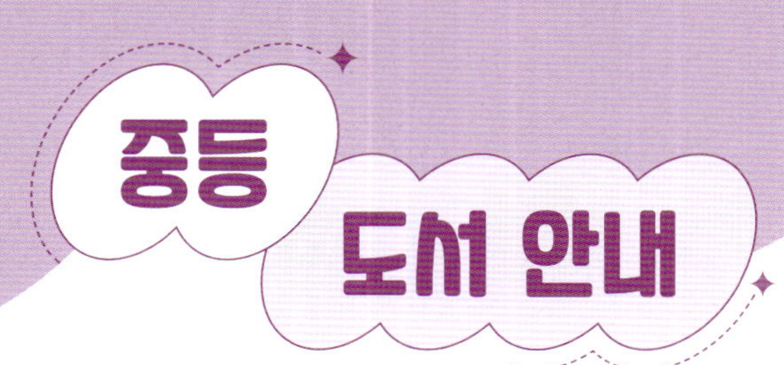

국어 독해·문법·어휘 훈련서

수능 국어 자신감을 깨우는 단계별 훈련서

깨독
- 독해　0_준비편, 1_기본편, 2_실력편, 3_수능편
- 문법　1_기본편, 2_수능편
- 어휘　1_종합편, 2_수능편

영어 문법·독해 훈련서

중학교 영어의 핵심 문법과 독해 스킬 공략으로
내신·서술형·수능까지 완성하는 단계별 훈련서

READING BITE
- 독해　PREP
　Grade 1, Grade 2, Grade 3

GRAMMAR BITE
- 문법　PREP
　Grade 1, Grade 2, Grade 3

내신 필수 기본서

자세하고 쉬운 설명으로 개념을 이해하고,
특별한 비법으로 시험에 대비하는 필수 기본서

엔픽
[2022 개정]
- 사회　①-1, ①-2, ②-1, ②-2
- 역사　①-1, ①-2, ②-1, ②-2
- 과학　1-1, 1-2, 2-1, 2-2

올리드
[2022 개정]
- 국어　(신유식) 1-1, 1-2, 2-1, 2-2
　　　(민병곤) 1-1, 1-2, 2-1, 2-2
- 영어　1-1, 1-2, 2-1, 2-2

[2015 개정]
- 국어　3-1, 3-2
- 영어　3-1, 3-2
- 수학　3(상), 3(하)
- 사회　②-1, ②-2
- 역사　②-1, ②-2
- 과학　3-1, 3-2

수학 개념·유형 훈련서

빠르게 반복하며 수학 실력을 제대로 완성하는
단계별 내신 완성 훈련서

개념 라:피트
[2022 개정]
- 수학　1-1, 1-2, 2-1, 2-2, 3-1, 3-2

유형 라:피트
[2022 개정]
- 수학　1-1, 1-2, 2-1, 2-2, 3-1, 3-2

개념수다
[2015 개정]
- 수학　3(상), 3(하)

올리드 유형완성
[2015 개정]
- 수학　3(상), 3(하)

내신 만점을 위한 **필수 기본서**

엔픽

중등 **역사**
1·1

nPick

바른답·알찬풀이

Mirae N 에듀

바른답 · 알찬풀이

바른답 알찬풀이

I. 역사 학습의 기초

주제 01 역사의 의미

개념 확인 문제
10쪽

1 (1)× (2)○ **2** (1)사실 (2)유물

대표 문제로 실력 쌓기
11쪽

1 ⑤ **2** ④

1 제시된 서술은 칭기즈 칸에 대해 부정적인 평가를 하고 있는데, 이는 기록으로서의 역사의 특징을 보여 준다. ⑤는 세종의 훈민정음 창제에 대한 주관적 평가가 담겨 있다.

바로 잡기 ①, ②, ③, ④는 과거에 일어났던 사실로서의 객관적인 역사 서술에 해당한다.

2 인류가 남긴 기록물, 인류가 남긴 물건인 유물, 인류가 남긴 자취인 유적 등을 역사 자료(사료)라고 한다.

바로 잡기 ④사료에는 과장되거나 잘못된 내용이 들어갈 수 있다. 이에 역사가는 사료 비판을 통해 사료에 나오는 내용을 철저하게 검증해야 한다.

실력 다지기
12~13쪽

01 ① **02** ⑤ **03** ⑤ **04** ① **05** ② **06** ⑤
07 ④ **08** ① **09** ③ **10** **예시 답안** 칭기즈 칸이 '몽골 부족을 통일하였다.'라고 서술한 것은 '사실로서의 역사'이고, '탁월한 리더십으로 세계 제국을 만든 영웅이다.'라고 서술한 것은 '기록으로서의 역사'의 성격을 띤다. **11** **예시 답안** 예수가 태어난 해를 기준으로 그 이전은 기원전, 그 이후는 기원후라고 해.

01 랑케는 역사가의 주관이 개입되지 않은 사실로서의 역사를 강조하였다. ①은 사실로서의 역사를 강조하는 입장에서 쓰인 역사 서술이다.

02 (가), (나) 모두 기록으로서의 역사의 입장을 반영한 서술이다. 신라의 삼국 통일에 대해 (가)는 긍정적, (나)는 부정적으로 평가하고 있어 같은 사건이라도 사관에 따라 다르게 기록될 수 있음을 알려 준다.

바로 잡기 ①『삼국사기』는 김부식이 쓴 역사서이다. ②(나)에 해당하는 설명이다. ③, ④(가), (나) 모두 역사가의 평가가 담겨 있어 기록으로서의 역사에 해당하는 서술이다.

03 역사 학습을 통해 과거 사례에서 교훈을 얻고, 현재 우리의 모습을 더 잘 이해할 수 있다. 또한 미래를 내다보는 안목과 역사

적 사고력을 기를 수 있다. 인류가 살아온 과거의 모습을 폭넓게 이해함으로써 다양한 사회와 문화를 존중하는 태도도 익힐 수 있다.

바로 잡기 ⑤자국 문화가 최고라는 태도는 자칫 다른 문화에 대한 배타성을 강조할 수 있기에 역사를 배우는 목적으로 바람직하지 않다.

04 역사를 학습할 때는 문화의 다양성을 이해하고 존중해야 한다.

바로 잡기 ②는 역사 학습의 목적으로 바람직하지 않다. 역사 학습의 목적 중 ③은 과거로부터 교훈 획득, ④는 역사적 사고력 향상, ⑤는 정체성 확립이라는 목적과 관련이 있다.

05 역사를 연구하는 데 재료가 되는 문헌이나 유물, 유적 등의 자료를 사료(역사 자료)라고 한다.

06 인류가 남긴 자취로 궁궐, 집터, 고분 등 옮길 수 없는 것을 유적이라 한다. 영국의 버킹엄 궁전, 서울 암사동의 움집 터는 유적에 해당한다.

바로 잡기 ㄱ, ㄴ은 유물에 해당한다.

07 밑줄 친 '이 과정'은 사료 비판의 과정이다. 역사가가 사료의 내용이 정확한 것인지 철저히 검증하는 과정을 사료 비판이라고 한다.

08 역사 자료를 수집하는 방법으로는 인터넷을 검색하거나 박물관, 도서관 등에 가서 자료를 구하는 방법이 있다. 또한 관련 장소를 답사하거나 전문가와 인터뷰할 수 있다. 최근에는 다양한 역사 자료를 디지털 아카이브에서도 구할 수 있다.

바로 잡기 ①인터넷에 있는 정보는 잘못된 정보도 많기 때문에 반드시 검증이 필요하다.

09 (가) 역사 자료의 분석과 해석 단계에서는 수집한 자료의 출처를 확인하고 자료 간 교차 검토를 실시하여 서로 모순된 내용이 없는지 확인한다.

바로 잡기 ㄱ은 역사자료 수집 단계, ㄹ은 탐구 결과의 정리 단계에서 할 수 있는 활동이다.

10 사실로서의 역사는 과거에 일어난 사실 그 자체를 의미하고, 기록으로서의 역사는 기록한 사람의 관점과 해석이 담긴 역사를 의미한다.

구분	채점 기준
상	사실로서의 역사와 기록으로서의 역사를 구분하여 모두 서술한 경우
하	사실로서의 역사와 기록으로서의 역사 중 한 가지만 서술한 경우

11 예수가 태어난 해를 기준으로 삼아 기원전과 기원후로 나누는 연대 표기 방법을 서기라고 한다.

구분	채점 기준
상	예수가 태어난 해를 기준으로 그 이전은 기원전, 그 이후는 기원후라고 서술한 경우
하	예수가 태어난 해를 기준으로 한다고만 서술한 경우

주제 **02** 인류의 출현과 선사 문화의 발전

개념 확인 문제

14쪽

1 (1)× (2)○ **2** (1)주먹도끼 (2)신석기

대표 문제로 **실력 쌓기**

15쪽

1 ③ **2** ②

1 빌렌도르프의 비너스상은 구석기 시대의 대표적인 유물이다. 구석기인들은 돌을 깨거나 떼어 내 만든 뗀석기를 사용하였다.

(바로잡기) ①, ②, ④, ⑤는 신석기 시대의 생활 모습이다.

2 제시된 유물은 빗살무늬 토기로, 신석기 시대에 사용하기 시작하였다. 신석기 시대에는 농경과 목축을 시작하였고, 한 곳에 정착하여 생활하는 등 인류 생활에 큰 변화가 나타났다.

(바로잡기) ②는 구석기 시대 사람들에 대한 설명이다.

실력 다지기

16~17쪽

01 ⑤ **02** ③ **03** ⑤ **04** ③ **05** ④ **06** ④
07 ⑤ **08** ③ **09** ④ **10** (예시 답안) 여인상을 만들어 다산과 풍요를 기원하였음 **11** (예시 답안) 농경과 목축이 시작되면서 식량을 생산하게 되었고, 한 곳에 마을을 이루어 정착 생활을 하였으며, 인구도 많이 증가하였다.

01 (가)에 들어갈 인류는 오스트랄로피테쿠스 아파렌시스이다. 오스트랄로피테쿠스 아파렌시스는 아프리카에서 출현한 최초의 인류이다.

02 밑줄 친 '이 인류'는 호모 네안데르탈렌시스로, 이들은 사람이 죽으면 매장하는 풍습이 있었다.

(바로잡기) ①, ④는 오스트랄로피테쿠스 아파렌시스, ②는 호모 사피엔스에 속하는 크로마뇽인, ⑤는 호모 에렉투스에 대한 설명이다.

03 구석기 시대에는 돌을 깨뜨리거나 떼어 내 만든 뗀석기를 사용하였다. 주먹도끼는 구석기 시대에 사용한 대표적인 뗀석기이다.

(바로잡기) ①, ②, ③, ④는 신석기 시대에 볼 수 있는 모습이다.

04 경기 연천 전곡리 선사 유적은 구석기 시대를 대표하는 유적이다. 구석기 시대에는 사냥과 채집, 물고기잡이를 하면서 이동 생활을 하였다. 구석기 시대 사람들은 뗀석기를 사용하였고 불을 이용하였으며, 동굴에 벽화를 그렸다.

(바로잡기) ③ 움집은 신석기 시대의 대표적인 주거지이다.

05 기원전 6000년경에 그려졌다는 내용을 통해 신석기 시대에 해당함을 알 수 있다. 신석기 시대에는 농경과 목축이 시작되면서 강가에 움집을 짓고 살았다.

(바로잡기) ①, ②는 구석기 시대 사람들에 대한 설명이다. ③ 직립 보행을 한 최초의 인류는 오스트랄로피테쿠스 아파렌시스이다. ⑤ 신석기 시대는 지배 계급과 피지배 계급이 나뉘지 않은 평등한 사회였다.

06 ㄴ은 갈판과 갈돌, ㄹ은 가락바퀴로 신석기 시대의 유물에 해당한다.

(바로잡기) ㄱ은 주먹도끼, ㄷ은 슴베찌르개로 구석기 시대의 유물이다.

07 신석기 시대에는 돌낫을 이용하여 곡식을 수확하고, 토기를 만들어 수확한 곡식을 저장하였다.

08 구석기 시대와 신석기 시대는 모두 돌을 이용해 도구를 제작하였고, 지배 계급과 피지배 계급이 뚜렷하지 않은 평등한 사회였다는 공통점이 있다.

09 (가)는 구석기 시대, (나)는 신석기 시대에 도구를 제작하는 모습이다. 신석기 시대에는 농경이 시작되면서 태양, 바람, 비 등 자연 현상을 중시하였고, 물과 바위 등 자연물에도 영혼이 있다고 믿었다.

(바로잡기) ①, ②는 (나) 신석기 시대의 생활 모습에 해당한다. ③은 (가) 구석기 시대의 생활 모습에 해당한다. ⑤ 구석기 시대와 신석기 시대 모두 돌을 이용해 도구를 만들었다.

엔픽 포인트 구석기 시대와 신석기 시대

구분	도구	생활	주거지
구석기 시대	뗀석기	사냥, 채집 → 이동 생활	동굴, 막집
신석기 시대	간석기	농경, 목축 → 정착 생활	움집

10 빌렌도르프의 비너스상은 구석기 시대의 대표적인 유물이다. 구석기인들은 여성의 특정 신체 부분을 부각하는 조각상을 만들어 다산과 풍요를 기원하였다.

구분	채점 기준
상	여인상을 만들어 다산과 풍요를 기원하였음을 서술한 경우
하	여인상을 만들었다고만 서술한 경우

11 신석기 시대에 신석기 혁명이 일어났다고 평가하는 것은 이 시기 인류의 삶에 혁명적인 변화가 나타났기 때문이다. 인류는 농경과 목축을 시작하면서 식량을 생산하게 되었다. 이로 인해 한 곳에 정착하였고, 인구가 크게 증가하였다.

구분	채점 기준
상	농경과 목축을 시작하면서 식량을 생산함, 정착 생활을 함, 인구가 증가함을 모두 서술한 경우
하	농경과 목축을 시작하였다고 서술하였으나 식량 생산, 정착 생활, 인구 증가는 미흡하게 서술한 경우

주제 03 고대 문명의 발생

개념 확인 문제
18쪽

1 (1)○ (2)× 2 (1)메소포타미아 (2)카스트제

대표 문제로 실력 쌓기
19쪽

1 ④ 2 ⑤

1 제시된 글은 메소포타미아 지역의 바빌로니아 왕국에서 만든 함무라비 법전의 내용이다. 함무라비 법전의 내용을 통해 복수주의적 성격과 형벌이 신분에 따라 차별적으로 적용되었음을 알 수 있다.
바로잡기 ㄱ은 인도 문명, ㄷ은 이집트 문명과 관련이 있다.

2 제시된 도표는 카스트제의 신분 구성을 나타낸 것이다. 인도 문명의 카스트제는 이주민인 아리아인이 원주민을 통치하기 위해 만든 신분 제도로, ㉠은 브라만, ㉡은 크샤트리아, ㉢은 바이샤, ㉣은 수드라이다.
바로잡기 ⑤ 카스트제에서는 카스트에 따라 사회적 지위와 직업이 정해졌고, 신분 이동이 금지되었다.

실력 다지기
20~23쪽

01 ⑤ 02 ② 03 ⑤ 04 ④ 05 ⑤ 06 ③
07 ⑤ 08 ④ 09 ④ 10 ① 11 ② 12 ③
13 ③ 14 ② 15 ① 16 ④ 17 ⑤ 18 ④

19 예시 답안 메소포타미아 문명은 개방적인 지형으로 외부의 침입을 많이 받으면서 죽은 뒤의 세계보다는 현세의 안정된 삶을 중시하였다.

20 예시 답안 신분에 따라 다르게 처벌한 조항에서 신분제 사회였음을 알 수 있다. 또한 은화로 배상한 것으로 화폐를 사용하였고, 사유 재산을 인정하였음을 알 수 있다.

01 4대 문명으로 메소포타미아 문명, 이집트 문명, 인도 문명, 중국 문명이 있다. 이들 고대 문명은 큰 강 유역에서 도시 국가를 형성하였고, 문자를 사용하였다. 또한 이들 문명에서는 계급이 발생하였다.
바로잡기 ⑤ 고대 문명은 청동기 문화를 바탕으로 성장하였다.

02 고대 문명은 모두 큰 강 유역에서 발생하였다는 공통점이 있다. 이 지역에서는 관개 시설을 만드는 데 많은 노동력이 필요하였기 때문에 여러 부족이 통합되고 도시가 생겨났다. 농업 생산량이 늘어나면서 잉여 생산물이 생겼고, 그 과정에서 문명이 발전하였다.
바로잡기 ㄱ, ㄴ은 문명의 발생 배경이 아니라 각각 헤브라이(ㄱ), 주 왕조(ㄴ)와 관련한 설명이다.

03 기원전 3500년경 메소포타미아 지역에서 세계 최초로 문명이 발생하였다. 이곳에 정착한 수메르인은 우르, 라가시 등 여러 도시 국가를 세웠다.

04 밑줄 친 '이 문명'은 쐐기 문자를 사용한 것을 통해 메소포타미아 문명임을 알 수 있다. 메소포타미아 문명에서는 태음력과 60진법을 사용하였다.
바로잡기 ①은 주 왕조, ②는 헤브라이, ③은 이집트 문명, ⑤는 페니키아에 대한 설명이다.

05 ㉠은 바빌로니아 왕국이다. 청동기 문화를 바탕으로 발전한 바빌로니아 왕국은 기원전 1500년경 철제 무기를 사용하는 히타이트인에게 멸망하였다.
바로잡기 ①은 인도 문명, ②, ③은 이집트 문명, ④는 페니키아에 대한 설명이다.

06 고대 이집트인은 죽은 사람이 내세에서 부활한다고 믿어 죽은 사람을 미라로 만들고, 「사자의 서」를 제작해 무덤에 함께 묻었다.
바로잡기 ①은 헤브라이, ②는 바빌로니아 왕국, ④는 인도 문명, ⑤는 상 왕조와 관련된 내용이다.

07 ㉠은 이집트 문명이다. 이집트인은 사후 세계를 중시하여 죽은 사람을 위해 「사자의 서」를 만들었다. 「사자의 서」는 죽은 자가 사후 세계에서 만나게 되는 어려움을 극복할 수 있도록 도와주는 안내서이다.
바로잡기 ①은 메소포타미아 문명의 쐐기 문자가 새겨진 진흙판, ②는 인도 문명의 동물 인장, ③은 상 왕조의 청동 솥(사모무방정), ④는 메소포타미아 문명의 지구라트이다.

08 메소포타미아 문명은 개방적 지형으로 이민족의 침입이 끊이지 않았고, 이로 인해 내세보다 현세를 중시하였다. 반면 이집트 문명은 폐쇄적 지형으로 현세보다는 내세에 관심을 두었다. 또한 메소포타미아 문명은 60진법을 사용하였고, 이집트 문명은 10진법을 사용하였다.
바로잡기 ④ 메소포타미아 문명은 태음력, 이집트 문명은 태양력을 사용하였다.

09 (가)는 페니키아이다. 페니키아인이 사용한 표음 문자는 그리스와 로마 문자에 영향을 주어 알파벳의 기원이 되었다. 페니키아인은 지중해의 해상 무역을 주도하면서 카르타고 등 많은 식민 도시를 건설하였다.

10 헤브라이인은 기원전 1100년경 팔레스타인 지방에 정착하여 헤브라이 왕국을 세웠다. 이들은 여호와를 유일신으로 숭배하는 유대교를 믿었다.
바로잡기 ②는 이집트 문명, ③은 페니키아, ④, ⑤는 바빌로니아 왕국과 관련한 설명이다.

11 인도에서 가장 오래된 계획도시이며, 도시 중앙에 큰 목욕장이 있는 곳은 모헨조다로이다. 모헨조다로에서는 도시 유적과 함께 동물이 새겨진 인장과 인물상 등이 발견되었다.
바로잡기 ①은 중국 문명, ③, ④는 메소포타미아 문명, ⑤는 상 왕조와 관련된 설명이다.

12 (가)는 아리아인으로, 이들은 원주민을 통치하기 위해 카스트제를 만들었다. 최상위 신분인 브라만이 복잡한 제사 의식을 주관하는 과정에서 브라만교가 성립하였다.

13 카스트제의 신분 구성은 가장 높은 계급부터 브라만, 크샤트리아, 바이샤, 수드라 순이다.

14 (가)는 미라를 만드는 모습으로 이집트 문명, (나)는 동물 인장으로 인도 문명과 관련이 있다. 이집트인은 나일강 유역에서 자라는 파피루스에 사물의 모양을 본떠 만든 상형 문자로 기록을 남겼다.
바로잡기 ①은 인도 문명, ③은 이집트 문명, ④는 페니키아와 관련된 설명이다. ⑤ 이집트 문명과 인도 문명은 바빌로니아 왕국에 의해 멸망하지 않았다.

15 중국의 상 왕조는 전쟁이나 제사 등 중요한 일을 결정할 때 점을 쳤다. 점을 친 내용과 결과는 거북의 배딱지나 동물의 뼈에 새겼는데, 이를 갑골문이라 한다.
바로잡기 ②, ③은 이집트 문명, ④, ⑤는 인도 문명에 대한 설명이다.

16 청동 솥(사모무방정), 갑골문을 남긴 문명은 중국의 상이다. 청동 솥은 상의 왕이 하늘에 제사를 지낼 때 사용하였다. 갑골문은 국가의 중대사를 결정할 때 점을 쳐서 신의 뜻을 묻고 그 결과를 새겨 놓은 것이다.

17 지도에 표시된 것처럼 호경, 낙읍을 수도로 삼았던 (가) 왕조는 주이다. 상의 서쪽에서 출현한 주는 기원전 11세기경에 상을 무너뜨리고 영토를 확장하였다.

엔픽 포인트 상 왕조와 주 왕조

구분	상 왕조	주 왕조
건국	기원전 1600년경	기원전 1100년경
수도	은허	호경→낙읍
정치 제도	신권 정치	봉건제 실시

18 제시된 자료는 봉건제를 보여 준다. 봉건제는 주가 운영한 통치 제도로 왕은 수도 일대를 직접 다스리고 나머지 지역은 제후에게 통치를 맡겼다. 시간이 지나면서 혈연관계가 약해지고 주 왕실의 통제력이 약화되었다.
바로잡기 ㄱ. 주가 운영한 통치 제도이다. ㄷ. 혈연관계를 바탕으로 제후에게 토지를 분배하였다.

19 메소포타미아 지역은 이집트 지역과 달리 개방적인 지형으로 전쟁이 끊이지 않았다. 이에 사람들은 내세보다는 현세의 안정된 삶을 더 중요하게 생각하였다.

구분	채점 기준
상	개방적 지형, 외부의 잦은 침입, 현세의 삶 중시를 모두 서술한 경우
중	개방적 지형, 외부의 잦은 침입, 현세의 삶 중시 중 두 가지를 서술한 경우
하	개방적 지형, 외부의 잦은 침입, 현세의 삶 중시 중 한 가지만 서술한 경우

엔픽 포인트 메소포타미아 문명과 이집트 문명

구분	메소포타미아 문명	이집트 문명
지형	개방적 지형	폐쇄적 지형
내세관	현세 중시	영혼 불멸을 믿음
문자	쐐기 문자	상형 문자
달력	태음력	태양력
대표 유적	지구라트	피라미드

20 함무라비 법전의 신분에 따라 다르게 처벌하는 조항을 통해 바빌로니아 왕국이 신분제 사회였음을 알 수 있다. 또한 은화로 배상하는 것을 통해 화폐가 유통되었고, 사유 재산이 있었음을 파악할 수 있다.

구분	채점 기준
상	신분제 사회, 화폐 사용, 사유 재산 인정 중 두 가지를 서술한 경우
하	신분제 사회, 화폐 사용, 사유 재산 인정 중 한 가지만 서술한 경우

주제 **04** 페르시아 제국의 발전

개념 확인 문제
24쪽

1 (1)× (2)◯　**2** (1)'왕의 길' (2)조로아스터교

대표 문제로 **실력 쌓기**
25쪽

1 ⑦　**2** ⑤

1 지도의 (가) '왕의 길'을 건설한 것은 아케메네스 왕조 페르시아이다. 아케메네스 왕조 페르시아는 다리우스 1세 때 이집트와 지중해 연안, 인더스강 유역에 이르는 대제국을 건설하며 전성기를 맞이하였다.
바로 잡기 ⑦ 아케메네스 왕조 페르시아는 관용 정책을 펼쳤다.

2 사진은 페르세폴리스 궁전의 만국의 문이다. 페르세폴리스 궁전에는 당시 서아시아 일대의 다양한 건축 양식이 녹아 있는데, 이를 통해 페르시아 문화의 국제적인 성격을 알 수 있다.
바로 잡기 ①은 헤브라이, ②는 이집트 문명, ③은 인도 문명, ④는 페니키아와 관련된 설명이다.

실력 **다지기**
26~27쪽

01 ③　**02** ④　**03** ④　**04** ⑤　**05** ②　**06** ③
07 ①　**08** ③　**09** ⑤　**10 예시 답안** 아케메네스 왕조 페르시아, 아케메네스 왕조 페르시아는 피정복민의 종교와 관습을 존중하는 관용 정책을 추진하였다. **11 예시 답안** 왕의 명령을 빠르게 전달할 수 있었고, 세금을 효율적으로 거둘 수 있었다.

01 ㉠은 아시리아이다. 아시리아는 우수한 철제 무기, 기마 전술, 전차를 앞세워 여러 나라를 정복하였다. 그러나 피정복민에 대한 강압적 통치로 각지에 반란이 일어나면서 멸망하였다.
바로 잡기 ㄱ, ㄹ은 아케메네스 왕조 페르시아에 대한 설명이다.

02 페르세폴리스 궁전을 건설한 왕은 다리우스 1세이다. 그는 대제국을 효율적으로 통치하기 위해 전국을 20개 주로 나누어 총독을 파견하였다.
바로 잡기 ① 아시리아는 각지에서 일어난 반란으로 멸망하였다. ②는 중국 상 왕조, ③은 인도 문명, ⑤는 이집트 문명과 관련된 설명이다.

03 '왕의 길'을 건설한 왕조는 아케메네스 왕조 페르시아이다. 아케메네스 왕조 페르시아는 피정복민에게 세금을 걷는 대신 그들의 종교와 관습을 존중하는 관용 정책을 펼쳤다.
바로 잡기 ①은 메소포타미아 문명, ②는 바빌로니아 왕국에 대한 설명이다. ③ 아케메네스 왕조 페르시아는 그리스와의 전쟁에서 패하였다. ⑤는 파르티아에 대한 설명이다.

04 (가) 왕조는 아케메네스 왕조 페르시아로, 다리우스 1세 때 수도 페르세폴리스를 세웠다. 아케메네스 왕조 페르시아의 키루스 2세 원통에는 이 왕조가 실시한 관용 정책에 대한 글이 새겨져 있다. 아케메네스 왕조 페르시아에서는 유리 공예와 금속 공예가 발달하였다.
바로 잡기 ⑤ 카르타고 등의 식민 도시를 건설한 것은 페니키아이다.

05 아케메네스 왕조 페르시아는 기원전 5세기경 그리스와의 전쟁에서 패한 후 지방 총독들이 반란을 일으키면서 국력이 쇠퇴하였다. 결국 알렉산드로스에게 정복당하였다.

06 아시리아가 서아시아 지역을 통일한 것은 기원전 7세기경, 파르티아가 건국된 것은 기원전 3세기경이다. 이 시기 사이에 아케메네스 왕조 페르시아가 번성하였다가 멸망하였다.
바로 잡기 ③ 함무라비 법전은 아시리아가 서아시아를 통일하기 전에 편찬되었다.

07 파르티아는 중국과 로마를 연결하는 동서 무역로를 장악하면서 중계 무역으로 번영을 누렸다.
바로 잡기 ②는 아시리아, ③, ④는 아케메네스 왕조 페르시아에 대한 설명이다. ⑤ 파르티아는 사산 왕조 페르시아에 멸망하였다.

08 아케메네스 왕조 페르시아에서는 다양한 민족의 관습과 문화를 존중하면서 국제적인 문화가 발전하였다. 또한 화려하고 아름다운 황금 공예품을 많이 제작하였다.

09 ㉠에 들어갈 종교는 조로아스터교이다. 페르시아인들은 마지막 심판의 날에 선과 빛의 신 아후라 마즈다가 승리하며, 인간은 신의 구원을 통해 천국에 갈 수 있다고 믿었다.

10 아케메네스 왕조 페르시아의 키루스 2세가 남긴 키루스 2세의 원통에는 피정복민의 전통과 신앙을 존중하겠다는 취지를 밝힌 칙령 내용이 있다.

구분	채점 기준
상	아케메네스 왕조가 관용 정책을 추진하였다고 서술한 경우
중	아케메네스 왕조 페르시아를 언급하지 않고 관용 정책을 추진하였다고 서술한 경우
하	아케메네스 왕조 페르시아만 서술한 경우

11 다리우스 1세는 '왕의 길'이라는 도로를 건설하였다. 이로써 왕의 명령을 빠르게 전달하고, 세금을 효율적으로 거두었다.

구분	채점 기준
상	왕의 명령 전달, 세금 징수의 효율성 증대를 모두 서술한 경우
하	왕의 명령 전달, 세금 징수의 효율성 증대 중 한 가지만 서술한 경우

개념 확인 문제 28쪽

1 (1) ○ (2) × **2** (1) 페리클레스 (2) 스파르타

대표 문제로 실력 쌓기 29쪽

1 ③ **2** ④

1 제시된 글은 페리클레스의 연설이다. 아테네의 페리클레스는 관리에게 공무 수당을 지급하여 가난한 시민도 정치에 참여할 수 있도록 하였다.

바로 잡기 ①은 클레이스테네스, ②는 스파르타, ④는 솔론과 관련된 설명이다. ⑤아테네에서는 여성, 외국인, 노예에게는 참정권을 부여하지 않았다.

2 지도와 같은 영역을 차지한 제국은 알렉산드로스 제국이다. 마케도니아의 왕 알렉산드로스는 동방 원정을 실시하여 영토를 확장하였다. 그는 정복지에 자신의 이름을 딴 알렉산드리아를 건설하고 그리스인을 이주시켰다. 알렉산드로스의 동방 원정으로 헬레니즘 문화가 발달하였다.

바로 잡기 ④는 아테네와 관련된 설명이다.

실력 다지기 30~31쪽

01 ⑤ **02** ① **03** ① **04** ③ **05** ③ **06** ⑤
07 ① **08** ⑤ **09** ④ **10** 예시 답안 소피스트는 진리의 상대성과 주관성을 강조하였고, 소크라테스는 보편적이고 절대적인 진리를 주장하였다. **11** 예시 답안 알렉산드로스의 동방 원정으로 그리스 문화와 동방 문화가 융합하여 헬레니즘 문화가 등장하였다.

01 밑줄 친 '도시 국가'는 그리스의 폴리스이다. 대표적 폴리스로는 아테네, 스파르타가 있다. 그리스인은 여러 폴리스로 나뉘었으나, 같은 언어를 사용하고 올림피아 제전을 열어 동족 간의 결속을 다졌다. 폴리스에는 종교 생활과 군사의 거점인 아크로폴리스, 상업과 토론 활동이 이루어지는 아고라가 있었다.

바로 잡기 ⑤는 알렉산드로스 제국에 대한 설명이다.

02 ⑦은 솔론으로, 솔론은 신분 대신 재산을 기준으로 참정권을 부여하는 개혁을 실시하였다.

03 (가)는 페리클레스이다. 페리클레스는 민회를 강화하고, 대부분의 관리를 추첨제로 뽑아 이들에게 공무 수당을 지급하였다.

바로 잡기 ②는 호메로스, ③은 클레이스테네스, ④는 스파르타와 관련된 설명이다. ⑤ 아테네는 외국인에게 참정권을 부여하지 않았다.

엔픽 포인트 아테네의 주요 정치가

솔론	신분 대신 재산을 기준으로 참정권 부여
클레이스테네스	혈연 중심의 부족제를 거주지 중심으로 개편, 도편 추방제 시행
페리클레스	민회 강화, 공무 수당 도입, 관리 추첨제 시행

04 ⑦은 스파르타이다. 스파르타는 소수의 시민이 대다수의 피정복민을 감시하고 통제하기 위해 강력한 군사 통치 체제를 실시하였다.

바로 잡기 ㄱ, ㄹ은 아테네에 대한 설명이다.

05 페르시아의 공격을 막아 낸 그리스 폴리스들은 델로스 동맹과 펠로폰네소스 동맹으로 나뉘어 대립하였다(펠로폰네소스 전쟁). 이후 그리스 세계는 쇠퇴하다가 결국 마케도니아에 정복되었다.

06 그리스에서는 문학에서 호메로스가 『오디세이』 등을 썼고, 역사에서는 헤로도토스가 『역사』를 저술하였다. 또한 그리스에서는 합리적인 문화가 발달하면서 철학에서 소크라테스가 절대적인 진리를 주장하였다.

바로 잡기 ⑤는 헬레니즘 문화에 대한 설명이다. 알렉산드로스 제국 성립 이후 폴리스 중심의 공동체 의식이 줄어들고 세계 시민주의가 확산되었다.

07 황금 비율로 지어진 파르테논 신전 등의 건축에서 조화와 균형을 강조한 그리스 문화의 특징을 엿볼 수 있다.

바로 잡기 ②는 아케메네스 왕조 페르시아의 문화, ③, ④, ⑤는 헬레니즘 문화의 특징과 관련이 있다.

08 (가) 인물은 알렉산드로스이다. 알렉산드로스는 정복지 곳곳에 알렉산드리아라는 도시를 세워 그리스인을 이주시켰고, 그리스어를 공용어로 사용하며 그리스 문화를 전파하였다.

바로 잡기 ⑤ 수도와 주요 도시를 잇는 '왕의 길'을 건설한 것은 아케메네스 왕조 페르시아의 다리우스 1세이다.

09 라오콘상은 인간의 감정을 생동감 있게 표현한 작품으로, 헬레니즘 문화를 대표하는 문화유산이다.

바로 잡기 ①은 메소포타미아 문명의 쐐기 문자를 새긴 진흙판, ②는 인도 문명의 인물상, ③은 아케메네스 왕조 페르시아의 페르세폴리스 궁전의 만국의 문, ⑤는 그리스의 아테나 여신상이다.

엔픽 포인트 그리스 문화와 헬레니즘 문화

구분	그리스 문화	헬레니즘 문화
특징	인간 중심적, 합리적 문화	개인주의, 세계 시민주의
철학	소피스트, 소크라테스	스토아학파, 에피쿠로스학파
건축·조각	파르테논 신전	라오콘상, 밀로의 비너스상

10 기원전 5세기 무렵 소피스트가 등장해 진리의 주관성과 상대성을 강조하였다. 반면 소크라테스는 진리의 객관성과 절대성을 주장하며 소피스트를 비판하였다.

구분	채점 기준
상	소피스트와 소크라테스의 주장을 모두 서술한 경우
하	소피스트와 소크라테스의 주장 중 한 가지만 서술한 경우

11 알렉산드로스의 동방 원정으로 그리스 문화가 확산하면서 그리스 문화와 동방 문화가 융합한 헬레니즘 문화가 등장하게 되었다.

구분	채점 기준
상	알렉산드로스의 동방 원정과 그리스 문화·동방 문화의 융합을 연결하여 서술한 경우
하	알렉산드로스의 동방 원정, 그리스 문화·동방 문화의 융합 중 한 가지만 서술한 경우

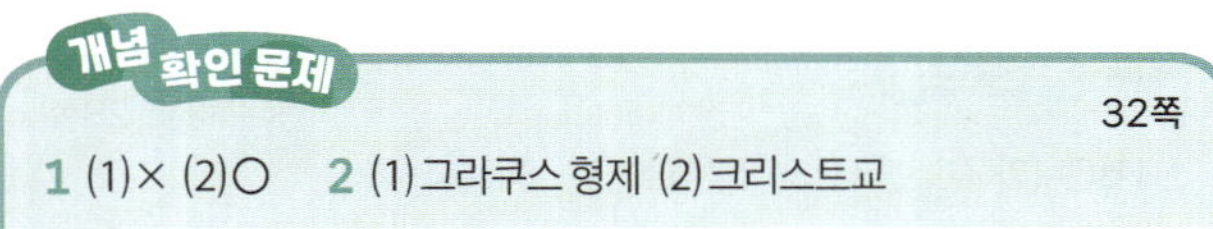

주제 06 로마 제국의 발전

개념 확인 문제
32쪽

1 (1)× (2)○　**2** (1)그라쿠스 형제 (2)크리스트교

대표 문제로 **실력 쌓기**
33쪽

1 ①　**2** ②

1 그라쿠스 형제는 로마-카르타고 전쟁(포에니 전쟁) 이후 대농장의 확대, 자영농의 몰락이라는 사회 문제를 해결하기 위해 개혁을 추진하였다.

2 로마는 도시 곳곳에 콜로세움, 개선문, 공중목욕탕, 수도교, 판테온 신전 등 규모가 크고 실용적인 건축물을 세웠다.

실력 다지기
34~35쪽

01 ④　**02** ③　**03** ④　**04** ⑤　**05** ③　**06** ③
07 ②　**08** ①　**09** ③　**10** 예시 답안 콘스탄티누스 대제, 로마의 수도를 콘스탄티노폴리스로 옮겨 로마의 부흥을 꾀하였다.
11 (1) (가) 시민법, (나) 만민법 (2) 예시 답안 시민법은 로마 시민에게 적용되는 법이지만, 만민법은 로마의 지배를 받는 제국 내의 모든 민족에 적용되는 법이다.

01 로마 공화정은 ㉠ 원로원, ㉡ 집정관, ㉢ 민회가 세력 균형을 이루었다.

엔픽 포인트 로마의 공화정

원로원	300명, 임기 종신, 국정 자문
집정관	2명으로 구성, 매년 선출, 행정·군사 통솔
민회	모든 시민 참여, 집정관 선출

02 밑줄 친 '이 관직'은 호민관이다. 로마에서는 상공업의 발달로 부유해진 평민이 군대의 주력이 되면서 정치적 권리를 요구하였다. 그 결과 평민의 권리를 보호하는 호민관을 선출하게 되었다.

03 세 차례에 걸쳐 일어난 로마-카르타고 전쟁(포에니 전쟁)에서 로마는 카르타고를 물리치고 지중해 일대를 장악하였다.

04 로마-카르타고 전쟁 이후 대농장(라티푼디움) 경영으로 자영농이 몰락하면서 로마 공화정에 위기가 찾아왔다. 그라쿠스 형제가 개혁을 추진하였으나 실패로 끝났고 이후 카이사르가 군사력을 기반으로 권력을 장악하였다.

05 그라쿠스 형제는 귀족들의 대토지 소유를 제한하고 빈민에게 싼 값으로 곡물을 분배함으로써 자영농을 육성하려 하였다.

06 카이사르가 죽은 후 옥타비아누스가 혼란을 수습하고 로마의 군사권과 행정권을 장악하였다. 원로원은 그에게 '아우구스투스(존엄한 자)'라는 칭호를 주었고 옥타비아누스는 실질적인 황제가 되어 제정 시대를 열었다.

07 (가) 군대의 정치 개입으로 황제가 자주 교체되면서 로마 제정은 위기를 맞았다. (라) 디오클레티아누스의 제국 4분할 통치, (나) 콘스탄티누스 대제의 크리스트교 공인 등으로 로마 제국은 부흥을 꾀하였으나, (다) 로마 제국은 결국 동로마와 서로마로 분열되었다.

08 로마에서는 수돗물을 공급하기 위해 수도교를 건설하였다.
   바로잡기 ②는 메소포타미아 문명의 지구라트, ③은 그리스의 파르테논 신전, ④는 헬레니즘 시대의 라오콘상, ⑤는 헬레니즘 시대의 밀로의 비너스상이다.

09 유일신을 숭배하는 크리스트교도들이 황제 숭배를 우상 숭배라 여겨 거부하자, 로마는 이들을 탄압하였다.

10 콘스탄티누스 대제는 밀라노 칙령으로 크리스트교를 공인하였으며, 로마의 수도를 콘스탄티노폴리스로 옮겨 로마의 부흥을 꾀하였다.

구분	채점 기준
상	콘스탄티누스 대제를 쓰고, 콘스탄티노폴리스로 수도를 옮겼다고 서술한 경우
중	콘스탄티노폴리스로 수도를 옮겼다고 서술한 경우
하	콘스탄티누스 대제만 쓴 경우

11 시민법은 로마 시민에게 적용되는 법이다. 이는 로마가 제국으로 발전함에 따라 로마의 지배를 받는 제국 내의 모든 민족에 적용되는 만민법으로 확대되었다.

구분	채점 기준
상	시민법과 만민법의 특징을 모두 서술한 경우
하	시민법과 만민법의 특징 중 한 가지만 서술한 경우

주제 07 춘추 전국 시대와 진·한의 발전

개념 확인 문제
36쪽

1 (1)× (2)○　2 (1)유가 (2)장건

대표 문제로 실력 쌓기
37쪽

1 ⑤　2 ①

1 지도는 춘추 전국 시대의 형세를 나타낸 것이다. 춘추 전국 시대에는 철기의 보급으로 농업 생산량이 늘어났으며, 상공업이 발달하였다. 철제 무기의 사용으로 전쟁 규모가 확대되었다.
   바로잡기 ①, ④는 한, ②는 진, ③은 신에서 있었던 일이다.

2 진의 시황제는 황제라는 칭호를 사용하고, 도로망을 정비하였으며, 화폐·도량형·문자 등을 통일하였다. 또한 분서갱유를 통해 사상을 통제하는 한편 흉노를 견제하고자 만리장성을 쌓았으며, 베트남 북부 지역까지 영토를 확장하였다.
   바로잡기 ① 시황제는 군현제를 시행하였다. 군국제를 시행한 것은 한의 고조이다.

엔픽 포인트 시황제의 정책

중앙 집권 정책	황제 칭호 사용, 군현제 실시, 도로망 정비, 통일 정책 실시(화폐, 문자, 도량형), 분서갱유 단행
대외 정책	만리장성 축조, 베트남 북부까지 영토 확장

실력 다지기
38~39쪽

01 ②　02 ⑤　03 ①　04 ③　05 ②　06 ④
07 ④　08 ②　09 ②　10 ①　11 예시 답안 화폐, 도량형 등을 통일하면서 상업 활동이 활발해졌고, 세금 징수가 편리해졌다. 또한 문자를 통일함으로써 행정의 효율성을 높여 중앙 집권 체제를 강화할 수 있었다.　12 (1) 장건 (2) 예시 답안 장건의 서역 파견을 계기로 한의 영역이 서쪽으로 확대되고, 비단길이 개척되어 이후 동서 교류가 활발해졌다.

01 춘추 전국 시대에는 철제 농기구와 소를 이용한 농사법이 보급되면서 농업 생산량이 증가하였다.
   바로잡기 ㄴ은 진, ㄹ은 한과 관련된 설명으로, 춘추 전국 시대의 농업 생산량 증가와 관련이 없다.

02 제자백가 중 묵가는 차별 없는 사랑과 평화를 강조하였고, 유가는 인과 예를 바탕으로 한 도덕 정치를 주장하였다.

03 밑줄 친 '이 황제'는 진의 시황제이다. 시황제는 도로망을 건설하고 만리장성을 축조하였다. 그는 황제라는 칭호를 처음 사용하였고, 법가 사상에 바탕을 둔 통치를 실시하였다.

바로잡기 ① 시황제는 중앙 집권 체제를 강화하기 위해 군현제를 실시하였다.

04 진의 시황제는 법가 사상 서적과 실용 서적 외의 모든 책을 불태우고 유생을 구덩이에 묻어 죽이는 분서갱유를 단행하였다. 이로써 사상을 통제하고 반대 세력을 억눌렀다.

05 (가)는 한 고조(유방)이다. 고조는 중국을 재통일하고, 봉건제과 군현제를 절충한 군국제를 실시하였다.

바로잡기 ①은 한 무제, ③은 도가의 노자 등, ④는 왕망, ⑤는 진의 시황제와 관련된 설명이다.

06 한 무제는 소금과 철, 술을 국가가 독점하여 판매하는 전매제를 실시하여 국가 재정을 확보하고자 하였다.

바로잡기 ①, ②는 진의 시황제가 실시한 정책이다. ③, ⑤는 한 무제가 중앙 집권 체제를 강화하기 위해 실시한 정책으로, (가)에 들어갈 내용으로는 적절하지 않다.

엔픽 포인트 한 무제의 정책

중앙 집권 강화	군현제 확대, 유교를 통치 이념으로 채택
대외 원정	흉노 정벌, 남월·고조선 정복, 장건의 서역 파견
경제 정책	소금, 철, 술의 전매제 실시

07 진의 시황제는 흉노의 침입을 막기 위해 만리장성을 축조하였으며, 한의 무제는 대월지와 연합하여 흉노를 공격하고자 장건을 서역에 파견하였다.

08 (가) 왕망의 신 건국 – (다) 광무제의 후한 건국 – (나) 황건적의 난 발발의 순서로 일어났다.

09 후한 말 황건적의 난을 비롯한 농민 봉기가 일어나고, 호족이 각지에서 봉기하면서 후한은 멸망하였다.

바로잡기 ㄴ, ㄹ은 진이 멸망한 배경에 해당한다.

10 밑줄 친 '이 왕조'는 한이다. 한대에는 유교를 통치 이념으로 채택하였고, 경전을 바르게 해석하고 주석을 다는 훈고학이 발달하였다. 이 시기 채륜이 종이 만드는 기술을 개량하였고, 비단길을 따라 인도의 불교가 중국에 전래되었다.

바로잡기 ①은 춘추 전국 시대와 관련된 설명이다.

11 진의 시황제는 물자 유통, 세금 징수, 문서 행정 등의 효율성을 높이기 위해서 화폐, 도량형, 문자 등을 통일하는 정책을 펼쳤다.

구분	채점 기준
상	상업 활동이 활발해짐, 세금 징수의 편리, 행정의 효율성 증대를 모두 서술한 경우
중	상업 활동이 활발해짐, 세금 징수의 편리, 행정의 효율성 증대 중 두 가지를 서술한 경우
하	상업 활동이 활발해짐, 세금 징수의 편리, 행정의 효율성 증대 중 한 가지만 서술한 경우

12 한 무제는 대월지와 연합하여 흉노를 공격하고자 장건을 서역에 파견하였다. 대월지와의 동맹에는 실패하였지만 장건의 서역 파견을 계기로 한의 영역이 서쪽으로 확대되고, 비단길이 개척되어 동서 교류가 활발해졌다.

구분	채점 기준
상	장건의 서역 파견으로 비단길이 개척되어 동서 교류가 활발해졌다고 서술한 경우
중	비단길이 개척되어 동서 교류가 활발해졌다고 서술한 경우
하	장건을 서역에 파견하였다라고만 서술한 경우

 불교문화의 형성과 확산

개념 확인 문제
40쪽

1 (1)× (2)○ **2** (1)상좌부 (2)카니슈카왕

대표 문제로 실력 쌓기
41쪽

1 ④ **2** ⑤

1 사진은 아소카왕이 건립한 산치 대탑이다. 아소카왕은 남부를 제외한 인도 대부분 지역을 통일하고 도로와 관개 시설을 정비하여 중앙 집권 체제를 강화하였다. 또한 전국에 사원과 탑을 세우는 등 상좌부 불교를 장려하였다.
바로잡기 ④ 비단길을 장악하고 후한과 로마를 연결하는 중계 무역으로 번성한 것은 쿠샨 왕조이다.

2 알렉산드로스의 원정으로 인도의 간다라 지방에 전파된 헬레니즘 문화가 인도 문화와 결합하면서 간다라 양식이 등장하였다.

실력 다지기
42~43쪽

01 ④ **02** ② **03** ⑤ **04** ④ **05** ② **06** ④
07 ④ **08** ① **09** **예시 답안** 사회적·경제적으로 성장한 크샤트리아와 바이샤 계급이 브라만 중심의 카스트 사회에 불만을 갖고 불교의 가르침을 수용하였다. **10** (1) 대승 불교 (2) **예시 답안** 대승 불교는 중앙아시아를 거쳐 동아시아 지역으로 전파되었다.

01 카스트제에서 정치·군사를 담당한 크샤트리아와 생산을 담당한 바이샤는 브라만교의 형식적인 제사 의식과 카스트제의 신분 차별을 비판하였다.

02 밑줄 친 '이 종교'는 불교이다. 불교는 자비와 평등을 강조하였으며, 수행을 통한 해탈을 목표로 하였다.
바로잡기 ①, ⑤는 조로아스터교, ③은 제자백가 중 법가, ④는 브라만교에 대한 설명이다.

03 알렉산드로스의 침입으로 혼란스러운 북인도 지역에서 찬드라굽타 마우리아가 마우리아 왕조를 세웠다. 이후 아소카왕이 정복 전쟁을 펼쳐 남부를 제외한 인도 대부분 지역을 통일하였다.

04 (가)는 마우리아 왕조이다. 아소카왕은 남부를 제외한 인도 대부분 지역을 통일하여 전성기를 이룩하였다. 그는 도로를 정비하고 전국에 관리를 파견하는 등 중앙 집권 체제를 강화하였다.
바로잡기 ①, ②, ③, ⑤는 쿠샨 왕조와 관련된 내용이다.

05 자료는 아소카왕의 돌기둥 사진과 돌기둥에 새겨진 글이다. 아소카왕은 정복 전쟁의 잔혹함을 참회하며 불교를 적극 장려하였다. 전국에 사원과 탑을 많이 세웠는데 산치 대탑이 대표적이다.
바로잡기 ①은 카니슈카왕, ③은 파르티아, 쿠샨 왕조, ④는 아케메네스 왕조 페르시아, ⑤는 찬드라굽타 마우리아와 관련된 설명이다.

06 (가)는 쿠샨 왕조이다. 쿠샨 왕조는 동서 무역로를 장악하여 중계 무역으로 번성하였다.
바로잡기 ① 카스트제는 아리아인의 인도 침입 과정에서 성립하였다. ②, ③, ⑤는 마우리아 왕조에 대한 설명이다.

07 (가)는 상좌부 불교로 개인의 해탈을 강조하였으며, 마우리아 왕조에서 유행하였다. (나)는 대승 불교로 중생의 구제를 강조하였으며, 쿠샨 왕조에서 발전하여 간다라 미술과 함께 동아시아에 전파되었다.

엔픽 포인트 상좌부 불교와 대승 불교

구분	상좌부 불교	대승 불교
발전 시기	마우리아 왕조	쿠샨 왕조
교리	개인의 해탈 강조	중생의 구제 강조
전파 지역	동남아시아 및 실론	동아시아

08 간다라 양식이 등장하면서 곱슬머리, 깊은 눈, 오뚝한 콧날 등을 특징으로 하는 간다라 불상이 제작되었다.
바로잡기 ②는 아소카왕의 돌기둥, ③은 로마의 콜로세움, ④는 산치 대탑, ⑤는 헬레니즘 문화의 밀로의 비너스상이다.

09 기원전 7세기경 인도의 갠지스강 유역에 철기 문화가 널리 퍼지면서 정복 전쟁이 활발해지고 농업과 상업이 발달하였다. 이에 크샤트리아와 바이샤가 사회적·경제적으로 성장하였다. 이들은 브라만 중심의 카스트 사회에 불만을 갖고 불교의 가르침을 수용하였다.

구분	채점 기준
상	크샤트리아와 바이샤 계급이 사회적·경제적으로 성장함, 카스트 사회에 불만을 가졌음을 모두 서술한 경우
하	크샤트리아와 바이샤 계급의 성장, 카스트 사회에 불만을 가졌다는 내용 중 한 가지만 서술한 경우

10 쿠샨 왕조 시기에는 중생의 구제를 강조하는 대승 불교가 발달하였다. 대승 불교는 비단길을 따라 중앙아시아를 거쳐 동아시아 지역으로 전파되었다.

구분	채점 기준
상	대승 불교가 동아시아 지역으로 전파되었음을 서술한 경우
하	대승 불교의 전파 지역을 서술하였으나 미흡한 경우

Ⅰ~Ⅲ단원 표와 자료로 정리하기 (한 번 더) 44~45쪽

주제 01 ❶ 객관적 ❷ 기록
주제 02 ❶ 호모 사피엔스 ❷ 움집
주제 03 ❶ 지구라트 ❷ 브라만교 ❸ 갑골문 ❹ 브라만
주제 04 ❶ '왕의 길' ❷ 관용 정책 ❸ 조로아스터교
  ❹ 다리우스 1세
주제 05 ❶ 솔론 ❷ 스파르타 ❸ 알렉산드리아
주제 06 ❶ 호민관 ❷ 그라쿠스 형제 ❸ 콘스탄티노폴리스
  ❹ 로마의 평화
주제 07 ❶ 제자백가 ❷ 군현제 ❸ 채륜 ❹ 장건 ❺ 비단길
주제 08 ❶ 고타마 싯다르타 ❷ 아소카왕 ❸ 대승

Ⅰ~Ⅲ단원 실력 굳히기 46~49쪽

01④ 02⑤ 03② 04⑤ 05① 06② 07④ 08②
09③ 10① 11② 12① 13④ 14① 15③ 16④
17②

서술형 연습 문제 **18** **예시 답안** 이집트 문명, 이집트 문명은 육체가 죽은 후 영혼은 돌아와 부활한다는 영혼 불멸과 죽고 난 이후의 세계인 사후 세계를 믿었다.
19 (1) ㉠ 스파르타, ㉡ 아테네 (2) **예시 답안** 아테네가 델로스 동맹을 중심으로 세력을 확대하며 주변 폴리스들을 억압하였다. 이에 스파르타를 중심으로 한 펠로폰네소스 동맹이 반발하면서 펠로폰네소스 전쟁이 일어났다.
20 **예시 답안** 춘추 전국 시대의 제후국들은 부국강병을 이루어 경쟁에서 살아남기 위해 신분, 출신 국가 등을 가리지 않고 유능한 인재를 등용하였다. 이 과정에서 제자백가와 같은 다양한 사상이 발달하였다.

01 (가)는 사실로서의 역사, (나)는 기록으로서의 역사에 해당하는 서술이다. 기록으로서의 역사는 주관적 성격을 가지기 때문에 비판적으로 검토해야 한다.
바로잡기 ①, ②는 (나) 기록으로서의 역사에 대한 설명이고, ③, ⑤는 (가) 사실로서의 역사에 대한 설명이다.

02 사료(역사 자료)에는 누락, 위조되거나 잘못된 내용이 있을 수 있기 때문에 역사가는 사료 비판으로 사료의 내용을 철저히 검증해야 한다.
바로잡기 ①, ② 기록물, 유적 등도 사료에 해당한다. ③ 전문가와의 인터뷰는 사료를 수집하는 방법 중 하나이나 반드시 해야 하는 것은 아니다. ④ 인터넷에서 검색한 자료에는 잘못된 정보가 있을 수 있기 때문에 내용에 대한 검증이 필요하다.

03 (가)에 들어갈 사진 자료는 주먹도끼 등과 같은 구석기 시대의 뗀석기이다.

바로잡기 ①, ④, ⑤는 신석기 시대의 간석기이고, ③은 구석기 시대의 빌렌도르프의 비너스상이다.

04 제시된 유물은 신석기 시대에 제작한 빗살무늬 토기, 밑줄 친 '이 시대'는 신석기 시대이다. 신석기 시대에는 간석기를 사용하였고, 특정 동물을 부족의 수호신으로 믿기도 하였다.
바로잡기 ㄱ, ㄴ은 구석기 시대에 대한 설명이다.

05 ㉠은 메소포타미아 문명이다. 메소포타미아 문명의 왕은 신의 대리자로서 백성을 다스렸으며, 지구라트라는 신전을 지어 제사를 지냈다.
바로잡기 ②, ⑤는 인도 문명, ③은 이집트 문명, ④는 고대 그리스 세계에 대한 설명이다.

06 사후 세계를 믿은 이집트 문명은 「사자의 서」와 미라 등을 제작하였으며, 스핑크스를 만들었다.
바로잡기 ①은 상 왕조, ③은 인도 문명, ④는 바빌로니아 왕국, ⑤는 메소포타미아 문명에 대한 설명이다.

07 밑줄 친 '이 문명'은 인도 문명이다. 기원전 2500년경 인도의 인더스강 유역에서 하라파, 모헨조다로 등의 도시 문명이 발달하였다.
바로잡기 ①은 주 왕조, ②는 메소포타미아 문명, ③은 고대 그리스 세계, ⑤는 이집트 문명에 대한 설명이다.

08 주 왕조는 왕실과 혈연관계에 있는 왕족을 제후로 임명하여 지방을 다스리는 봉건제를 운영하였다. 주 왕실과 제후 간 혈연관계가 느슨해지면서 봉건제가 동요하였다.

09 페르세폴리스 궁전 유적을 남긴 왕조는 아케메네스 왕조 페르시아이다.
바로잡기 ③은 바빌로니아 왕국에 대한 설명이다.

엔픽 포인트 서아시아의 고대 국가

바빌로니아 왕국	함무라비 법전 편찬
히타이트	철제 무기 발달
아시리아	기원전 7세기경 서아시아 최초 통일
아케메네스 왕조 페르시아	기원전 6세기경 서아시아 재통일, '왕의 길' 건설

10 클레이스테네스는 도편 추방제를 실시하여 독재자가 될 가능성이 있는 사람을 국외로 추방할 수 있게 하였다.
바로잡기 ②는 스파르타, ③은 페리클레스에 대한 내용이다. ④ 아테네에서는 여성과 외국인의 참정권을 인정하지 않았다. ⑤는 솔론에 대한 내용이다.

11 ㉠은 헬레니즘 문화이다. 라오콘상은 헬레니즘 문화를 대표하는 조각상으로 인간의 감정을 생동감 있게 표현하였다.
바로잡기 ①은 상 왕조의 갑골문, ③은 그리스의 파르테논 신전, ④는 로마의 수도교, ⑤는 로마의 콜로세움이다.

12 로마와 카르타고가 벌인 로마-카르타고 전쟁(포에니 전쟁)은 로마의 승리로 끝났다. 그러나 정복 전쟁을 거치며 유력자들이 라티푼디움(대농장)을 경영하고, 점령지에서 값싼 곡물이 들어오면서 로마의 자영농이 몰락하였다.

(바로 잡기) ②는 로마-카르타고 전쟁 이전, ③, ④, ⑤는 로마-카르타고 전쟁 이후에 일어난 일로 로마-카르타고 전쟁의 영향과 직접적인 관련이 없다.

13 ㉠ 황제는 로마 제국의 콘스탄티누스 대제이다. 콘스탄티누스 대제는 밀라노 칙령으로 크리스트교를 공인하였다.

(바로 잡기) ①은 옥타비아누스, ②는 알렉산드로스, ③은 클레이스테네스, ⑤는 디오클레티아누스에 대한 설명이다.

14 진의 시황제는 황제 칭호를 사용하였고, 군현제 실시, 화폐와 도량형 통일 등을 통해 중앙 집권 체제를 확립하였다. 또한 흉노를 견제하고자 만리장성을 쌓았다.

(바로 잡기) ① 고조선을 점령한 것은 한의 무제이다.

15 ㉠은 한 무제이다. 한 무제는 군현제를 전국적으로 확대하여 중앙 집권 체제를 강화하였다.

(바로 잡기) ① 황건적의 난은 후한에서 일어났다. ②, ④는 진의 시황제, ⑤는 한 고조에 대한 설명이다.

16 마우리아 왕조의 아소카왕 때 산치 대탑을 건립하였다.

(바로 잡기) ①은 로마, ②, ③은 쿠샨 왕조, ⑤는 페니키아에서 볼 수 있었던 모습이다.

17 (가) 왕조는 쿠샨 왕조이다. 쿠샨 왕조 시기에 헬레니즘 문화와 인도 불교문화가 결합한 간다라 양식이 발달하였다.

18 이집트인은 사람이 죽은 후에도 영혼이 남는다고 믿어 죽은 사람을 미라로 만들고 무덤에 「사자의 서」를 넣기도 하였다.

구분	채점 기준
상	이집트 문명을 쓰고, 이집트 문명에서 영혼 불멸과 사후 세계를 믿었음을 연결하여 서술한 경우
중	이집트 문명은 쓰지 않고, 영혼 불멸과 사후 세계를 믿었음만 서술한 경우
하	이집트 문명만 쓴 경우

19 델로스 동맹의 대표였던 아테네가 세력을 넓히면서 주변의 폴리스들을 압박하자 스파르타를 중심으로 한 펠로폰네소스 동맹이 반발하면서 펠로폰네소스 전쟁이 일어났다.

구분	채점 기준
상	아테네 중심의 델로스 동맹과 스파르타 중심의 펠로폰네소스 동맹의 명칭을 언급하며 아테네의 세력 확대에 반발하여 전쟁이 일어났음을 서술한 경우
중	아테네의 세력 확대에 반발하여 스파르타가 전쟁을 벌였음을 서술한 경우
하	아테네와 스파르타의 명칭만 서술한 경우

20 춘추 전국 시대에 나라를 부유하고 강하게 만들고자 제후국들이 능력 있는 인재를 뽑는 과정에서 제자백가가 발달하였다.

구분	채점 기준
상	춘추 전국 시대에 부국강병을 추구하였음과 제자백가의 등장을 연결하여 서술한 경우
중	춘추 전국 시대에 부국강병을 추구하였다라고만 서술한 경우
하	제자백가가 등장하였다라고만 서술한 경우

Ⅲ. 세계 종교의 확산과 지역 문화의 발전

주제 09 위진 남북조 시대와 수·당의 발전

개념 확인 문제
52쪽

1 (1)× (2)○ 2 (1)안사의 난 (2)『오경정의』

대표 문제로 실력 쌓기
53쪽

1 ① 2 ②

1 북조의 황제들은 자신의 권위를 강화하기 위해 윈강, 룽먼 등지에 대규모 석굴 사원을 조성하였다.

2 (가) 왕조는 당 왕조에 해당한다. 당은 농민들에게 균전을 지급하고 이를 바탕으로 세금을 거두었으며, 농민을 병사로 복무시켰다.

바로잡기 ②는 북위의 효문제가 실시한 정책이다.

실력 다지기
54~55쪽

01 ④ 02 ② 03 ⑤ 04 ④ 05 ③ 06 ③
07 ④ 08 ⑤ 09 ③ 10 **예시 답안** 북위 효문제는 선비족과 한족의 결혼을 장려하였고, 한족의 성씨를 사용하도록 하였다. 또한 선비족의 의복과 언어를 제한하였다. 11 **예시 답안** 당대에는 동서 교류가 활발하여 국제적 문화가 발달하였다.

01 후한이 멸망하고 위·촉·오의 삼국으로 분열되었던 것을 진(晉)이 통일하였다. 이후 유목 민족이 화북 지역에 16개의 나라를 세웠는데, 선비족이 세운 북위가 이를 통일하였다.

02 (가)는 유목 민족이 통치한 북조, (나)는 한족 왕조가 통치한 남조이다. 북조의 북위는 윈강, 룽먼 등지에 대규모 석굴 사원을 조성하였다.

바로잡기 ①은 (나), ③은 (가)에 대한 설명이다. ④ 수대에 과거제를 처음으로 실시하였다. ⑤ 북조와 남조에서는 불교가 발달하였다.

03 고개지는 남조 동진의 화가로, 궁중 여인들이 지켜야 할 행실을 일깨우는 「여사잠도」를 그렸다. 남조에서는 9품중정제의 시행으로 문벌 귀족 사회가 형성되었다.

04 (가)는 남조의 왕조들이다. 남조에서는 도연명의 시, 왕희지의 서예와 같은 귀족 문화가 유행하였고, 청담 사상이 발달하였다.

바로잡기 ㄱ은 북조의 문화에 대한 설명이다. ㄷ. 당삼채는 당대 널리 만들어졌던 도자기이다.

05 ㉠은 선비족이 세운 북위이다. 북위의 효문제는 적극적인 한화 정책을 추진하였다.

바로잡기 ①, ②는 남조, ④는 진(晉), ⑤는 수에 대한 설명이다.

06 수 양제 때 대운하를 완성하면서 강남의 풍부한 물자를 화북 지역으로 원활하게 운반할 수 있게 되었다.

07 (가) 왕조는 당이다. 당은 황소의 난으로 세력이 약화되었고, 결국 절도사 주전충에 의해 멸망하였다.

바로잡기 ①은 위진 남북조 시대, ②는 북조, ③은 수, ⑤는 남조에 대한 설명이다.

08 당은 8세기 중반 절도사 안녹산과 그의 부하 사사명이 안사의 난을 일으키면서 위기를 맞았다. 이후 황소의 난이 일어나 당은 더욱 쇠퇴하였다.

바로잡기 ①은 한, ②, ④는 진(秦), ③은 북위 시대의 일이다.

09 7세기 말 이후 균전제가 무너지고 몰락하는 농민이 늘어나면서 양세법과 모병제를 실시하였다. 8세기 중반 안사의 난을 겪은 후 절도사의 세력이 커지고 환관의 횡포가 심해졌다.

바로잡기 ③ (가) 시기에는 부병제 대신 모병제가 실시되었다.

엔픽 포인트 당의 통치 체제 변화(7세기 말 이후)

토지 제도	균전제 → 장원제
조세 제도	조용조 → 양세법
군사 제도	부병제 → 모병제

10 북위 효문제의 한화 정책으로 유목 민족과 한족의 문화가 융합하는 호한 융합이 일어났다.

구분	채점 기준
상	선비족과 한족의 결혼 장려, 한족의 성씨 사용, 선비족의 의복과 언어 제한 중 두 가지를 서술한 경우
하	선비족과 한족의 결혼 장려, 한족의 성씨 사용, 선비족의 의복과 언어 제한 중 한 가지만 서술한 경우

11 당삼채와 페르시아산 은제 물병은 당의 문화유산이다. 당대에는 비단길을 통한 동서 교류가 활발하여 국제적 문화가 발달하였다. 한편 당대에는 귀족적인 문화가 발달하면서 귀족 문화의 화려함을 보여 주는 공예품들도 유행하였다.

구분	채점 기준
상	당 문화의 국제적 성격을 발달 배경과 함께 서술한 경우
하	당 문화의 국제적 성격만 서술한 경우

주제 **10** 만주·한반도, 일본의 고대 국가 성장과 동아시아 문화권의 형성

개념 확인 문제

56쪽

1 (1)아스카 (2)헤이안쿄 **2** (1)○ (2)×

대표 문제로 실력 쌓기

57쪽

1 ③ **2** ④

1 밑줄 친 '이 정권'은 야마토 정권이다. 야마토 정권은 4세기경 주변 소국들을 통합하며 발전하였고, 불교 중심의 아스카 문화를 발전시켰다. 7세기에는 중앙 집권 체제를 마련하려는 정치 개혁인 다이카 개신이 일어났다.

바로잡기 ③ 견당사 파견을 중지한 것은 헤이안 시대의 일이다.

2 제시된 자료는 한국에서 불교를 받아들여 불상을 제작한 것과 베트남에서 유교를 수용하면서 공자를 모시는 문묘를 세운 것을 보여 준다. 당대에는 동아시아 국가들이 당의 선진 문물을 받아들이면서 한자, 유교, 율령, 불교 등을 공통 요소로 하는 동아시아 문화권이 형성되었다.

실력 다지기

58~59쪽

01 ③ **02** ④ **03** ① **04** ① **05** ② **06** ④
07 ④ **08** ⑤ **09** 예시답안 9세기 말 당이 쇠퇴하자 일본에서는 견당사 파견을 중지하면서 국풍 문화가 발전하게 되었다.
10 예시답안 동아시아 각국은 당의 문화를 받아들이면서도 각자의 전통과 상황에 따라 고유한 제도를 만들어 독자적인 문화를 발전시켰다.

01 ㉠은 신라, ㉡은 발해이다. 신라는 당과 연합하여 백제와 고구려를 멸망시킨 후 당을 몰아내고 삼국을 통일하였다. 이후 고구려 유민이 발해를 건국하면서 남북국의 형세를 이루었다.

02 (가)는 야마토 정권이 성립하여 발전하였던 시기이다. 야마토 정권의 쇼토쿠 태자는 불교 보급과 체제 정비를 위해 노력하였다.

바로잡기 ①은 나라 시대, ②, ③, ⑤는 헤이안 시대의 일이다.

03 ㉠ 시대는 나라 시대이다. 8세기 초 일본은 헤이조쿄를 세우고 수도를 옮겼다(나라 시대). 나라 시대에는 당에 견당사를 파견하였다.

바로잡기 ㄷ, ㄹ은 나라 시대 성립 이전의 일이다.

04 헤이안 시대에 견당사 파견이 중단되면서 일본 고유의 특색이 나타나는 국풍 문화가 발달하였다. 이 시기 일본에서는 '가

나' 문자가 만들어졌고, 관복과 주택 등에서 일본 고유의 특색이 나타났다.

05 헤이안쿄로 수도를 옮기면서 헤이안 시대가 시작되었다. 헤이안 시대에는 지방 통제력이 약화되면서 지방에서 무사 계층이 성장하였다.

바로잡기 ①은 7세기 말, ③은 나라 시대, ④는 야요이 시대, ⑤는 야마토 정권 때의 일이다.

06 (라) 일본은 기원전 3세기경 야요이 시대에 벼농사가 처음 시작되었다. (가) 7세기 중엽 다이카 개신이 일어났다. (나) 7세기 말에는 '일본' 국호를 사용하였다. (다) 헤이안 시대인 9세기 말에 국풍 문화가 발전하였다.

07 ㉠은 불교이다. 동아시아 문화권의 국가들은 왕실의 권위를 높이는 데 불교를 활용하였다.

바로잡기 ①은 율령, ②, ③은 유교, ⑤는 한자와 관련된 설명이다.

08 당대 동아시아 국가들은 한자, 유교, 율령, 불교 등을 공통 요소로 하는 동아시아 문화권을 형성하였다.

엔픽 포인트 동아시아 문화권의 공통 요소

한자	동아시아 공용 문자의 역할, 문화 교류 촉진
유교	동아시아 지역의 정치와 사회 이념으로 정립
율령	동아시아 각국의 통치 체제 정비의 기반이 됨
불교	왕실의 권위 확립에 활용, 사상과 예술의 발달에 기여

09 헤이안 시대에 견당사 파견이 중지되면서 일본인의 기호와 사정에 알맞은 문화인 국풍 문화가 발전하였다. 이 시기 '가나' 문자가 사용되었고, 주택과 관복에서 일본 고유의 특색이 나타났다.

구분	채점 기준
상	견당사 파견의 중지와 국풍 문화의 발전을 연결하여 서술한 경우
하	견당사 파견의 중지를 서술하였으나 국풍 문화의 발전과 연결이 미흡한 경우

10 동아시아 각국은 당의 문화를 받아들이면서도 이를 각자의 사정에 알맞게 독자적으로 발전시켜 나갔다.

구분	채점 기준
상	당 문화의 수용과 독자적 문화의 발전을 모두 서술한 경우
하	당 문화의 수용과 독자적 문화의 발전 중 한 가지만 서술한 경우

주제 11 힌두교 문화의 형성과 확산

개념 확인 문제
60쪽

1 (1) ○ (2) ×　**2** (1) 산스크리트어 (2) 캄보디아

대표 문제로 실력 쌓기
61쪽

1 ③　**2** ③

1 사진은 힌두교에서 믿는 비슈누 신상이다. 힌두교는 브라만 교에 뿌리를 두고 불교와 여러 민간 신앙을 흡수한 종교로, 굽타 왕조 때 완성되었다.

（바로 잡기） ③ 힌두교는 굽타 왕조의 지원으로 성장하였다.

2 사진은 굽타 왕조 시기에 제작한 아잔타 석굴의 연화수 보살 벽화이다. 굽타 왕조 시기에는 천문학이 발달하여 원주율을 이용하여 지구의 둘레를 계산하였다.

（바로 잡기） ①은 기원전 6세기경 인도, ②는 마우리아 왕조, ④는 쿠산 왕조, ⑤는 중국의 수에서 볼 수 있는 모습이다.

실력 다지기
62~63쪽

01 ⑤　**02** ③　**03** ②　**04** ②　**05** ①　**06** ④
07 ①　**08** ④　**09** ③　**10** （예시 답안） 굽타 양식은 간다라 양식과 인도 고유의 양식이 어우러진 양식으로, 얼굴이나 인체의 윤곽에서 인도 고유의 특색이 드러난다.

01 쿠산 왕조가 쇠퇴한 후 인도는 여러 왕국으로 분열되었는데 찬드라굽타 1세가 북인도를 통일하고 굽타 왕조를 세웠다.

（바로 잡기） ①, ②, ③, ④는 쿠산 왕조가 쇠퇴하여 북인도가 분열하기 이전에 있었던 일들이다.

02 지도의 영역을 차지한 왕조는 굽타 왕조이다. 굽타 왕조 시대에는 정치적 안정과 경제적 발전을 바탕으로 인도 고전 문화가 발달하였다.

（바로 잡기） ①, ⑤는 마우리아 왕조, ②, ④는 쿠산 왕조에 대한 설명이다.

03 굽타 왕조 시대에 브라만교를 바탕으로 힌두교가 성립하였다. 힌두교의 『마누 법전』에서는 카스트에 따른 의무와 규범을 규정하였다.

04 힌두교는 소속된 카스트에 따른 의무를 성실하게 수행할 것을 강조하여 카스트에 따른 신분 차별을 인정하였다.

（바로 잡기） ㄴ은 불교, ㄹ은 크리스트교에 대한 설명이다.

05 (가)는 힌두교이다. 힌두교는 굽타 왕조 때 왕실의 보호 아래 성장하였다.

（바로 잡기） ② 힌두교는 카스트제에 따른 의무를 강조하였다. ③ 힌두교는 굽타 왕조의 후원을 받았다. ④는 불교에 대한 설명이다. ⑤ 쿠산 왕조 시기에 인도의 간다라 지방에 그리스 문화가 전해지면서 간다라 양식이 발달하였다.

06 굽타 왕조 때 인도 고전 문화가 발전하였는데, 『마하바라타』, 『라마야나』와 같은 산스크리트어 문학 작품이 유행하였다.

엔픽 포인트 인도 고전 문화의 발전

문학	『마하바라타』, 『라마야나』 등
미술, 조각	굽타 양식 발달, 아잔타·엘롤라(엘로라) 석굴 사원 건립
자연 과학	천문학·수학 발달(인도 숫자가 아라비아 숫자의 기원이 됨)

07 굽타 왕조 시대에는 인도 고전 문화가 발달하였고, 천문학과 수학도 발달하였다.

（바로 잡기） ① 굽타 왕조 시대에는 굽타 양식이 등장하였다.

08 동남아시아에 인도의 힌두 문화가 전파되면서 많은 영향을 주었다.

（바로 잡기） ㄱ. 굽타 왕조에서는 산스크리트어를 공용어로 사용하였다. ㄷ은 동아시아 문화권에 대한 설명이다.

09 캄보디아의 앙코르 와트는 12세기 앙코르 왕조의 국왕이 비슈누에게 바치기 위해 조성한 힌두교 사원이다.

（바로 잡기） ①은 인도의 산치 대탑, ②는 일본의 다이센 고분, ④는 중국의 윈강 석굴과 불상, ⑤는 베트남의 하노이 문묘이다.

10 굽타 왕조 시대에는 간다라 양식과 인도 고유의 양식이 어우러진 굽타 양식이 나타났는데, 인물의 생김새나 옷차림에서 인도 고유의 특징이 잘 드러난다.

구분	채점 기준
상	간다라 양식과 인도 고유 양식의 융합, 얼굴이나 인체의 윤곽에서 인도 고유의 특징이 드러남을 모두 서술한 경우
중	간다라 양식과 인도 고유 양식의 융합, 얼굴이나 인체의 윤곽에서 인도 고유의 특징이 드러남 중 한 가지만 서술한 경우
하	굽타 양식이 발달하였다고만 서술한 경우

주제 12 이슬람 제국의 성립과 발전

개념 확인 문제

64쪽

1 (1) 사산 왕조 페르시아 (2) 무함마드 **2** (1) ✕ (2) ○

대표 문제로 **실력 쌓기**

65쪽

1 ⑤ **2** ⑤

1 6세기 후반 비잔티움 제국과 사산 왕조 페르시아의 대립으로 기존의 교통로가 막히자 홍해와 아라비아반도를 거치는 새로운 교역로가 발달하였다.

2 (가) 왕조는 우마이야 왕조이다. 우마이야 왕조는 아랍인 우대 정책으로 비아랍인 이슬람교도의 반발을 샀고 아바스 가문에 의해 멸망하였다.
바로잡기 ⑤는 아바스 왕조에 대한 설명이다.

실력 다지기

66~67쪽

01 ④ **02** ③ **03** ⑤ **04** ③ **05** ② **06** ⑤
07 ③ **08** ⑤ **09** ① **10** 예시 답안 이슬람교, 이슬람교에서는 유일신 알라를 섬겼으며, 우상 숭배를 철저히 배격하였다. 또한 신 앞에 모든 인간은 평등하다고 주장하였다. **11** 예시 답안 아바스 왕조는 아랍인과 비아랍인을 차별하지 않는 정책을 펼쳐 비아랍인에게 부과하던 세금을 면제하고, 비아랍인도 관리나 군인으로 임명하였다.

01 6세기 말 메소포타미아 지역에서 인더스강에 이르는 지역을 차지한 왕조는 사산 왕조 페르시아이다. 사산 왕조 페르시아는 왕족을 지방 총독으로 파견하여 중앙 집권 체제를 강화하였다.
바로잡기 ①, ⑤ 사산 왕조 페르시아에서는 조로아스터교가 발달하였다. ② 사산 왕조 페르시아는 비잔티움 제국과 대립하였으나 정복하지는 않았다. ③은 아바스 왕조에 대한 설명이다.

02 사산 왕조 페르시아는 조로아스터교를 국교로 삼아 사상의 통일을 꾀하였다.
바로잡기 ①, ②는 굽타 왕조, ④는 아케메네스 왕조 페르시아, ⑤는 7세기경 아라비아반도에서 볼 수 있는 모습이다.

03 사산 왕조 페르시아에서는 공예 기술이 발달하였다. 사산 왕조 페르시아의 공예품은 동서 세계를 연결하는 중계 무역이 발달함에 따라 유럽과 이슬람 세계는 물론 동아시아 지역에까지 전해졌다.

04 6세기 후반 아라비아반도를 지나는 교역로가 활성화되면서 메카, 메디나 등의 해안 도시가 무역의 중심지로 발달하였다.
바로잡기 ①은 인도의 굽타 왕조 시기, ②는 기원전 7세기경 인도, ④는 395년에 해당한다. ⑤ 이 시기에 아라비아반도에서는 교역로를 차지하려는 여러 부족 사이에 전쟁이 일어났다.

05 밑줄 친 '이 종교'는 무함마드가 창시한 이슬람교이다. 이슬람교는 메카의 상인 무함마드가 창시하였다. 무함마드와 신자들이 박해를 피해 메카에서 메디나로 이주한 일을 헤지라라고 한다.
바로잡기 ㄴ은 힌두교, ㄹ은 조로아스터교에 대한 설명이다.

06 칼리프는 무함마드를 잇는 계승자로, 종교 지도자이면서 정치적·군사적 실권을 지녔다. 제4대 칼리프인 알리가 암살된 후 이슬람 세력은 알리를 따르는 시아파와 능력만 있다면 누구나 칼리프가 될 수 있다고 주장한 수니파로 분열하였다.

엔픽 포인트 **수니파와 시아파**

수니파	• 무함마드의 혈통이 아니더라도 능력만 있으면 후계자가 될 수 있다고 주장 • 이슬람의 다수파
시아파	• 제4대 칼리프 알리와 그의 후손만이 무함마드의 후계자로 자격이 있다고 주장 • 이슬람의 소수파

07 (가)는 우마이야 왕조이다. 우마이야 왕조는 활발한 정복 활동으로 중앙아시아에서 북아프리카, 유럽의 이베리아반도까지 세력을 확장하며 대제국을 건설하였다.
바로잡기 ①은 오스만 제국, ②, ④는 아바스 왕조, ⑤는 사산 왕조 페르시아에 대한 설명이다.

08 밑줄 친 '이 왕조'는 후우마이야 왕조이다. 우마이야 왕조가 멸망한 후 그 일부 세력이 유럽의 이베리아반도에 후우마이야 왕조를 세웠다.
바로잡기 ①, ④는 아바스 왕조, ②는 셀주크 튀르크, ③은 파티마 왕조에 대한 설명이다.

09 지도의 영역을 차지한 국가는 셀주크 튀르크이다. 셀주크 튀르크는 11세기 이슬람 세계의 주도권을 장악한 후 아바스 왕조의 칼리프로부터 술탄의 칭호를 받았다.
바로잡기 ②, ③은 우마이야 왕조, ④는 사산 왕조 페르시아, ⑤는 후우마이야 왕조와 관련이 있다.

10 이슬람교는 유일신을 믿는 종교로, 알라를 섬겨 우상 숭배를 배격하였고, 신 앞에 모든 인간은 평등하다고 주장하였다.

구분	채점 기준
상	이슬람교를 쓰고, 우상 숭배 배격, 인간 평등 등을 서술한 경우
중	이슬람교를 쓰고, 우상 숭배 배격, 인간 평등 등을 서술하였으나 미흡한 경우
하	이슬람교만 쓴 경우

11 아바스 왕조는 우마이야 왕조가 실시하였던 아랍인 우대 정책을 없앴다. 비아랍인에게 부과하던 세금을 면제해 주었고, 비아랍인도 관리나 군인이 될 수 있게 하였다.

구분	채점 기준
상	아바스 왕조의 아랍인 우대 정책 폐지의 내용을 세금 면제, 관리나 군인으로 임명 등의 사례와 함께 서술한 경우
하	아바스 왕조가 아랍인 우대 정책을 폐지하였다라고만 서술한 경우

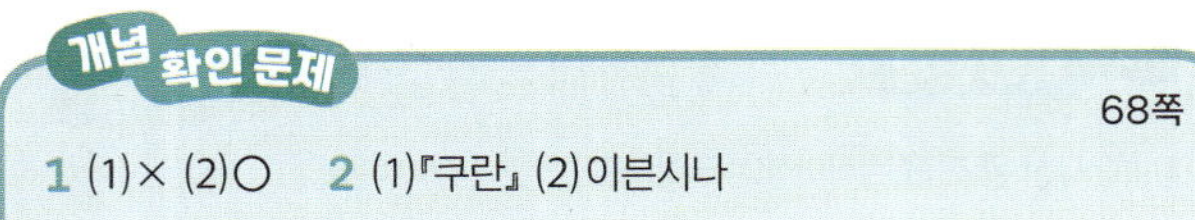

주제 13 이슬람 경제·문화의 발전

개념 확인 문제　　　　68쪽

1 (1)× (2)○　**2** (1)『쿠란』 (2)이븐시나

대표 문제로 실력 쌓기　　　　69쪽

1 ③　**2** ⑥

1 이슬람 상인들은 활발한 상업 활동으로 이슬람교와 이슬람 문화를 전파하고, 동서 문화 교류에 기여하였다.

2 제시된 사진은 아라베스크로, 이슬람 문화권에서 발달하였다.
　(바로 잡기) ⑥ '0(영)'의 개념을 처음으로 사용한 것은 인도이다.

실력 다지기　　　　70~71쪽

01 ③　**02** ④　**03** ④　**04** ②　**05** ④　**06** ⑤
07 ①　**08** ④　**09** ②　**10** (예시 답안) 이슬람교에서는 아랍어로 쓰인 『쿠란』을 다른 문자로 번역하는 것이 금지되었다. 이슬람 제국이 확장하면서 이슬람교와 아랍어를 바탕으로 하는 이슬람 문화권이 형성되었다.
11 (예시 답안) 이슬람교에서는 우상 숭배를 엄격히 금지하기 때문에 모스크 내부를 아라베스크로 장식하였다.

01 지도에는 이슬람 상인들이 이용한 교역로와 교역품이 나타나 있다. 이를 통해 이슬람 상인의 활동과 교역의 발달을 알 수 있다.

02 이슬람교의 교리에서는 상업 활동으로 이익을 얻는 것을 긍정적으로 여겼고, 이슬람 제국은 국가적으로 도로망을 정비하고 상업 활동을 지원하였다. 이에 상인이 성장하고 도시가 발달하였으며, 육로와 해로를 통한 원거리 교역도 활발하였다.

03 이슬람교의 경전인 『쿠란』은 예언자 무함마드를 통해 전해진 알라의 계시 내용을 정리한 것이다.
　(바로 잡기) ④ 아랍어로 쓰인 『쿠란』은 신의 말씀을 정확히 전달하기 위해 원칙적으로 다른 언어로 번역하는 것이 금지되었다.

04 이슬람교도의 다섯 가지 의무는 신앙 고백, 성지 순례, 단식, 희사, 예배이다.
　(바로 잡기) ② 힌두교의 카스트에 따른 신분 차별 인정과 관련한 내용이다.

05 이슬람교에서는 『쿠란』에 대한 번역을 금지하였기 때문에 이슬람교가 확산되면서 아랍어도 같이 퍼지게 되었다. 그 결과 이슬람교와 아랍어를 바탕으로 이슬람 문화권이 형성되었다.

06 이슬람 제국에서는 여러 지역에서 전해지는 이야기를 모아 만든 『천일 야화(아라비안나이트)』가 널리 읽혔다.

07 제시된 건축물은 이슬람교의 사원인 모스크이다. 모스크는 둥근 지붕과 높은 탑을 특징으로 하며, 아라베스크로 장식하였다.

바로잡기 ㄷ. 모스크는 이슬람교도가 예배를 드리는 장소이다. ㄹ은 굽타 양식에 대한 설명이다.

08 이븐시나가 이슬람 의학을 집대성하여 『의학전범』을 편찬하였다.

바로잡기 ①은 사산 왕조 페르시아, ②, ③, ⑤는 굽타 왕조와 관련된 설명이다.

09 이슬람 세계에서는 천문학, 화학, 의학 등 자연 과학이 발달하였다.

엔픽 포인트 이슬람 자연 과학의 발달

구분	내용
수학	아라비아 숫자 완성
화학	연금술 연구 과정에서 발달
의학	이븐시나의 『의학전범』 편찬
천문학	경도와 위도 측정, 지구 구형설 증명, 천동설 비판

10 ㉠ 문화권은 이슬람 문화권이다. 아랍어로 쓰인 『쿠란』은 다른 언어로의 번역이 금지되었기 때문에 이슬람교를 믿는 지역에서는 아랍어를 공용어로 사용하였다. 이슬람 세계가 넓어지면서 이슬람교와 아랍어 중심의 이슬람 문화권이 형성되었다.

구분	채점 기준
상	『쿠란』의 다른 문자로 번역 금지, 이슬람 제국의 확장과 연결하여 이슬람교와 아랍어 중심의 이슬람 문화권이 형성되었음을 서술한 경우
중	이슬람교와 아랍어 중심의 이슬람 문화권이 형성되었다고 서술한 경우
하	이슬람 문화권이 형성되었다라고만 서술한 경우

11 이슬람교에서는 우상 숭배가 금지되어 모스크를 덩굴무늬, 기하학적 무늬, 아랍 문자를 예술적으로 배열한 아라베스크로 장식하였다.

구분	채점 기준
상	이슬람교의 우상 숭배 금지와 아라베스크의 발달을 연결하여 서술한 경우
중	이슬람교의 우상 숭배 금지로 발달하였다고 서술한 경우
하	아라베스크가 발달하였다라고만 서술한 경우

주제 14 서로마 제국의 멸망과 비잔티움 제국의 발전

개념 확인 문제   72쪽

1 (1)× (2)○   **2** (1)콘스탄티노폴리스 (2)그리스어

대표 문제로 실력 쌓기   73쪽

1 ①   **2** ③

1 4세기 후반 훈족의 압박을 받은 게르만족이 대규모로 로마 제국의 영토로 이동하여 서로마 제국 곳곳에 나라를 세웠다. 쇠약해진 서로마 제국은 게르만족 출신 용병 대장의 압박으로 마지막 황제가 물러나며 멸망하였다.

2 제시된 그림은 산비탈레 성당의 벽화로 비잔티움 제국의 유스티니아누스 황제의 모습이 나타나 있다. 비잔티움 제국의 수도는 콘스탄티노폴리스였으며 성 소피아 대성당이 대표적인 건축물이다. 그리스어를 공용어로 사용하였으며 비잔티움 문화는 슬라브족에 전파되어 동유럽과 러시아 문화에 영향을 주었다.

바로잡기 ③ 양옆에 군인·관료와 성직자를 배치하여 황제가 정치적·종교적으로 절대적인 권력을 가졌음을 알 수 있다.

실력 다지기   74~75쪽

01 ③   **02** ②   **03** ④   **04** ④   **05** ⑤   **06** ①
07 ⑤   **08** ②   **09** ⑤   **10** (1)비잔티움 제국

(2) **예시 답안** 그림의 중앙에 황제가 있고 황제의 옆에 군인, 관료, 성직자가 있다. 이를 통해 황제가 정치와 종교 모두의 지배자임을 알 수 있다.

01 4세기 후반 게르만족이 훈족의 압박을 받아 대규모로 이동하여 서로마 제국 곳곳에 나라를 세웠다. 서로마 제국은 게르만족 출신 용병 대장의 압박으로 마지막 황제가 물러나며 멸망하였다.

02 (가)는 프랑크 왕국이다. 프랑크족은 다른 게르만족에 비해 이동 거리가 짧았고, 크리스트교를 받아들이면서 로마인들과의 갈등이 적어 빠르게 성장할 수 있었다.

바로잡기 ㄴ. 프랑크 왕국은 이슬람 세력의 침입을 격퇴하였다. ㄹ은 슬라브족이 세운 러시아에 대한 설명이다.

03 ㉠은 프랑크 왕국의 카롤루스 대제이다. 그는 옛 서로마 제국 영토의 대부분을 차지하였으며 정복 지역에 교회를 세우고 크리스트교를 전파하여 로마 교황으로부터 서로마 황제의 관을 받았다.

바로잡기 ①은 콘스탄티누스 대제, ②, ⑤는 유스티니아누스 황제, ③은 옥타비아누스에 대한 설명이다.

엔픽 포인트 프랑크 왕국

성장 배경	• 원거주지로부터 짧은 이동 거리 • 크리스트교 수용
8세기 초	이슬람 세력의 침입을 격퇴함
카롤루스 대제 때	옛 서로마 제국 영토의 대부분 정복, 크리스트교 전파 → 로마 교황이 서로마 황제의 관 수여

04 지도는 9세기 프랑크 왕국이 분열된 사실을 보여 준다. 카롤루스 대제 사후 프랑크 왕국은 베르됭 조약, 메르센 조약으로 서프랑크, 중프랑크, 동프랑크로 나뉘었다. 세 왕국의 오늘날의 프랑스, 이탈리아, 독일의 기원이 되었다.

바로잡기 ㄱ. 프랑크 왕국의 분열은 카롤루스 대제 사후 그 자손들 사이에 일어난 내분이 원인이 되었다. ㄷ. 서로마 제국은 476년에 멸망하였다.

05 밑줄 친 '변화'는 동서 교회의 분열을 가리킨다. 8세기 비잔티움 제국의 황제는 성상이 크리스트교의 우상 숭배 금지 교리에 어긋난다고 주장하며 성상 숭배를 금지하고 교회에 있는 성상을 파괴하였다. 하지만 글자를 모르는 게르만족에게 크리스트교를 전도하기 위해 성상이 필요하다고 여긴 로마 교황은 성상 숭배 금지에 반발하였다. 결국 크리스트교회는 동유럽의 그리스 정교와 서유럽의 로마 가톨릭교로 분열되었다.

엔픽 포인트 동서 교회의 분열

로마 가톨릭교	로마 교황이 수장임, 서유럽 문화의 근간이 됨, 성상 숭배를 인정함
그리스 정교	비잔티움 제국의 황제가 수장임, 비잔티움 문화의 근간이 됨, 성상 숭배를 금지함

06 (가)는 비잔티움 제국의 유스티니아누스 황제이다. 비잔티움 제국의 유스티니아누스 황제는 로마의 법률을 집대성하여 『유스티니아누스 법전』을 편찬하였다.

바로잡기 ②는 옥타비아누스, ③은 카롤루스 대제, ④는 콘스탄티누스 대제, ⑤는 게르만족 출신 용병 대장에 대한 설명이다.

07 비잔티움 제국은 그리스 정교를 바탕으로 그리스·로마 문화와 헬레니즘 문화를 융합하여 문화를 발전시켰다. 미술에서는 여러 가지 색상의 유리와 돌을 벽에 장식하여 제작한 모자이크 양식이 발달하였다.

바로잡기 ㄱ. 비잔티움 제국은 그리스어를 공용어로 사용하였다. ㄴ. 비잔티움 문화는 그리스·로마 고전 문화를 연구하고 보존하여 이후 이탈리아에서 시작된 르네상스에 많은 영향을 끼쳤다.

엔픽 포인트 비잔티움 제국의 문화

특징	그리스 정교를 바탕으로 그리스·로마 문화와 헬레니즘 문화 융합
건축·미술	비잔티움 양식 발달(돔과 모자이크)
학문	그리스어를 공용어로 사용, 그리스·로마 고전 연구 및 보존

08 밑줄 친 '이 나라'는 키예프 공국이다. 키이우에 있는 성 소피아 성당은 슬라브족이 세운 키예프 공국에서 비잔티움 양식의 영향을 받아 세운 것이다.

바로잡기 ①은 프랑크 왕국 등이 있다. ③ 키예프 공국은 그리스 정교를 믿었다. ④는 오스만 제국, ⑤는 비잔티움 제국 등에 대한 설명이다.

09 제시된 내용은 유스티니아누스 황제 때 수도 콘스탄티노폴리스에 세운 성 소피아 대성당에 대한 설명이다.

바로잡기 ①은 앙코르 왕조가 세운 힌두교 사원인 앙코르 와트, ②는 굽타 왕조 시대의 아잔타 석굴 사원, ③은 이베리아반도 코르도바의 대모스크, ④는 일본 나라 시대의 도다이사이다.

10 제시된 그림은 황제를 중심으로 군인과 관료, 성직자를 그려 넣어 황제가 정치와 종교를 동시에 지배함을 나타내고 있다.

구분	채점 기준
상	황제가 정치와 종교 모두의 지배자임을 서술한 경우
하	비잔티움 제국의 정치 및 종교상의 특징을 서술하였으나 미흡한 경우

 서유럽 봉건 사회의 성립과
크리스트교 문화의 확산

개념 확인 문제
76쪽

1 (1) ○ (2) ✕   **2** (1) 신학 (2) 고딕

대표 문제로 실력 쌓기
77쪽

1 ②   **2** ④

1 ㉠은 중세 서유럽의 장원이다. 장원은 주로 농노가 농사를 지었고 장원을 영지로 받은 기사들이 영주가 되어 다스렸다.
> **바로 잡기** ① 영주가 재판권을 가졌다. ③ 농노는 집과 약간의 토지 등 재산을 가질 수 있었다. ④ 장원 안에서 자급자족이 이루어졌다. ⑤ 영주가 자신의 장원을 통치하는 지방 분권적인 봉건제였다.

2 제시된 사진은 샤르트르 대성당으로, 중세 서유럽에서 유행한 고딕 양식의 대표적인 건축물이다. 고딕 양식은 첨탑과 화려한 스테인드글라스를 특징으로 한다.
> **바로 잡기** ④는 비잔티움 양식에 대한 설명이다.

실력 다지기
78~79쪽

01 ③   **02** ③   **03** ①   **04** ④   **05** ②   **06** ③
07 ⑤   **08** ②   **09** ③   **10** **예시 답안** 고딕 양식, 고딕 양식은 첨탑과 스테인드글라스가 특징이다.   **11** (1) 성직자 임명권
(2) **예시 답안** 교황의 권위가 더욱 강화되어 세속 군주보다 우위에 서게 되었다.

01 9~10세기에 걸쳐 서유럽 세계는 프랑크 왕국이 분열하고 바이킹과 이슬람 세력 등이 침입하여 혼란에 빠졌다. 유력자들이 자신을 보호하기 위해 무력을 갖춘 기사가 되었고, 이러한 과정에서 서유럽 봉건 사회가 성립하였다.

02 (가)는 제후(주군), (나)는 기사(봉신)이다. 주군은 자신에게 충성을 맹세한 기사에게 토지를 주고 그를 봉신으로 삼았다. 봉신은 주군에게 충성과 군사적 봉사를 맹세하였다.
> **바로 잡기** ③ 주군과 봉신의 주종 관계는 어느 한쪽이 의무를 지키지 않으면 깨지는 쌍무적 계약 관계였다.

03 농노는 영주의 토지를 경작하였으며, 영주의 허락 없이 마음대로 장원을 벗어날 수 없었고, 영주의 법정에서 재판을 받아야 하였다.
> **바로 잡기** ① 농노는 노예와 달리 재산을 소유하고 결혼하여 가정을 이룰 수 있었다.

04 제시된 그림은 중세 서유럽의 봉건 사회를 이루는 세 신분(기

도하는 자, 싸우는 자, 농사짓는 자)을 표현한 것으로, (가)는 기사이다. 기사들은 공동체를 안전하게 지키는 일을 자신의 의무라고 여겼다.
> **바로 잡기** ①, ③은 농민에 대한 설명이다. ②는 농노에 대한 설명으로, 장원의 농민은 대부분 농노였다. ⑤는 성직자에 대한 설명이다.

05 중세 서유럽의 농민은 대다수가 장원에서 농촌 공동체를 이루었다. 11세기 쟁기를 개량하고 말을 농사에 이용하면서 농업 생산력이 향상되었다.
> **바로 잡기** ㄴ. 게르만족의 이동은 4세기 후반의 일이다. ㄹ. 흑사병의 유행은 14세기의 일이다.

06 교회가 점차 세속화하자 10세기 초 클뤼니 수도원 등을 중심으로 교회 개혁 운동이 일어났다.

07 제시된 자료는 카노사의 굴욕을 나타내고 있다. 밑줄 친 '교황'은 그레고리우스 7세로, 세속 군주의 성직자 임명을 금지하여 신성 로마 제국의 황제 하인리히 4세와 대립하였다.
> **바로 잡기** ①은 비잔티움 제국의 레오 3세, ②, ③, ④는 비잔티움 제국의 유스티니아누스 황제에 대한 설명이다.

08 중세 서유럽에서는 크리스트교 중심의 문화가 발전하였고, 라틴어를 공용어로 사용하였다.
> **바로 잡기** ㄴ. 대학은 교회나 영주의 간섭에서 벗어나 자치적으로 운영되었다. ㄹ. 학문의 으뜸은 신학이고 철학은 크리스트교를 이해하기 위한 보조 학문의 역할을 하였다.

09 토마스 아퀴나스는 스콜라 철학을 집대성한 『신학 대전』에서 그리스 철학의 이성과 크리스트교 신앙의 조화를 추구하였다.

10 샤르트르 대성당은 고딕 양식의 대표적인 건축물이다. 고딕 양식은 뾰족한 탑과 화려한 색유리그림(스테인드글라스)이 특징이다.

구분	채점 기준
상	고딕 양식을 쓰고, 그 특징을 두 가지 모두 서술한 경우
중	고딕 양식을 쓰고, 그 특징을 한 가지만 서술한 경우
하	고딕 양식만 쓴 경우

11 제시된 자료는 보름스 협약이다. 성직자 임명권을 둘러싼 교황과 황제의 갈등은 보름스 협약으로 교황이 성직자 임명권을 차지하면서 교황의 승리로 일단락되었다. 이후 교황의 권위는 더욱 강화되어 13세기에 절정에 이르렀다.

구분	채점 기준
상	교황의 권위 강화와 교황이 세속 군주보다 우위에 서게 되었다는 내용을 서술한 경우
하	교황의 권위가 강화되었다라고만 서술한 경우

개념 확인 문제

80쪽

1 (1)× (2)○   **2** (1)백년 전쟁 (2)성 베드로 대성당

대표 문제로 실력 쌓기

81쪽

1 ③   **2** ⑥

1 셀주크 튀르크가 예루살렘을 점령하고 비잔티움 제국을 위협하자 비잔티움 제국의 황제가 교황에게 도움을 요청하여 십자군 전쟁이 시작되었다.

2 보티첼리의 「봄」은 이탈리아 르네상스 시기에 만들어진 대표적인 작품이다. 이 시기에 이탈리아에서는 인문주의가 발달하였고, 문학, 미술, 건축 등 예술의 발달이 돋보였다.
바로 잡기 ⑥은 알프스 이북의 르네상스에 대한 설명이다.

실력 다지기

82~83쪽

01 ①   **02** ⑤   **03** ④   **04** ⑤   **05** ④   **06** ③
07 ②   **08** ③   **09 예시 답안** 흑사병이 유행하면서 인구가 크게 줄었다. 노동력이 부족해지자 영주들이 농노의 처우를 개선하여 농민의 지위가 높아졌다.

01 ㉠에 들어갈 말은 십자군으로, ㉠ 전쟁은 십자군 전쟁이다. 십자군 전쟁은 교황의 호소에 제후, 기사, 상인, 농민들이 호응하면서 시작되어 200여 년 동안 여러 차례에 걸쳐 일어났지만, 시간이 갈수록 본래의 목적을 잃고 상업적 이익을 중시하는 모습을 보였다.
바로 잡기 ① 십자군 전쟁은 성지를 회복하지 못하고 끝이 났다.

02 십자군 전쟁을 통해 지중해 무역이 활발해지면서 이탈리아의 도시가 성장하였으며, 이슬람 세계와 비잔티움 제국의 문화가 전해지면서 서유럽 문화가 성장하기도 하였다.
바로 잡기 ㄱ, ㄴ. 전쟁에 참여한 제후와 기사의 세력은 약화된 반면, 왕권은 상대적으로 강해졌다.

03 프랑스 카르카손은 대표적인 중세 서유럽 성곽 도시의 모습을 보여 준다. 11세기 중엽 서유럽 사회는 이민족의 침입이 줄면서 안정을 되찾았으며, 농업 생산력이 늘고 인구가 증가하였다. 이를 배경으로 각지에 시장이 열리고 도시가 성장하였다.
바로 잡기 ㄱ. 인구가 증가하고 ㄷ. 무역이 활발하게 전개되었다.

04 중세 도시에서는 도시의 상인과 수공업자들이 동업 조합인 길드를 만들었고, 도시민들이 영주에게 무력으로 저항하여 자치

권을 얻기도 하였다. 또한 이 시기 유럽과 아시아를 연결하는 지중해 무역이 활발하게 전개되었다.
바로 잡기 ⑤는 고대 로마에서 볼 수 있는 모습이다.

05 제시문은 아비뇽 유수에 대한 설명이다 14세기 초 성직자에게 세금을 부과하는 문제를 두고 국왕과 교황이 대립하여 교황이 굴복하였고, 이후 교황청이 아비뇽으로 옮겨져 국왕의 통제를 받게 되면서 교회와 교황의 권위가 추락하였다.

06 (가)는 백년 전쟁이다. 영국과 프랑스 사이에 벌어진 백년 전쟁은 플랑드르 지방의 지배권과 프랑스 왕위 계승 문제가 원인이 되어 일어났다.

07 이탈리아의 르네상스는 고대 그리스·로마 문화를 되살려 인간 중심의 새로운 문화를 창조하려는 문예 부흥 운동으로, 인간의 개성과 능력을 중시하는 인문주의가 발달하였다.
바로 잡기 ㄴ은 이슬람 세계의 문화, ㄹ은 비잔티움 제국의 문화에 대한 설명이다.

08 제시된 자료는 에라스뮈스의 『우신예찬』으로 알프스 이북의 르네상스와 관련이 있다. 이 지역의 대표적인 미술 작품으로 브뤼헐의 「농부의 결혼식」이 있다.
바로 잡기 ①은 보티첼리의 「봄」, ②는 레오나르도 다빈치의 「최후의 만찬」, ④는 고개지의 「여사잠도」, ⑤는 미켈란젤로의 「다비드」이다. ①, ②, ⑤는 이탈리아의 르네상스와 관련이 있다.

09 그래프는 14세기 흑사병의 유행으로 영국의 인구가 급감하는 한편 농민의 임금이 높아지는 것을 보여 준다.

구분	채점 기준
상	흑사병의 영향으로 인구 감소와 농민의 지위 상승을 모두 서술한 경우
하	흑사병의 영향을 한 가지만 서술한 경우

Ⅲ단원 표와 자료로 정리하기 (한 번 더)   84~85쪽

주제 09 ❶ 효문제 ❷ 9품중정제 ❸ 대운하 ❹ 모병제
주제 10 ❶ 쇼토쿠 태자 ❷ 국풍 문화
주제 11 ❶ 찬드라굽타 2세 ❷ 산스크리트어 ❸ 굽타
주제 12 ❶ 조로아스터교 ❷ 무함마드 ❸ 칼리프 ❹ 바그다드
　　　　　 ❺ 이슬람교
주제 13 ❶『쿠란』 ❷ 아랍어 ❸『의학전범』 ❹ 모스크
주제 14 ❶ 카롤루스 대제 ❷『유스티니아누스 법전』
주제 15 ❶ 농노 ❷ 클뤼니 ❸ 고딕 ❹ 주종 관계 ❺ 장원
주제 16 ❶ 예루살렘 ❷ 흑사병 ❸『유토피아』

Ⅲ단원 실력 굳히기   86~89쪽

01 ③　02 ④　03 ①　04 ④　05 ②　06 ③　07 ④　08 ⑤
09 ②　10 ②　11 ④　12 ②　13 ①　14 ③　15 ②　16 ⑤
17 ③　18 ⑤　19 ④

서술형 연습 문제 **20** (1) 동아시아 문화권　(2) **예시 답안** 한자는 한반도의 이두, 일본의 '가나', 베트남의 쯔놈 문자 형성에 영향을 주었다.
21 **예시 답안** 제4대 칼리프 알리가 암살당하자, 이슬람교도는 칼리프의 정통성 문제를 둘러싸고 시아파와 수니파로 나뉘어 대립하였다.
22 **예시 답안** 십자군 전쟁이 실패로 끝나면서 교황과 봉건 기사의 세력이 약해진 반면 왕권은 강해졌다. 또한 지중해 무역이 활발해졌고, 이슬람 세계 및 비잔티움 제국의 문화와 접촉하게 되었다.

01 (가)는 선비족이 건국한 북위이다. 북위에서는 한화 정책을 추진하였고, 불교를 통해 왕권을 강화하고자 대규모 석굴 사원을 건축하였다.
（바로 잡기） ③은 수에 대한 설명이다.

02 (나)는 남조에 해당한다. 남조에서는 지방 호족이 9품중정제를 통해 관직을 독차지하면서 문벌 귀족으로 성장하였다.
（바로 잡기） ㄱ은 북조, ㄷ은 당의 절도사에 대한 설명이다.

03 (가) 왕조는 중국의 수이다. 수 양제 때 화북과 강남을 연결하는 대운하를 건설하였다.
（바로 잡기） ②는 일본의 헤이안 시대, ③은 북위, ④는 진(秦), ⑤는 당에 대한 설명이다.

04 제시된 자료는 강의 당삼채이다. 당은 이연(고조)이 장안을 수도로 건국한 왕조로, 율령 체제를 바탕으로 중앙 정치를 3성 6부제로 운영하며 발달하였다. 또한 균전제와 부병제를 실시하고 조용조라는 세금을 거두었다.
（바로 잡기） ④는 수에 대한 내용이다.

05 야마토 정권 수립 이후 쇼토쿠 태자는 한반도와 중국의 선진 문물을 받아들여 불교를 보급하고 체제 정비를 위해 노력하였다.

06 헤이안 시대에는 일본 고유의 특색이 나타나는 국풍 문화가 발달하였다.
（바로 잡기） ①은 위진 남북조 시대, ②는 사산 왕조 페르시아, ④는 당, ⑤는 나라 시대에 대한 설명이다.

07 ㉠은 굽타 왕조로, 찬드라굽타 2세 때 전성기를 이루었다. 굽타 왕조 시기에 힌두교가 창시되어 발전하였다.
（바로 잡기） ㄱ은 마우리아 왕조, ㄷ은 쿠샨 왕조에 대한 설명이다.

08 힌두교는 카스트에 따른 의무를 성실히 수행할 것을 강조하여 카스트제 정착에 기여하였다.
（바로 잡기） ①은 조로아스터교, ②는 크리스트교, ③, ④는 이슬람교에 대한 설명이다.

09 자료는 아잔타 석굴의 벽화로, 굽타 왕조 시대에 만들어졌다. 굽타 왕조 시대에는 최초로 '0(영)'의 개념을 사용하였다.
（바로 잡기） ①, ④, ⑤는 이슬람제국, ③은 한의과학발전에 대한 설명이다.

10 동남아시아에 인도 상인들이 진출하면서 인도 문화가 널리 전파되었다. 12세기 캄보디아의 앙코르 왕조는 인도 문화의 영향을 받은 힌두교 사원인 앙코르 와트를 건축하였다.
（바로 잡기） ①은 인도의 엘로라(엘로라) 석굴 사원, ③은 중국의 윈강 석굴, ④는 일본의 다이센 고분, ⑤는 중국의 대안탑이다.

11 ㉠은 사산 왕조 페르시아로, 사산 왕조 페르시아의 국교는 조로아스터교였다. 조로아스터교는『아베스타』에서 교리를 집대성하였다.
（바로 잡기） ①은 이슬람교, ②는 힌두교, ③은 크리스트교에 대한 설명이다. ⑤ 동아시아 문화권의 공통 요소는 한자, 율령, 유교, 불교이다.

12 (가)는 아바스 왕조이다. 아바스 왕조는 비아랍인에 대한 차별을 폐지하였고, 당과의 탈라스 전투에서 승리하였다.
（바로 잡기） ㄴ은 파티마 왕조, ㄹ은 우마이야 왕조에 대한 설명이다.

13 밑줄 친 '이 문화권'은 이슬람 문화권이다. 이슬람 문화권에서는 모스크가 많이 세워졌다.
（바로 잡기） ②는 비잔티움 제국, ③은 일본 헤이안 시대, ④는 프랑크 왕국, ⑤는 인도 굽타 왕조와 관련된 내용이다.

14 게르만족이 세운 프랑크 왕국은 크리스트교를 받아들였고, 카롤루스 대제 때 영토를 넓히며 전성기를 맞았다.

15 사진은 비잔티움 제국의 유스티니아누스 황제가 세운 성 소피아 대성당이다. 유스티니아누스 황제는『유스티니아누스 법전』을 편찬하였다.
（바로 잡기） ①은 토마스 아퀴나스, ③은 하인리히 4세, ④는 하인리히 5세, ⑤는 카롤루스 대제에 대한 설명이다.

16 (가)는 제후(주군), (나)는 기사(봉신)이다. 주군과 봉신은 토지를 매개로 쌍무적 계약 관계를 맺었다.
（바로 잡기） ⑤ 봉신은 봉토의 영주가 되어 주군의 간섭을 받지 않고 장원을 다스렸다.

17 ㉠은 보름스 협약(1122)이다. 보름스 협약으로 교황이 성직자 임명권을 가지게 되면서 교황의 지위가 강화되었다.
(바로잡기) ①, ②, ⑤는 보름스 협약 이전의 일이다. ④는 백년 전쟁의 결과와 관련된 설명이다.

18 밑줄 친 '전쟁'은 장미 전쟁이다. 장미 전쟁으로 봉건 영주가 몰락하고 왕권이 강화되면서 영국은 중앙 집권 국가의 모습을 갖추어 갔다.

19 알프스 이북의 르네상스는 현실 사회와 교회의 문제점을 비판하는 경향이 강하였다. 에라스뮈스는 『우신예찬』에서 교황과 성직자의 부패를 풍자하였다.
(바로잡기) ①, ②, ③, ⑤는 이탈리아의 르네상스와 관련된 것이다.

20 한자는 동아시아 국가들의 의사소통 수단이 되었다. 한자는 신라의 이두, 일본의 '가나', 베트남의 쯔놈 문자가 만들어지는 데 큰 영향을 주었다.

구분	채점 기준
상	한자가 한반도의 이두, 일본의 '가나', 베트남의 쯔놈 문자 형성에 영향을 주었음을 서술한 경우
하	한자가 한반도, 일본, 베트남의 문자 형성에 끼친 영향을 서술하였으나 미흡한 경우

21 제4대 칼리프 알리가 피살되자 이슬람교도들은 칼리프의 정통성을 놓고 시아파와 수니파로 나뉘었다. 시아파는 무함마드와 혈통이 같은 사람만 칼리프의 자격이 있다고 주장한 반면, 수니파는 누구라도 능력만 있다면 칼리프가 될 수 있다고 주장하였다.

구분	채점 기준
상	제4대 칼리프 알리가 암살되자 칼리프의 정통성을 놓고 시아파와 수니파로 나뉘었음을 서술한 경우
하	제4대 칼리프 알리가 암살되었다라고만 서술한 경우

22 십자군 전쟁의 실패로 교황과 봉건 영주의 세력은 약해진 반면, 상대적으로 국왕의 권력은 강해졌다. 십자군 전쟁으로 지중해 무역이 활발해져 유럽에서 상공업이 발달하였다. 또한 이슬람 세계와 비잔티움 제국의 수준 높은 문화와 접촉하면서 서유럽 문화가 발전하는 계기가 마련되었다.

구분	채점 기준
상	교황과 봉건 기사의 세력 약화, 왕권 강화, 지중해 무역 활발, 이슬람 세계 및 비잔티움 제국 문화와 접촉 중 두 가지를 서술한 경우
하	교황과 봉건 기사의 세력 약화, 왕권 강화, 지중해 무역 활발, 이슬람 세계 및 비잔티움 제국 문화와 접촉 중 한 가지만 서술한 경우

Ⅳ. 지역 세계의 교류와 변화

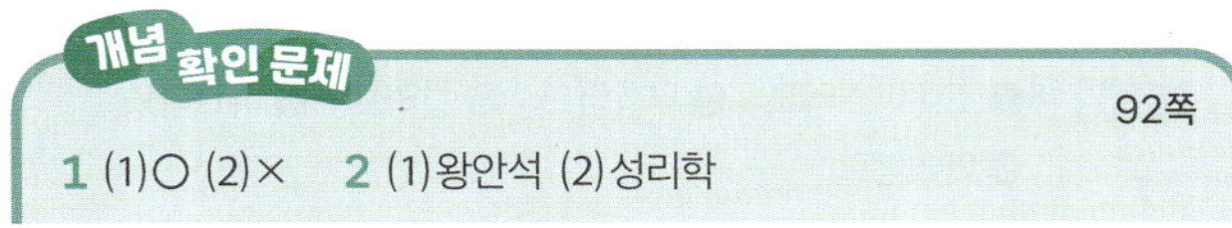

주제 17 북방 민족과 송의 성장

개념 확인 문제
92쪽

1 (1)○ (2)× **2** (1)왕안석 (2)성리학

대표 문제로 실력 쌓기
93쪽

1 ⑤ **2** ②

1 자료는 거란 문자와 여진 문자이다. 요와 금은 고유문화를 지키기 위해 독자적인 문자를 사용하였다.

2 그림은 송의 수도 카이펑의 모습을 그린 「청명상하도」이다.
(바로잡기) ②는 당대에 볼 수 있는 모습이다.

엔픽 포인트 송의 사회와 경제

사회	문치주의 → 사대부의 성장
경제	• 강남 지역 경지 면적 확대, 재배 기간이 짧은 벼 도입, 모내기법 보편화 • 교자 등 지폐 사용 • 해상 무역 활발 → 인도양까지 진출 • 주요 항구에 시박사 설치

실력 다지기
94~95쪽

01 ③ **02** ⑤ **03** ⑤ **04** ② **05** ⑤ **06** ②
07 ② **08** ⑤ **09** ⑤ **10** ④ **11** (1) 문치주의
(2) (예시 답안) 문치주의 정책으로 과거제가 정비되면서 사대부가 지배층으로 성장하였다. 한편 군사력이 약화되어 북방 민족의 침입에 시달렸으며, 평화를 유지하기 위해 북방 민족에게 막대한 물자를 제공하였다. 국방비가 증가하면서 국가 재정이 악화되었다. **12** (1) 나침반 (2) (예시 답안) 나침반은 안전한 원거리 항해를 가능하게 하고, 해상 교역의 발달에 기여하였다.

01 절도사 출신으로 송을 세운 송 태조(조광윤)는 문치주의 정책을 실시하여 절도사 세력을 약화시키고 과거제를 개혁하여 황제권을 강화하였다.
(바로잡기) ㄱ은 거란, ㄹ은 수 양제에 해당한다.

02 북방 민족의 침입에 대비한 국방비와 평화 유지를 위해 북방 민족에 제공하는 각종 물자는 송의 재정을 악화시켰다. 이에 왕안석이 개혁을 추진하였다.
(바로잡기) ①은 왕안석이 개혁을 실시한 배경과 관련이 없다. ②는 후한 말, ③은 5호 16국 시대, ④는 당 시기의 일이다.

03 야율아보기는 부족을 통일하고 거란(요)을 건국하였고, 티베트 계통의 탕구트족은 서하를 건국하였다.

04 (가)는 아구다가 건국한 금이다. 금은 송과 연합하여 요를 멸
망시킨 후 곧이어 송까지 공격하여 수도 카이펑을 차지하고
송을 남쪽으로 밀어냈다.
바로잡기 ①은 수. 당, ③, ④송은 문치주의 정책을 실시하고, 거란(요),
서하에 은과 비단 등 물자를 제공하였다. ⑤는 거란(요)과 관련된 내용
이다.

05 거란, 여진 등 북방 민족은 자신의 문자를 제정하였고, 한족의
통치 방식을 활용하면서도 자신의 고유한 통치 방식을 유지
하였다.
바로잡기 ㄱ은 위진 남북조, ㄴ은 진(晉)에 대한 설명이다.

06 (가) 요는 10세기에 발해를 무너뜨렸고, (다) 아구다는 12세기
에 금을 세웠다. (나) 금은 송과 연합하여 요를 멸망시킨 후 송
을 공격하였고, 송은 남쪽으로 밀려나 창장강 이남의 임안(항
저우)으로 수도를 옮겼다.

07 제시된 자료는 송에서 처음 사용된 교자로, 세계 최초의 지폐
이다. 송대에는 재배 기간이 짧은 벼가 도입되고 모내기법이
보편화되었으며, 수공업과 상업이 발달하였다. 이를 바탕으
로 해상 무역이 발전하고, 항저우, 취안저우 등이 국제 무역항
으로 번성하였다.
바로잡기 ②대운하는 수대에 처음 건설되었다.

08 송대 항저우, 취안저우 등 주요 항구에 시박사가 설치되었고,
카이펑, 항저우 등 대도시에는 서민 오락을 위한 공연장이 세
워졌다.
바로잡기 ㄱ. 장택단은 카이펑을 소재로 「청명상하도」를 남겼다. ㄴ. 금
은 카이펑을 점령하였다. 이후 송이 임안에 수도를 두고 남송을 세웠다.

09 송대 문치주의 정책이 실시되면서 유교적 소양을 갖춘 사대부
가 지배층으로 성장하였다. 사대부는 훈고학을 비판하고 성리
학을 발전시켰다.
바로잡기 호족은 한대의 지배층이다. 절도사는 당대 주변 민족의 침입
을 막는 조직을 지휘하던 관직이다.

10 남송의 주희가 훈고학을 비판하고 인간의 본성과 우주의 원
리를 탐구하는 성리학을 완성하였다. 송대에는 상공업이 발
전하면서 만담, 곡예 등 서민 오락이 성행하였다. 또한 나침반,
화약, 활판 인쇄술이 발명·실용화되었다.
바로잡기 ㄷ. 훈고학은 한대와 당대에 유행하였다.

엔픽 포인트 송의 문화

서민 문화	• 카이펑, 항저우 등을 중심으로 발달 • 만담, 곡예 등 서민 오락 성행
과학 기술	화약 무기, 나침반, 활판 인쇄술 발명 및 실용화

11 송 태조는 황제권 강화를 위하여 문치주의 정책을 실시하였
으나, 그 결과 군사력이 약화되었고, 국가 재정이 악화되었다.

구분	채점 기준
상	사대부의 성장, 군사력의 약화, 북방 민족의 침입으로 인한 재정 악화 중 두 가지를 서술한 경우
하	사대부의 성장, 군사력의 약화, 북방 민족의 침입으로 인한 재정 악화 중 한 가지만 서술한 경우

12 나침반은 자석을 이용하여 방향을 알려 주는 기구로, 송대에
발명·실용화되었다. 나침반이 정크선에 장착되어 안전하게
원거리 항해를 할 수 있게 되었다.

구분	채점 기준
상	안전한 원거리 항해와 해상 교역의 발달에 도움이 되었다고 서술한 경우
하	안전한 원거리 항해와 해상 교역의 발달에 도움이 되었다는 내용 중 한 가지만 쓴 경우

주제 18 몽골의 대제국 건설

개념 확인 문제
96쪽

1 (1)× (2)○ **2** (1)교초 (2)마르코 폴로

대표 문제로 **실력 쌓기**
97쪽

1 ③ **2** ②

1 ㉠은 색목인이다. 원은 몽골 제일주의를 내세워 통치하였다. 중앙아시아 등지에서 온 색목인은 재정, 종교, 문화 등 다방면에서 활약하였다.

엔픽 포인트 몽골 제일주의

지배층	몽골인	주요 관직 차지
	색목인	주로 재정 업무 담당
피지배층	한인	금의 지배를 받던 한족, 하급 관리·생산 활동 담당
	남인	남송 출신 한족, 생산 활동 담당

2 자료는 몽골 제국 시기 역참을 이용할 수 있는 통행증인 패자이다.

바로잡기 ② 시박사는 이미 송대에 항저우, 취안저우 등지에 설치되었다.

실력 다지기
98~99쪽

01 ③ **02** ① **03** ⑤ **04** ② **05** ③ **06** ③
07 ⑤ **08** ① **09** ③ **10** 예시 답안 색목인, 재정 업무를 비롯하여 정치, 종교, 문화 등 다방면에서 활동하였다.
11 예시 답안 몽골 제국 시기에는 교황과 유럽의 군주들이 사절단을 파견하였고, 마르코 폴로와 이븐 바투타 등이 방문하였다. 또한 중국의 화약, 나침반, 인쇄술 등이 유럽에 전파되었다.

01 ㉠ 제국은 몽골 제국이다. 칭기즈 칸이 죽은 후 왕위 계승 분쟁 등으로 몽골 제국은 여러 울루스로 분열되었다.

바로잡기 ①, ②, ⑤는 송, ④는 금에 대한 설명이다.

02 테무친은 몽골고원의 유목민을 통합하고 칭기즈 칸으로 추대되었으며 금, 서하 등을 공격하였다.

바로잡기 ① 칭기즈 칸의 뒤를 이은 칸들은 금을 무너뜨리고 아바스 왕조를 정복하였다. ③, ④, ⑤는 송과 관련된 내용이다.

03 몽골은 강력한 기마 군단과 이슬람 상인들의 도움 등을 배경으로 짧은 시간에 거대한 제국을 건설하였다.

바로잡기 ㄱ은 송, ㄴ은 거란(요), 서하와 관련된 내용이다.

04 밑줄 친 '그'는 쿠빌라이 칸이다. 칭기즈 칸의 손자인 쿠빌라이 칸은 국호를 원으로 정하고 수도를 대도로 옮겼다.

바로잡기 ①은 송대에 해당한다. ③ 쿠빌라이 칸은 대도(베이징)로 수도를 옮겼다. ④는 아구다, ⑤는 조광윤(송 태조)에 대한 설명이다.

엔픽 포인트 몽골 제국의 성장

칭기즈 칸	몽골 통일, 서하와 금 공격, 중앙아시아 일대 공격
쿠빌라이 칸	대도(베이징)로 천도, 국호를 원으로 변경, 남송 정벌

05 원은 금의 지배를 받던 한족을 한인으로, 남송 출신의 한족은 남인으로 구분하였다. 이들은 생산 활동을 담당하였다.

06 제시된 자료는 원대 유행한 잡극으로, ㉠은 원이다.

바로잡기 ③은 송과 관련된 탐구 주제이다.

07 14세기에 이르러 원은 자연재해와 왕위 계승 분쟁, 지폐인 교초의 남발로 인한 경제 혼란 등으로 급격하게 쇠퇴하였고, 결국 만리장성 북쪽으로 밀려났다.

바로잡기 ㄱ은 당, ㄴ은 요의 멸망 원인이다.

08 자료는 곽수경이 세운 관성대이다. 원의 과학자 곽수경은 이슬람 역법의 영향을 받아 수시력을 만들었다.

바로잡기 ②는 남송의 주희, ③은 이븐 바투타, ④는 마르코 폴로, ⑤는 채륜의 활동이다.

09 (가)는 원이다. 원대에는 잡극과 구어체로 쓰인 희곡이 유행하는 등 서민 문화가 발전하였다.

바로잡기 ①「청명상하도」는 송대에 제작되었다. ② 교자는 송대에 발행된 지폐이다. ④는 금이 송을 남쪽으로 밀어낸 후 나타난 상황과 관련이 있다. ⑤ 신종은 송의 황제로, 왕안석을 등용하였다.

10 '다양한 종류의 사람들'이라는 의미의 색목인은 원에서 재정 업무를 비롯한 다방면에서 활약하였으며, 몽골인과 함께 원의 지배층을 구성하였다.

구분	채점 기준
상	색목인을 쓰고, 재정·정치·종교·문화 등 다방면에서 활동하였다고 쓴 경우
하	색목인만 쓴 경우

11 몽골 제국 시기에 유라시아 대륙을 연결하는 교통로가 정비되면서 동서 교류가 더욱 활기를 띠었다.

구분	채점 기준
상	교황과 유럽의 군주들이 사절단 파견, 마르코 폴로와 이븐 바투타의 방문, 중국의 화약·나침반·인쇄술 등이 유럽에 전파 중 두 가지를 서술한 경우
하	몽골 제국 시기 동서 문화 교류의 사례를 한 가지만 서술한 경우

주제 19 명·청의 성립과 발전

개념 확인 문제
100쪽

1 (1)× (2)○ **2** (1)영락제 (2)건륭제

대표 문제로 **실력 쌓기**
101쪽

1 ③ **2** ②

1 정화의 함대를 처음 파견한 황제인 영락제는 베이징으로 천도하고 자금성을 건설하였다.

바로 잡기 ③은 홍무제에 대한 설명이다.

엔픽 포인트 **홍무제, 영락제, 누르하치, 홍타이지**

명	홍무제	재상제 폐지, 육유 반포, 이갑제 실시
	영락제	베이징 천도, 자금성 건설, 정화 함대 파견, 몽골과 베트남 침공
청	누르하치	후금 건국
	홍타이지	국호를 청으로 변경, 몽골과 조선 침략

2 자료는 청의 최대 영역을 나타낸 것이다. 청 건륭제는 『사고전서』를 편찬하여 중국의 전통문화를 정리하였다.

바로 잡기 ①은 명, ③은 송, ④는 거란(요), ⑤는 송, 원 등에 해당한다.

실력 다지기
102~103쪽

01 ① **02** ③ **03** ③ **04** ① **05** ① **06** ③
07 ② **08** ③ **09** ④ **10** (1)주원장(홍무제)

(2) **예시 답안** 주원장(홍무제)은 육유를 반포하고, 재상제를 폐지하였으며 과거제를 정비하였다. 이갑제를 실시하였고 토지 대장과 호적 대장도 새로 마련하였다. **11** **예시 답안** 청은 강경책으로 한족에게 변발과 호복을 강요하였고, 청 왕조에 대한 비판을 탄압하였다. 그러면서도 중요 관직에 만주족과 한족을 함께 등용하였고, 유학 교육을 장려하고 과거제를 실시하여 한족을 회유하였다.

01 육유를 반포한 인물은 명을 세운 홍무제(주원장)이다. 홍무제는 재상제를 폐지하여 황제권을 강화하였으며, 육유를 반포하고 학교와 과거제를 정비하는 등 한족의 유교 전통을 회복하는 데 힘을 기울였다.

바로 잡기 ②는 위진 남북조 시대, ③은 청대, ④는 명의 영락제, ⑤는 북위와 관련된 내용이다.

02 영락제는 베이징으로 천도하고 자금성을 세웠다. 자금성은 이후 청대까지 계속 사용되었다.

03 명의 영락제는 정화의 함대를 파견하여 국력을 과시하고 여

러 나라와 조공 관계를 맺었다. 정화의 함대는 일곱 차례 항해에 나서서 동남아시아와 인도, 아프리카까지 진출하였다.

엔픽 포인트 **정화의 항해**

목적	주변국과 조공·책봉 관계 수립
활동	여러 차례 정화의 함대 파견 → 동남아시아, 인도, 아프리카 동부 해안 방문
영향	조공·책봉 질서 확대

04 (가)는 명이다. 명의 영락제는 북쪽으로 여러 차례에 걸쳐 몽골을 공격하였고, 남쪽으로 베트남을 정복하였다.

바로 잡기 ②, ③은 몽골 제국, ④는 금, ⑤는 거란(요), 서하 등에 대한 설명이다.

05 명은 관료들의 권력 다툼, 몽골과 왜구의 침입, 임진왜란 참전에 따른 재정 문제 등으로 쇠퇴하였다.

바로 잡기 ㄷ은 원이 쇠퇴한 배경이다. ㄹ은 송대에 해당하는 내용이다.

06 (나) 1368년 주원장(홍무제)이 명을 세웠고, (라) 이후 영락제가 베이징으로 천도하고 자금성을 세웠다. (가) 1636년 청이 조선을 공격하였고, (다) 1644년 명이 멸망하였다.

07 팔기군은 청 군대의 주력으로, 청이 베이징을 점령하는 데 앞장서는 등 대외 팽창에 적극 나섰다.

08 건륭제는 몽골, 신장, 티베트 등을 차지하였고, 『사고전서』를 편찬하여 중국의 전통문화를 집대성하였다.

엔픽 포인트 **청의 발전**

강희제	반란 세력 진압, 러시아와 네르친스크 조약 체결
옹정제	군사 기밀 담당 기관 설치, 새로운 화이사상 제시
건륭제	• 몽골 잔여 세력 정복, 신장·티베트 정복 • 『사고전서』 편찬

09 소수의 만주족이 세운 청은 강경책과 회유책을 적절히 사용하여 다수의 한족을 다스렸다.

10 명을 건국한 주원장(홍무제)은 재상제를 폐지하고 모든 권력을 황제에게 집중시켰다. 또한 육유를 반포하고 학교와 과거제를 정비하는 등 한족의 유교 전통을 회복하는 데 힘을 기울였다. 이갑제를 통해 향촌을 다스렸으며, 토지 대장과 호적 대장을 새로 마련하여 세금 징수에 이용하였다.

구분	채점 기준
상	재상제 폐지, 육유 반포, 과거제 정비, 토지 대장과 호적 대장 새로 작성 중 두 가지를 서술한 경우
하	주원장(홍무제)의 정책 중 한 가지만 서술한 경우

11 청(만주족)이 중국을 지배하게 되자 주변 동아시아 국가들은 독자적인 화이사상을 내세우며, 자신이 명을 이어받은 새로

운 중화라고 주장하였다. 소수의 만주족이 세운 청은 강경책과 회유책을 적절히 사용하여 다수의 한족을 다스렸다.

구분	채점 기준
상	청을 쓰고, 변발과 호복 강요, 청 왕조에 대한 비판 탄압, 중요 관직에 만주족과 한족 함께 등용, 과거제 실시를 모두 서술한 경우
중	청을 쓰고, 청의 한족에 대한 강경책과 회유책을 각각 한 가지씩 서술한 경우
하	청을 쓰고, 청의 한족에 대한 강경책과 회유책 중 한 가지만 서술한 경우

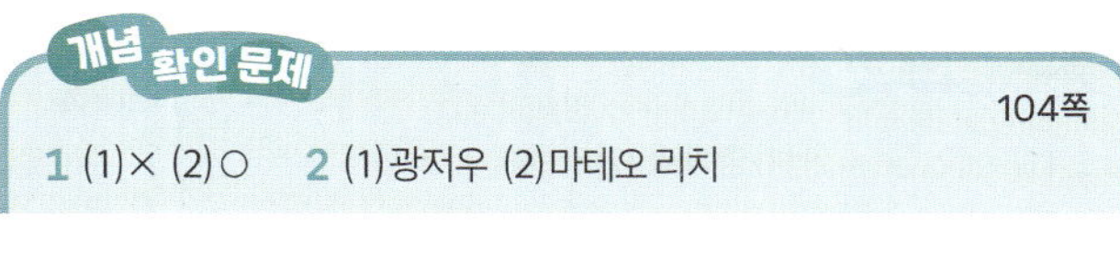

주제 20 명·청의 경제, 사회, 문화

개념 확인 문제
104쪽

1 (1)× (2)○ **2** (1)광저우 (2)마테오 리치

대표 문제로 실력 쌓기
105쪽

1 ② **2** ④

1 자료는 명·청대의 산업 발전을 보여 주는 지도이다.
바로잡기 ② 교자는 송대에 발행된 화폐이다.

2 자료는 마테오 리치가 제작한 「곤여만국전도」이다. 선교사 마테오 리치는 명 말부터 중국에 크리스트교를 소개하였다.
바로잡기 ①, ②는 곽수경, ③은 마르코 폴로, ⑤는 아담 샬에 대한 설명이다.

엔픽 포인트 마테오 리치와 아담 샬

마테오 리치	· 명 말에 활동 · 「곤여만국전도」 제작
아담 샬	· 명 말기에서 청 초기에 활동 · 서양의 천문학과 대포 제작 기술 전수

실력 다지기
106~107쪽

01 ⑤ **02** ⑤ **03** ② **04** ④ **05** ② **06** ②
07 ④ **08** ② **09** ⑤ **10** (1) 은 (2) **예시 답안** 명·청대에 유럽 등지와의 무역 결과 은 유입이 늘어나 은으로 세금을 거두는 제도가 시행되었다. **11** **예시 답안** 올바른 지식(양지)과 행동의 일치를 강조하였다.

01 명·청대에는 1년에 두 번 벼농사 짓는 지역이 늘어나 농업 생산력이 증대되었고, 유럽과의 교역을 통해 고추, 담배, 옥수수 등 아메리카 작물이 전래되었다.
바로잡기 ㄱ은 춘추 전국 시대, ㄴ은 송대에 관련된 내용이다.

02 「고소번화도」는 청대 쑤저우의 번영을 보여 준다. 명·청대에는 전국을 무대로 활동하는 대상인 집단이 등장하였다.
바로잡기 ① 수대에 대운하가 완성되었다. ②는 몽골 제국에 해당한다. ③ 북위 때부터 당대까지 걸쳐 균전제가 실시되었다. ④ 7세기 말 이후 당에서는 조용조가 양세법으로 전환되었다.

03 청은 초기에 해금 정책을 실시하였으나 반란을 진압한 후 일부 항구를 개방하였고, 이후 광저우의 공행을 통한 교역만을 허용하였다. 당시 청의 비단, 도자기, 차는 유럽에서 큰 인기를 끌었다.
바로잡기 ㄴ, ㄹ은 송대의 해상 교역 발전과 관련이 있다.

엔픽 포인트	명·청의 대외 무역
명	해금 정책을 실시하였으나 점차 완화
청	• 반란 세력 진압 후 해금 정책 완화 • 광저우 한 곳만 개방, 공행 설치

04 청은 광저우를 통해서만 해외 교역을 실시하였다. 따라서 (가)는 교역이 가능하여 물품의 대금으로 지불된 은이 유입되는 광저우임을 알 수 있다.

05 명·청대에 비단, 도자기, 차는 유럽인에게 인기가 높아 주요 수출품이 되었다. 유럽 상인들은 중국 물품의 대금을 아메리카와 일본에서 생산된 은으로 지불하였다. 그 결과 중국에 은의 유입이 크게 증가하였다.

06 명·청대의 사회 지배층은 신사이다.

엔픽 포인트	신사
특징	유교적 소양을 갖춘 지식인, 명·청대 사회 주도
역할	지방관을 도우면서 사회 안정과 질서 유지에 기여

07 명·청대에는 『삼국지연의』, 『홍루몽』 등의 소설이 유행하는 등 서민 문화가 발전하였다. 또한 청대에는 베이징을 중심으로 경극이 인기를 끌었다.
바로잡기 ㄱ. 티베트 불교는 원 황실의 후원을 받았다. ㄷ. 잡극은 원대에 유행하였다.

08 명대에는 성리학을 비판하며 양명학이 등장하였고, 청대에는 고증학이 유행하였다.

09 명 말에 활동한 마테오 리치는 「곤여만국전도」를 제작하여 중국인들의 세계관에 영향을 끼쳤고, 청대 아담 샬은 대포 제작 기술과 천문학 기술을 전하였다.
바로잡기 ㄱ. 곽수경은 원대에 이슬람 천문학의 영향을 받아 수시력을 만들었다. ㄴ. 원대 중국을 방문한 이븐 바투타가 『여행기』를 남겼다.

10 명·청대에 물품 대금으로 전 세계에서 막대한 양의 은이 중국으로 흘러들어오자 중국에서 은이 화폐 역할을 하게 되었다. 이를 바탕으로 명·청은 세금을 은으로 내게 하였다.

구분	채점 기준
상	유럽과의 무역 결과 은의 유입이 증가하였다고 서술한 경우
하	은의 유입이 증가하였다고만 서술한 경우

11 명대에는 형식에 치우친 성리학을 비판하며 올바른 지식(양지)과 행동의 일치를 강조하는 양명학이 등장하였다.

구분	채점 기준
상	올바른 지식과 행동의 일치를 강조하였다고 서술한 경우
하	양명학을 서술하였으나 미흡한 경우

주제 21 일본 막부 정치의 전개와 무굴 제국의 성장

개념 확인 문제
108쪽

1 (1) 가마쿠라 (2) 에도 　**2** (1) × (2) ○

대표 문제로 실력 쌓기
109쪽

1 ②　**2** ⑤

1 에도 막부는 다이묘를 통제하기 위해 산킨코타이 제도를 실시하였다. 도쿠가와 이에야스가 수립한 에도 막부는 크리스트교를 금지하고 해외 무역을 통제하는 해금 정책을 시행하였다. 다만 중국과 네덜란드 상인에게는 나가사키를 개방하여 무역을 허용하였고, 네덜란드 상인을 통해 들어온 난학이 발달하였다.
바로잡기 ②는 가마쿠라 막부에 대한 설명이다.

2 ㉠은 무굴 제국이다. 무굴 제국에서는 일상생활에서 힌디어에 아랍어와 페르시아어가 혼합된 우르두어가 사용되었다.

엔픽 포인트	무굴 제국의 문화
특징	힌두교와 이슬람교 절충
내용	• 시크교 창시 → 인간 평등 주장 • 우르두어 사용 • 타지마할 건립 • 페르시아 세밀화에 인도 미술 융합

실력 다지기
110~113쪽

01 ⑤	02 ④	03 ②	04 ③	05 ④	06 ⑤
07 ⑤	08 ③	09 ⑤	10 ④	11 ③	12 ②
13 ②	14 ⑤	15 ③	16 ②	17 ④	18 ⑤

19 ①　**20** (1) 우키요에 (2) **예시 답안** 에도 막부 시기의 상공업 발전으로 경제력을 갖춘 도시의 상공업자가 성장하면서 가부키, 우키요에 등 조닌 문화가 발달하였다. 　**21** (1) 타지마할 (2) **예시 답안** 무굴 제국 시기에는 힌두 문화와 이슬람 문화가 융합된 인도·이슬람 문화가 발전하였다. 종교에서는 힌두교와 이슬람교를 절충한 시크교가 등장하였다. 또한 힌디어와 아랍어, 페르시아어가 혼합된 우르두어가 사용되었으며, 페르시아의 세밀화에 인도 미술이 융합된 무굴 회화가 발전하였다.

01 헤이안 시대 말기부터 무사들이 힘이 강해졌고, 12세기 말 가마쿠라 막부가 세워졌다.

02 그림은 일본의 봉건제를 보여 준다. 12세기 말 미나모토노 요리토모는 무사를 모아 반대 세력을 제압하고 가마쿠라 막부를 수립하였다. 이후 일본에서는 막부의 쇼군이 실질적인 지

배권을 행사하는 일본 특유의 봉건제가 성립하였다.

바로잡기 ㄱ. 그림은 일본 특유의 봉건제를 나타낸 것이다. ㄷ. 쇼군은 무사 정권인 막부의 우두머리로, 군사력을 바탕으로 쇼군의 자리에 올랐다.

03 밑줄 친 '막부'는 가마쿠라 막부이다. 원의 침입을 물리친 가마쿠라 막부는 12세기 말 미나모토노 요리토모에 의해 세워졌다.

바로잡기 ① 견수사는 수대에 파견되었다. ③은 7세기 말에 해당한다. ④는 에도 막부의 산킨코타이 제도에 해당한다. ⑤는 다이카 개신과 관련된 내용이다.

04 (가) 막부는 무로마치 막부이다. 무로마치 막부는 조선과 국교를 수립하였다.

엔픽 포인트 무로마치 막부

수립	가마쿠라 막부를 이어 정권 장악
발전	명과 조공·책봉 관계 수립, 조선과 국교 수립
쇠퇴	쇼군 계승 문제로 다툼 → 전국 시대 전개

05 무로마치 막부는 중국과 외교 관계를 회복하고 무역을 실시하였다. 쇼군 계승 문제로 다이묘 사이에 다툼이 심해지면서 쇠퇴하였고, 이후 전국 시대가 전개되었다.

바로잡기 ㄱ. 청은 중국을 차지한 후 만주족의 풍습인 변발과 호복을 강요하였다. ㄷ. 청은 팔기군을 이끌고 베이징을 점령하는 등 대외 팽창에 나섰다.

06 밑줄 친 '그'는 도요토미 히데요시이다. 전국 시대를 통일한 도요토미 히데요시는 16세기 말 임진왜란을 일으켰으나 실패하였다.

07 ㉠은 쇼군, ㉡은 다이묘이다. 에도 막부는 지방의 다이묘를 통제하기 위해 산킨코타이 제도를 실시하였다.

08 에도 막부 시기에는 농업 생산력이 향상되고 상품 작물의 재배가 활발해졌다. 여기에 산킨코타이 제도 등에 따른 교통망이 정비되면서 상공업이 발전하였고, 조닌층이 성장하였다. 한편 에도 막부는 일본의 전통과 질서를 해친다는 이유로 크리스트교를 탄압하였고 해외 무역도 엄격히 통제하였다.

바로잡기 ㄱ. 견당사는 나라 시대에 파견되어 헤이안 시대에 파견이 중단되었다. ㄹ은 나라 시대에 해당한다.

09 제시된 자료는 에도 막부 시기에 유행한 가부키이다. 에도 막부 시기에는 가부키와 같은 공연과 우키요에와 같은 풍속화가 유행하는 등 조닌 문화가 발달하였다.

바로잡기 ①은 아스카 시대, ②는 헤이안 시대, ③, ④는 나라 시대에 대한 설명이다.

10 에도 막부는 나가사키에 인공 섬인 데지마를 조성하고 서양 국가 중 네덜란드와 교류하였다.

11 에도 막부는 크리스트교를 탄압하고 해외 무역을 통제하였지만, 중국과 네덜란드 상인에게는 나가사키를 개방하여 무역을 허용하였다.

바로잡기 ㄴ. 아담 샬은 중국 청대에 활동한 인물이다.

엔픽 포인트 에도 막부의 대외 무역

조선	통신사를 통해 교류
청	나가사키 개방 → 청 상인 왕래
유럽	나가사키 개방 → 네덜란드와 교역 → 난학 발달

12 지도는 바부르의 인도 공격을 나타낸 것이다. 바부르는 중앙아시아에서 침입하여 델리를 정복하고 무굴 제국을 세웠다.

13 아크바르 황제는 힌두교도를 군인과 관료로 등용하는 등 이슬람교와 힌두교의 화합을 위해 노력하였다.

엔픽 포인트 아크바르 황제와 아우랑제브 황제

아크바르 황제	• 영토 확장: 북인도에서 아프가니스탄 • 중앙 집권 체제 확립: 관료 제도 정비 • 화합 정책: 힌두교도에 대한 인두세(지즈야) 폐지, 힌두교도를 군인과 관료로 등용
아우랑제브 황제	• 최대 영토 차지: 남인도 정복 • 이슬람 제일주의: 인두세 부활, 힌두 사원 파괴

14 아크바르 황제는 북인도에서 아프가니스탄에 이르는 영토를 확보하였다.

바로잡기 ⑤ 남인도를 차지하여 최대 영토를 확보한 황제는 17세기의 아우랑제브 황제이다.

15 지도는 아우랑제브 황제가 확보한 무굴 제국의 최대 영토를 나타낸다. 남인도를 정복한 아우랑제브 황제는 이슬람 제일주의를 내세워 인두세를 부활시키고 힌두 사원을 파괴하였다.

바로잡기 ①은 명의 홍무제, ②는 마우리아 왕조의 아소카왕에 대한 설명이다. ④는 원대 몽골 제일주의, ⑤는 쿠샨 왕조의 카니슈카왕과 관련이 있다.

16 밑줄 친 '이 종교'는 시크교이다. 힌두교와 이슬람교를 절충한 시크교는 유일신을 섬겼으며, 카스트제의 신분 차별을 반대하며 인간의 평등을 주장하였다.

바로잡기 ㄴ. 개인의 해탈을 중시한 것은 상좌부 불교 등에 해당한다. ㄹ은 당대 불교 등과 관련된 내용이다.

17 무굴 제국은 공식 문서에는 페르시아어를 사용하였지만, 일상생활에서는 힌디어에 아랍어, 페르시아어가 혼합된 우르두어를 사용하였다. 또한 펀자브 지방을 중심으로 시크교가 세력을 확대하였다.

바로잡기 ㄱ. 아잔타 석굴 사원은 굽타 양식을 대표한다. ㄷ. 굽타 왕조 시기에 『마하바라타』와 『라마야나』가 산스크리트어로 정리되었다.

18 무굴 제국 시기에는 인도·이슬람 문화가 발달하였다. 공식 문서에는 페르시아어가 사용되었고, 페르시아의 세밀화에 인도

미술이 융합된 무굴 회화가 발전하였다.

19 제시된 내용은 무굴 제국의 황제 샤자한이 왕비인 뭄타즈 마할을 추모하여 세운 타지마할에 대한 설명이다.

20 에도 시대에는 상공업이 발전하면서 각지에 도시가 발달하고 '조닌'이라고 불리는 경제력을 갖춘 도시의 상공업 계층이 성장하였다. 이들은 가부키를 관람하고, 우키요에를 즐겼다(조닌 문화).

구분	채점 기준
상	상공업의 발전과 조닌의 성장을 모두 서술한 경우
하	상공업의 발전과 조닌의 성장 중 한 가지만 서술한 경우

21 인도에 이슬람 세력이 진출하면서 힌두 문화와 이슬람 문화가 융합된 인도·이슬람 문화가 발전하였다.

구분	채점 기준
상	인도·이슬람 문화 쓰고, 시크교, 우르두어, 무굴 회화를 모두 서술한 경우
중	인도·이슬람 문화를 쓰고, 시크교, 우르두어, 무굴 회화 중 두 가지를 서술한 경우
하	인도·이슬람 문화만 쓰거나 사례를 한 가지만 서술한 경우

주제 22 오스만 제국의 성립과 발전

개념 확인 문제   114쪽

1 (1)× (2)○   **2** (1)사파비 (2)술레이만 1세

대표 문제로 실력 쌓기   115쪽

1 ⑤   **2** ①

1 오스만 제국은 비잔티움 제국을 무너뜨리고 콘스탄티노폴리스(이스탄불)를 수도로 삼았다.

엔픽 포인트 **티무르왕조, 사파비왕조, 오스만 제국**

티무르 왕조	• 몽골 제국의 부흥 표방 • 중계 무역으로 번영(사마르칸트)
사파비 왕조	• 동서 교역으로 번영(이스파한) • 페르시아 군주 칭호 '샤' 사용 • 시아파 이슬람교 신봉
오스만 제국	• 비잔티움 제국 정복 • 술탄 칼리프 제도 확립 • 헝가리 정복, 빈 포위, 지중해 무역 장악

2 오스만 제국의 문화는 튀르크 전통을 바탕으로 페르시아, 이슬람, 비잔티움 문화가 융합되었다.

바로 잡기 ①은 에도 막부 시기와 관련된 내용이다.

실력 다지기   116~119쪽

01 ①	02 ⑤	03 ⑤	04 ④	05 ②	06 ②
07 ③	08 ①	09 ④	10 ②	11 ②	12 ④
13 ④	14 ③	15 ⑤	16 ②	17 ⑤	18 ②

19 (1) 칼리프   (2) **예시 답안** 오스만 제국은 유럽으로 진출하여 발칸반도 남부를 차지하고, 메흐메트 2세 때에는 비잔티움 제국을 멸망시켰다. 이후 시리아와 이집트를 정복하여 대제국을 건설하였다.

20 (1) 예니체리   (2) **예시 답안** 오스만 제국은 혈통이나 출신에 상관없이 유능한 사람을 관리로 등용하였다.

01 티무르는 칭기즈칸의 후예를 자처하고 몽골 제국의 부흥을 내세우며 영토 팽창에 나섰다.

02 레기스탄 광장이 위치한 티무르 왕조의 수도는 사마르칸트이다.

03 티무르 왕조에서는 이슬람, 페르시아, 튀르크 문화가 융합하여 발달하였다.

바로 잡기 ①은 이슬람 제국 초기, ②는 칭기즈 칸 사후 몽골 제국, ③은 정통 칼리프 시대와 관련이 있다. ④티무르 왕조는 이민족인 우즈베크인에게 멸망하였다.

엔픽 포인트	**티무르 제국**
건국	몽골 제국의 부흥을 내걸고 티무르가 건국
발전	영토 확장, 중계 무역 → 이슬람·페르시아·튀르크 문화 융합
쇠퇴	티무르 사망 후 약화

04 지도는 사파비 왕조의 영역이다. 사파비 왕조는 시아파 이슬람교를 국교로 삼았다.

바로 잡기 ①은 셀주크 튀르크, ②는 비잔티움 제국, ③, ⑤는 아바스 왕조 등과 관련된 내용이다.

05 사파비 왕조를 건국한 인물은 이스마일 1세이다. 아바스 1세는 관료 조직을 체계화하고 상비군을 구성하여 중앙 집권 국가를 만들었으며 오스만 제국을 물리쳐 넓은 영토를 차지하였다.

06 사파비 왕조는 페르시아 군주의 칭호인 '샤'를 사용하는 등 페르시아 전통을 계승하려 하였다. 사파비 왕조의 수도 이스파한은 동서 교역으로 번영하였다.

07 소아시아의 분열된 나라들을 통합하여 오스만 제국이 세워졌다. (나) 오스만 제국은 발칸반도로 진출한 후 (가) 비잔티움 제국을 멸망시켰다. (다) 이후 술레이만 1세 때 오스트리아 수도 빈을 공격하였다.

08 오스만 제국의 전성기를 이끈 술레이만 1세는 헝가리를 정복하였고, 유럽 연합 함대를 무찔러 지중해 해상권을 장악하였다.

바로 잡기 ㄷ, ㄹ은 무굴 제국과 관련된 내용이다.

09 지도는 오스만 제국의 진출 방향을 나타낸 것으로 이스탄불을 차지한 것을 통해 알 수 있다. 오스만 제국은 비잔티움 제국을 멸망시키고 콘스탄티노폴리스(이스탄불)를 수도로 삼았다.

10 오스만 제국은 아시아, 유럽, 아프리카 세 대륙에 걸친 대제국을 건설하였고, 칼리프의 칭호를 얻었다.

11 오스만 제국의 술레이만 1세는 유럽 연합 함대를 격파하고 지중해 교역을 장악하였다.

바로 잡기 ①은 아우랑제브 황제 등에 해당한다. ③은 사파비 왕조가 대표적이다. ④는 샤자한에 해당한다. ⑤는 아크바르 황제 등에 해당한다.

엔픽 포인트	**메흐메트 2세와 술레이만 1세**
메흐메트 2세	비잔티움 제국을 멸망시킴
술레이만 1세	헝가리 정복, 오스트리아 빈 포위, 유럽 연합 함대 격파

12 오스만 제국은 술탄이 직접 통치하는 지역과 총독을 보내 간접 통치하는 지역으로 나누어 관리하였다.

바로 잡기 ㄱ은 아테네, ㄷ은 아케메네스 왕조 페르시아에 해당한다.

13 오스만 제국은 인두세만 내면 자치적인 공동체를 허용하였다. 이를 밀레트 제도라고 한다.

14 오스만 제국은 밀레트 제도를 통해 자치적인 공동체를 허용하였고, 크리스트교도를 예니체리로 양성하는 등 관용 정책을 펼쳤다.

15 이스탄불은 옛 비잔티움 제국의 수도인 콘스탄티노폴리스를 오스만 제국이 바꾼 명칭이다. ㄷ. 성 소피아 대성당의 건너편에서 ㄹ. 술탄 아흐메트 사원을 볼 수 있다.

바로 잡기 ㄱ. 타지마할은 무굴 제국이 아그라에 세운 것이다. ㄴ. 관성대는 원대 중국에 세워진 천문 관측소이다.

16 제시된 사진은 술탄 아흐메트 사원이다. 튀르크 계통인 오스만족이 세운 오스만 제국에서는 튀르크의 전통을 바탕으로 페르시아, 이슬람, 비잔티움 문화 등이 융합되었다.

17 오스만 제국에서는 페르시아의 영향을 받은 세밀화가 유행하였다. 또한 천문학, 수학, 지리학 등 실용적인 학문이 발전하였다.

바로 잡기 ㄱ. 시크교는 인도 무굴 제국 때 등장하였다. ㄴ. 굽타 왕조 시기에 브라만교를 바탕으로 다양한 민간 신앙과 불교가 융합된 힌두교가 형성되었다.

18 밑줄 친 '수도'는 오스만 제국의 수도였던 이스탄불이다.

바로 잡기 ②잡극은 원대에 유행하였다.

19 오스만 제국은 발칸반도 남부를 차지하고, 술탄의 칭호를 사용하였다. 메흐메트 2세 때 비잔티움 제국을 멸망시켰고, 16세기 초에는 시리아와 이집트를 정복하여 아시아, 유럽, 아프리카의 세 대륙에 걸친 대제국을 건설하였다. 그 결과 오스만 제국의 술탄은 종교적 지도자인 칼리프의 칭호도 획득하였다.

구분	채점 기준
상	발칸반도 남부 차지, 비잔티움 제국 정복, 시리아와 이집트 정복 중 두 가지를 서술한 경우
하	발칸반도 남부 차지, 비잔티움 제국 정복, 시리아와 이집트 정복 중 한 가지만 서술한 경우

20 오스만 제국은 제국 내 비이슬람교도에게 이슬람교를 강요하지 않고, 지즈야(인두세)만 내면 자치적인 공동체를 허용하는 관용 정책을 폈다. 또한 혈통이나 출신에 상관없이 유능한 사람들을 관리로 등용하여 통치에 이용하였다. 특히 술탄의 친위 부대인 예니체리는 정복 전쟁에서 크게 활약하였다.

구분	채점 기준
상	혈통이나 출신에 상관없이 인재를 등용하였다고 서술한 경우
하	오스만 제국의 통치 정책을 서술하였으나 미흡한 경우

개념 확인 문제

120쪽

1 (1) ○ (2) × **2** (1) 에스파냐 (2) 아프리카

대표 문제로 **실력 쌓기**

121쪽

1 ⑤ **2** ①

1 자료는 콜럼버스가 개척한 항로이다. 콜럼버스는 에스파냐의 후원을 받아 인도로 가는 항로를 찾아 나섰고, 아메리카 대륙의 서인도 제도에 도착하였다.

2 자료는 신항로 개척 이후 이루어진 대서양 삼각 무역이다.
바로잡기 ① 신항로 개척 이후 유럽은 아메리카로부터 많은 금과 은이 유입되면서 물가 폭등을 겪었다(가격 혁명).

엔픽 포인트 삼각 무역의 영향

라틴 아메리카	• 식민지화 → 플랜테이션 농장 건설 • 가혹한 노동과 전염병 → 인구 급감
아프리카	노예로 동원 → 인구 감소, 성비 불균형
유럽	아메리카 작물 전래, 가격 혁명, 상업 혁명

실력 다지기

122~125쪽

01 ②	02 ④	03 ①	04 ④	05 ⑤	06 ④
07 ①	08 ④	09 ⑤	10 ④	11 ④	12 ③
13 ⑤	14 ①	15 ②	16 ①	17 ④	18 ②
19 ⑤					

20 (1) 콜럼버스 (2) **예시 답안** 콜럼버스가 아메리카 대륙을 발견한 이후 아스테카 제국과 잉카 제국이 정복되었고, 수많은 원주민이 학살당하였다. 이후 유럽은 아프리카의 원주민을 노예로 동원하였다.

21 (1) 은 (2) **예시 답안** 세계적인 무역망이 형성되었고, 유럽이 확보한 시장은 훗날 산업 혁명의 기반이 되었다.

01 십자군 전쟁 이후 향신료, 비단 등 동방의 상품이 유럽에서 큰 인기를 끌었으며, 마르코 폴로의 『동방견문록』 등은 동방에 대한 호기심을 자극하였다.
바로잡기 ㄴ. 장건의 서역 파견은 한대의 일이다. ㄹ. 게르만족의 이동은 서로마 제국 멸망의 배경이 되었다.

02 15세기경 캐러벨선과 천문 관측기구인 아스트롤라베를 이용하면서 원거리 항해가 가능해졌다.

03 오스만 제국이 지중해 무역을 장악한 상황에서 유럽은 향신료를 확보하기 위해 신항로 개척에 적극 나섰다.

엔픽 포인트 신항로 개척의 배경

동방에 대한 호기심 증가	• 『동방견문록』 출간 • 십자군 전쟁 이후 향신료, 비단 등 수요 상승
새로운 교역로 필요	이슬람의 동서 무역 장악으로 새로운 항로 개척 필요
과학 기술 발달	• 지리학, 천문학, 선박 제조 기술의 발달 • 나침반, 아스트롤라베 등의 사용으로 원거리 항해 가능

04 지도는 신항로 개척을 나타낸 것이다. 오스만 제국이 지중해 무역을 장악한 상황에서 유럽 각국은 신항로 개척에 나섰다.

05 포르투갈의 바스쿠 다 가마는 아프리카 남단의 희망봉을 거쳐 인도로 가는 항로를 개척하였다.

06 (나)는 콜럼버스의 항로이다. 이 항해 이후 에스파냐가 라틴 아메리카의 아스테카 제국과 잉카 제국을 무너뜨리고 식민지로 삼았다.

07 (다)는 마젤란 일행의 항로이다. 마젤란 일행은 아메리카를 돌아 태평양을 가로질러 최초로 세계 일주에 성공하였다.

08 제시된 자료는 잉카 제국의 마추픽추이다. 마추픽추에 세워진 성벽과 계단식 밭은 잉카인의 뛰어난 건축 기술을 보여 준다.

09 멕시코 일대에서 발달한 아스테카 제국은 그림 문자와 달력을 사용하였다.
바로잡기 ㄱ. 피사로는 잉카 제국을 정복하였다. ㄴ. 아스테카 제국은 에스파냐의 식민지가 되었다.

10 테노치티틀란을 중심으로 아스테카 제국이, 쿠스코를 중심으로 잉카 제국이 발달하였다. 따라서 (가)는 아스테카 제국, (나)는 잉카 제국이다.

11 아스테카 제국과 잉카 제국은 에스파냐의 침입으로 멸망하였다.

엔픽 포인트 아스테카 제국과 잉카 제국

구분	아스테카 제국	잉카 제국
중심지	테노치티틀란(멕시코)	쿠스코(페루)
특징	• 피라미드 모양의 신전 제작 • 그림 문자와 달력 사용	• 계단식 밭을 통해 농사 • 옥수수와 감자 등 재배
멸망	에스파냐의 코르테스에 의해 멸망	에스파냐의 피사로에 의해 멸망

12 신항로 개척 이후 아메리카 원주민은 대농장에서 가혹한 노동에 시달렸고, 유럽인이 옮긴 천연두 등의 전염병까지 퍼지면서 라틴 아메리카의 인구가 크게 줄었다.
바로잡기 ㄱ은 중세 서유럽에 해당한다. ㄹ. 몽골 제국은 아시아와 동유럽 일대를 제패하였다.

13 아메리카 원주민의 인구가 급감하자 유럽인은 노동력을 확보하기 위해 아프리카 원주민을 노예로 동원하였다.

14 (가)는 은이다. 아메리카의 은이 유럽에 유입되면서 화폐 가치가 하락하여 물가가 크게 오르는 가격 혁명이 발생하였다.

15 유럽은 라틴 아메리카 식민지의 인구가 감소하자 아프리카 사람들을 노예로 동원하였다.

16 삼각 무역에 따라 아프리카 사람들이 노예로 동원되어 아프리카의 성비 균형이 깨졌다. 또한 신항로 개척 이후 무역의 중심지가 지중해에서 대서양으로 옮겨졌다.
바로 잡기 ㄷ은 사파비 왕조, ㄹ은 오스만 제국과 관련된 내용이다.

17 신항로 개척 이후 삼각 무역이 전개되면서 아메리카 작물인 감자, 옥수수 등이 유럽에 전해졌다.
바로 잡기 ④ 향신료는 동남아시아, 인도 등지에서 유럽으로 전래되었다.

18 신항로 개척 이후 네덜란드, 영국, 프랑스 등이 아시아와의 무역을 위해 동인도 회사를 세웠다. 동인도 회사는 무역뿐 아니라 군대를 보유하고 외국과 조약을 체결하는 권한까지 가졌다.
바로 잡기 ㄴ. 아메리카의 문명은 에스파냐, 포르투갈 등이 파괴하였다. ㄹ. 오스만 제국이 지중해 무역을 장악하였다.

19 신항로 개척 이후 유럽에서는 화폐 가치가 하락하여 물가가 폭등하였고, 주식회사가 등장하고 보험과 같은 금융 제도가 갖추어지는 등 상공업과 금융업이 획기적으로 발달하였다.

20 아메리카의 토착 문명은 신항로 개척 이후 유럽인이 몰려들면서 급속히 파괴되었다. 아메리카 원주민의 인구가 급격히 줄어들자, 유럽인은 광산 개발과 대농장 경영에 필요한 노동력을 얻기 위해 아프리카 원주민을 노예로 동원하였다.

구분	채점 기준
상	아스테카 문명과 잉카 문명의 파괴, 아메리카 원주민 인구의 급감, 아프리카 노예 문제 중 두 가지를 서술한 경우
하	아스테카 문명과 잉카 문명의 파괴, 아메리카 원주민 인구의 급감, 아프리카 노예 문제 중 한 가지만 서술한 경우

21 신항로 개척 이후 여러 나라가 동인도 회사를 앞세워 아시아 시장에 진출하였다. 이에 따라 세계적인 교역망이 형성되고, 유럽이 확보한 시장은 훗날 산업 혁명을 이루는 중요한 기반이 되었다. 또한 중국에 은이 대량으로 들어와 화폐로 사용되고, 명·청은 세금을 은으로 거두었다.

구분	채점 기준
상	세계적인 무역망 형성, 산업 혁명의 기반이 되었음을 서술한 경우
하	신항로 개척 이후의 무역 확대를 서술하였으나 미흡한 경우

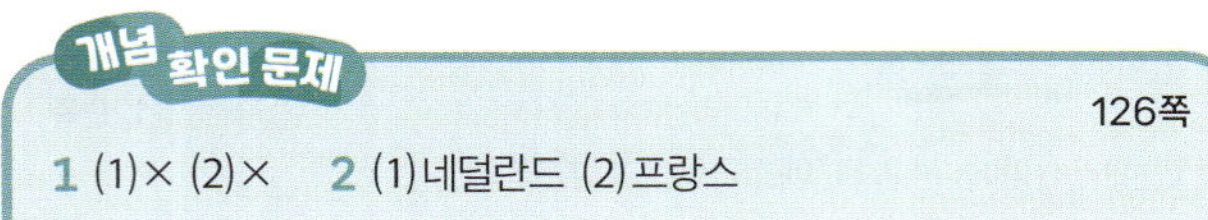

개념 확인 문제   126쪽

1 (1)× (2)×   **2** (1)네덜란드 (2)프랑스

대표 문제로 실력 쌓기   127쪽

1 ⑤   **2** ③

1 자료는 루터가 발표한 「95개조 반박문」이다. 레오 10세가 성 베드로 대성당 보수 미용 마련을 위해 면벌부를 판매하자 루터가 이를 비판하며 「95개조 반박문」을 발표하였다.

2 제시된 자료는 「권리 장전」이다. 명예혁명이 일어난 이듬해 의회는 「권리 장전」을 승인받았다. 의회에 의해 공동 왕으로 추대된 메리와 윌리엄이 「권리 장전」을 승인하였다. 이를 명예혁명이라고 한다.

엔픽 포인트 명예혁명(1688)

배경	제임스 2세의 의회 무시, 청교도 탄압
전개	의회에 의해 제임스 2세 퇴위 → 메리와 윌리엄을 공동 왕으로 추대→ 「권리 장전」 승인
의의	입헌 군주제의 토대 마련

실력 다지기   128~129쪽

01 ③   **02** ④   **03** ②   **04** ②   **05** ④   **06** ①
07 ④   **08** ④   **09** ③   **10** (1)30년 전쟁 (2) **예시 답안** 30년 전쟁의 결과 독일 지역의 인구 약 3분의 1이 감소하였고, 베스트팔렌 조약이 체결되어 칼뱅파가 공식적으로 인정받았으며 네덜란드가 독립하였다.   **11** **예시 답안** 재정·군사 국가들은 세금 제도를 정비하고, 수출을 장려하고 관세를 높여 수입을 줄이는 중상주의 정책을 실시하였다. 또한 상공 시민 계층으로부터 재정적 지원을 받고, 식민지 확보를 위해 노력하였다.

01 자료의 인물은 루터이다. 교황 레오 10세가 성 베드로 대성당의 보수 비용 마련을 위해 면벌부를 판매하자 루터가 「95개조 반박문」을 통해 인간의 구원은 오직 신앙과 신의 은총에 의해서만 이루어진다고 주장하였다.
바로 잡기 ①은 칼뱅, ②는 비잔티움 제국의 레오 3세, ④는 콜럼버스, ⑤는 하인리히 4세와 관련된 내용이다.

02 (가)는 칼뱅파이다. 칼뱅은 신의 구원이 예정되어 있다고 주장하였고, 이 주장은 도시 상공업자들의 지지를 받아 프랑스, 영국, 네덜란드 등지로 퍼져 나갔다.

엔픽 포인트 루터와 칼뱅

구분	루터	칼뱅
지역	독일	스위스
주장, 영향	• 「95개조 반박문」 발표 • 신의 은총에 의해서만 구원이 이루어진다고 주장	• 예정설 주장 • 신의 구원을 믿고 직업에 충실할 것 주장 → 도시 상공업자에게 환영받음
공인	아우크스부르크 화의	베스트팔렌 조약

03 재정·군사 국가들은 강력한 상비군을 갖추고 중상주의 정책을 추진하였으며, 원료와 상품 시장을 얻기 위해 식민지 확보에 힘을 쏟았다.

04 (가)에 들어갈 내용은 에스파냐의 발전에 대한 것이다. 에스파냐는 무적함대를 앞세워 지중해 해상권을 장악하였다.

05 네덜란드는 베스트팔렌 조약으로 에스파냐로부터 독립하였고, 상공업을 바탕으로 부를 축적하였다.

06 ㉠은 영국의 엘리자베스 1세이다. 엘리자베스 1세는 에스파냐의 무적함대를 무찌르고 해상권을 장악하였다.

07 (나) 찰스 1세의 전제 정치가 계속되는 상황에서, (다) 의회파와 왕당파 사이에 내전이 일어났고, (가) 크롬웰이 이끄는 의회파가 승리하여 찰스 1세를 처형하고 공화정을 수립하였다.

08 제임스 2세는 청교도를 무시하였고, 새로 왕위에 오른 메리와 윌리엄은 「권리 장전」을 승인하였다.

09 프랑스의 루이 14세는 스스로 ‘태양왕’을 자처하고 거대한 베르사유 궁전을 건립하는 등 강력한 왕권을 행사하였다.

10 종교 개혁이 확산하면서 가톨릭교회(구교)와 신교 사이의 대립이 격화되어 독일에서 일어난 30년 전쟁은 주변 여러 나라가 참가하면서 국제 전쟁으로 확대되었다. 30년 전쟁은 베스트팔렌 조약(1648)이 체결되면서 끝이 났고, 조약을 통해 칼뱅파도 공인되었다.

구분	채점 기준
상	독일 지역의 인구 감소, 칼뱅파 공인, 네덜란드 독립 중 두 가지를 서술한 경우
하	독일 지역의 인구 감소, 칼뱅파 공인, 네덜란드 독립 중 한 가지만 서술한 경우

11 국가 간 경쟁으로 강력한 상비군을 유지하기 위한 막대한 비용이 필요해지자, 재정·군사 국가들은 세금 제도를 정비하고 중상주의 정책을 실시하였다. 또한 상공 시민 계층에게 재정적 지원을 받았으며, 식민지 확보를 위해 힘을 쏟았다.

구분	채점 기준
상	세금 제도 정비, 중상주의 정책 실시, 상공 시민 계층의 재정적 지원, 식민지 확보 중 세 가지만 서술한 경우
중	세금 제도 정비, 중상주의 정책 실시, 상공 시민 계층의 재정적 지원, 식민지 확보 중 두 가지를 서술한 경우
하	세금 제도 정비, 중상주의 정책 실시, 상공 시민 계층의 재정적 지원, 식민지 확보 중 한 가지만 서술한 경우

IV단원 표와 자료로 정리하기 _{한 번 더} 130~131쪽

주제 17 ❶ 조광윤 ❷ 문치주의 ❸ 탕구트족 ❹ 임안
주제 18 ❶ 칭기즈 칸 ❷ 쿠빌라이 ❸ 색목인 ❹ 울루스
주제 19 ❶ 영락제 ❷ 여진족 ❸ 강희제
주제 20 ❶ 신사 ❷ 경극 ❸ 해금 정책 ❹ 은
주제 21 ❶ 쇼군 ❷ 무로마치 ❸ 도요토미 히데요시 ❹ 산킨코타이 ❺ 조닌 ❻ 바부르 ❼ 시크교 ❽ 타지마할
주제 22 ❶ 비잔티움 제국 ❷ 예니체리 ❸ 아흐메트
주제 23 ❶ 지중해 ❷ 잉카 ❸ 노예 ❹ 포르투갈
주제 24 ❶ 아우크스부르크 ❷ 예정설 ❸ 30년 전쟁 ❹ 영국 ❺ 루터 ❻ 칼뱅

IV단원 실력 굳히기 132~135쪽

01 ⑤ 02 ④ 03 ① 04 ① 05 ⑤ 06 ③ 07 ④ 08 ①
09 ② 10 ② 11 ③ 12 ④ 13 ② 14 ③ 15 ⑤ 16 ③
17 ③ 18 ③ 19 ② 20 ③

서술형 연습 문제 **21** **예시 답안** 서하, 비단길의 길목에 위치한 서하는 동서 교역으로 번영하였고, 송으로부터 은과 차 등의 물품을 제공받았다.
22 **예시 답안** 에도 막부 시기에 쇼군은 직할지만 다스리고 나머지 지역에서는 다이묘들이 '번'이라 불리는 자신의 영지를 다스렸다. 또한 막부는 산킨코타이 제도를 통해 지방의 다이묘를 엄격히 통제하였다.
23 (1) 에스파냐   (2) **예시 답안** 콜럼버스는 대서양을 건너 서인도 제도에 도착하였고, 마젤란 일행은 태평양을 가로질러 최초로 세계 일주에 성공하였다.

01 밑줄 친 '이 황제'는 송을 세운 송 태조 조광윤이다. 조광윤은 절도사의 권한을 빼앗고 지방관을 문관으로 임명하는 등 문치주의 정책을 실시하였다.

02 (가)는 요이다. 10세기 초 야율아보기가 부족을 통일하고 세운 요는 중국의 화북 지방에 진출하였다.
바로잡기 ㄱ. 요는 금에 멸망하였다. ㄷ. 요는 거란 문자를 제정하였다.

엔픽 포인트 **거란(요)**

건국	야율아보기가 거란족 통일(916)
팽창	발해 정복, 화북 지방에 진출, 고려 공격
멸망	여진이 세운 금에 의해 멸망

03 ㉠은 송이다. 송대에는 상업이 발달하면서 도시를 중심으로 만담, 인형극 등 서민 문화가 크게 발달하였다.
바로잡기 ②는 청, ③, ⑤는 원, ④는 명에 대한 설명이다.

04 칭기즈 칸의 손자 쿠빌라이 칸은 수도를 대도(베이징)로 옮기

고 국호를 원으로 정하였다. 이후 남송을 멸망시키며 중국 전체의 지배자가 되었다.

05 자료는 원을 방문한 마르코 폴로가 남긴 기록이다. 원대에 남송 출신 한족은 남인으로 구분되어 세금을 더 많이 내는 등 차별받았다. 또한 원은 패자를 소지한 사람이 역참을 이용할 수 있도록 하였다.
바로잡기 ㄱ. 명 홍무제와 관련이 있다. ㄴ. 교자는 송대에 발행된 지폐이다.

06 원대에는 동서 교류가 활발히 이루어지면서 이슬람 세계의 수학, 의학, 천문학 등이 전해졌다. 곽수경은 이슬람의 천문 관측 기술을 활용하여 수시력을 만들었다.

07 ㉠은 영락제이다. 영락제는 베이징으로 천도하고 자금성을 지었다.
바로잡기 ①은 원, ②는 청의 건륭제에 대한 설명이다. ③ 후금을 청으로 바꾼 홍타이지가 대표적이다. ⑤는 몽골 제국에 대한 설명이다.

08 청은 한족을 통치하면서 주요 관직에 만주족과 한족을 같이 등용하고 유학을 장려하는 등 한족을 회유하여 통치에 협조하게 하였다.

엔픽 포인트 **청의 중국 지배**

회유책	한족과 만주족을 함께 등용, 『사고전서』 등 편찬 사업에 한족 참여
강경책	변발 강요, 만주족 비판 탄압

09 「고소번화도」는 청대 비단 생산 등으로 번성한 쑤저우의 모습을 그린 것이다. 그림에는 대운하를 이용하여 물건을 실어 나르는 배들이 묘사되어 있다.

10 자료는 명과 청이 세금을 은으로 거두었음을 보여 준다. 명, 청대 유럽과의 교역이 증대하면서 세계의 막대한 양의 은이 중국으로 들어왔고, 이를 바탕으로 명과 청은 세금을 은으로 거두었다.

11 에도 막부 시기 상공업이 발달하면서 조닌층이 성장하였고, 이들에 의해 가부키와 우키요에로 대표되는 조닌 문화가 발달하였다.

12 바부르의 손자는 아크바르 황제이다. 무굴 제국의 아크바르 황제는 힌두교도에게 거두던 인두세를 폐지하였다.
바로잡기 ①, ⑤는 아우랑제브 황제에 대한 설명이다. ②시크교의 황금 사원은 인도·이슬람 문화를 대표한다. ③은 샤자한에 대한 설명이다.

13 (가)는 티무르 왕조이다. 칭기즈 칸의 후예를 자처한 티무르는 몽골 제국의 부흥을 내세우며 티무르 제국을 세웠다. 티무르 왕조의 수도인 사마르칸트는 유럽과 중국을 잇는 중계 무역으로 번성하였다.
바로잡기 ①은 오스만 제국, ③은 몽골 제국, ④, ⑤는 사파비 왕조에 대한 설명이다.

14 ㉠은 오스만 제국이다. 오스만 제국은 메흐메트 2세 때 비잔티움 제국을 멸망시키고 콘스탄티노폴리스를 수도로 삼았다. 이후 영토 확장을 지속하여 대제국을 건설하였고, 오스만 제국의 술탄은 종교적 지도자인 칼리프의 칭호도 획득하여 이슬람 세계의 최고 지배자로 군림하였다.

바로잡기 ① 바부르가 델리를 점령하고 무굴 제국을 세웠다. ② 셀주크 튀르크가 무너진 후 오스만 제국이 성장하였다. ④ 콘스탄티노폴리스 함락 이전에 오스만 제국이 발칸반도로 진출하였다. ⑤ 성 소피아 대성당은 비잔티움 제국이 건립하였다.

15 제시된 내용은 오스만 제국의 관용 정책에 대한 것이다. 오스만 제국은 관용 정책을 펼쳐 지즈야만 내면 자치적인 공동체를 허용하였고, 크리스트교도를 개종시켜 술탄의 친위 부대인 예니체리로 양성하였다.

16 에스파냐의 후원을 받은 콜럼버스는 아메리카의 서인도 제도를 처음 발견하였다. 이후 옥수수 등 아메리카 작물이 유럽에 전래되었다.

17 신항로 개척의 결과 유럽이 아메리카에 진출하였고, 이후 대서양 삼각 무역을 전개하였다. 그 결과 유럽에서 가격 혁명, 상업 혁명이 이루어졌고, 많은 은이 아시아에 유입되었다.

바로잡기 ㄱ은 유럽의 가격 혁명에 해당한다. ㄹ은 아프리카에 해당한다.

18 자료는 칼뱅의 주장이다. 칼뱅의 예정설은 이윤을 추구하는 도시 상공업자들의 지지를 받아 프랑스, 네덜란드 등지로 퍼져 나갔다.

19 영국은 청교도 혁명과 명예혁명을 거치고 메리와 윌리엄이 「권리 장전」을 승인하면서 입헌 군주제의 토대가 마련되었다.

20 밑줄 친 '폐하'는 콜베르를 등용한 프랑스의 루이 14세이다. 루이 14세는 '태양왕'을 자처하고 베르사유 궁전을 세웠다.

엔픽 포인트 루이 14세의 활동

경제	콜베르를 재무 장관으로 등용하여 중상주의 정책 추진
왕권 강화	'태양왕'을 자처, 베르사유 궁전 건축

21 11세기에 티베트 계통의 탕구트족이 서하를 건국하였다. 서하는 비단길을 통한 동서 무역의 이익을 차지하여 번영을 누렸다.

구분	채점 기준
상	서하를 쓰고, 동서 교역으로 번영, 송으로부터 물품을 제공받았다고 서술한 경우
중	서하를 쓰고, 동서 교역으로 번영하였다고만 서술한 경우
하	서하만 쓴 경우

22 제시된 자료는 에도 막부 시대에 유행한 우키요에이다. 에도 시대에는 상공업이 발전하면서 '조닌'이라고 불리는 경제력을 갖춘 도시의 상공업 계층이 성장하였다. 이들은 가부키를 관람하고, 우키요에를 즐겼다.

구분	채점 기준
상	산킨코타이 제도, 쇼군과 다이묘의 통치 지역 구분을 모두 서술한 경우
하	산킨코타이 제도, 쇼군과 다이묘의 통치 지역 구분 중 한 가지만 서술한 경우

23 대서양 연안에 위치한 포르투갈과 에스파냐가 신항로 개척에 앞장섰다. 에스파냐의 후원을 받은 콜럼버스는 서쪽으로 대서양을 건너 아메리카의 서인도 제도에 도착하였다. 마젤란 일행은 아메리카를 돌아 태평양을 가로질러 최초로 세계 일주에 성공하였다.

구분	채점 기준
상	콜럼버스와 마젤란 일행의 항해 내용을 모두 서술한 경우
하	콜럼버스와 마젤란 일행의 항해 내용 중 한 가지만 서술한 경우

Ⅰ. 역사 학습의 기초
~Ⅱ. 문명의 발생과 고대 세계의 형성(1회)

2-7쪽

01② 02② 03① 04④ 05① 06② 07③ 08④
09④ 10③ 11① 12② 13④ 14⑤ 15③ 16③
17④ 18③ 19④ 20② 21① 22② 23③ 24⑤
25① 26⑤ 27② 28③

서술형 실전 문제 **29** **예시 답안** 전국을 20개의 주로 나누어 총독을 파견하였고, '왕의 눈', '왕의 귀'라고 불리는 감찰관을 보내 총독을 감시하였다. 또한 화폐와 도량형을 통일하였다.

30 (1) 헬레니즘 문화 (2) **예시 답안** 헬레니즘 문화는 제국 아래 모두 같은 시민이라는 세계 시민주의의 성격을 띠었고, 폴리스의 해체로 공동체 의식이 약화하면서 개인주의의 경향도 나타났다.

31 **예시 답안** 한대에는 분서갱유로 훼손된 유교 경전을 복원하는 과정에서 경전을 바르게 해석하는 것이 중요하였기 때문에 훈고학이 발달하였다.

01 역사가의 사관이 반영된 기록으로서의 역사에 해당하는 것은 ㄱ, ㄷ이다.
바로잡기 ㄴ, ㄹ은 사실로서의 역사에 해당한다.

02 역사 탐구 과정은 탐구 주제의 선정, 역사 자료 수집, 역사 자료의 분석과 해석, 해석 검증, 탐구 결과의 정리로 이루어진다.
바로잡기 ② 탐구 결과는 보고서, 신문, 동영상 등 다양한 방법으로 정리하여 발표할 수 있다.

03 ㉠은 오스트랄로피테쿠스 아파렌시스이다. 오스트랄로피테쿠스 아파렌시스는 간단한 도구를 사용하고, 직립 보행을 하였다.
바로잡기 ②는 신석기인, ③은 호모 사피엔스, ④는 호모 에렉투스, ⑤는 호모 네안데르탈렌시스의 특징이다.

04 ㉠ 시대는 구석기 시대이다. 구석기 시대에 인류는 주먹도끼 등 뗀석기를 사용하였고, 사냥감을 찾아 이동 생활을 하여 바위 그늘이나 막집에서 살았다. 또한 조각상을 만들거나 동굴 벽화를 남겼다.
바로잡기 ④ 신석기 시대에 특정 동물을 자기 부족의 수호신으로 숭배하는 신앙이 등장하였다.

05 신석기 시대에는 토기를 만들어 식량을 저장하였고, 가락바퀴와 뼈바늘을 이용하여 옷을 지었으며, 움집을 지어 정착 생활을 하였다. 또한 농경과 목축을 시작하였다.
바로잡기 ① 뗀석기를 사용한 것은 구석기 시대이다. 신석기 시대에는 돌을 갈아서 만든 간석기를 사용하였다.

06 밑줄 친 '이 문명'은 서아시아의 티그리스강과 유프라테스강 유역에서 발달한 메소포타미아 문명이다.
바로잡기 (가)는 이집트 문명, (다)는 인도 문명, (마)는 중국 문명의 발상지이다.

07 그림은 인도 문명의 카스트제를 나타낸 것이다. 인더스강 유역으로 침입한 아리아인은 카스트제라는 엄격한 신분 제도를 만들어 운영하였으며, 『베다』를 경전으로 한 브라만교를 발전시켰다.
바로잡기 ①은 고대 그리스, ②는 중국 문명, ④는 메소포타미아 문명, ⑤는 이집트 문명에 대한 설명이다.

08 이집트 문명의 사람들은 영혼 불멸과 사후 세계를 믿어 「사자의 서」를 만들었다.
바로잡기 ①은 중국의 주 왕조, ②는 바빌로니아 왕국, ③은 인도 문명, ⑤는 페니키아에 대한 탐구 활동이다.

09 밑줄 친 '이 왕조'는 아케메네스 왕조 페르시아이다. 아케메네스 왕조 페르시아의 다리우스 1세 때 '왕의 길'이라고 불리는 도로망을 건설하였다.
바로잡기 ①은 로마, ②는 인도의 마우리아 왕조, ③은 중국의 한, ⑤는 알렉산드로스 제국에 대한 설명이다.

10 ㉠은 파르티아이다. 파르티아는 동서 무역로를 장악하여 중계 무역으로 번영을 누렸으나 사산 왕조 페르시아에 멸망하였다.

11 아케메네스 왕조 페르시아에서는 관용 정책을 바탕으로 다양한 문화가 융합된 국제적인 문화가 발전하였다.
바로잡기 ②는 아시리아, ③은 로마, ④는 쿠샨 왕조와 관련된 설명이다. ⑤ 아케메네스 왕조 페르시아는 다른 문화를 존중하였다.

12 지도에 표시된 도시 국가는 그리스의 폴리스들이다. 그리스인은 같은 언어를 사용하고 같은 신을 믿었으며, 올림피아 제전을 열어 동족 간 결속을 다졌다.
바로잡기 ②는 로마에 대한 설명이다.

13 아테네에서는 상공업과 무역의 발달로 부유해진 평민이 군대의 주력이 되면서 정치적 권리의 확대를 요구하였다.
바로잡기 ㄱ은 로마-카르타고 전쟁(포에니 전쟁) 이후 로마 공화정, ㄷ은 페르시아와 관련된 설명이다.

14 ㉠은 클레이스테네스로, 그는 혈연 중심의 부족제를 거주지 중심의 부족제로 개편하였다.
바로잡기 ①, ②는 페리클레스, ③은 스파르타의 통치 체제, ④는 솔론과 관련된 설명이다.

15 아테네의 델로스 동맹과 스파르타의 펠로폰네소스 동맹이 대립하면서 펠로폰네소스 전쟁이 일어났다.

16 그림의 왼쪽은 소피스트의 철학, 오른쪽은 소크라테스와 그 제자들의 철학으로, 고대 그리스 세계에 해당한다.
바로잡기 ③은 헬레니즘 문화와 관련된 설명이다.

17 마케도니아의 왕 알렉산드로스가 동방 원정에 나서 알렉산드로스 제국을 건설하였다.

18 로마의 공화정은 원로원, 집정관, 민회를 중심으로 운영되었는데 평민이 참정권을 요구하면서 평민의 대표인 호민관을 선출하였다.

(바로잡기) ①은 아케메네스 왕조 페르시아, ②, ④, ⑤는 고대 그리스에서 볼 수 있었던 모습이다.

19 로마-카르타고 전쟁(포에니 전쟁) 이후 값싼 곡물의 유입, 라티푼디움 경영 확대 등으로 자영농이 몰락하자, 이를 막기 위해 그라쿠스 형제가 개혁을 시도하였다.

(바로잡기) ①, ②, ③, ⑤는 카이사르가 암살당한 이후에 있었던 일이다.

20 ㉠은 로마의 콘스탄티누스 대제이다. 콘스탄티누스 대제는 크리스트교를 공인하고, 수도를 콘스탄티노폴리스로 옮겨 로마 제국의 부흥을 꾀하였다.

(바로잡기) ①은 디오클레티아누스, ③은 유스티니아누스 대제, ④는 옥타비아누스, ⑤는 알렉산드로스에 대한 설명이다.

21 (가) 종교는 크리스트교이다. 로마의 지배를 받던 팔레스타인 지방에서 예수가 나타나 크리스트교를 창시하였다.

(바로잡기) ① 불을 숭배한 것은 조로아스터교이다.

22 진은 제자백가 중 법가 사상을 바탕으로 부국강병책을 시행하였다.

(바로잡기) ①, ⑤는 유가, ③은 묵가, ④는 도가에 대한 설명이다.

23 밑줄 친 '황제'는 진의 시황제이다. 시황제는 분서갱유로 자신의 정책에 반대하는 유학자들을 탄압하였고, 화폐, 도량형, 문자 등을 통일하였다.

24 제시된 마인드맵은 한 무제의 업적을 나타낸 것이다. 한 무제는 흉노, 남월, 고조선을 정복하고 장건을 서역에 파견하였다.

(바로잡기) ⑤상 왕조를 멸망시킨 것은 주 왕조이다.

25 사진은 고행하는 석가모니 조각상이다. 고타마 싯다르타(석가모니)는 자비와 평등을 강조하는 불교를 창시하였다.

(바로잡기) ②는 조로아스터교, ③, ⑤는 크리스트교, ④는 힌두교에 대한 설명이다.

26 마우리아 왕조의 아소카왕은 칼링가 전투 이후 정복 전쟁을 참회하는 마음으로 불교를 장려하고, 전국에 사원과 탑을 건립하였다.

(바로잡기) ①은 로마, ②는 한 무제, ③은 쿠샨 왕조의 카니슈카왕, ④는 마우리아 왕조의 찬드라굽타 마우리아와 관련된 설명이다.

27 카니슈카왕은 북인도에서 중앙아시아에 이르는 넓은 영토를 확보하여 쿠샨 왕조의 전성기를 열었고, 대승 불교를 장려하였다.

28 (나) 찬드라굽타 마우리아의 마우리아 왕조 건국 – (가) 아소카왕의 통치 체제 강화 – (다) 쿠샨 왕조 카니슈카왕의 전성기 이룩의 순서로 일어났다.

29 아케메네스 왕조 페르시아의 다리우스 1세는 대제국을 효율적으로 통치하기 위해 전국을 20개의 주로 나누어 총독을 파견하였다. 또한 '왕의 눈', '왕의 귀'라고 불리는 감찰관을 보내 총독을 감시하였으며, 화폐와 도량형 등을 통일하였다.

구분	채점 기준
상	20개 주에 총독 파견, 감찰관 파견, 화폐와 도량형 통일 중 두 가지를 서술한 경우
하	20개 주에 총독 파견, 감찰관 파견, 화폐와 도량형 통일 중 한 가지만 서술한 경우

30 알렉산드로스가 동방 원정을 실시한 이후 정복지에 그리스인을 이주시키면서 그리스 문화가 확산되었다. 이후 그리스 문화와 동방 문화가 융합하여 헬레니즘 문화가 발달하였다.

구분	채점 기준
상	세계 시민주의, 개인주의를 모두 서술한 경우
하	세계 시민주의, 개인주의 중 한 가지만 서술한 경우

31 한대에는 진의 분서갱유로 흩어진 유교 경전을 다시 모으고 정리하는 과정에서 경전을 해석하는 훈고학이 발달하였다.

구분	채점 기준
상	분서갱유와 유교 경전의 복원 과정을 연결지어 서술한 경우
하	분서갱유가 일어났기 때문이라고만 서술한 경우

Ⅰ. 역사 학습의 기초
~Ⅱ. 문명의 발생과 고대 세계의 형성(2회)

8-13쪽

01 ④	02 ⑤	03 ⑤	04 ③	05 ①	06 ③	07 ④	08 ②
09 ④	10 ②	11 ②	12 ⑤	13 ①	14 ④	15 ①	16 ①
17 ②	18 ④	19 ②	20 ④	21 ①	22 ⑤	23 ③	24 ⑤
25 ⑤	26 ②	27 ②					

서술형 실전 문제 28 예시 답안 4대 문명은 큰 강 유역에서 발생하였다. 도시 국가를 형성하였고 청동기와 문자를 사용하였으며, 계급이 발생하였다.

29 예시 답안 길이, 부피, 무게를 재는 도량형을 통일하였고, 화폐를 반량전으로 통일하였으며, 지역마다 다른 문자를 하나로 통일하였다.

30 예시 답안 간다라 양식, 알렉산드로스의 동방 원정으로 인도의 간다라 지방에 헬레니즘 문화가 전파되면서 간다라 양식이 발달하였다.

01 역사 학습을 통해 나라마다 고유한 역사와 문화가 형성되어 왔다는 것을 알 수 있고, 이를 바탕으로 문화의 다양성을 인정하고 존중하는 태도를 기를 수 있다.

02 ㉠은 역사 자료(사료)이다. 사료는 누락되거나 의도적으로 조작되기도 하여 비판적으로 검토해야 한다. 오늘날 과학 기술의 발달로 사료의 범위가 더욱 확대되고 있다.
바로 잡기 ⑤ 사료는 기록자의 사관에 따라 같은 사건에 대해서도 서로 다른 내용을 담고 있을 수 있다.

03 역사가들이 역사를 바라보는 관점을 사관이라 한다. 사료(역사 자료) 중 유적은 인류가 남긴 자취로 옮길 수 없는 것을 말하고, 유물은 인류가 남긴 물건으로 옮길 수 있는 것을 말한다. 사료는 내용을 철저히 검증하는 사료 비판의 과정을 거쳐야 한다.
바로 잡기 ⑤ 서기는 예수가 태어난 해를 기준으로 연도를 구분하는 방법이다. 100년을 단위로 연도를 구분하는 방법은 세기에 해당한다.

04 (가)는 오스트랄로피테쿠스 아파렌시스로, 직립 보행을 하였으며, 간단한 도구를 사용하였다.
바로 잡기 ①은 호모 네안데르탈렌시스, ②, ⑤는 호모 사피엔스, ④는 호모 에렉투스의 특징이다.

05 밑줄 친 '이 시대'는 신석기 시대이다. 신석기 시대 사람들은 정착 생활을 하며 간석기와 토기를 사용하였고, 가락바퀴나 뼈바늘로 옷이나 그물을 만들었다.
바로 잡기 ㄷ, ㄹ은 구석기 시대 사람들의 생활 모습이다.

06 함무라비 법전을 남긴 국가는 바빌로니아 왕국이다. 바빌로니아 왕국은 철제 무기를 사용한 히타이트인에게 멸망하였다.
바로 잡기 ①은 인도 문명, ②는 이집트 문명, ④는 중국 문명의 상 왕조, ⑤는 페니키아에 대한 설명이다.

07 제시된 자료는 중국의 주 왕조가 실시한 봉건제를 나타낸 것이다. 주 왕조는 유목 민족의 침략을 받아 수도를 낙읍(뤄양)으로 옮겼다. 이후 중국에서는 춘추 전국 시대가 전개되었다.
바로 잡기 ①은 바빌로니아 왕국, ②는 메소포타미아 문명, ③은 인도 문명, ⑤는 이집트 문명에 대한 설명이다.

08 인도의 인더스강 유역에서 하라파, 모헨조다로와 같은 도시 문명이 발달하였다.
바로 잡기 ①, ⑤는 중국 문명, ③은 헤브라이, ④는 이집트 문명과 관련된 내용이다.

09 키루스 2세가 남긴 키루스 2세의 원통에는 아케메네스 왕조 페르시아의 관용 정책이 드러나 있다.
바로 잡기 ①은 중국 문명의 갑골문, ②는 메소포타미아 문명의 쐐기 문자, ③은 고대 그리스의 도편, ⑤는 이집트 문명의 「사자의 서」이다.

10 ㉠ 아시리아는 서아시아를 최초로 통일하였고, ㉡ 아케메네스 왕조 페르시아는 다리우스 1세 때 영토를 크게 확장하였다.

11 ㉠은 조로아스터교이다. 조로아스터교의 최후의 심판, 구세주, 천국과 지옥에 대한 교리는 유대교, 크리스트교, 이슬람교에 영향을 끼쳤다.
바로 잡기 ①은 대승 불교, ③은 크리스트교, ④는 이집트 문명의 내세관, ⑤는 브라만교와 관련이 있다.

12 아테네에서는 여성, 외국인, 노예에게는 참정권을 부여하지 않아 이들은 정치에 참여할 수 없었다.

13 밑줄 친 '이 인물'은 페리클레스이다. 페리클레스는 대부분의 관리를 추첨으로 뽑고, 이들에게 공무 수당을 지급하였다.
바로 잡기 ②는 클레이스테네스, ③은 그라쿠스 형제, ④는 솔론, ⑤는 스파르타와 관련된 설명이다.

14 (라) 페르시아 전쟁(그리스·페르시아 전쟁) 이후 아테네를 중심으로 (가) 델로스 동맹이 결성되었다. 델로스 동맹과 펠로폰네소스 동맹 사이에 (나) 펠로폰네소스 전쟁이 일어났다. 그리스 세계는 점차 쇠퇴하다가 (다) 마케도니아에 정복되었다.

15 밑줄 친 '이 나라'는 그리스로, 그리스 세계에서는 인간 중심적인 문화가 발달하였다. 철학에서 소크라테스, 문학에서 호메로스, 역사에서 헤로도토스·투키디데스 등이 활약하였다.
바로 잡기 ① 콜로세움은 로마의 문화유산이다.

16 알렉산드로스는 동방 원정으로 이집트, 페르시아 등을 정복하고 정복지에 도시 알렉산드리아를 건설하여 그리스인을 이주시켰다. 이에 그리스 문화와 동방 문화가 융합하여 개인주의, 세계 시민주의를 특징으로 하는 헬레니즘 문화가 발달하였다. 알렉산드로스 사후 제국이 분열되었다.
바로 잡기 ① 집정관을 선출하여 국정을 운영한 것은 공화정 시대의 로마이다.

17 상공업 발달로 부유해진 평민이 로마 군대의 주력을 형성하여 정치적 권리를 요구하면서 평민회가 구성되고 호민관이 선출되었다.

18 로마의 호민관인 그라쿠스 형제는 자영농의 몰락을 막기 위해 대토지 경영을 제한하고 싼값으로 곡물을 제공하는 개혁을 추진하였다.

19 밑줄 친 '이 인물'은 옥타비아누스이다. 옥타비아누스는 실질적인 황제가 되어 로마의 제정 시대를 열었다.
바로 잡기 ①, ④는 콘스탄티누스 대제, ③은 진의 시황제, 한 무제 등, ⑤는 알렉산드로스에 대한 설명이다.

20 제시된 글 중 실용적인 문화, 콜로세움 등을 통해 로마에 관한 것임을 알 수 있다. 로마 제국은 도시에 수돗물을 공급하기 위해 수도교를 건설하였다.
바로 잡기 ①은 한반도의 빗살무늬 토기, ② 중국 상의 청동 솥(사모무방정), ③은 아케메네스 왕조 페르시아의 페르세폴리스 궁전의 만국의 문, ⑤는 헬레니즘 문화의 라오콘상이다.

21 춘추 전국 시대에는 철제 농기구, 소를 이용한 농사법 보급 등으로 농업 생산량이 증가하였다. 또한 상공업이 발달하여 도시가 성장하였다. 이 시기 각국이 부국강병을 위해 인재를 등용하면서 제자백가가 등장하였다.
바로 잡기 ① 훈고학은 유교 경전을 글자 그대로 해석하는 학문으로 한대에 발달하였다.

22 밑줄 친 '이 황제'는 진의 시황제로, 병마용 갱과 만리장성을 건설하였다.

23 ㉠은 한 무제이다. 무제는 대외 원정으로 악화된 재정을 보충하기 위해 소금과 철의 전매제를 실시하였다.
바로 잡기 ①, ⑤는 한 고조, ②, ④는 진의 시황제에 대한 설명이다.

24 한대에는 사마천이 『사기』를 편찬하였는데, 이는 중국 역사 서술의 모범이 되었다. 또한 채륜이 종이 만드는 기술을 개량하여 학문과 사상의 발전에 기여하였다. 이 시기 비단길을 따라 인도의 불교가 중국에 전래되었고, 중국의 비단이 유럽에 전파되었다.
바로 잡기 ⑤ 분서갱유는 진대에 일어난 일이다.

25 (가) 왕조는 마우리아 왕조이다. 찬드라굽타 마우리아는 마우리아 왕조를 세우고, 최초로 북인도를 통일하였다. 마우리아 왕조의 아소카왕은 산치 대탑을 세우는 등 불교를 장려하였고, 영토를 크게 넓혀 전성기를 이룩하였다.
바로 잡기 ⑤는 쿠샨 왕조에 대한 설명이다.

26 마우리아 왕조 때 발달한 상좌부 불교는 엄격한 수행을 통한 개인의 해탈을 강조하였다.
바로 잡기 ①은 대승 불교, ③은 유가, ④는 크리스트교, ⑤는 도가와 관련된 내용이다.

27 아소카왕은 마우리아 왕조의 왕이고, 카니슈카왕은 쿠샨 왕조의 왕으로 (가), (나) 시기 사이에 쿠샨 왕조가 세워졌다.
바로 잡기 ①, ③, ④, ⑤는 마우리아 왕조의 아소카왕 이전에 있었던 일이다.

28 4대 문명의 공통점은 큰 강 유역에서 도시 국가를 형성하였고, 농업 생산력이 발달함에 따라 지배자가 나타나 계급이 발생하였다는 것이다. 또한 4대 문명에서는 청동기와 문자를 만들어 사용하였다.

구분	채점 기준
상	큰 강 유역, 도시 국가 형성, 청동기와 문자 사용, 계급 발생 중 세 가지를 서술한 경우
중	큰 강 유역, 도시 국가 형성, 청동기와 문자 사용, 계급 발생 중 두 가지를 서술한 경우
하	큰 강 유역, 도시 국가 형성, 청동기와 문자 사용, 계급 발생 중 한 가지만 서술한 경우

29 진의 시황제는 전국 시대에 나라와 지역마다 제각각이었던 화폐와 도량형, 문자를 통일하는 정책을 펼쳤다. 이로써 상업 활동과 세금 징수를 편리하게 하고, 문서 행정의 효율성을 높였다. 이렇게 정비된 통치 체제는 이후 중국 왕조에 계승되어 발전하였다.

구분	채점 기준
상	도량형, 화폐, 문자 통일을 모두 서술한 경우
중	도량형, 화폐, 문자 통일 중 두 가지를 서술한 경우
하	도량형, 화폐, 문자 통일 중 한 가지만 서술한 경우

30 알렉산드로스가 인도의 인더스강 유역까지 원정을 오면서 간다라 지방에 헬레니즘 문화가 전파되었다.

구분	채점 기준
상	헬레니즘 문화의 전파를 알렉산드로스의 동방 원정과 연결지어 서술한 경우
하	헬레니즘 문화가 전파되었다라고만 서술한 경우

Ⅲ. 세계 종교의 확산과 지역 문화의 발전(1회)

14-19쪽

01 ② 02 ② 03 ④ 04 ② 05 ② 06 ⑤ 07 ④ 08 ①
09 ② 10 ③ 11 ① 12 ② 13 ④ 14 ③ 15 ③ 16 ⑤
17 ① 18 ② 19 ① 20 ⑤ 21 ① 22 ⑤ 23 ③ 24 ②
25 ② 26 ① 27 ④

서술형 실전 문제 28 **예시 답안** 당은 성인 남자에게 균전을 지급하였다. 농민은 토지를 받은 대가로 국가에 조용조를 바쳤으며, 일정 기간 병사로 복무하였는데 이를 부병제라고 한다.

29 **예시 답안** 자연 과학이 발달하며 여러 화학 용어가 생겨났고, 이후 이슬람 상인의 활약으로 이슬람 문화가 널리 전파되었기 때문입니다.

30 **예시 답안** 카롤루스 대제는 정복 활동으로 옛 서로마 제국 영토의 많은 부분을 차지하였고 교회를 세워 크리스트교를 전파하여 로마 교황으로부터 서로마 황제의 관을 받았다.

01 진(晉)이 위·촉·오의 삼국을 통일하였으나 왕위 계승을 둘러싼 다툼으로 혼란이 발생하였고, 이를 틈타 흉노 등 유목 민족이 화북 일대에 여러 나라를 세웠다. 이에 진은 강남 지역으로 수도를 옮겼다.
바로 잡기 ①, ④, ⑤는 진의 삼국 통일 이전의 일이다. ③은 수대의 일에 해당한다.

02 (가)는 북조, (나)는 남조이다. 화북에서는 선비족이 세운 북위가 통일을 이루었다. 남조에서는 청담 사상이 유행하였다.
바로 잡기 ㄴ은 수대 이후로, 북조에서는 9품중정제가 시행되었다. ㄷ. 5호 16국 시대를 통일한 것은 북위이다.

03 사진은 북위에서 조성한 윈강 석굴이다. 선비족이 세운 북위는 한족의 제도와 문화를 적극적으로 받아들이는 한화 정책을 추진하였다.
바로 잡기 ①은 남조, ②, ③은 당, ⑤는 수에 대한 설명이다.

04 수를 건국한 문제는 과거제를 처음 실시하였다. 문제를 이은 양제는 대운하를 완성하여 강남과 화북의 경제를 통합하였다.

05 수가 멸망한 이후 이연이 장안을 수도로 당을 세웠다. 이후 안사의 난이 일어났다.

06 제시된 내용에서 설명하는 나라는 고조선에 해당한다.

07 제시된 문화유산은 헤이조쿄를 수도로 한 나라 시대에 만들어진 도다이사 대불이다. 나라 시대에는 역사서인 『일본서기』가 편찬되었다.
바로 잡기 ①은 아스카 시대, ②는 헤이안 시대, ③은 야요이 시대, ⑤는 4세기경 야마토 정권 수립 초기의 일이다.

08 ㉠은 헤이안 시대이다. 헤이안 시대에는 견당사 파견을 중단하였고, 국풍 문화가 발달하였다.

바로 잡기 ㄷ은 7세기말, ㄹ은 아스카 시대에 대한 설명이다.

09 (가)는 당에 해당한다. 당대에는 동아시아 여러 나라가 대체로 평화로운 관계를 유지하면서 수많은 사람이 활발하게 교류하였다.
바로 잡기 ②는 신라에 대한 설명이다.

10 ㉠은 당의 영향으로 성립한 동아시아 문화권의 공통 요소 가운데 하나인 유교이다.

11 ㉠은 『마누 법전』에 해당한다. 『마누 법전』은 카스트에 따른 의무와 힌두교도가 지켜야 할 규범을 담아 힌두교도의 일상생활에 큰 영향을 주었다.
바로 잡기 ㄷ, ㄹ은 이슬람교의 경전인 『쿠란』에 대한 설명이다.

12 제시된 내용은 굽타 왕조에 대한 것이다. 굽타 왕조에서는 산스크리트어 문학이 유행하였고, 굽타 양식이 등장하였으며, 천문학, 수학 등이 발달하였다.
바로 잡기 ②는 동남아시아 캄보디아의 앙코르 왕조의 문화에 해당한다.

13 ㉠은 3세기 초 성립한 사산 왕조 페르시아이다. 사산 왕조 페르시아는 파르티아를 무너뜨리고 메소포타미아 지역에서 인더스강에 이르는 대제국을 건설하였다.
바로 잡기 ①은 정통 칼리프 시대, ③은 이슬람 제국, ④는 아바스 왕조, ⑤는 인도 굽타 왕조와 관련이 있다.

14 6세기 후반 사산 왕조 페르시아와 비잔티움 제국이 대립하면서 교통로가 막히자 홍해와 아라비아반도를 거치는 교역로가 발달하였다. 이에 메카와 메디나가 새로운 교역의 중심지로 성장하였다. 그러나 소수의 귀족 세력이 교역의 이익을 독점하면서 사회 갈등이 커졌다.
바로 잡기 ㄱ은 1054년, ㄹ은 11세기 후반에 있었던 일로 제시된 지도와 직접적인 관련이 없다.

15 (가)는 이슬람력의 기원이 되는 622년의 '헤지라'이다. (나)는 7~8세기 우마이야 왕조의 전성기에 해당한다. 무함마드가 죽은 뒤 이슬람 공동체는 칼리프를 선출하였고 이후 우마이야 가문이 칼리프를 세습하면서 우마이야 왕조가 수립되었다.
바로 잡기 ①, ④, ⑤는 (나) 이후, ②는 (가) 이전에 일어난 사실이다.

16 밑줄 친 '이 왕조'는 후우마이야 왕조이다. 후우마이야 왕조는 이베리아반도에 이슬람 문화를 전파하였다. ⑤는 후우마이야 왕조가 수도로 삼았던 코르도바에 세워진 대모스크의 내부이다.
바로 잡기 ①은 메카의 카바 신전, ②는 대안탑, ③은 샤르트르 대성당, ④는 성 소피아 대성당이다.

17 이슬람교도는 5행으로 불리는 신앙 고백, 예배, 단식, 희사, 성지 순례의 의무가 있다.
바로 잡기 ①은 힌두교와 관련이 있다.

18 이슬람 세계의 문화는 이슬람교와 아랍어를 바탕으로 발전하였다.

(바로잡기) ②는 인도 굽타 왕조의 자연 과학 발달과 관련이 있다.

19 프랑크 왕국은 8세기 초 이슬람 세력의 침입을 막아 내었고, 카롤루스 대제 때 문화 발전에 힘쓰면서 중세 서유럽 문화의 기틀을 마련하였다.

(바로잡기) ㄷ, ㄹ은 비잔티움 제국에 대한 설명이다.

20 ㉠은 중세 서유럽의 신분 가운데 농노를 가리킨다. 농노는 재산 소유와 결혼이 가능하였으나 영주의 허락 없이 장원을 벗어나지 못하였고 영주에게 노동력과 생산물을 바칠 의무가 있었다.

(바로잡기) ①, ② 농노는 재산을 소유하고, 결혼하여 가정을 이룰 수 있었다. ③ 농노는 크리스트교를 믿어야 했다. ④ 농노는 영주와 장원에 예속되어 있었다. 기사들 사이에 맺어진 주종 관계는 어느 한쪽이 의무를 지키지 않으면 깨지는 쌍무적 계약 관계였다.

21 제시된 자료는 13세기 교황 인노켄티우스 3세의 연설문으로 교황을 해, 황제를 달에 비유하여 교황의 권위가 당시 절정에 이르렀음을 보여 주고 있다.

22 제시된 건축 양식은 중세 서유럽에서 유행한 고딕 양식을 보여 준다. 고딕 양식은 첨탑과 스테인드글라스가 특징이다.

(바로잡기) ⑤는 굽타 왕조 시대의 인도 고전 문화 발달과 관련이 있다.

23 제시된 내용은 십자군 전쟁과 관련이 있다. 십자군은 예루살렘을 되찾기도 하였지만 점차 성지 회복보다 상업적 이익을 중시하는 모습을 보여 결국 성지 회복에 실패하였다.

24 ㉠에 들어갈 말은 길드이다. 중세 유럽 도시의 상인과 수공업자들은 길드를 조직하였다.

25 제시문은 14세기 유럽의 흑사병의 유행과 관련한 내용이다. 흑사병의 유행으로 유럽 인구의 3분의 1 이상이 사망하면서 노동력이 부족해지자 영주들은 농노의 처우를 개선하였다.

26 자크리의 난은 불공평한 세금 징수와 재판 등에 반발한 농민들이 일으킨 반란이고, 와트 타일러의 난은 농노제 폐지를 주장하며 일어난 농민 반란이다. 이러한 농민 반란은 장원의 해체에 영향을 주었다.

27 제시된 그림은 이탈리아 르네상스 시대의 작품인 보티첼리의 「봄」이다. 이 시기에는 인간의 개성과 능력을 중시하는 인문주의가 유행하였고 인간 중심의 세계관이 강조되었다.

(바로잡기) ①은 굽타 양식, ②는 이슬람의 건축 양식에 대한 설명이다. ③ 르네상스는 인간 중심의 세계관을 강조하였다. ⑤는 인도 고전 문화에 대한 설명이다.

28 당은 율령을 바탕으로 통치 체제를 갖추었는데, 균전제와 부병제를 실시하고 조용조라는 세금을 거두었다.

구분	채점 기준
상	조용조와 부병제를 포함하여 당의 농민 지배 방식을 서술한 경우
중	조용조와 부병제를 포함하여 당의 농민 지배 방식을 서술하였으나 미흡한 경우
하	조용조와 부병제만 쓴 경우

29 이슬람 세계에서는 값싼 금속을 금으로 만드는 방법을 찾는 연금술이 유행하였는데, 이 과정에서 화학이 발달하였다.

구분	채점 기준
상	이슬람 세계의 자연 과학 발달과 이슬람 문화의 전파를 서술한 경우
하	이슬람 세계의 자연 과학 발달과 이슬람 문화의 전파 중 한 가지만 서술한 경우

30 (가)는 프랑크 왕국의 카롤루스 대제이다. 로마 교황은 비잔티움 제국 황제의 간섭에서 벗어나고자 카롤루스 대제를 서로마 황제로 대관하였다.

구분	채점 기준
상	옛 서로마 제국 영토의 대부분 차지, 크리스트교 전파 등 카롤루스 대제의 업적을 서술한 경우
중	옛 서로마 제국 영토의 대부분 차지, 크리스트교 전파 중 한 가지만 서술한 경우
하	카롤루스 대제만 쓴 경우

Ⅲ. 세계 종교의 확산과 지역 문화의 발전(2회)

20-25쪽

01 ⑤	02 ③	03 ②	04 ③	05 ⑤	06 ①	07 ①	08 ①
09 ④	10 ③	11 ②	12 ③	13 ②	14 ③	15 ①	16 ③
17 ④	18 ②	19 ⑤	20 ②	21 ②	22 ④	23 ③	24 ⑤
25 ⑤							

서술형 실전 문제 **26** **예시 답안** 북위의 효문제, 효문제의 한화 정책을 통해 한족과 유목 민족의 문화가 서로 영향을 주고받으며 융합하게 되었다.
27 **예시 답안** 힌두교는 브라만교를 바탕으로 불교와 인도의 민간 신앙을 흡수하였다. 다신교이며, 굽타 왕조 왕실의 지원을 받으며 성장하였다.
28 (1) 백년 전쟁 (2) **예시 답안** 백년 전쟁에서 승리한 프랑스는 왕권을 더욱 강화하여 중앙 집권 국가로 성장하였다.

01 (가)는 북조로, 위진 남북조 시대에 북조의 황제들은 석굴 사원을 조성하여 부처의 힘을 빌려 자신의 권위를 높이고자 하였다.
바로 잡기 ① 선비족이 세운 북위가 화북을 통일하였다. ②는 남조, ③은 수, ④는 당에 대한 설명이다.

02 보고서의 내용은 위진 남북조 시대의 문화에 대한 것이다. 고개지의 「여사잠도」는 궁중 여인이 지켜야 할 행실을 일깨우는 그림으로 귀족의 화려한 생활을 보여 주고 있다.
바로 잡기 ①은 당삼채, ②는 도다이사 대불, ④는 다이센 고분, ⑤는 아잔타 석굴 사원의 연화수 보살 벽화이다.

03 수 양제의 대운하 건설은 강남과 화북의 경제를 통합하는 데 기여하였으나 무리한 토목 공사로 수가 멸망하는 원인이 되기도 하였다.

04 (가) 왕조는 당이다. 당은 귀족적인 문화가 발달하여 이백과 두보의 시가 유행하였다. 불교와 함께 도교도 황실의 지원을 받아 성장하였다.
바로 잡기 ㄱ은 위진 남북조 시대, ㄹ은 진(晉)에 대한 설명이다.

05 국풍 문화가 발달한 것은 헤이안쿄로 천도하였던 헤이안 시대에 해당한다.

06 제시된 자료는 당의 장안성, 발해의 상경성, 일본의 헤이조쿄의 수도 구조를 보여 준다. 당대에 동아시아 여러 나라가 활발하게 교류하였고, 한반도, 일본, 베트남이 당의 선진 문화를 적극 받아들이면서 동아시아 문화권이 형성되었다. 계획적이고 질서 정연한 장안성의 구조는 동아시아 각국의 수도 구조에 영향을 끼쳤다.

07 밑줄 친 '이 왕조'는 굽타 왕조이다. 굽타 왕조 시대에 간다라 양식과 인도 고유 양식이 결합한 굽타 양식이 발전하였다. 아잔타 석굴의 보살 벽화는 굽타 양식을 대표하는 벽화이다.

08 자료와 관련된 종교는 힌두교이다. 힌두교는 브라만교를 바탕으로 불교와 인도의 민간 신앙이 어우러져 형성되었으며 굽타 왕조의 후원으로 성장하였다.
바로 잡기 ② 힌두교는 신분에 대한 차별을 강화하였다. ③, ④는 조로아스터교, ⑤는 이슬람교에 대한 설명이다.

09 사산 왕조 페르시아는 파르티아를 멸망시키고 서아시아 지역을 장악하였으며 비잔티움 제국과 대립하였다. 또한 왕족을 지방 총독으로 보내 중앙 집권 체제를 갖추었다.
바로 잡기 ④는 셀주크 튀르크에 대한 설명이다.

10 메카의 귀족들이 무함마드와 이슬람교도들을 박해하자 622년 무함마드와 추종자들은 메카에서 메디나로 이주하였는데 이를 '헤지라'라고 한다.

11 (가)는 우마이야 왕조이다. 우마이야 왕조는 4대 칼리프 알리의 죽음 이후 우마이야 집안에서 칼리프의 지위를 세습하면서 성립하였다. 우마이야 왕조는 비아랍인 이슬람교도를 차별하여 많은 반발을 불러일으키기도 하였다.
바로 잡기 ①, ③은 아바스 왕조, ④는 파티마 왕조, ⑤는 정통 칼리프 시대에 대한 설명이다.

12 자료는 당과 아바스 왕조 사이의 탈라스 전투에 대한 내용으로 밑줄 친 '이 왕조'는 아바스 왕조이다. 아바스 왕조의 수도는 바그다드였다.

13 지도는 이슬람 상인의 활동과 교역망의 발달을 나타낸 것이다. 이슬람 상인들의 상업 활동은 동서 문화의 교류에 기여하였고, 활발한 상업 활동으로 인해 이슬람교와 이슬람 문화가 널리 전파되었다.

14 자료는 이슬람 문화에 대한 설명이다. 이슬람 문화권에서 널리 읽힌 문학 작품으로는 여러 지역에서 전해지는 이야기를 모은 『천일 야화』가 있다.

15 (가)는 게르만족이다. 게르만족은 유럽 북부 지역에 살던 민족으로 4세기 후반 훈족의 압박으로 이동하여 서로마 제국 곳곳에 나라를 세웠다. 쇠약해진 서로마 제국은 게르만족 출신 용병 대장의 압박으로 멸망하였다.

16 밑줄 친 '제국'은 비잔티움 제국이다. 그림은 비잔티움 제국의 전성기를 이끈 유스티니아누스 황제와 군인, 관료, 성직자를 나타낸 모자이크 벽화이다. 비잔티움 제국은 그리스·로마의 고전을 연구하고 보존하여 이탈리아 르네상스에 영향을 주었다.
바로 잡기 ㄱ. 비잔티움 제국은 그리스어를 공용어로 사용하였다. ㄹ은 프랑크 왕국에 대한 설명이다.

17 비잔티움 문화는 유럽 동북부 지역에 살던 슬라브족에게 영향을 끼쳐 오늘날 동유럽과 러시아 문화의 바탕이 되었다.

18 ⑦은 기사이다. 기사는 봉토를 매개로 쌍무적 계약 관계를 맺었다. 봉토는 장원으로 운영하였고 기사는 봉토를 영주로서 지배하였다.

(바로잡기) ①, ③은 농노에 대한 설명이다. ④ 농노는 장원에 예속되었다. ⑤ 중세 봉건 사회의 주종 관계는 어느 한쪽이 의무를 지키지 않으면 깨지는 쌍무적 계약 관계였다.

19 9세기 이후 교회가 세속화하자 10세기 초 일부 수도원을 중심으로 교회 개혁 운동이 전개되었다.

20 그레고리우스 7세가 군주의 성직자 임명을 금지하자 신성 로마 제국의 하인리히 4세가 이에 반발하였다. 교황이 황제를 파문하였고, 제후의 지지를 잃은 황제가 교황에게 용서를 구하는 카노사의 굴욕 사건이 일어났다. 이후 다툼이 계속되다가 보름스의 협약으로 교황이 성직자 임명권을 차지하게 되었다.

(바로잡기) ①, ③, ④는 (나) 이후, ⑤는 (가) 이전의 일이다.

21 제시된 지도는 십자군 전쟁의 전개를 나타낸다. 십자군 전쟁은 성지 회복에 실패하였으나, 전쟁 과정에서 지중해 무역이 활발해졌다.

(바로잡기) ㄴ. 십자군 전쟁으로 지중해 무역이 활발해져 이탈리아 도시들이 번영하였다. ㄹ. 십자군 전쟁의 결과 봉건 제후의 권위가 약화되었다.

22 상업과 도시 발달로 화폐가 널리 사용되고, 흑사병 유행으로 인구가 줄어 노동력이 부족해지자 영주가 농민의 처우를 개선하기도 하였다. 이러한 변화 속에서 영주의 장원 유지가 점점 어려워졌고, 장원은 해체되어 갔다.

23 제시문은 아비뇽 유수와 그로 인한 교회의 대분열을 설명하고 있다. 로마 교황과 아비뇽 교황이 서로 대립하는 과정에서 교황의 권위는 크게 떨어졌다.

24 영국 내 왕위 계승 문제를 둘러싸고 일어난 장미 전쟁은 백년 전쟁이 끝난 뒤인 1455~1485년에 전개되었다.

25 이탈리아 도시 국가에서는 비잔티움 제국 학자들의 이주로 그리스·로마의 고전 연구가 활발하였고, 지중해 무역으로 부유해진 상인들이 예술가를 후원하면서 르네상스가 전개되었다.

(바로잡기) ㄱ. 이탈리아는 여러 도시 국가로 분열되어 있었다. ㄴ. 한자 동맹은 북유럽의 도시를 중심으로 형성되었다.

26 자료는 북위의 효문제가 추진한 한화 정책을 나타내고 있다. 선비족인 효문제는 한족의 제도와 문화를 적극 받아들이는 한화 정책을 추진하였다.

구분	채점 기준
상	효문제를 쓰고, 한족과 유목 민족 문화의 융합을 서술한 경우
하	효문제를 쓰거나, 한족과 유목 민족 문화의 융합만 서술한 경우

27 힌두교는 비슈누, 브라흐마, 시바 등 여러 신을 섬기는 다신교이다. 힌두교는 인도 상인들의 활동을 통해 동남아시아로 전파되었다. 앙코르 왕조는 대규모 힌두 사원인 앙코르 와트를 건축하였다.

구분	채점 기준
상	힌두교를 언급하고, 힌두교의 특징을 두 가지 서술한 경우
중	힌두교를 언급하고, 힌두교의 특징을 한 가지 서술한 경우
하	힌두교만 언급한 경우

28 영국과 프랑스 간의 백년 전쟁은 초반에 영국이 우세하였으나 잔 다르크의 활약으로 프랑스가 전세를 역전하여 프랑스의 승리로 끝이 났다.

구분	채점 기준
상	왕권 강화와 중앙 집권 국가로의 성장을 모두 서술한 경우
하	왕권이 강화되었다라고만 서술한 경우

Ⅳ. 지역 세계의 교류와 변화(1회)

01 ④	02 ④	03 ②	04 ⑤	05 ④	06 ③	07 ③	08 ②
09 ⑤	10 ①	11 ④	12 ①	13 ④	14 ②	15 ④	16 ④
17 ①	18 ②	19 ②	20 ⑤	21 ⑤	22 ④	23 ②	24 ④
25 ④	26 ④						

서술형 실전 문제 **27** **예시 답안** 원(몽골 제국)은 몽골 제일주의를 내세워 몽골인을 중심으로 하는 독자적인 방식으로 통치하였다.

28 **예시 답안** 에도 막부가 조성한 데지마에서는 네덜란드 상인이 왕래하며 무역하였다. 이 과정에서 네덜란드를 통해 일본으로 들어온 서양 학문인 난학이 발전하였다.

29 **예시 답안** 술탄 아흐메트 사원, 오스만 제국에서는 튀르크 전통을 바탕으로 페르시아, 이슬람, 비잔티움 문화 등이 융합되었다.

01 밑줄 친 '황제'는 송 태조이다. 송 태조는 전시를 실시하는 등 과거제를 개혁하였다. 또한 절도사의 권한을 빼앗고 지방관을 문관으로 임명하는 등 문치주의 정책을 실시하였다.
바로잡기 ①은 거란(요), ②는 북위, ③은 남송, ⑤는 송 신종에 해당한다.

02 (가)는 서하, (나)는 요이다. 서하, 요, 금 등 북방 민족이 세운 나라들은 넓어진 영역을 효율적으로 다스리기 위해 한족의 통치 방식을 활용하면서도 고유 문자를 제정하는 등 자신의 고유한 문화와 통치 방식을 유지하기 위해 노력하였다.

03 (가)는 금이다. 금은 중국의 화북 지역을 차지하였고, 중도(베이징)를 수도로 삼았다.

04 카이펑은 송의 수도였다. 송은 세계 최초의 지폐인 교자를 사용하였다.
바로잡기 ①, ②는 원, ③, ④는 당대에 볼 수 있는 모습이다.

05 밑줄 친 '신학문'은 성리학이다. 성리학은 조선 등 동아시아 각국으로 전파되어 통치 이념으로 자리 잡았다.

06 13세기 초 칭기즈 칸이 몽골고원의 유목민을 통합하고 영토를 팽창하며 몽골 제국을 이끌었다.

07 ㉠은 몽골 제국이고, 천호제는 몽골 제국의 군사 조직이다. 칭기즈 칸 사후 몽골 제국은 여러 울루스로 나뉘어 느슨하게 결합하였다.
바로잡기 ①은 금, 송, ②는 당, ④는 송, ⑤는 수, 당에 해당한다.

08 남송을 무너뜨린 쿠빌라이 칸은 대도를 수도로 삼고 국호를 원으로 고쳤다.

09 자료는 몽골 제국에서 사용된 패자이다. 원의 곽수경은 이슬람 천문 관측 기술을 활용하여 수시력을 만들었다. 베네치아 출신의 마르코 폴로는 몽골을 방문하였다.

바로잡기 ㄱ, ㄴ은 당대의 사실이다.

10 홍건적 출신으로 명을 세운 주원장은 이갑제를 통해 향촌을 다스렸다.
바로잡기 ㄷ, ㄹ은 건륭제에 해당한다.

11 명대 정화는 영락제의 명을 받고 처음 항해에 나섰다. 영락제는 베이징에 자금성을 세운 뒤 수도를 옮겼다. 또한 몽골과 베트남을 공격하였다.
바로잡기 ④는 청대 홍타이지와 관련된 내용이다.

12 명은 이자성이 이끄는 농민군에 의해 멸망하였다.

13 제시된 내용은 청이 실시한 정책이다. 청은 조선과 조공·책봉 관계를 유지하였으며, 18세기 중반 이후 광저우만 외국에 개방하여 대외 교류를 전개하였다.
바로잡기 ㄱ은 송, ㄴ은 원에 대한 설명이다.

14 (가) 물품은 은이다. 송은 요와 서하 등에 은 등의 물자를 주고 평화를 유지하였다. 명·청대에는 유럽으로부터 막대한 양의 은이 들어와 은으로 세금을 거두기도 하였다.
바로잡기 ②는 명·청대 도자기에 대한 설명이다.

15 지도는 명 말에 활동한 선교사인 마테오 리치가 제작한 「곤여만국전도」이다.

16 (가)는 무로마치 막부이다. 무로마치 막부는 중국과 외교 관계를 회복하고 무역을 실시하였다.
바로잡기 ①은 도요토미 히데요시, ②는 가마쿠라 막부, ③, ⑤는 에도 막부에 해당한다.

17 에도 막부 시기에는 상공업 발달을 배경으로 상공업자인 조닌층이 성장하였다.

18 '이 제국'은 무굴 제국이다. 무굴 제국은 16세기 인도에 세워진 이슬람 왕조로, 무굴 제국 시기 시크교가 펀자브 지방을 중심으로 발전하였다.

19 술레이만 1세는 헝가리를 정복하였고, 유럽 연합 함대를 무찔러 지중해 해상권을 장악하였다.
바로잡기 ㄴ은 샤자한, ㄹ은 메흐메트 2세에 해당한다.

20 오스만 제국은 지즈야만 내면 자치적인 공동체를 인정하는 밀레트 제도를 시행하고, 크리스트교도 청소년들을 발탁하여 개종시킨 후 술탄의 친위 부대인 예니체리로 등용하는 등 관용 정책을 시행하였다.

21 오스만 제국은 술탄 아흐메트 사원을 건립하였다.

22 에스파냐의 지원을 받은 콜럼버스는 1492년 아메리카의 서인도 제도를 발견하였다. 이후 에스파냐는 아메리카에서 막대한 양의 금과 은을 수탈하였다.

23 ㉠은 에스파냐이다. 에스파냐는 아스테카 문명과 잉카 문명을 파괴하고 식민지로 삼았다.

24 신항로 개척의 결과 무역 중심지가 이동하고 유럽에서는 가격 혁명, 상업 혁명이 일어났다. 반면 아메리카와 아프리카는 유럽인에 의해 고통받았다.

바로잡기 ④는 유럽인들이 신항로 개척에 적극 나서게 된 배경이다.

25 30년 전쟁은 독일에서 일어났다. 독일의 루터는 교황의 면벌부 판매를 비판하며 「95개조 반박문」을 발표하였다. 이는 독일 전역으로 확산되었다.

26 영국 국교회 수립 이후 왕위에 오른 엘리자베스 1세는 무적함대를 무찔렀다. 한편 찰스 1세가 전제 정치를 하자 의회가 「권리 청원」을 제출하였다. 이후 크롬웰이 이끄는 의회가 공화정을 수립하였다. 왕정복고 이후 왕위에 오른 제임스 2세를 의회가 물러나게 하고 메리와 윌리엄을 공동 왕으로 세웠다.

27 원은 중국의 전통적인 관료 제도와 지방 행정 기구를 이용하면서도 몽골 제일주의를 내세워 몽골인을 중심으로 하는 독자적인 방식으로 통치하였다.

구분	채점 기준
상	몽골 제일주의를 내세워 몽골인을 중심으로 하는 방식으로 통치하였다고 서술한 경우
하	몽골 제일주의를 실시하였다라고만 서술한 경우

28 에도 막부는 해외 무역을 엄격히 통제하였다. 다만 조선과는 통신사를 통해 교류하고 중국과 네덜란드 상인에게는 나가사키를 개방하여 무역을 허용하였다.

구분	채점 기준
상	네덜란드와의 교역과 난학 발전을 모두 서술한 경우
하	네덜란드와의 교역과 난학 발전 중 한 가지만 서술한 경우

29 오스만 제국의 문화는 튀르크 전통을 바탕으로 페르시아, 이슬람, 비잔티움 문화 등이 융합되었다.

구분	채점 기준
상	술탄 아흐메트 사원을 쓰고, 오스만 제국 문화의 특징을 서술한 경우
중	술탄 아흐메트 사원을 쓰고, 오스만 제국 문화의 특징을 서술하였으나 미흡한 경우
하	술탄 아흐메트 사원만 쓴 경우

Ⅳ. 지역 세계의 교류와 변화(2회)

01 ①	02 ④	03 ①	04 ④	05 ③	06 ⑤	07 ⑤	08 ①
09 ①	10 ②	11 ①	12 ②	13 ⑤	14 ③	15 ③	16 ②
17 ①	18 ⑤	19 ①	20 ③	21 ④	22 ①	23 ④	24 ②
25 ②	26 ④	27 ③	28 ④				

서술형 실전 문제 **29** **예시 답안** 왕안석, 지나친 문치주의 정책으로 군사력이 약해진 송은 요와 서하에 막대한 물자를 주는 조건으로 강화를 맺었고, 이로 인해 송의 재정이 악화되어 개혁이 추진되었다.

30 **예시 답안** 마테오 리치, 마테오 리치가 제작한 「곤여만국전도」는 중국이 세계의 중심이라고 믿었던 당시 동아시아 사람들의 세계관에 영향을 끼쳤다.

31 **예시 답안** 루이 14세, 콜베르를 재무 장관으로 등용하여 중상주의 정책을 펼쳤고, '태양왕'을 자처하였다. 또한 관료제와 상비군을 정비하였다.

01 자료는 송대 실시된 문치주의 정책의 내용이다. 문치주의 정책을 실시한 결과 유교적 소양을 갖춘 사대부가 성장하고 황제권은 강해졌지만, 군사력이 약해져 북방 민족의 압박을 받게 되었다.

02 ㉠은 서하, ㉡은 금이다. 탕구트족이 세운 서하는 동서 무역의 이익으로 번영하였고, 금은 송과 연합하여 요를 멸망시켰다.

바로잡기 ㄱ은 송, ㄷ은 거란(요)에 대한 설명이다.

03 송은 요, 서하 등에 비단, 은 등의 물품을 제공하고 평화를 유지하였다.

04 ㉠은 송이다. 이와미 은광에서 채굴된 은은 명·청 시기에 유입되었다.

05 송의 수도는 카이펑이다. 「청명상하도」는 카이펑의 번성한 모습을 그린 것이다.

06 남송 시기 주희는 성리학을 완성시켰다.

07 (라) 테무친이 칭기즈 칸으로 추대되었다. (다) 이후 아바스 왕조가 정복되었다. (나) 칭기즈 칸의 손자 쿠빌라이 칸은 국호를 원으로 고쳤고, (가) 남송을 정복하였다.

08 (가)는 몽골 제국(원)이다. 쿠빌라이 칸은 국호를 원으로 고치고 수도를 대도로 정하였다.

바로잡기 ②는 오스만 제국, ③은 에스파냐, ④는 포르투갈, ⑤는 명과 관련된 내용이다.

09 이븐 바투타는 몽골 제국을 방문하고 『여행기』를 남겼다. 14세기 후반 이후 몽골 제국은 교초 남발, 왕위 계승 문제 등으로 쇠퇴하였다.

바로잡기 ②는 수, ③, ④는 당, ⑤는 송에 대한 설명이다.

10 원대에는 잡극이 유행하였다.

바로잡기 ①은 청, ③, ④는 에도 막부, ⑤는 위진 남북조와 관련된 내용이다.

11 원의 곽수경은 관성대를 세우고, 이슬람 역법을 참고하여 수시력을 만들었다.
바로잡기 ②는 거란(요), ③, ④는 남송, ⑤는 송과 관련된 내용이다.

12 자료는 명을 세운 홍무제(주원장)가 반포한 육유이다. 홍무제는 재상제를 폐지하고 모든 권력을 황제에게 집중하였다.
바로잡기 ①은 홍타이지 등, ③은 청, ④는 명의 영락제, ⑤는 송에 해당한다.

13 자료는 정화의 항해에 대한 것이다. 정화의 항해 결과 명에 조공하는 국가가 늘어났다. 명은 1644년 이자성의 농민군에 의해 멸망하였다.
바로잡기 ①은 수, 당, ②는 위진 남북조 시대, ③은 청, ④는 남송에 해당한다.

14 자료는 청의 최대 영역과 만주족이 편성한 팔기군이다. 청은 팔기군을 활용하여 적극적으로 영토를 확장하였다.

15 청은 중요 관직에 만주족과 한족을 함께 등용하는 한편 한족에게 자신들의 풍습을 강요하였다.

16 명·청 시기에 유럽인들은 은을 가지고 중국에 와서 비단, 도자기, 차 등을 구입하였다.

17 자료는 명·청대에 유행한 경극이다. 명·청대에는 쑤저우의 비단, 징더전의 도자기, 쓰촨 지방의 차 등이 널리 유행하였다. 또한 명·청대에는 은으로 세금을 징수하였다.
바로잡기 ㄷ은 송대, ㄹ은 원대의 일이다.

18 제시된 내용은 일본의 봉건제를 나타내고, (가)는 다이묘에 해당한다.

19 밑줄 친 '막부'는 에도 막부이다. 에도 막부는 산킨코타이 제도를 통해 지방의 다이묘를 엄격히 통제하였다.
바로잡기 ①은 가마쿠라 막부와 관련된 내용이다.

20 ㉠은 무굴 제국이다. 무굴 제국은 네덜란드, 영국의 동인도 회사와 교역하면서 면직물을 수출하였다.
바로잡기 ①, ②는 청, ④는 쿠샨 왕조 등, ⑤는 에도 막부에 해당한다.

21 오스만 제국의 메흐메트 2세가 비잔티움 제국을 무너뜨렸다. 이후 콘스탄티노폴리스를 수도로 삼았다.

22 오스만 제국은 발칸반도 남부를 차지하고 (가) 술탄의 칭호를 사용하였다. (나) 이후 비잔티움 제국을 무너뜨렸으며, (라) 시리아와 이집트를 정복하였다. (다) 술레이만 1세 때에는 유럽 연합 함대를 무찔렀다.

23 제시된 내용에 해당하는 나라는 오스만 제국이다. 오스만 제국에서는 페르시아의 영향을 받은 세밀화가 유행하였고, 실용적인 학문이 발전하였다.

바로잡기 ①, ②, ③, ⑤는 무굴 제국에 대한 설명이다.

24 지도는 신항로 개척의 주요 항로를 보여 준다. 신항로 개척 이후 유럽은 동인도 회사를 앞세워 아시아 시장에 진출하여 중국의 도자기, 비단, 차 등을 대량으로 구매하였다.
바로잡기 ② 신항로 개척 당시 명과 청은 해금 정책을 완화하였다.

25 ㉠ 문명은 잉카 문명이다. 잉카 문명은 안데스 고원의 쿠스코를 중심으로 성장하였고, 에스파냐에 의해 멸망하였다.

26 유럽은 인도산 면직물을 대량으로 구매하였고 아메리카의 은광에서 채굴한 은을 대금으로 지불하였다.

27 프랑스의 신교도를 위그노라고 한다. 위그노를 비롯한 중세 유럽의 많은 상공업자들은 구원이 예정되어 있다는 칼뱅의 예정설을 수용하였다.

28 제시된 자료는 「권리 장전」이다. 의회가 메리와 윌리엄을 공동 왕으로 세운 이듬해 「권리 장전」이 승인되었다.

29 북방 민족의 침입에 대비한 국방비와 평화를 유지하는 대가로 제공하는 은과 비단 등의 각종 물자는 송의 재정을 악화시켰다. 신종은 왕안석을 등용하여 개혁을 추진하였으나 보수파 관료들의 반대로 실패하였다.

구분	채점 기준
상	왕안석을 쓰고 지나친 문치주의 정책으로 인해 군사력이 약해진 송이 요와 서하에 막대한 물자를 제공하였기 때문이라고 서술한 경우
중	왕안석을 쓰고, 송이 요와 서하에 막대한 물자를 제공하였기 때문이라고 서술한 경우
하	왕안석만 쓴 경우

30 「곤여만국전도」는 명 말 선교사로 온 마테오 리치가 만든 세계 지도로, 중국인의 세계관에 큰 변화를 주었다.

구분	채점 기준
상	마테오 리치를 쓰고, 중국이 세계의 중심이라고 믿었던 동아시아 사람들의 세계관에 영향을 끼쳤다고 서술한 경우
중	마테오 리치를 쓰고 동아시아 사람들의 세계관에 영향을 끼쳤다고 서술한 경우
하	마테오 리치만 쓴 경우

31 베르사유 궁전을 건설한 프랑스 국왕은 루이 14세이다. 루이 14세는 콜베르를 재무 장관으로 등용하여 중상주의 정책을 펼치고, 관료제와 상비군을 정비하였다.

구분	채점 기준
상	루이 14세를 쓰고, 콜베르 등용, 관료제와 상비군 정비, '태양왕' 자처 중 두 가지를 서술한 경우
중	루이 14세를 쓰고, 콜베르 등용, 관료제와 상비군 정비, '태양왕' 자처 중 한 가지를 서술한 경우
하	루이 14세만 쓴 경우

www.mirae-n.com

학습하다가 이해되지 않는 부분이나 정오표 등의 궁금한 사항이 있나요?
미래엔 홈페이지에서 해결해 드립니다.

○ **교재 내용 문의**
나의 교재 문의 | 자주하는 질문 | 기타 질문

○ **교재 정답 및 정오표**
정답과 해설 | 정오표

○ **교재 학습 자료**
MP3

Contact Mirae-N

www.mirae-n.com

(우)06532 서울시 서초구 신반포로 321

1800-8890

미래엔 교과서 연계 도서

교과서 예습 복습과 학교 시험 대비까지
한 권으로 완성하는 자율학습서와 실전 유형서

미래엔 교과서 자습서

[2022 개정]
국어 (신유식) 1-1, 1-2, 2-1, 2-2
　　　(민병곤) 1-1, 1-2, 2-1, 2-2
영어 1, 2
수학 1, 2
사회 ①, ②
역사 ①, ②
도덕 ①, ②
과학 1, 2
기술·가정 ①, ②
생활 일본어, 생활 중국어, 한문

[2015 개정]
국어 3-1, 3-2
영어 3
수학 3
사회 ②
역사 ②
도덕 ②
과학 3
기술·가정 ①, ②
생활 일본어, 생활 중국어, 한문

미래엔 교과서 평가 문제집

[2022 개정]
국어 (신유식) 1-1, 1-2, 2-1, 2-2
　　　(민병곤) 1-1, 1-2, 2-1, 2-2
영어 1-1, 1-2, 2-1, 2-2
사회 ①, ②
역사 ①, ②
도덕 ①, ②
과학 1, 2

[2015 개정]
국어 3-1, 3-2
영어 3-1, 3-2
사회 ②
역사 ②
도덕 ②
과학 3

예비 고1을 위한 고등 도서

비주얼 개념서

룩 LOOK

이미지 연상으로 필수 개념을 쉽게 익히는
비주얼 개념서

국어 문법
영어 분석독해

문학 입문서

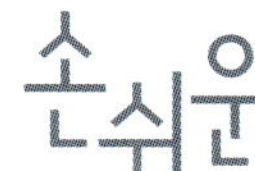

작품 이해에서 문제 해결까지
손쉬운 비법을 담은 문학 입문서

현대 문학, 고전 문학

필수 개념 기본서

복잡한 개념은 쉽게, 핵심 문제는 완벽하게!
사회·과학 내신과 수능의 필수 개념 기본서

사회 통합사회1, 통합사회2,
　　　한국사1, 한국사2
과학 통합과학1, 통합과학2

Mirae N 에듀

반복 학습의 힘, 수학 실력을 완성하다!

리:피트 개념

개념 Bridge와
개념 Check로 이어지는
2단계 개념 학습법

사고력 + 문제 해결력을
키우며 서술형도 훈련하는
유형 학습법

효율적인 1:1 매칭 학습으로
수학 실력을 완성하는
반복 학습법

RE:
PEAT

수학 자신감 증진을 위한 학습 FLOW

여러 번 반복해? 아니! 제대로 한 번에!

개념 책

1:1 매칭
학습 시스템

반복 책

1:1 매칭 학습으로
수학 자신감을 완성하는
개념 기본서

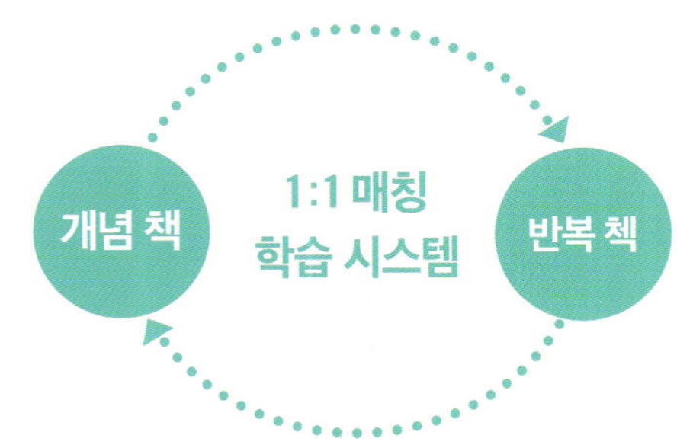
리:피트 개념

RE:
PEAT

리:피트 개념
중등 수학 1-1

Mirae N 에듀

1, 2학기 총 6책